国家社会科学研究项目

战后西方国家股份制的新变化

李达昌　陈为汉　王小琪　主编

李达昌　陈为汉　王小琪
王映松　赵　磊　陈祖湘　著

商　务　印　书　馆

2000年·北京

图书在版编目(CIP)数据

战后西方国家股份制的新变化/李达昌等著.—北京:商务印书馆,2000
ISBN 7-100-03114-1

I. 战… II. 李… III. 股份有限公司-研究-西方国家-现代 IV. F276.6

中国版本图书馆 CIP 数据核字(2000)第 35430 号

ZHÀNHÒU XĪFĀNGGUÓJIĀ GǓFÈNZHÌ DE XĪNBIÀNHUÀ
战后西方国家股份制的新变化
李达昌 陈为汉 王小琪 主编
李达昌 陈为汉 王小琪 王映松 赵 磊 陈祖湘 著

商 务 印 书 馆 出 版
(北京王府井大街 36 号 邮政编码 100710)
商 务 印 书 馆 发 行
中 国 科 学 院 印 刷 厂 印 刷
ISBN 7-100-03114-1/F·390

2000 年 11 月第 1 版 开本 850×1168 1/32
2000 年 11 月北京第 1 次印刷 印张 16 1/8

定价:25.00 元

目　录

前　言

李达昌

国家社会科学研究项目最终成果《战后西方国家股份制的新变化》终于完成了,这是课题组的同志们数年心血的结晶。据我所知,迄今为止,我国还没有一部系统研究战后西方国家股份制新变化的专著,因此,这一成果的面世,可以说填补了我国长期以来对战后西方国家股份制新变化研究的空白,具有开拓性的意义。

股份制,对于人类社会变迁的长河来说,既是历史的,又是现实的;既是古老的,又是新颖的。说它是历史的、古老的,是因为它早在数百年前就已产生,历尽了沧桑;说它是现实的、新颖的,则是因为在它问世以后的数百年来,经历了持续不断的、复杂的发展、变化过程。本世纪30年代以来,尤其是第二次世界大战以后,资本主义世界经济进入了一个新的历史阶段,这就是国内外学术界通常所说的,资本主义生产方式发生了局部质变。这种局部质变,包括生产力和生产关系两个方面。从生产力来说,主要是战后随着新的科技革命的发生,科技进步日新月异,推动着经济的持续、稳定增长,社会财富的积累空前增多和综合国力的显著增强。对此,国内学术界的同志们谈得很多。从生产关系(包括经济体制和运行机制)来说,则主要包括两个方面,一方面,是国有经济成分直接参与了社会再生产过程,国家对经济社会进行了全面调节和干预;另一方面,则是私有财产和经营管理形式发生了重大变化。但国内学术界一些同志在论述战后资本主义生产关系的局部质变时,往往对前一个方面谈得较多,而忽视了后一个方面。这显然是片面的。事实上,战后私有资本与国有资本的结合才构成了资本主义生产关系的完整体系。私有资本而不是国有资本在战后资本主义经济运行中依然起着主导作用。也就是说,西方国家的社会总资本中,私有资本占了绝大部分,主要经济活动也是由私有资本承担的。所以,战后私有资本的变化在资本主义生产关系局部质变中占有更为重要的地位。而私有资本的主体便是股份公司。股份公司的数目虽然在企业总数中居少数,但是股份公司创造的财富却占了社会财富的绝大部分。因此,要研究战后私有资本的变化,首要的便是要分析股份制的变化。

要分析战后西方国家股份制,必须解决以下两个至关重要的问题:

第一个问题,是战后西方国家股份制有没有发生变化?国内学术界有一种长期流行的观点认为,西方国家股份制的历史已经很悠久了,它不是什么新东西,关于它的变化,马克思在《资本论》第三卷中已经论述了,这个问题已经解决了。而我们在本书中从实证和理论的结合上说明,股份制从它萌芽时开始,就经历了一个漫长的、持续不断的发展、变化过程,这个过程至今也没有终止。19世纪70年代时是西方国家股份制发展、变化的一个重要关头,或者说是它的一个历史性转折时期。马克思主义经典作家敏锐地意识到了这一点，作出了若干精辟的论述。马克思主义经典作家的这些论述，是我们理论和方法上的指南，为我们历史地、科学地、全面地认识、分析和评价西方国家股份制的本质及发展趋势奠定了基础。本世纪30年代以来，特别是第二次世界大战以后，为了适应科技进步一日千里、生产日趋社会化和国际化的要求，资本主义生产关系被迫进行了进一步调整，资本更趋社会化了，对作为资本主义生产关系体系基本组成部分的股份制注入了新的因素和机制。战后以股份制为主体和基本标志的资本主义生产关系的调整，推动了资本主义生产力突飞猛进的发展。事实证明，与19世纪70年代相比较，本世纪30年代以来，特别是第二次世界大战以后，西方国家股份制出现了许多新现象、新特点，对此，我们不可能从过去的研究成果中找到现成的答案，而必须立足于变化了的客观现实去探索、去分析。

第二个问题，是战后西方国家股份制的新变化，其程度如何？是否达到了“局部质变”的水平？所谓“局部质变”，是指的事物的根本性质未发生变化的前提下，在一定阶段，其部分非本质的、比较重要的属性发生了变化。战后西方国家股份制的变化是相当大的，与19世纪70年代股份制的变化相比，不仅毫不逊色，而且超过了那一次变化的程度。本书中所论述的战后西方国家股份公司在国民经济中地位和作用的变化，微观股权的多元化和分散化，持股法人化，金融业资本与工商业资本之间的合作融合，国有资本与私有资本的结合，“职工持股制”的崛起，股份持有的国际化，股份公司的重组，“经营者革命”，职工参与决策，新的股票发行和交易市场机制的确立，国家对股票市场的监督和管理，等等，都说明战后西方国家股份制的确发生了新的重大而深刻的变化。我们的研究表明,战后西方国家股份制是股份制发展的历史进程中一个新的转折,或者说是新的里程碑,它对战后资本主义世界经济产生了举足轻重的影响,这种变化完全可以称得上"局部质变"。

长期以来,股份制在我国一直被视为"资本主义"的东西而成为禁区。改革开放以来,尤其是1992年邓小平同志视察南方的谈话发表后,这个禁区才逐步被突破,人们认识到,虽然股份制的产生与资本主义的兴起两者大体同步,但股份制本身是一种财产和经营形式,它是社会化生产的产物,是与市场经济相联系的,是一个中性的范畴,而不是资本主义的专利。虽然社会制度对股份制的变动起着制约作用,不同的社会利益集团的意志都要通过各种途径反映到股份制这种经济组织形式中来,但股份制本身是没有阶级性的。资本主义社会可以采取股份制这种形式,社会主义社会也可以采取这种形式。而且大量历史事实已经证明,在市场经济发展的相当长的时期内,股份制是一种极其重要、不可替代的经济组织形式,不采取这种形式,就会阻碍生产力的发展。这是其一。其二,马克思主义经典作家已经论述过,股份制通过资本的联合、劳动的联合,克服了单个资本和劳动所存在的种种不可避免的局限性,因而它是一种与私人资本相对立的"社会资本"的形式,是走向新的公有制社会的"过渡点",或者说为新社会奠定了物质基础,创造了条件。资本主义社会利用股份制的这种特性,在不改变私有制本质的前提下,在一定程度上缓和了社会化大生产与生产资料的私人占有之间的矛盾。今天我们建立社会主义市场经济体制,更有条件、有必要充分利用股份制这种适应社会化大生产的企业组织形式，深化国有大中型企业的改革，转变经营机制，推动我们的现代化建设事业健康、稳定地向前发展。党的十五大确定将股份制作为我国公有制的重要实现形式，这是对马克思主义经济理论的重大发展。总结和借鉴战后西方国家股份制运行的经验，避免其失误，为我国的企业股份制改革服务，这正是我们研究战后西方国家股份制新变化的主要目的所在。

本书的显著特点，是坚持了如下几个结合：

第一，实证与理论相结合。本书从活生生的、丰富的、具体的股份制运行的新情况、新问题出发，归纳总结出若干带有规律性的东西。可以为我们当前的改革，为今后股份制的进一步调整和完善提供有益的启示。这种理论虽抽象，但不是空洞的、与实际相脱节的，而是生动的、扎根于实际土壤的。

第二，历史与现实相结合。西方国家股份制从产生到现在，经历了几个世纪漫长、曲折、复杂的历史发展过程，不对这一历史进程进行简略的考察，便不能比较、分析 30 年代以来，特别是战后以来西方国家股份制的新变化。所以，本书首先对战前西方国家股份制的发展历程进行了阶段划分和回顾，在此基础上，再来论述战后西方国家股份制的新变化。这样，不但展现了西方国家股份制发展的基本脉络，而且以史为镜，为揭示战后西方国家股份制的巨大而深刻的变化提供了必要的参照系。

第三，定量分析与定性分析相结合。本书通过运用各种翔实的数据（包括绝对数和相对数、时期数和时点数等等），运用了大量的第一手资料，对战后西方国家股份制的新变化进行了分析，并以此为基础，再从定性的角度进行论证，作出必要的理论概括。

第四,微观与宏观相结合。本书在研究战后西方国家的股权和投资结构、债权债务关系、股票发行和交易等问题时,都是既从微观(企业内部),又从宏观(社会范围)的角度进行分析,不仅看到二者的一致之处,更重要的是指出了二者的差异。

第五,经济、法律与行政问题相结合。在西方国家股份制演变的过程中,国家的调节和监督起了重要的作用。而国家的作用主要有经济、法律和行政三个途径。本书对国家(包括中央政府和地方政府)影响股份制的方方面面进行了多角度的透视,特别是对国家的法律、法规对股份制变化所起的作用进行了分析,有助于读者更为全面地认识国家在当代西方国家股份制变化中的作用。

第六,研究与借鉴相结合。前已指出,我们写作本书的目的,不仅仅在于研究战后西方国家股份制的新变化,更重要的则在于通过对比中、西股份制的共性和特性,吸取和借鉴西方国家股份制的成功经验,并加以改造和提高,为我所用,避免失误,少走弯路。正是基于这样的思想指导,我们对我国股份制的实践进行了回顾和总结,指出了成效和局限性,分析了成因,并提出了若干对策建议。这可以说是借鉴西方国家股份制的一种尝试。

研究战后西方国家股份制的新变化是一项庞大、复杂的系统工程,本书仅仅作了初步的探索,由于客观条件和作者自身水平的限制,加上时间紧迫,一些观点还不够成熟,缺点和失误也在所难免,请大家批评指正。本书主要想起一个"抛砖引玉"的作用,以吸引更多的同志关注和研究这一问题。

第一章　西方国家股份制的历史演变

西方国家股份制的演变经历了漫长的历程，这个历程截至第二次世界大战，应划分为几个阶段，每个阶段的标志是什么？经济学界众说纷纭，莫衷一是。我们在此试加以划分。我们认为，大致可分为五个阶段。下面我们分别加以叙述。

一、股份制的萌芽阶段(16世纪以前)

早在古罗马时期，就有由元老、骑士等集资组成合股商业企业，这被经济史学家认为是股份公司的萌芽。在中世纪，特别是14和15世纪地中海沿岸一些城市出现资本主义萌芽以后，意大利、奥地利、德国、捷克斯洛伐克等欧洲国家出现了通过集资入股、股份委托制(代理制)、协作制等合作或合股方式组成的店铺、手工作坊、银号等，持股者有小生产者、商人、地主、贵族、王公、廷臣、教士、教授等，部门主要是商业、纺织业、银行等。这些企业在官方注册后，可被冠以“公司”的名称。股份一般不得转让，但可退股。这便是股份公司的前身。这一时期股份制企业在数量上、规模上、组织上、经营上都在缓慢地向前发展。这一阶段是股份制的萌芽时期，这为后来公司制度的建立奠定了基础。

这一阶段的股份制具有如下特点：

第一，没有明确的法律和章程的规范。这一时期的股份制企业在合作或合股内容、经营方式、分配办法等方面，都没有明确而规范的法律、章程的约束和监督，而具有较大的主观随意性。法人的概念也还没有创立。

第二，规模小，数量少。合作和合股企业虽然比独资企业能筹集到更多的资本，但由于受当时经济发展水平的限制，这种资本毕竟是很有限的，从而决定了合作和合股企业的规模都是极小的。在罗马法中，虽然对"人合公司"、"资合公司"和"人资合一的两合公司"进行了划分，但在这一阶段，人们对劳动和资产之间区别的意识是模糊的，因而对合作企业和合股企业的划分也是不清晰、不严格的。合作和合股企业数量较少，远没有成为这一阶段在国民经济中占主导地位的企业组织形式。

第三，投资的短期性。合作和合股企业往往是为了短期交易而成立的，交易完毕后，投资者往往就进行结算分红，收回股本和利润，解散企业。

第四，组织的不稳定性。由于经济规模小，承受力弱，加上对各方的责、权、利没有规范化的界定，因而合作和合股企业有些中途便夭折了，不容易延续。

第五，责任的无限性。尽管个别企业中的某些股东负的是有限责任，但不是主流，主要的还是负无限责任。

第六，股份往往不能转让和流通，还不存在严格意义上的股票。

第七，仅限于少数部门。限于商业、纺织业、银行等少数部门中，未成为各部门普遍的企业组织形式。

第八，由于地中海沿岸国家经济较发达，因而合作和合股企业主要也就限于这一地区的国家。

二、股份制的形成阶段（16世纪—19世纪20年代）

15世纪末以后，随着地理大发现，重商主义开始盛行，在封建社会内部出现了城市小商品生产和资本主义工场手工业，农村经济也日益卷入商品交换之中，商品经济得到了长足的发展。由于价值规律的作用，小商品生产者日益两极分化，西欧封建社会内部的各种矛盾趋于尖锐，封建主义生产关系逐步解体，资本主义生产关系开始登上历史舞台，资本的原始积累过程在紧锣密鼓地进行。在这种背景下，股份制开始形成并得到了初步发展。马克思把这一阶段的股份公司称为“现代股份公司的前驱”。[①]

15世纪末，美洲大陆被发现后，欧洲列强的海外贸易、商业、航海业等迅速发展，国际经济和贸易的中心由地中海转向大西洋，从事海外贸易不仅需要巨额的资本投入，而且要承受巨大的风险，这是独资或合伙企业所无力或不愿担当的。这样，股份公司便应运而生了。而要与海外特别是殖民地进行贸易，必须得到政府的特许。所以，这时的股份公司往往持有国王特许权状，享有海外贸

① 马克思：《资本论》，人民出版社1975年版，第1卷，第343页。

易的独占权。1553年,英国成立了第一家股份公司——莫斯科公司,专门负责与俄罗斯的贸易。1581年,成立了土耳其公司。1600年,成立了英属东印度公司,是这一时期最大的股份公司,第一次航行拥有股东101个,集资3万英镑;第二次股东扩大到218名,募股7万英镑;到1618年,已拥有股东954名,股本160万英镑。到1708年,公司股本增加了50倍。从1601—1617年,东印度公司共进行了12次航行,每次航行都获利颇丰,有时获得320%的利润。1618年,英国此类公司已有49家。荷兰也于1602年成立了荷属东印度公司。此外,英国于1606年设立了伦敦公司,还设立了东方土地公司、阿非利加公司、哈德逊公司等。荷兰组成了荷属西印度公司等。法国1664年组成了法属东印度公司,以及加拿大公司、北海公司等。葡萄牙、普鲁士、瑞典等国也竞相仿效。①

在这一阶段,随着产业革命的逐步酝酿和兴起,要求公共服务、基础设施和基础产业的超前发展,以便为产业革命提供保证和支撑。这集中地体现在以保险业、银行业为代表的金融,以水路和公路运输为代表的交通,以矿山开采为代表的能源、原材料工业等部门的超前发展上。因而股份公司也就先于一般制造业而在这些部门中成长了起来。

这一时期的保险业股份公司起初主要是为海外贸易提供保险服务的,以后逐步扩大了保险业务范围。而在股份银行出现之前,承担资金借贷和兑换业务的是由金匠演变而来的银行家,这些银

① 〔英〕道格拉斯·霍普:《东西方贸易史》,伦敦1990年版,第68页。

行家资金少、贷款利率高，不能满足产业发展的需要。1694年，由伦敦1268个商人合股成立了英格兰银行，该行拥有120万英镑资本金，享有发行银行券、发放贷款、吸收社会闲散资金的职能。美国独立后成立的第一批股份公司就是在银行业中产生的。1791年成立的合众国第一银行，拥有股本1000万美元，其中私人占4/5，政府占1/5。其余两家股份银行是北美银行和纽约银行。

这一阶段，西方国家主要运输方式是水路运输和公路运输，交通运输部门是最重要的公共部门之一。在交通运输部门中，也产生了若干股份公司。这一时期在交通运输部门成立的股份公司中，主要的经营范围是开凿运河、修筑公路。从18世纪70年代到19世纪20年代，英国修建了长达2200英里的运河系统，通过水路运输网的形成，使运输能力提高，运输费用降低。从18世纪中叶到19世纪30年代，美国也修建了3000英里运河，修建运河的资金几乎全部来自股份集资，其中州政府占4/5，私人占1/5。①

另外，随着英国对南美矿山的开发和美国西部“淘金热”的兴起，在采掘工业部门中，也成立了一些股份公司。

16世纪初，在法国的里昂和比利时的安特卫普等地就出现了零星的股票交易。随着股票交易活动的出现，充当交易双方中介人的股票经纪商也随之产生。1608年(也说1611年或1613年)，在荷兰的阿姆斯特丹成立了历史上第一个证券交易所，阿姆斯特丹成为当时的国际金融中心。阿姆斯特丹交易所采取的许多规则和形式，后来为英国和其他许多国家所仿效。1724年，巴黎证券

① 〔英〕亚伯拉罕·邓肯:《交通运输经济史》，麦克米伦公司1988年版，第23页。

交易所成立。17世纪末期，一些证券商在英国伦敦交易街的露天市场从事证券的买卖，由于交易的主要是政府债券，所以被称为“皇家交易所”。后来交易改在伦敦各咖啡馆内进行。1698年，上述咖啡馆开始挂牌经营。1773年，在享有盛名的伦敦司威汀街的乔纳森(又译约纳森)咖啡馆成立了“伦敦证券交易所”，分散在伦敦城各咖啡馆的证券交易活动开始集中在该处进行。当时有一位名叫约翰·克斯泰恩的经纪人开始编制每日股票价格登记表，这就是今天英国“金融时报”股价指数的前身。1802年，该交易所获得英国政府正式批准，当时有会员500多名。伦敦证券交易所的成立，是股份制发展史上的一个里程碑。1754年，美国部分证券经纪人在费城成立了经纪人协会。1790年，为了弥补独立战争的费用，美国国会授权将发行的750万美元州债券转为联邦债券并投入交易。1791年，合众国第一银行发行的股票也进行交易。这些股票、债券的发行和交易开始是在纽约、波士顿、费城的街道上三五成群地自由进行。1792年，纽约的24名商人在华尔街的一棵老梧桐树下聚会，达成了一项协定，史称“梧桐树协定”，约定以后每天在梧桐树下进行证券交易，并制定了交易佣金的最低标准等规则。历史学家把它称为美国最初的证券交易章程。1793年，汤迪咖啡馆在华尔街11号落成，这个露天交易所便移进了咖啡馆内。这便是纽约证券交易所的起源。当时只有10种债券和股票挂牌交易。1817年，成立了“纽约证券交易会”，即纽约证券交易所的前身，当时拥有28个会员单位。1818年，有29种债券和股票正式挂牌上场交易。这一阶段的证券市场是以债券，特别是公债券为主，股票发行、交易额小，种类少；证券交易主要采取分散买卖方式，交易效率较低；专业的证券商为数很少；参加交易的主要是以证券经营作为副业的商人和金融家；同时经纪人之间相互进行佣金削价；投资者们主要是用自有资金进行交易的，金融机构对证券市场参与的程度较低；长期投资者少，市场投机性强。如这一阶段发生了历史上有名的"南海泡沫事件"。南海公司是1711年英国在西班牙领属的南美洲成立的一家公司，由于它在一定时期内大量购买西班牙政府为战争而发行的国债，从而拥有奴隶交易垄断权和与西班牙殖民地通商的特权，因而大大增加了其股票的吸引力，引发了对其股票的投机热潮，使其股价迅速上升。1720年1月为128英镑的南海股，3月为330英镑，5月为550英镑，7、8月竟升至约1000英镑，一些人突然之间成为富翁。股票价格已与其实际价值严重脱节。但好景不长，随着国家开始整治泡沫公司，其股价在9月暴跌至175英镑，12月跌至124英镑，南海股票的投机热潮像泛起的泡沫一样破灭了。史称"南海泡沫事件"。[①]

与股份经济的开始形成和初步发展相适应，这一阶段国家开始对股份经济进行管理。以行政手段对公司成立进行逐个审查(许可)，是本阶段典型、主要的管理形式。外贸、金融、水运、公路、采掘等部门的股份公司都是以特许方式获准成立的。此外，西方国家已在陆续颁布和调整有关公司的法律，作为对特许管理的补充。17世纪上半叶，英国在詹姆斯一世统治期间颁布了一项法令，第一次确认公司是一个独立的法人。1673年，法国制定《商事条例》，该条例共12章，其中"商人"一章的若干内容对公司作了规

---

① 〔英〕道格拉斯·霍普：《东西方贸易史》，伦敦1990年版，第94页。

定。1681年,法国又制定了专门规定海商问题的《海事条例》,其中也涉及到公司。这两部法律,被称为《法国商法典》的法律基础。1697年,英国国会通过《抑制不正当证券交易,防止投机风潮法案》,标志着政府开始对证券交易进行管理。1720年,英国国会通过《禁止泡沫公司法案》,禁止不具备法人资格的贸易公司作为法人运作,禁止超越经营范围滥用特许权,抑制过度投机。1733年,英国国会又通过《约翰·伯纳特法案》,规定远期交易为违法行为,禁止投机买卖。后鉴于《禁止泡沫公司法案》和《约翰·伯纳特法案》对公司的诞生和证券交易起了严重的阻碍作用,英国国会分别于1825年和1860年废除了这两个法案。1807年,拿破仑颁布了资本主义世界第一部商法典——《法国商法典》,该法典第一篇"商行为"中的第三章是关于公司的专门规定。美国独立后相当长一段时间内,联邦一直没有颁布过有关公司的法律,公司是根据各州的法律建立和活动的。1807年,纽约州颁布了第一个关于公司的法律,规定公司的资本限额为10万美元,时间限于20年。随后,北卡罗来纳州、马萨诸塞州等都制订了一般公司法。1812年,英国颁布了第一个《证券交易条例》。然而,这一阶段有关股份制的法律又都是相当简单、零散和粗糙的。

这一阶段的股份制具有如下特点:

第一,公司的数量比过去增多,规模扩大,但从整个国民经济来说,占统治地位的还是独资企业和合伙企业。

第二,虽然公司所在的部门比过去增多,扩展到了外贸、保险、银行、水运、公路、采掘等部门当中,但依然限于少数部门。这少数部门或者是投资规模、风险极大的,或者是与社会生活紧密相关的。在一般制造业中股份公司很少。

第三,公司已通过章程,对其成员的行为进行规范。公司章程中对资本金数额、经营方向、各方责权利的划分等都作出了规定。

第四,股东大多可以退股,可自由转让、买卖股票。

第五,各种类型的公司(如股份有限公司、有限责任公司、无限责任公司、两合公司等)之间的划分不够规范和明确。

第六,证券市场开始起步,并得到了初步发展。

第七,国家对股份经济的管理,主要是通过政府逐一审批的特许方式进行的。所以西方学者将这一时期称为“特许主义(也叫“许可主义”)时代。同时,国家已开始制订有关股份经济的法律,这标志着对股份经济的管理开始向法制化的方向迈进。这一阶段国家有关股份经济的法律具有如下特点:(1)公司作为一个独立法人的概念已经形成;(2)法律相对于行政特许来说,只起补充、辅助的作用;法律以事后、被动补救为主;(3)法律缺乏系统性和明细性;(4)在19世纪以前,基本没有专门的公司法,而仅仅是在商法或民法之中涉及公司制度;(5)在进入19世纪以后,虽然有一些专门的公司法问世,但主要是地方当局(如州一级)制订的;(6)法律往往对设立公司的资本金上限、公司延续的时间等有严格的限制,大多均赋予股东无限责任,尽管赋予股东有限责任的情况比过去增多了。

第八,由于国际经济和贸易的中心已由地中海沿岸转向大西洋沿岸,所以股份经济也集中产生于大西洋沿岸国家。

三、股份制的初步发展阶段
（19世纪20年代—19世纪70年代）

进入19世纪20年代以来，随着科学技术的进步，由工场手工业向机器大工业过渡，并最终完成产业革命。商品经济有了长足的发展，生产社会化、国际化水平不断提高，资本主义生产方式占居了统治地位，股份制也得以初步发展。

虽然在前一阶段，通过开凿运河和修筑公路，使西方国家的交通运输条件有了显著改善，但随着产业革命的扩展和深入，生产地和消费地日趋分离，对交通运输的依赖愈来愈大。相对来说，水路和公路运输无论在运输规模、运输效率、还是运输质量上，都与产业革命所带来的整个国民经济蓬勃发展的要求不相适应，原有的运输方式愈来愈制约产业革命的发展，成为国民经济的"瓶颈"，迫切需要变革运输方式，用一种新的运输方式来满足这种要求。铁路运输也就是在此背景下应运而生了。铁路运输具有运量大、速度快、通达性强等优势。1825年和1828年，英国和美国分别建成了第一条铁路。从19世纪40年代到70年代，主要西方国家掀起了铁路建设的高潮。1840年，英国的铁路营运里程为1350公里，1870年增长到24500公里。19世纪70年代，英国全国的铁路网已经形成。1830年，美国铁路里程仅为21公里，1860年已达49300公里，承担了全国货运量的2/3，除南部某些州外，密西西比河以东地区已形成了较完整的铁路网。而股份公司在这个过程中立下了汗马功劳。正如马克思所评价的："假如必须等待积累后使某些单个资本增长到能够修建铁路的程度，那么恐怕直到今天世界上还没有铁路。但是集中通过股份公司转瞬之间就把这件事完成了。”[①] 从19世纪20年代到1912年，英国通过股份公司等形式共筹集私人铁路建设资金13.34亿英镑。仅从1830年至1860年，美国修建铁路投入的资金就达10亿美元。[②] 除了交通运输部门以外，股份公司在矿山、公用事业和其他部门中也得到了迅速发展。1824年，英国设立了234家大公司，铁路公司和汽船公司占了主要地位。1834—1836年，成立了300家公司，铁路公司居首位，然后依次为运河、矿山、银行、保险等部门的公司。1844—1868年，设立公司11105家，其中铁路公司占16.1%，居第一位；矿山公司占14.9%，居第二位；煤气公司占9.3%，居第三位。[③] 到19世纪40年代末，英国每个城市的每条街道都可找到铁路股票的持有者。1827年和1828年，美国和德国分别成立了第一家铁路股份公司，到1860年，美国大铁路公司有31家，另有多家中小铁路公司。19世纪中后期，美国的大铁路公司是大企业的主体。1849—1858年，美国资本构成中，铁路投资占15%。这一时期的有些股份公司已开始跨国发行股票和债券。典型的如美国一些铁路公司的一部分股票和债券是由欧洲、特别是英国的一部分投资者持有的。[④]

---

① 马克思：《资本论》，人民出版社1975年版，第1卷，第688页。

② 〔英〕亚伯拉罕·邓肯：《交通运输经济史》，麦克米伦公司1988年版，第123页。

③ 〔英〕爱德华·希尔：《经济组织的变革》，贝尔法斯特1985年版，第47页。

④ 〔英〕亚伯拉罕·邓肯：《交通运输经济史》，麦克米伦出版社1988年版，第119页。

伴随着股份公司和证券市场的发展，西方国家的投资基金也开始兴起。所谓投资基金，是指由专业化的基金管理公司(大企业集团的资产管理部)以发行受益凭证或由股份制的基金公司发行股份这样两种方式募集广大投资者的闲散资金组成信托资产，委托专业投资者投资于各类有价证券和其他资产，获得收益后按投资比例分享(若亏损，则由投资者共同负担)的一种投资方式。基金投资者与证券投机者不同，其基本目标是使资金获得相对长期、持续的增值和回报。所以，基金是广大投资者的一种理财金融工具。投资基金品种繁多，从不同的角度有不同的分类。且投资基金的品种也像其他金融工具一样，有一个不断创新、发展的过程。投资基金按组织形态来划分，可以分为契约型基金与公司型基金。英国以契约型基金为主，美国则以公司型基金为主。按基金管理来划分，则可以分为封闭型基金与开放型基金。封闭型基金，指基金受益凭证或股份发行具有一定的时间和最高与最低发行限额，在发行达到最高限额或募集期间结束并达到或超过最低发行限额后，基金即告成立并予以封闭，不再追加发行，投资者在一定时期内(通常为8—15年)也不可赎回受益凭证或股份。而开放型基金的单位数或股份数额是不固定的，投资者在基金经理人的任一营业日均可购买或赎回基金份额。从投资基金产生至第二次世界大战以前，西方国家的投资基金一直是以封闭型基金为主，二次大战以后，则逐步以开放型基金为主。1822年，荷兰国王威廉一世创设了世界上第一支私人基金，委托专人运作，投资于市场上有利可图的各种有价证券。1868年，英国设立了外国与殖民地政府信托基金。

在这一阶段，与股份公司的发展相适应，证券市场也得以确立。这表现在如下几个方面：

其一，交易所数量增多，规模扩大，伦敦和纽约两大国际金融中心已经形成。1827年和1830年，利物浦证券交易所和曼彻斯特证券交易所相继成立。随后，在格拉斯哥等地也成立了证券交易所。19世纪中叶，纽约证券交易会迁至华尔街40号，1863年，又迁至纽约布罗德大楼，并更名为“纽约证券交易所”。伦敦证券交易所和纽约证券交易所成为世界金融的两个中心，其中，伦敦证券交易所居首位。其二，交易手段的技术得到改善，各交易所效率提高，费用降低，佣金标准等趋于统一。继电报发明后，美国便于1846年1月27日首次在宾夕法尼亚与纽约之间铺设了电报电缆。1866年6月27日，大西洋海底电缆正式完工，4天后《纽约时报》便开始刊登伦敦股票交易的最新行情，而在此之前纽约最快也需2周时间才能获得伦敦的股市行情。由于信息传递速度的提高，证券商可以利用的纽约与伦敦两地市场间的差价迅速减小。其三，交易额和交易数量都显著增加。其四，证券商队伍扩大，其中相当部分成为专业证券商。其五，从过去利用自有资金交易变为利用银行短期信贷作为保证金进行交易，投资银行、商业银行、投资者之间的资金借贷关系开始确立，特别是投资银行在信用市场上占了主导地位。其六，证券市场发行、交易的除了公债外，便是铁路、矿山、银行、保险等部门公司的股票和债券。如美国1850年，铁道证券占了发行、交易市场的一半。而制造业公司证券在市场上占的比重极小。如美国至70年代末，除波士顿纺织业外，基本没有制造业公司上市。其七，证券资本的国际化在若干部门中达到了较高的水平。如1855年,美国铁路债券的1/4为外国人所持有。其八,随着国家上一阶段对市场投机的抑制和打击,投机有了一定程度的缓和,将证券作为长期投资的人数增多,规模扩大。

这一时期国家的调节对股份经济的发展起了重要的作用。由于长期以来,股份公司的成立和运作,主要是由国家的特许所决定的,而这种管理方式具有封闭性强、主观随意性大、效率低等弊病,它已愈来愈与商品经济的发展和生产社会化水平的提高不相适应,人们纷纷要求废除这种管理方式,而以一种公开、客观、高效的新的管理方式取而代之。这便是颁布统一的法律准则,实行法制化管理,公司在法律面前一律平等。1826年,英国颁布条例,给股份银行一般法律许可。1837,美国康涅狄格州制订了世界上第一部允许有限责任的《一般公司法》。1843年,德国的主要邦国普鲁士政府颁布《股份法》。1844年,英国颁布了世界上第一部国家级专门的《股份公司法》,对除有限责任公司以外的所有股份公司作了规定。1856年,英国又颁布了世界上第一部国家级专门的包含了有限责任公司内容的新《公司法》,1862年进一步对该法进行了修订。法国于1856年和1863年对商法作了两次补充。1867年,法国颁布了单行的《公司法》。1867年,德国颁布《旧商法》。美国在这一阶段,虽然联邦对股份经济的立法调节有了一定程度的加强,但公司主要还是依据各州有关公司的法律组建和活动的。各州有关公司的法律既有一定差别,又有一些重要的共同之处。总的趋势是放宽对公司的各种限制,如允许公司拥有几乎任何数额的法定资本金和任意扩大公司规模,赋予公司无限生命,允许有限责任等等。美国联邦当局这一时期对股份经济的调节主要表现在对银行、铁路等少数部门中，在南北战争期间，建立了由政府颁布许可证的国民银行，发行以国家公债为保证的国民银行钞票，代替州立银行发行钞票，初步改变了货币紊乱局面。

随着一系列法律的实施，西方国家对股份经济的管理告别了“特许主义”时代，而进入了“准则主义”时代，即股份公司的设立和活动主要是依据相对均等的法律准则，而不是行政的审批。

这一阶段国家对股份经济的调节，除了法律手段外，也采取了经济手段。并注意将法律、经济和行政手段相结合。典型的如国家对铁路的扶持。19世纪30、40年代，普鲁士政府购买了私人铁路公司的部分股票并担保最低股息。最初担保的最低股息为3.5%，到1843年又提高到5%。同时也规定，如果股息超过一定水平，国家可参与分成。[1] 1850年，美国联邦政府规定，每修1英里铁路，拨给铁路公司线路两侧各10—30英亩的土地，还通过了对铁路公司贷款的立法，规定铁路公司每修1英里铁路，给予贷款1.6—4.8万美元的补助。到1871年，国会拨给铁路公司的土地约1.75万英亩。1865—1890年，政府发放贷款和授予土地的价值达15—20亿美元，占同期铁路全部投资的10—15%。此外，美国联邦各州还通过税收法、资源利用法等，使以铁路部门为代表的股份公司得到了丰厚的利益。[2]

这一时期，西方股份制具有如下特点：

---

① 〔德〕内森·罗森堡：《德国的铁路建设与国家干预》，斯图加特1987年版，第147页。

② 〔美〕乔治·威廉斯：《美国的铁路兴建与经济开发》，加利福尼亚大学出版社，1989年版，第51页。

第一,股份公司的数量、资产和产值等指标,无论从绝对量,还是占国民经济的比重衡量,都比过去上升。尤其是在以铁路为代表的基础产业和基础设施部门更占有举足轻重的地位。

第二,股东一般不能退股,股份有限公司、有限责任公司、无限责任公司和两合公司等不同类型公司的界限已经比较规范和分明。

第三,投资基金已在一些欧洲国家兴起。

第四,证券市场已经建立。

第五,国家对股份经济的管理已经进入法制化轨道。即由"特许主义"进入了"核准主义"时期。

第六,无论从股份公司成立还是上市情况来看,作为国民经济中坚的制造业中股份经济的成分都很小,这标志着股份制还未在整个国民经济中确立。

第七,随着资本主义世界经济体系的建立,股份公司制度已不仅仅是在少数国家,而是在所有发达国家得到了初步发展。

四、股份制的确立和第一个发展高潮阶段(19世纪70年代—20世纪20年代)

19世纪70年代以后,随着资本主义工业化的完成和世界经济体系的形成,资本主义经济进入了全盛时期,而股份制也得以确立,并迎来了第一个发展高潮,股份制的确立和发展高潮,对推动资本主义经济的增长起了至关重要的作用。

19世纪后期,主要资本主义国家纷纷完成了工业化,特别是重工业取代轻工业在整个国民经济当中占了优势。重工业企业工艺规程的特点是大批量生产，流水线作业，产品的通用化、标准化、系列化，这标志着生产的进一步社会化。与生产的进一步社会化相适应，也要求资本的进一步社会化。这一阶段资本的进一步社会化是通过两种基本途径进行的，一种是扩大股票的发行规模，另一种则是进行公司的联合。其中，第二种形式占有愈来愈重要的地位。

在这一阶段，以世界铁路网的形成为基础，不仅带动了煤炭工业、石油工业、钢铁工业、机器制造业等部门乃至整个国民经济的迅速发展，而且推动了对落后地区的开发，促进了世界市场的形成。到19世纪70年代，英国形成了全国铁路网。美国在19世纪后期，先后建成6条横贯美洲大陆的铁路线，一直深入至远西部地区。1900年，铁路里程达31万公里，超过了欧洲铁路长度的总和。1902年，美国的铁路网几乎延伸到全国所有的城市和乡村。1916年，铁路长度达到顶点，高达40万公里，占世界铁路里程的1/3。美国开发经济欠发达的中西部地区与铁路建设二者是基本同步的。铁路往往略先于移民到西部，促进人口和经济向西移动。1870年，美国人口4000万，其中14%居住在西部；1900年，人口7600万，其中25%居住在西部。从19世纪80年代以后，西部地区新建了1.5万家农场，开发了250万英亩土地。1870—1910年，中西部地区在全国工业总产值中的份额上升了7.52%，而中大西洋地区和新英格兰地区则分别下降了5.26%和9.63%。①

① 〔美〕乔治·威廉斯:《美国的铁路兴建与经济开发》，加利福尼亚大学出版社1989年版，第78页。

正如列宁所指出的:"铁路是资本主义工业的最主要的部门即煤炭和钢铁工业的总结,是世界贸易与资产阶级民主文明的总结和最显著的指标。"① 铁路、水路和公路运输相互配套和补充,形成了综合性运输体系。世界工业生产指数,1802 年为 3.18,1900 年为 58.7,1900 年则为 100。

这一阶段,西方国家的股份公司已在原来公司数量较少的制造业中得到了空前的发展,并在整个国民经济中占了举足轻重的地位。1844—1855 年,英国注册的公司有 4500 家,平均每年 330 多家。1862—1886 年,注册的公司 25000 家,平均每年 1041 家,1897 年是这一阶段英国注册公司最多的一年,高达 4975 家,1900 年注册的公司仍高达 4966 家,其中制造业占 36.4%,商业占 11.2%,铁路、银行、保险、矿山、外贸等行业的公司也得到了进一步发展。20 世纪初,西方国家国民财富的 1/4—1/3 被股份公司所控制。②

在这一阶段,后起的资本主义国家的股份公司也已开始诞生。日本的股份公司便是在明治维新以后,适应加快工业化和资本积累进程的需要,而从欧美引进的。明治 10 年和 30 年前后,日本掀起了 3 次股份公司热。1873 年,由三井家族和小野家族各出资 100 万日元,向社会公开募集 44.08 万日元(4408 股),有近 40 人入股,成立了日本第一家股份公司——第一国民银行。明治 10 年前后,日本的股份公司主要是商业公司和金融公司,且规模较小。

---

① 列宁:《帝国主义是资本主义的最高阶段》,《列宁选集》第 2 卷,第 733 页。

② 〔英〕爱德华·希尔:《经济组织的变革》,贝尔法斯特 1985 年版,第 51 页、89 页。

明治20年以后，公司范围扩大到铁路、海运和纺织等交通和工业部门，规模也显著扩大。①

随着生产和资本的集中，少数大公司不仅在行业内部占有垄断地位，而且具有支配整个国民经济之势。在一些西方国家，银行与工业公司之间出于共同利益和业务发展的需要，通过资金、股份、人事等各种形式紧密地结合起来，形成了新的联合体。这一阶段，垄断组织往往都是银行资本与工业资本的联合体。垄断组织为了避免在激烈的市场竞争中两败俱伤，除了签订规定产量、价格和市场份额的协议外，还进行了合并和收购。

在这一阶段，证券市场的发展也达到了高潮。这表现在如下几个方面：其一，交易手段进一步革新。1867年在纽约证券交易所股票报价器取代了交易后在经纪人之间人工传递最新行情的古老信息传输方式；1876年电话首次应用后刚4年，大多数经纪人便都拥有一部电话直通交易大厅，交易指令通过电话直通场内而不用人来回奔走；1882年，爱迪生发明的电灯也很快出现在证券交易大厅。其二，交易所会员队伍扩大，一些小型、分散的证券交易所开始进行合并。伦敦证券交易所的会员，1802年为500多人，1878年已达2000多人。如英国1890年成立了证券市场协会，标志着地方性证交所开始了合并进程。证券商协会、证券公司、银行和其他金融机构结成了买卖证券的联合体，开始动员大批证券推销员将证券推销给民众，从而揭开了“大众投资者时代”的序幕。其三，主要资本主义国家全国性证券交易网络开始形成。

① 〔日〕鸠山一郎：《日本的产业革命》，日本经济新闻社1984年版，第19页。

1912年,在纽约又成立了美国证券交易所,规模仅次于纽约证券交易所。美国证券交易所(又名为纽约场外交易所)主要服务于新兴中小企业,其上市条件比纽约证券交易所低得多。人们一般把美国证券交易所视为纽约证券交易所的“预备队”。美孚石油公司、杜邦化学公司、埃克森石油公司、通用汽车公司等一批著名大企业最初都是这个“预备队”的成员,待“预备队”的队员羽翼丰满之后,它们就转移到纽约证券交易所。尽管如此,由于美国证券交易所仍然具有自己的特色,也还使一些大公司继续留下来。到1914年,英国地方性的证券交易所已达22家。其四,股票市场活跃,股票在证券交易中比债券占有更为重要的地位。投机规模扩大。如1923—1929年,美国工业增长了18%,有价证券发行量增加了1.5倍,股票价格上涨了2倍。1924年底,纽约证券交易所交易额已达270亿美元,1929年,又上升到900亿美元。其五,交易市场已比发行市场占有更为重要的地位。其六,在市场交易的股票种类空前增多,已由前一阶段仅限于少数基础产业和基础设施部门公司的股票扩展到国民经济各行各业公司的股票。特别是制造业部门公司的股票逐步占有了主导地位。如美国在19世纪80年代以前,除波士顿纺织业外,基本没有制造业公司股票上市。19世纪80年代以后,制造业公司上市股票数量直线上升。1890年为10家,1897年则为170家。第一次世界大战前,制造业公司股票占上市公司股票的1/4,铁路公司股票仍占首位。到1921年,制造业公司股票取代铁路公司股票占了主流。尤其是石油、钢铁、化工、汽车、电力、煤炭等行业的股票愈来愈受人们的青睐。①

① 〔美〕全国证券商协会:《美国证券手册》,纽约1991年版,第103页。

其七,一些重要的股票价格指数在这一阶段开始编制。如1884年,美国首次发布了11种股票(其中铁路公司股票9种,工业公司股票2种)价格指数,为道—琼斯股票价格指数的面世奠定了基础。1896年,由道—琼斯公司创造人查尔斯·道和爱德华·琼斯共同编制的道—琼斯工业股票平均价格指数问世,当时仅反映12家工业公司的股票交易情况,第一天收盘时为40.94点。1916年,道—琼斯工业股票价格指数增加到20种,1928年,进一步扩大到30种,并保留至今。此外还增加了运输业公司股票价格指数20种,公用事业公司股票价格指数15种。道—琼斯指数一直是美国最大公司股票价格的代表。1923年,美国的标准——普尔公司编制的标准——普尔股票指数开始发表,最初反映233种股票价格指数。其八,在一些西方国家,大银行和大金融机构在证券市场上占据了支配地位。如美国以摩根银行和克劳勃银行为代表的大银行,通过与保险公司、信托公司、证券公司和欧洲金融机构之间的联合,采取资金支持等手段,控制了许多产业、特别是新兴产业的证券,在相当程度上操纵了证券市场。其九,随着生产和流通领域以金融机构为中心的垄断的形成,证券市场的立法进程相对滞后,加上国家在19世纪初以来放松了对证券市场的管理,导致证券市场欺诈、操纵、内幕交易泛滥成灾,因而这一时期被西方学者称为"投机家们为所欲为自由活动的最后时代"。其十,证券市场的国际化达到了新的水平。证券的活动不仅数量增多,而且范围由少数西方国家几乎扩大到全球。其十一,美国在19世纪末由资本输入国变为资本输出国,并成为世界头号经济大国,纽约在第一次世界大战以后,取代伦敦成为最大的国际金融中心。其十二,后起的资本主义国家也开始建立了证券市场,如日本在明治维新时期出现了证券发行和交易行为,1878 年建立了东京证券交易所。

随着股份公司和证券市场的兴盛,投资基金也得以扩展。19 世纪 80 年代,封闭型投资基金从欧洲引入美国。1924 年,波士顿的马萨诸塞金融服务公司设立了美国第一个开放型投资基金,即共同基金——马萨诸塞投资信托基金,由 200 名哈佛大学教授出资 5 万美元组成。这是世界投资基金发展史上的一个里程碑。至 20 世纪 80 年代后期,该基金已逾 10 亿美元,有 8.5 万个投资人。美国 1924 年投资基金约 50 家,投资者数千人;1927 年突破 100 家,资产总值 3.5 亿美元;1929 年 10 月为 755 家,资产总值 85 亿美元,投资者 52.5 万人,每千户家庭至少拥有 1 种信托基金。①

这一阶段国家对股份经济的管理表现在如下几个方面:其一是对原有的有关法律进行进一步的修改。如 19 世纪 70 年代至 80 年代,德国对《旧商法》作了多次修改。1897 年,德国制订《新商法》,对《旧商法》作了修改和补充。1908 年,英国通过了《统一公司条例》。其二是开始颁布单行的有限责任公司法。1892 年,德国通过《有限责任公司法》,这是世界上第一部单行的有限责任公司法。此后,许多国家纷纷效法德国,通过了单行的《有限责任公司法》。如法国于 1925 年通过了单行的《有限公司法》。其三是联邦制国家政府加强了对股份经济的管理。到 1875 年,美国各州当局普遍颁布了《公司法》。1888 年,美国新泽西州通过了《持股公司法》,允许一家公司持有另一家公司的股票。1911 年,美国堪萨

① 〔美〕全国证券商协会:《美国证券手册》,纽约 1991 年版,第 135 页。

斯州颁布了美国历史上第一个《证券法》,以限制证券投机。此后,美国许多州纷纷仿效。因为当时证券市场极为混乱,州当局认为,如不加以管理,总有一天连蓝天也要被出售。所以,人们将美国州级证券法统称为"蓝天法"。美国联邦当局于1909年制订了《股票转让法》,1928年,又制订了《统一商事公司法》。其四是后起的资本主义国家加快了股份经济立法的步伐。日本在明治维新时期,通过了一些单行的公司法规,如1872年制订的《国立银行条例》、《私营铁路条例》等。1878年,日本颁布《证券交易所管理条例》,1892年通过《交易所法》,1893年,制订旧《商法典》,1898年颁布《民法典》1899年制订新《商法典》,1911年对新《商法典》进行了较大修订。其五,虽然制订了少数关于证券市场的法律,如1896年德国颁布《交易所法》,但国家对证券市场的管理和监督仍处于起步阶段,国家对证券市场基本上是采取放任自流的态度。

这一时期,西方国家股份制具有如下特点:

第一,股份公司的资产和产值等主要指标在国民经济当中已占了优势,股份公司已取代独资企业和合伙企业成了主要的企业财产和组织形式。

第二,股份制已由以铁路为代表的少数基础产业和基础设施部门向所有部门扩展,尤其是在国民经济的支柱——制造业中得到了迅猛的发展。这标志着股份制已在西方国家得以确立,并迎来了第一个发展高潮。

第三,有限责任制度在国民经济当中已经占有举足轻重的地位。

第四,证券市场也发展到了一个高潮。但各种弊病也日趋表面化,从而为证券市场的一场大危机准备着条件。

第五,国家对股份经济的管理已经进入法制化的轨道,但法律还存在严重不足。这表现在如下几个方面:(1)法律已经取代行政特许成为决定公司设立的标准。根据这种变化,西方学者将这一阶段国家对股份经济的管理称为"核准主义"时期。即依照统一的法律对股份公司和证券交易所的设立、运行进行审核和批准。(2)许多西方国家都制订了专门的公司法。(3)在以美国为代表的联邦制国家中,联邦一级关于公司的法律也比过去增多了。(4)法律一般不再为公司的设立而规定资本金的上限,并往往赋予公司无限生命。(5)尽管各国颁布的有关证券市场的法律比过去增多了,但这方面的法律不仅在数量上不足,而且在内容上也相当薄弱和不充分。国家对证券市场基本上仍采取放任自流的态度,证券市场的法制建设滞后于国民经济发展的整体水平。

第六,在一些西方国家银行资本已经与工业资本融合起来。随着资本的集中,垄断组织在若干行业占有突出的地位,并对社会经济生活造成了危害。在社会公众的压力下,一些西方国家开始制订反垄断法,垄断受到了一定程度的抑制。同时,又还存在着一系列严重的问题。

股份制的确立和第一个发展高潮的到来,引起了马克思主义经典作家的高度重视。马克思主义经典作家在这一时期对股份制进行了集中研究,作了许多精辟的论述。马克思指出:"股份公司的成立。由此,生产规模惊人地扩大了,个别资本不可能建立的企业出现了。同时,这种以前由政府经营的企业,成了公司的企业"。股份制"是在资本主义体系本身的基础上对资本主义的私人产业的扬弃；它越是扩大，越是侵入新的生产部门，它就越会消灭私人产业。”[①] 马克思主义经典作家将股份制的确立作为资本主义生产关系适应生产力社会化水平提高而被迫进行调整，即发生局部质变的基本标志，并认为股份制的确立为资本主义社会被新的社会形态所取代创造了条件。

五、1929—1933 年的股票市场大危机及其影响

1929—1933 年的股票市场大危机，不仅使西方国家的股票市场全面崩溃，给西方国家的整个金融体系以沉重打击，而且成为经济危机爆发的先导和重要组成部分，并迫使西方国家政府对整个股份经济管理、监督体制进行重大调整。所以，1929—1933 年的股市大危机在资本主义股份制发展史上是一个重大的转折性事件，它揭开了西方由传统股份制迈向现代股份制的序幕。

（一）1929—1933 年股市大危机的表现和成因

这次股市大危机是从 1929 年 10 月 29 日开始的。

1930 年 7 月与 1929 年 10 月相比，美国纽约证券交易所股票的平均价格下跌了 75%，总市值由 897 亿美元跌至 156 亿美元。道—琼斯 30 种工业股票指数由 1929 年 8 月最高时的 381 点，跌到 1932 年 7 月最低时的 41.22 点，跌幅高达 89%，股票市值消失

---

① 马克思：《资本论》，人民出版社 1975 年版，第 3 卷，第 493、496 页。

740亿美元，即损失了5/6。许多投资者、企业、银行和证券公司破产，破产停业的企业达13万家，倒闭、重组的银行高达1.05万家，占全国银行总数的49%，约占商业银行总数的一半。许多公司和银行的股票一文不值。纽约股市的大危机，还传播到世界其他地区的股市，如伦敦证券交易所股票价格下跌的幅度约占纽约证交所的1/6，使整个资本主义世界的股市体系濒于崩溃。①

这次股市大危机的爆发，不是偶然的，而是有其深刻背景的，它是一系列长期矛盾积累的结果。

第一，它是经济大危机的反映。虽然从现象上看，这次股市大危机是先于经济危机而爆发的，但实质上，它是经济危机的反映和重要组成部分，而不是相反。它是资本主义基本矛盾的集中体现。当然，股市大危机反过来对经济危机又起了推波助澜的作用。

第二，股市的过度投机。20年代是西方经济"繁荣的十年"，也是制造股市投机风潮的十年。虽然西方国家的工商业迅速增长，但这种增长过分地反映在股市上，丰厚的投资预期回报不仅极大地刺激了证券投机商的野心，而且使越来越多的人在投机商的带动下卷入了狂热的股市投机活动中，人们认为买进的几乎所有股票都意味着利润。在1929年10月的纽约证券交易所，新股民就高达100万人。股市的过度投机主要体现在三个方面：(1)股价上涨速度过快。从1921年至1929年，纽约证券交易所的股票总市值上涨了497%。自1896年以来一直在60—120点之间徘徊的道—琼斯工业股票指数，1926年突破200点，1928年达到300

---

① 〔美〕罗伯特·比尔：《30年代的大危机》，华盛顿1992年版，第164页、167页。

点。当时评价股票价值的基点是“10倍市盈率”,然而,1929年大多数股票的市盈率在20倍到30倍之间,有的甚至超过了50倍。(2)为满足公众日益增多的对股票的需求,制造和发行股票数量急剧膨胀。利用股价的盲目上升,各行各业的公司都在扩大股票发行数量或拆细原有股票,使公众更容易买到。仅从1925年1月到1929年10月的4年多时间,列入纽约证券交易所价目表的股票,由4.4亿股增加到11亿股以上,该所的总市值由1925年的271亿美元,增加到1929年10月1日的871亿美元。(3)股票炒作频繁,股票交易额迅速扩大。1929年10月股票日交易量最高时高达1641.03万股。[①] 正是由于股市的过度投机,使虚拟经济与实际经济严重脱节,助长了经济的虚假繁荣和工商业界的盲目乐观,最终导致这种“泡沫经济”的破灭。

第三,滥用银行贷款,从事股票投机。用于证券交易的贷款一般需要一定量的保证金作抵押,因而这种有保证金作抵押的贷款称为“垫头贷款”。虽然美国联邦储备委员会在1929年2月已初步意识到银行巨额垫头贷款对股市投机资金的充斥起了决定性作用,因而上调了贴现率,银行也把“垫头贷款”的抵押份额提高到25%,但这种调整力度仍然不够。纽约证交所银行“垫头贷款”,1927年1月为30亿美元,1929年9月已达85亿美元。“垫头贷款”一般占了纽约证交所交易额的3/4。[②] 而一旦股票价格下跌,银行便会向借款人催还贷款,从而迫使贷款人抛售股票,进一步加

① 〔美〕罗伯特·比尔:《30年代的大危机》,华盛顿1992年版,第192页、195页、198页。

② 〔美〕罗伯特·比尔:《30年代的大危机》,华盛顿1992年版,第188页、176页。

剧了股价的暴跌。

第四,操纵股票价格。操纵股票价格,往往由金融机构、大证券商、大股份公司联合或单独进行,特别以联合进行居多,联合的方式包括:(1)搭伙交易,即有的提供资金,有的提供内幕信息,有的则负责交易。(2)占买或虚抛股票,以抬高或压低股票价格,操纵股市行情。(3)通过订立协议,合谋控制股票价格的"普尔"行为。仅1929年,纽约证券交易所便发生了107次"普尔"行为。[①](4)商业银行利用其优势地位,强制要求证券发行人把发行承销权交给商业银行的证券子公司或联营机构。应当特别指出的是,这一时期以商业银行为代表的许多金融机构深深地卷入证券业务,许多金融机构经营的证券业务量占了其业务总量的50%以上,成为左右证券市场举足轻重的力量,金融机构的一系列不正当、不规范运作,对股市的波动起了至关重要的作用。

第五,欺诈。指股票发行过程中的虚假行为,如公司大股东、董事、高级职员、证券商从事买空卖空,企业和国家政策的有关信息披露不真实、不准确、不充分,对广大投资者起了误导、欺骗的作用。这样,一方面助长了股市投机风潮,损害了广大投资者的利益,另一方面又削弱了股票的价值基础,使之一有风吹草动,即全面崩溃。

第六,滥用内部情报或从事内幕交易。包括公司大股东、董事、高级职员、证券商和交易所工作人员等利用其特殊地位,在公司信息尚未向广大投资者公布前就先透露,在有利于某一公司股

① 〔美〕罗伯特·比尔:《30年代的大危机》,华盛顿1992年版,第188页、176页。

票价格上升(下降)的信息披露前,抢先买入(抛出)该公司股票,擅自利用客户资金从事证券交易,等等。

(二)西方国家对股份经济的管理和监督体制的重大调整

1929—1933年的股票市场大危机,迫使西方国家对股份经济的管理、监督体制进行了重大调整,特别是针对证券市场暴露出的种种弊端,加强了证券市场的法制建设,初步改变了对证券市场的管理、监督滞后于国民经济发展的整体水平的局面。国家对证券市场的基本态度,已由过去的放任自流变为进行比较系统和严格的管理,并将这种管理作为调节整个国民经济的重点环节之一。所以说对证券市场的管理是国家全面调节和干预经济的基本标志和重要组成部分,这二者的进程是同步的。随着新的股份经济管理体制的建立,开始了由传统股份制向现代股份制的过渡。

西方国家对股份经济管理体制的重大调整集中体现于美国总统罗斯福在"新政"期间及随后颁布的一系列关于证券、银行和市场的立法上。下面,我们便以这些法律为例,并结合其他西方国家的情况,对此加以说明。

美国在1933—1940年期间颁布了一系列关于证券、银行和反垄断的立法,它们包括:1933年的《证券法》和《紧急银行法》(又称格拉斯—斯蒂格尔法),1934年的《证券交易法》,1935年的《银行法》和《公用事业控股公司法》,1936年的《罗宾逊—帕特曼法》,1938年的《马勒尼法》(1934年《证券交易法》修正案),1939年的《信托契约法》和《惠勒·李法》,1940年的《投资公司和投资顾问法》。同时,各州也颁布了州的《证券法》(或称《蓝天法》)。颁布这些法律的基本目的在于保护投资者的利益，实行股票发行和交易的公开、公平、公正，确保正常交易秩序，实现股权相对分散等等。这些法律的主要内容包括：

1. 管理监督制度。

美国国会在华盛顿设立了一个独立的、非党派的、准司法性的联邦证券管理监督机构——证券交易委员会（Securities & Exchange Commission，简称 SEC）。

证券交易委员会由 5 名成员组成，均由总统提名，参议院批准，任期为 5 年。成员中有一名为主席，负责与总统联系。5 名成员中同属一个政党的人数不得超过 3 人。SEC 成员不能兼任他职，也不能从事股票及其他证券交易。该委员会的职员有律师、会计师、工程师、证券专家、监察员、管理人员等 1000 多人。其预算与立法等事项与有关部门协调。

证券交易委员会的职责是：解释联邦证券法律的权力；制定和修改证券法律的权力；对全国和跨州的证券发行、证券交易所、证券商、投资公司进行管理和监督；调查处理证券交易中违法行为；等等。SEC 下设 4 个局：(1)市场管理局，负责管理现行股票等证券交易机制，监督交易所活动；(2)公司管理局，负责审核上市公司上报的各类资料；(3)投资管理局，负责监督共同基金会及投资咨询人员活动；(4)司法执行局，负责解释、执行证券法规，调查股票发行、交易活动中违法行为，并对其进行制裁。另外，SEC 下面还设有各类办公室，如法律总顾问室、首席会计师室、政策研究室、总经济师室、执行董事室、信息服务部等 18 个部门，并设有纽约、芝加哥、洛杉矶等 9 个地区证券交易委员会。此外，各州也成立了类似证券交易委员会的机构。

证券交易委员会享有法定的管理权限和执行权限。管理权限主要有:(1)管理各种证券发行和注册,并予以公告;(2)管理有价证券内外交易,制定证券交易的管理原则、方法;(3)管理投资银行和证券商;(4)监督、指导联邦证券交易所和国民证券交易协会的管理活动。自律组织内部规章的修改,也需报请证券交易委员会审核、批准,证券交易委员会有权提出修改和否定意见。执行权限主要有:(1)对证券违法主体提起民事诉讼;(2)对证券犯罪主体提起刑事诉讼;(3)拥有行政处罚权,有权暂停或撤销证券交易所、证券商的注册资格,有权驱逐交易所的不法会员或管理人员,可以终止有问题的证券交易,可以要求交易所制定、修改或取消其规章制度,甚至改变其组织机构,可要求交易所及其委员会提交有关报告。

成立全国证券交易所和全国证券商协会两大行业协会,作为证券业主要的自我管理组织,并有着辅助证券交易委员会管理证券市场的职能。

30年代以来,美国股票市场监管体制的设计者们,并没有走向另一个极端,完全摒弃旧有的自我监管机构及其制度,用证券交易委员会取代自律机构,而是让证券交易委员会建立在自律机构基础之上,将自律机构和制度纳入法律的框架,令其走向正常化、规范化的轨道,将自律机构发展、培育成贯彻执行自己监管政策的工具。一向依赖和鼓励证券业通过行业自我监管组织来监管从事证券业务的人士和企业,经过多年的经营,逐渐形成了一套统一管理与自我管理(他律与自律)相结合的行之有效的独特制度。

一方面,《证券法》对自我监管作了明确的规定,全国各类证券商必须进入利用其设施的自律组织,成为其成员,受其自律规章的约束,接受自律组织的监督和检查;对于违规违章的成员,自律组织有权依内部规章处罚,直至开除出去。另一方面,这些自律组织及其成员证券商同时必须向证券交易委员会依法注册,依照法律及按照其多年建立起来的管理程序和规章,对自律组织和证券商,对整个证券市场的活动进行监管,对违法违规者实施惩罚。这两个方面构成了美国证券管理体制的法律基础。

全国证券交易所兼有自我管理和经营的双重职能。即一方面,管理全国场内证券交易;另一方面,又实行自主经营,自行组织,是有形交易场所。

证券交易所都是非营利的法人团体,交易所章程视为契约。证券交易所依法律或 SEC 的法规建立成员制度,负责成员的注册登记和对成员资格的审批,所有在交易所参加交易的公司、集团、投资银行、交易商、经纪人等,都必须先申请交易所的成员资格;公司的证券上市发行及交易必须依交易所的规章和《证券法》取得交易所的注册;证券交易所对于市场股价和交易额,依一定的正常指数进行监视,一有不正常的波动,交易所便着手调查,并及时作适当的处理。

纽约证券交易所是美国最重要的交易所,它有一套十分复杂的自我管理条例,如要求所有成交证券都必须是“公开价格”的,交易和价格必须迅速报告给行情收录系统,在营业时间外不准交易。纽约证券交易所还规定,所有成员公司都要递交财务报告,每年至少要接受三次检查,所有经营业务的会员组织都要向保险公司投信用保险，万一他们所雇佣人员有营私舞弊或其他不诚实行为，造成客户的损失，就要给予必要的补偿。

全国证券商协会(NASD)成立于1939年，它不是经营实体，而是场外交易自我管理的组织机构。它的主要任务是：制定与实施有关公平经营、防止欺诈行为的规则，调查解决会员之间、会员与公众之间的纠纷，帮助会员同政府机构打交道，并通过有组织的努力，促进场外交易市场的发展。它对维护场外交易秩序起了积极的作用，它还为场外交易提供及时、准确的信息。全国大多数证券交易所和证券商均为协会会员，会员财务情况须定期向协会报告，并接受协会每年检查。凡违反协会规则的会员，将被给予警告、停止交易、罚款、暂时取消会员资格、开除出协会、起诉等处罚。

所有证券商，都要申请成为一个适当的自我监管组织的成员，在场外市场交易的，必须在SEC注册后45天内申请为NASD的成员。NASD还经SEC授权，制订证券商及其属下从业人员的资格标准，并为此组织和主持有关的全国性考试。NASD发布自己的会规用以规范属下会员，促使他们遵循高标准的商业道德准则，特别是商业上的诚实和对投资大众服务的良好精神等；这些规章还对股票制造市场和承销证券等作了详细的规定。

证券交易所、NASD等自我监管组织，每年都会对其属下的成员证券商作财务审计，并对销售业务及其销售手法等作检查。虽然每个自我监管组织进行这些检查的程序都会有所不同，但差异并不大。检查都是突然性的，审查证券商的账簿、记录和对顾客贷款等的有关规定，还可能深入调查证券商的组织结构、内部管理和控制，他们所拥有的保证金额和性质，及证券商顾客的账户。检查中如发现有违法事件和行为,会依内部规章或法律进行处理,或者移交 SEC 等。

SEC 在依赖自律组织对证券市场作一线监管的同时,对这些自律组织的市场运作和自我监管行动作严密的监视,以保证自律组织能有效地行使责任和权力,保证这些自律机构不会伤害公众利益和不会做出对私人利益不公平的事。

SEC 为了履行其监管责任,经常对自律组织进行突击的或定期的检查。检查这些自我监管组织的监管系统、调查工作的手法和程序,以及他们对违法行为的处分惩罚制度等。检查的目的,是要保证这些自我监管组织能够有效地强制其属下成员证券商,遵循有关证券法规和自我监管组织的规章。另外,SEC 还希望通过这些检查,能跟自律组织一起,不断改善监察证券市场的有关系统和活动。检查的重点放在市场交易活动及自律组织监管市场交易的能力和运作。SEC 在认为必要时,可责令有关自律组织改组整顿。

SEC 有时还会直接地对证券商进行自行检查、监管,这既监管了证券商,也同时检查监管了其所属的自律组织的活动及功效。

此外,美国还成立了负责管理各证券交易所清算的清算代理处和负责领导州政府公债交易商的地方证券管理理事会。

国际上一般把西方国家对股票市场的管理分为三种模式,一种是以美国为代表的“集中管理型模式”,法国、加拿大和战后日本、意大利也属于这种体制(日本战后对股票市场的管理体制主要是从美国移植的)。这种体制的基本特征是政府较早制订了专门系统的证券市场管理法规,并设有全国性的官方证券市场管理监督机构，以此为主导对股票市场进行集中统一管理，如美国为证券交易委员会，法国为证券交易所管理委员会，意大利为全国公司与证券交易所管理委员会，日本原为证券管理委员会，后改为财政部证券局；同时，这种模式的国家又以民间证券业自律（自我管理）作为补充和辅助。

与上述第一种模式相对应的是以英国为代表的“自律（自我管理）型模式”，葡萄牙等国属于这种体制。这种体制的基本特征是政府没有制订专门、系统的证券市场管理法规，也没有全国性的统一的官方证券市场管理监督机构，而是以历史上形成的证券交易所协会进行自我管理为主。证券交易所协会由在交易所大厅内从事营业的证券经纪商和自营商组成；它管理着伦敦和英国其他6个地方交易所的具体业务，实际上负责整个英国证券业的管理，主要由《证券交易所管制条例和规则》进行规制，证券交易所协会由一个理事会领导，下属一个上市委员会及其常务机构上市部等。证券交易所协会的主要职能在于它对会员的管理，对证券上市的决定，以及对证券不法行为的解决。

第三种模式是以荷兰、战后德国为代表的“中间型管理模式”。这种模式既强调立法的、官方的管理，又强调民间的自我约束，也就是干预与自律相结合。如荷兰是世界上最早建立证券市场的国家，开始它采取的是自我管理型模式，尔后才逐渐演进为自律与干预相结合模式。荷兰的政府机构、半官方机构、民间机构三位一体，在管理证券交易中各司其职。财政大臣和中央银行属政府机构。财政大臣的证券权限主要是对在荷兰上市的证券买卖中介服务或担任共同基金经理的认可权。中央银行的证券职责是：(1)为财政大臣提供咨询;(2)监督各种银行、金融公司、证券经纪行的证券承销业务;(3)管理国际证券交易。荷兰合并事务委员会是隶属于社会和经济理事会的半官方机构,其成员 1/3 来自雇主代表,1/3来自雇员代表,1/3 由政府任命,它负责审批合并事宜,如合并双方违反《合并规则》,还可以发布"公开申斥";荷兰证交所协会是民间组织,包括阿姆斯特丹证交所协会和欧洲期权交易所协会,协会实行董事会制,负责批准吸收新会员、制定上市标准、管理上市秩序等事宜。

银行在股票市场唱主角是德国的一大特色。在德国证券交易所内只有银行及其代表才能接受顾客的委托,将顾客的订单带入交易所,也只有银行可以从事自营买卖业务。在德国没有专门的证券公司,但在账户上,银行业务与证券业务还是分开的。外国的证券公司若在德国参与证券交易所的买卖业务,在管理上视同为与德国的银行一样。在德国证券交易所内,除了银行以外,还有经纪人。经纪人的主要作用是促成买方银行与卖方银行之间的交易。

法兰克福证券交易所采用公司制的形式组成,其中 80%属于德国银行会员。10%属于外国银行会员,5%属于官方经纪人,5%属于自由经纪人会员。根据德国的公司法,法兰克福证券交易所由董事会领导。董事会共有 22 名董事。其中有 19 名从交易所成员中选出。每 3 年选举一次。19 名董事中又有两名官方经纪人代表;两名自由经纪人代表;两名上市公司雇员代表;13 名会员公司代表。董事会的主要职责是接纳吸收会员,组织场内交易,并督促他们遵守交易规则。同时,董事会还有权任命由 4 人组成的执委会。交易所内还另设一个审核委员会,主要职责是审核、批准有价证券在交易所内上市交易。它共有24名成员组成。其中12名由当地著名工商企业的管理人员组成,另一半由交易所会员组成。交易所内的官方经纪人也有自己的组织,称之为:官方经纪人协会。它的主要职责是对官方经纪人的业务活动进行监督,并保证交易机会均等,监督价格决定情况和交易所内价格的公布情况。除了交易所内部的组织维护交易秩序以外,交易所还要接受联邦和州政府的管理。联邦与州政府对证交所的管理又主要通过三条途径:(1)因为证券交易人主要是银行。所以,联邦政府的银行监管办公室负责对参与证券交易所交易的银行进行监督和指导。而对经纪人则由证券交易所所在的黑森州的金融管理部门进行监督。(2)由州政府的金融管理部门对交易所的开业、停业、交易规则、交易收费等进行管理。并对官方经纪人的资格进行审核、批准和任命。(3)对证交所场内交易、交割进行监督。

2.注册、报告和检查制度。

在美国,只要拟发行股票公司的资产达到100万美元,股东人数达到750个,就必须首先向联邦贸易委员会(后改为证券交易委员会)提出报告,填报《登记表》(即《证券注册申报书》),《登记表》分为运营情况介绍和财务报表两大基本部分。主要内容包括:申请证券发行目的、数量、票面价格、期限、预期收益、回购条件等;公司的资产负债(包括负债的日期、偿还期限、利率等)和损益;公司对资本运营的意见和未来财务状况展望;公司股本总额和结构、公司股东的权益;公司董事、总经理、会计师、审计师的姓名,公司高级职员聘任、辞退的条件及其权利、义务和责任;公司的运营情况,特别是公司的主要产品和业务及其销售情况、盈利和分红情况;也包括公司的各种合同;公司的代理人、有关银行、经纪人、受托人的姓名、地址、资格和与公司的关系。公司的《登记表》应经由独立的会计师和审计师事务所核实证明。证券交易委员会在20天之内未对公司的申报提出任何异议,则从第21天开始注册自动生效。如果证券交易委员会认为发行公司的情况已为公众熟知,则可发布加速发行该公司证券的命令,这意味着该项注册提前生效。如果证券交易委员会发现有与事实不符、漏报、缺报、含糊不清等不符合公开发行条件的情况,则应在注册自动生效日以前通知证券发行者,要求其进行修正、澄清或就有关问题作出必要的补充并延长注册生效期。如果经修改的发行申请仍不符合要求,主管部门有权取消申请发行公司的该项注册资格。已在主管部门注册登记过的发行公司,若要再次发行(两次发行间隔超过半年),必须重新履行注册手续。公司的运营情况介绍和财务报表必须每16个月向证券交易委员会补充新材料。

发行公司的股票在实际交易之前,也必须向证券交易委员会进行交易注册登记。总资产不超过300万美元的股票发行公司,其股票在场外交易市场上可享受交易注册豁免。股票发行公司在进行交易注册之后,还需向主管部门定期呈报公司的财务与经营状况的报告。

证券商也必须向证券交易委员会申请登记注册。证券交易委员会必须于证券商申请后45天内批准或拒绝其注册,并于申请之后120天内完成全部程序。对证券商的管理、监督包括资本金限定(具体形式有规定最低资本额、提取保证金、规定最低流动比例、资产保险等形式)、经营收费标准限制、投机经营管理、交纳管理费制度等。

对达到一定交易量的全国性证券交易所,必须向证券交易委员会登记注册。从而改变了证券交易所传统的"私人俱乐部"身份。合格的证券交易所必须具备如下基本条件:第一,有组织证券交易活动的能力和经考核称职的管理人员;第二,有完备的交易场所和经营设施;第三,有健全的内部管理制度。

证券商和证券交易所也必须定期向证券交易委员会汇报、报送有关文件并接受检查。

3.公开制度。

新上市公司应当首先向公众发布《招股说明书》,已上市公司应当每一季度公布经营状况,每一财政年度公布财务报告。股东有权查阅公司各种报表,公众也可以在证券交易委员会查阅或获取公司报表。这样便于公众全面和及时地了解公司的经营状况和动态。公司的材料必须准确、详尽,不得对重大事件隐瞒或虚报。公司和会计师事务所必须对其提供的材料承担民事和刑事责任。若发现失实或虚构,轻则暂停公司注册,责成公司修改有关文件,重则处以罚款,撤销注册,停止该公司证券上市,甚至处以监禁。如果公司进行资产结构调整或收购、出售、破产、清算、控制权变更、董事或独立的会计师变动等重大事宜,它必须于事件发生前15天和发生后的当月内,分别向证券交易委员会报告两次,并及时向公众公布。此外,主要证券交易所的股票买卖一般都采取公开竞价拍卖方式进行。证券商如与证券发行者存在控股关系时,必须在客户交易前公开此关系。

应当指出的是,以美国为代表的注册制并不禁止质量差、高风险的证券发行和交易,而是根据"太阳是最佳的防腐剂,电灯是最有效的警察"的原则,通过强制性地对公司实行公开化,为公众提供及时、真实而完整的信息,防止虚报、漏报或错误陈述。这样,一方面为投资者创造一个信息畅通的投资环境,引导和调节投资者的投资方向和规模;另一方面为发行者提供平等的竞争条件,谁的证券质量好、收益高、流动性强,就会成为热门证券,反之就会被市场淘汰。由于批准机关并不对证券的发行和交易规定实质性条件,所以注册制又称为"非实质的管理"或"形式上的管理"。

与此相对应的是以一些欧洲大陆国家和日本为代表的许可制(又称批准制或特许制),这种管理体制除了要求公司对有关信息作公开披露外,还必须符合公司法中规定的若干实质性条件,如公司的性质、公司是否达到最低资本现值、资本结构是否健全、是否达到大众持股下限、公司是否具备清偿能力、管理人员是否具备相应的资格、保荐人是否合格等。证券管理机关有权拒绝不符合实质条件的质量低劣的证券发行和交易。此外,对证券商和证券交易所也有严格的把关。所以,这种体制被称为"实质性管理"体制。不过,这种体制对证券发行时的公开性强调不够,披露的程度低于美国。

还有一种是以英国和部分欧洲大陆国家为代表的对公司证券发行和证券商、证券交易所的认可制(又称承认制或核准制),这是与这类国家实行的"自律性"管理体制相一致的。

4.反操纵制度。

主要禁止:(1)股票交易者借助强大的资金实力,连续以高价买进或低价卖出某种股票;(2)在不转移股票所有权的前提下进行大规模虚拟的买空卖空;(3)几个交易人合谋以一定的价格大量买进或卖出某种股票。如果股票发行公司为维持本公司股票市场价格,可以在一定限度内(不得超过日交易量的15%和月交易量的10%以上的本公司股票)买进本公司股票,否则就是违反了反垄断规定。股票中间商或承销商也只能为维持自己承购包销的股票的市场价格而买进一定限额的股票,并且在实际买入交易发生之前,必须上报主管部门。

5.反欺诈制度。

主要禁止:(1)以某种手段欺骗交易对手和社会公众,如以虚售等方法制造交易活跃的假象,提供关于股票发行与交易的虚假信息;(2)证券商在承销热门股时,超过自行投资规模而过多保留、持有该股票;(3)捏造事实或隐瞒、遗漏关于股票交易的重要事实;(4)编造和散布影响交易秩序和市场行情的流言蜚语;(5)采取蒙骗、威吓等不正当手段劝说或强迫公众买卖。

6.限制"圈内人士"滥用内部情报和从事"内幕交易"制度。

所谓"圈内人士"是指公司的大股东、董事和高级职员、证券交易所工作人员、股票经纪人、律师、会计师等。美国法律规定,占有公司10%以上股份的股东、董事和高级职员必须在持有或失去公司股票10天内,向证券交易委员会提交关于他们拥有公司股票的变动情况。法律禁止持有公司10%以上股票的股东、董事和高级职员在股票买进或卖出后6个月内即行卖出或再行买进。禁止"圈内人士"在公司内部情报尚未向股东公布之前,知情人就将该情报披露给他人,或自己利用该情报进行股票交易,以此牟利或避免损失。违者将被追回所得，并处以罚款。禁止制造和传播虚假信息。如果“圈内人士”活动违规严重，还必须向公众公布，对违法的“圈内人士”个人一般可处1万美元以下罚款(严重者最高可达10万美元)或5年以下有期徒刑；法人可处50万美元以下罚款或5年以下有期徒刑；暂停或取消某种证券上市交易；强制性要求证券交易所改组；暂停或取消证券交易所的注册资格；等等。

7.控制信用交易制度。

即提高对用于股票交易贷款的垫头(保证金)比例。美国授权联邦储备委员会将用于股票交易贷款的垫头(准备金)比例由1934年以前的约25%提高到50—80%，联邦储备委员会还对购买或占有股票而延期归还的贷款数额严加限制，并定期检查。证券交易委员会也对垫头贷款制订了规则，并随时予以检查。这就控制了信用交易的规模，削弱了证券市场与信贷市场的联系，减少了这两类市场波动的交互影响及对整个金融体系的冲击。

8.各类银行专业化制度。

即实行商业银行与投资银行相分离，商业银行其证券业务只限于买卖联邦和州政府的有价证券，禁止商业银行发行、销售、分配证券或为证券提供担保。如果商业银行要买卖企业股票或债券，只允许以自有资本购买，其数量控制在自有资本和盈余总额的10%以内，并且对有价证券的级别做了严格规定。投资银行不得接受储蓄存款和发放贷款。商业银行和投资银行的职员相互之间不得兼职，禁止两种银行之间成立连锁董事会。切断商业银行与其证券子公司或证券联营机构之间的联系，将后者与证券公司合并。证券交易委员会还对投资银行进行了特别严格的管理，如规定禁止投资银行之间相互投资和持股;除特殊情况外,禁止投资银行发行优先股;除得到证券交易委员会的批准外,禁止持有某一公司股票的投资银行与该公司股东、董事和高级职员进行交易;股票的管理合同须征得股东同意;投资银行中承担投资咨询、委托而得到的收入必须向证券交易委员会申报;等等。

30年代以来,实行商业银行与投资银行职能相分离的"银行专业化"体制的西方国家除美国外,还有英国、加拿大、日本和瑞典等。此后,国际金融业和证券业将各金融组织及不同部门之间的屏障称为"防火墙",又称"中国墙"。"中国墙"是美国原总统罗斯福在一次演讲中,用旧中国奉行闭关锁国政策来比喻证券市场的部门屏障。

与"银行专业化"制度相对应的,是"全能银行"制度,在这种制度中,商业银行与投资银行之间的分工不明显,银行业与证券业之间的一体化程度较高。实行这种制度的国家有法国、德国、意大利、荷兰、比利时、瑞士等国。

9.限制股权过分集中和保护中小股东利益制度。

美国法律规定,如果公司要进行合并,必须提前向证券交易委员会报送以下材料,并通告股东,这些材料是:(1)作为收购目标的证券和公司的种类;(2)收购人的身份和背景;(3)与作为收购目标的公司以前曾经做过的交易或协商;(4)用于购买的资金来源和数量;(5)收购的目的和收购人对目标公司的计划;(6)收购人对目标公司证券的收益;(7)关于目标公司证券的各种契约、协议、安排和关系;(8)雇佣人员及其条件;等等。法律规定,在对某公司进行股权收购时,如果该公司股票供过于求,收购者必须根据每个股东提供的股票数量按比例承购这些股票，从而避免了大股东与中小股东之间因收购机会不均等而给中小股东的利益带来的损失。获得公司5%以上股票者应将有关资料报证券交易委员会，并向公众公布。法律还规定，公用事业控股公司及其子公司在收购有关股票或资产时，不可使控股额过于庞大，公用事业控股公司组织机构的一体化也不可过于膨胀，以免损害公共利益和破坏社会化的有效管理。

10.公司破产重整诉讼和清算制度。

根据法律规定，公司破产时，可由债权人或债务人在法院提起法人重整诉讼；如果公司无力进行重整，股东有权要求法院对公司进行清算，在清算过程中，对公司主要负责人的财产实行保全，以便将其财产用于可能的损害赔偿。

30年代以来，以英国为代表的一部分西方国家，实行以证券交易所自律为主的股份经济管理体制，因而具有不同于美国等西方国家的一些特色，但我们也应看到，第一，30年代以来，英国等国对股份经济的管理也比过去更为系统和加强了，30年代是所有西方国家股份经济管理体制的重大转折时期。以自律为主并不等于没有宏观管理和监督。第二，英国与美国在对股份经济管理体制上既有区别，也有共同之处，不可把二者截然分开。如自律制度也是美国股份经济管理体制的重要组成部分。

总之，30年代以来，以一系列有关立法的颁布实施为标志，西方国家的股份经济管理体制进行了重大调整，这不仅保证了证券市场的相对稳定，抑制了过度投机，缓解了证券市场的动荡对金融体系的冲击，还奠定了战后股份经济管理体制的基础和框架，战后关于股份经济的立法主要是对30年代法律的补充、修订和完善，从而实现了由传统股份制向现代股份制的转变。

以美国为代表的西方国家在30年代对股份经济管理体制的重大调整，挽救了濒于崩溃的股市，使股市逐步恢复了元气。道—琼斯工业股票平均指数由1932年谷底时的41点，先在1934年回升到100点，1937年6、7月又上升到近200点。1935—1945年，美国公司发行的证券比前10年增长了2倍。[①]

---

① 〔美〕全国证券商协会:《美国证券手册》,纽约1991年版,第128页。

第二章　战后西方国家股份公司的地位和股权结构的新变化

以30 年代为开端，西方国家股份制的现代体系逐步形成，并在第二次世界大战以后得以确立和完善。股份制的基本组织形式是股份公司。战后股份公司发生了一系列的新的重大而深刻的变化，股份公司已成为西方国家经济的主要承担者，股份制成为现代资本主义经济制度的支柱和典型代表。本章中，我们在第一节论述股份公司在西方国家国民经济中地位的新变化，在第二至七节论述股份公司的股权结构的新变化。

一、战后股份公司在国民经济中的地位

战后，西方国家股份公司在国民经济中具有如下变化趋势：

（一）股份公司的数量在企业总数中居少数，但其拥有的经济资源在国民经济总量中却占了压倒优势的地位

美国现有注册企业2100 万家。其中，股份公司的数量虽只占企业总数的15 %，但股份公司的资产却占了全国企业总资产的85 %，销售额占销售总额的88 %，职工工资占全国职工工资总额

的70%。[①] 1991年6月，日本资本金10亿日元以上的4195家大企业中，股份公司和有限公司分别为4129家和53家，分别占98.4%和1.3%，二者合计占99.7%[②]。德国的股份有限公司虽仅2500家，但其拥有的资本却占社会总资本的70%。[③]

（二）独资企业、合伙企业和公司企业的数目占企业总数的比重变化相对较小，但公司企业的收入在企业总收入中的份额显著上升，而独资企业和合伙企业的收入占企业总收入的份额则相应下降

从表2-1中可见，1960年与1940年相比，美国的独资企业和合伙企业的数目占企业总数的比重由83%上升到89%，而公司企业的数目比重则由17%下降到11%；但前者的收入占企业总收入的份额却由23%下降到22.4%，而后者的收入则由77%上升到77.6%。1970年，美国的独资企业和合伙企业的数目比重为86.1%，收入份额为15.9%；公司企业的数目比重为13.9%，而收入份额则为84.1%。可见1970年与1960年相比，美国独资企业和合伙企业的数目占企业总数的比重降低，但收入份额降低的速度更快；公司企业的数目比重提高，但收入份额提高的速度则更快。1980年，美国独资企业和合伙企业的数目比重为83.8%，收入份额为11.2%；公司企业的数目比重为16.2%，收入份额为

---

① 美国商务部普查局：《国情摘要》，华盛顿1994年版，第41页。

② 〔日〕松井武男：《战后日本经济的成长》，岩波书店1993年版，第63页。

③ 〔德〕赫尔穆特·马林：《德国的社会市场经济》，德国南德出版社1993年版，第51页。

表 2-1 美国企业组织形态结构

企业形态 \ 年份	1940	1960	1970	1980	1984
独资企业					
数目(千个)	2018	9090	9400	12702	11262
比重(%)	73	81	78.3	75.6	70.1
收入(亿美元)	310	1710	2380	5060	5160
比重(%)	16.2	15.6	11.4	7.1	5.9
合伙企业					
数目(千个)	271	941	936	1380	1644
比重(%)	10	8	7.8	8.2	10.2
收入(亿美元)	130	740	930	2920	3750
比重(%)	6.8	6.8	4.5	4.1	4.3
公司企业					
数目(千个)	473	1141	1665	2711	3171
比重(%)	17	11	13.9	16.2	19.7
收入(亿美元)	1480	8490	17510	63610	78620
比重(%)	77	77.6	84.1	88.8	89.8

资料来源:〔美〕《美国统计摘要》1987 年,第 62 页。

88.8%。1980 年与 1970 年相比,美国独资企业和合伙企业的数目比重进一步下降,收入份额降低的速度更快;公司企业的数目比重进一步上升,但收入份额上升的速度更快。1984 年,美国独资企业和合伙企业的数目比重为 80.3%,收入份额为 10.2%;公司企业的数目比重为 19.7%,收入份额为 89.8%。1984 年与 1980 年相比,美国独资企业和合伙企业的数目比重和收入份额都降低;公司企业的数目比重和收入份额都提高。将战后各时期与 1940 年进行对比,美国的独资企业和合伙企业的收入份额一直呈下降趋势，而公司企业的收入份额则呈上升趋势。独资企业和合伙企业的数目比重在1960年呈上升趋势，但此后则转为下降；而公司企业的数目比重则在1960年达到低点后，以后一直逐步缓慢上升。

（三）各种企业形态的产业分布不同

独资企业和合伙企业主要分布在投资较少、风险较小的部门，如农林渔业、服务业、零售业，一些矿业等；而公司企业则主要分布在投资较多、风险较大的部门，如制造业、批发商业、金融保险业等。

二、股东多元化、股权微观分散化和宏观集中化

（一）股东多元化

所谓股东多元化，是指持股主体（包括个人和法人）越来越多。1953年，美国直接持有股票的人数是649万人，占全国成年人口的4.2%；1985年为4704万人，占20.1%；1995年为5130万人，占31%。如果加上间接持有股票者，到1996年，美国共有占成年人口43%的人持有股票（直接持有股票指股东以自己的名义登记和持有股票，间接持有股票指股东不以自己的名义，而以经纪人的名义登记和持有股票）。1989年，美国有32%的家庭直接或间接

地持有股票,1995年,上升到42%。[1] 1979年,以撒切尔夫人为首的保守党政府上台时,英国的股东人数约为300万人,1993年约为1200万人,占全国成年人口的22%。日本有2600万人持有股票,约占全国成年人口的20%多。法国有900多万人持有股票,占全国成年人口的16%。加拿大这一比例则为25%。在主要西方国家中,只有德国的情况比较特殊,全国只有420万人持有股票(包括企业职工股票持有者150万人),仅占全国成年人口的5%。[2]

股东之所以多元化,是由于:战后随着生产的进一步社会化,必然相应引起资本社会化程度的进一步提高。(1)公司的资本额巨大。如1995年,纽约证券交易所平均每家上市公司资本额200亿美元。这样巨大的资本额显然需要众多投资者共同投资,而仅靠少数投资者是无力承担的。(2)许多股东购买股票不是为了控制公司,而是为了自身财产的增值。投资者为了分散风险,往往将资金分别投入若干家公司,而不是集中在一家公司。(3)这是战后初期剥夺战犯财产,将其公开出售给大众,实行"资本民主化"的结果。(4)战后西方国家公司、金融机构、证券商和政府采取了许多鼓励、方便中小股东购买和出售股票的措施。这在80年代以来表现得尤为突出,如实行金融创新、简化股票发行和交易程序、降低佣金标准、下调股息和红利收入税率等等。(5)战前,公司的经营大多较单一,行业色彩较浓厚,持股者也主要局限在少数行业的范

① 〔美〕全国证券商协会:《股票市场调查报告》,纽约1996年版,第9页。
② 经济合作与发展组织:《经济展望》,1995年版,第24页。

围内；战后公司往往从事多样化经营，行业色彩淡化，持股者也就日趋突破了行业的局限，拓展到更大的范围。(6)战后的《反垄断法》等法律对过高的持股率予以了一定程度的限制。

（二）股权的微观分散化和宏观集中化

所谓股权的微观分散化，是指从公司内部看，大股东的持股率比较接近。战后，美、日等国一般持有一家公司5%以上的股票能对该公司施加重大影响或进行控制。现在，由于有关法律对金融机构的业务范围、持股比例等的限制，经济现代化和产业结构的调整，资本市场的发育水平，对投资者的行为能力和偏好，分散风险的需要，公众的呼声等原因，持有一家公司5%以上股票的股东虽然存在，但比战前显著减少。许多公司大股东与大股东之间的持股率较接近。如美国埃克森石油公司，长期以来曾由大通曼哈顿银行单独控股，但战后随着众多法人股东纷纷打入该公司，至80年代中期大通曼哈顿银行已仅占有该公司1.3%的股份。又如美国德士古公司前三位大股东大陆伊利诺斯国民银行、大通曼哈顿银行、大陆公司分别占有德士古公司1.56%、0.38%和0.28%的股份[①]。1991年，松下电器产业公司前3位大股东住友银行、住友生命保险公司、日本生命保险公司的持股率分别为4.66%、4.19%和3.92%。[②]

由于每一个大股东的行动都受到其他大股东的制约，一个大

① 林进成等主编：《世界大公司100家》，复旦大学出版社1986年版，第2页，第47页。

② 〔日〕《东洋经济》周刊1992年《大股东总览》，第371页。

股东往往很难单独对一家大公司实行有效控制，而必须依赖若干大股东达成协议。但大股东的数目越多，协议就越难达成，即使达成了，产生摩擦的机会也较多，稳定性较差，较难长久维持。

所谓股权宏观集中化，是指从社会范围看，公司股权依然是由少数大股东控制的。这种趋势既与股东多元化并存，又与股权微观分散化并存。说明战后西方国家的股权关系复杂化了。因为中小股东虽人数众多，但其持有的少量股份根本无法与少数大股东的巨额股份相抗衡。虽然从公司内部看，股权份额接近的大股东有若干个，但若从社会范围看，则大股东人数甚少。据总部设在纽约的国际工商研究机构“会议委员会”发表的报告显示，1985 年，美国 25 家最大的机构投资者拥有最大的 25 家公司 19.8%的股权，1997 年已提高到 28%。另据美国联邦储备委员会和国内收入署 1992 年 4 月 23 日联合发表的调查报告表明，1989 年，美国 1%最富有的家庭占有公司股票的 49%，非公司企业资产的 62%，债券的 78%，非住宅地产的 45%。这 1%的最富有家庭占了美国私人财产的 37%，另外 9%的富有家庭占 31%，而其余 90%的家庭约占 32%。

应当强调指出的是，长期以来，国内理论界有两种观点，一种是仅仅看到战后西方国家公司股权的分散化；另一种则仅仅看到股权仍集中在少数大股东手中，并认为随着股东多元化，少数大股东控股更容易了。这两种观点都具有片面性，它们都没有区分股权的微观结构与宏观结构，而把二者混为一谈。事实上，战后西方国家公司股权的微观分散化和宏观集中化二者不仅不矛盾，而且同时并存。这种新的股权结构对大股东地位的影响是双重的，即：

一方面，由于股东多元化和微观股权分散化，使对公司进行控制所需的股票限额降低，从而使大股东的地位有所上升；但另一方面，由于大股东之间的持股额较接近，单个或少数大股东对一家公司进行控制又变得难度大了，稳定性差了，取而代之的是较多大股东对公司的联合的、不太稳定的控制。

三、以横向水平持股、机构持股为主

战前，西方国家的公司往往是以金字塔型的纵向垂直持股为主，以个人和家族为核心的持股公司处于塔尖，自上而下地形成层层持股关系。公司之间以封闭、分割为主，也就是划分“势力范围”，他人一般不得染指。市场是狭小、排他的，彼此之间不是你控制、吃掉我，便是我控制、吃掉你，有你无我。

战后以来，西方国家公司之间转为以横向水平持股为主，在股权上相互交错，相互渗透，你中有我，我中有你。相互打入对方市场，市场开放度大为提高，市场更为广阔了。由于许多主要竞争对手彼此之间势均力敌，而不得不相互融合，取长补短。

战前，西方国家若干显赫的家族曾在一些公司拥有传统的控股优势，但战后这种优势已经衰落。如30年代初，美国洛克菲勒家族和梅隆家族分别在埃克森石油公司和海湾石油公司中拥有20%和90%的股权，但70年代后期，则仅分别拥有1%和7%的股权。[①] 松下幸之助在松下电器产业公司的持股率，1950年为

① 刘传炎：《列宁的金融资本理论与当代美国经济现实》，《世界经济》1990年第5期，第5页。

43.25%,1955年为20.43%,1975年为3.8%,1984年为2.9%。[①]之所以会出现上述变化,除了生产和资本进一步社会化,竞争的剧烈和分散风险的要求以外,还有不少家族经过几代众多子孙相传,股票已经相对分散,加上随着科技进步,对企业家专业技术和管理知识的要求愈来愈高,也使许多富豪家族成员退出实业界。另外,战后一些西方国家的继承法对少数个人或家族过于集中的持股率予以了一定程度的限制,如日本的继承法规定,继承股票5亿日元以上者要缴纳75%的继承税。这样,也迫使一些个人或家族大股东出售部分继承的股票,以使股票相对分散。

1945年解散财阀前,日本法人持股率为38.6%,个人持股率为53.6%(其余为外国人持股,下同)。1949年,法人持股率为30.9%,个人持股率为69.1%。1993年,法人持股率上升到68.2%,个人持股率下降到23.7%。[②]

表2-2是日本东京证券交易所上市公司各类股东的持股份额,从中可见战后日本的法人股东持股比重是呈上升趋势的,而个人股东持股比重则相应呈下降趋势。

1950年,美国机构持股率为12.5%,1960年上升到17.2%,1992年进一步上升到46%。1965年,美国个人持股率为84.1%,1980年下降到71%,1992年下降到49.1%。[③]据总部设在纽约的国际工商研究组织"会议委员会"发表的报告,1987年,美国养老基金、共同基金、保险基金等机构投资者控制了该国最大的

---

① 〔日〕奥村宏:《法人资本主义》,三联书店1990年版,第105页。

② 日本东京证券交易所:《东证要览(1995)》,1995年4月。

③ 美国商务部普查局:《国情摘要》,华盛顿1994年版,第54页。

表 2－2　日本东京证券交易所上市公司

各类股东的持股率(%)

年份	中央、地方政府和公共团体	金融机构(除投资信托外)	投资信托公司	证券公司	企业法人等	个　人	外国人(法人和个人)
1949	2.8	9.9	—	12.6	5.6	69.1	—
1955	0.4	19.5	4.1	7.9	13.2	53.1	1.8
1960	0.2	23.1	7.5	3.7	17.8	46.3	1.4
1965	0.2	23.4	5.6	5.8	18.4	44.8	1.8
1970	0.3	30.9	1.4	1.2	23.1	39.9	3.2
1975	0.2	34.5	1.6	1.4	26.3	33.5	2.6
1980	0.2	37.3	1.5	1.7	26.0	29.2	4.0
1985	0.8	40.9	1.3	2.0	24.1	25.2	5.7
1986	0.9	41.7	1.8	2.5	24.5	23.9	4.7
1987	0.8	42.2	2.4	2.5	24.9	23.6	3.6
1988	0.7	42.5	3.1	2.5	24.9	22.4	4.0
1989	0.7	42.3	3.7	2.0	24.8	22.6	3.9
1990	0.6	41.6	3.6	1.7	25.2	23.1	4.2
1991	0.6	41.5	3.2	1.5	24.5	23.2	5.4
1992	0.6	40.2	3.2	1.2	24.4	23.9	5.5
1993	0.6	39.4	3.0	1.3	23.9	23.7	6.7

资料来源：日本证券业协会：《证券读本》，1986 年版；日本东京证券交易所：《东证要览(1995)》，1995 年 4 月。

1000 家公司 46.6% 的股票，1997 年上升到 59.9%，1987 年，机构投资者持有 70% 以上股份的仅占 10.7%，1997 年已上升到 38.9%。1995 年，美国机构投资者管理的股票占全部股票市值的

15.4%,1996年上升到16.7%,1997年更达19.7%。[①] 1960年,德国个人持股率和法人持股率分别为27%和67%,1990年则分别为17%和69%。[②] 1994年,英国个人持股率为27.1%(其中个人直接持股占20.3%,间接持股占6.8%),法人持股率为66%。[③]

横向水平持股分为两种基本形式,第一种是单向持股,以美国和英国公司为代表;第二种是相互交叉持股,以日本和德国公司为代表。

(一)单向持股

这以美国和英国公司为代表。美国工商业公司的主要法人股东是养老基金(又叫退休基金或年金)、共同基金和保险公司等非银行金融机构。90年代初期至中期,美国养老基金、共同基金和保险公司分别持有非金融公司20—26%、9—15%、4—6%的股份。而美国由于自30年代以来一直禁止商业银行持有工商业公司的股份,近几年才开始放松,但放松的限度还较小,加上商业银行传统经营范围的巨大惯性作用,商业银行持有工商业公司的股份依然很少。英国的情况与美国类似。90年代初期至中期,英国养老基金、共同基金和保险公司分别持有非金融公司股票的25—51%、5—7%和15—22%。[④] 美、英公司的股权结构有一个显著特

① 〔美〕会议委员会:《机构投资报告》,纽约1998年8月20日。
② 德国联邦银行1991年10月号月报。
③ 英国中央统计局:《1994年证券市场统计》,伦敦1995年版,第25页。
④ 英国中央统计局:《1994年证券市场统计》,伦敦1995年版,第26页。

点，便是养老基金、共同基金和保险公司等非银行金融机构单方面持有工商业公司的股份，而工商业公司一般不持有上述非银行金融机构的股票，所以被称为单向持股。

尤其值得注意的是，90 年代以来，美国共同基金无论是从数额，还是增长速度看，均不断创造历史的新纪录。1997 年末，美国共同基金资产总额为 4.49 万亿美元，仅次于养老基金(1996 年末资产总额为 5.35 万亿美元)，为美国第二大金融资产，占全世界共同基金资产总额的 55%。美国 74.2%的共同基金为私人拥有；另外 25%的共同基金为机构拥有。美国投资于股票的共同基金 1970 年为 400 亿美元，1996 年上升到 2.4 万亿美元。投资于股票的共同基金占共同基金资产总额的 53.4%，而 1980 年仅占 33%。1990—1993 年，美国股票市场每年新增加的共同基金为 1000 多亿美元，1994—1997 年，上升到 2000 多亿美元。1997 年底，美国 23%的家庭持有股票共同基金。①

近年来，美国有一种新的重要发展趋势，便是从经营主体来看，不但是共同基金本身，而且养老基金、保险公司、商业银行信托部和部分银行，都纷纷涉足共同基金领域，到 1997 年底，仅养老基金便有 20%投入共同基金。使共同基金的经营主体日趋多元化，各类金融机构之间在业务领域内更为交叉化，界限更为模糊。各类金融机构在主要着力吸引公众投资者投资于共同基金的同时，也将部分自有资金投入到共同基金当中，这推动了共同基金(包括

① 美国投资公司协会：《1997 年共同基金统计摘要》，纽约 1998 年 1 月，第 7 页、第 10 页。

股票共同基金)的不断扩大。

通过共同基金从事股票买卖,具有如下优越性:其一,投资者只需付出少量合理的费用便可享受专业化的投资管理服务。由于基金汇集了许多投资者的资金,所以有财力聘请专家进行规模投资管理。这些专家具有丰富的专业知识和实际经验,占有的宏观和微观经济信息量大,能够相对独立、公正而又客观地对经济行情进行分析,作出比较准确的投资决策,或提供有价值的咨询意见,增强了证券市场预期的合理性,减少了盲目性和动荡,提高了资金的效率,增加了市场的有效性,从而实现了资源的相对合理配置。其二,通过证券多样化,能分散投资风险,实现收益的相对稳定和安全。基金由于拥有巨额资金,所以能将资金分散投资于数十种不同的证券,进行证券的优化组合,并根据市场行情变化进行调整,而且不论对大额投资者,还是对中小投资者,基金均提供了同等的参与证券多元化的机会,从而减少了投资风险,提高了收益的稳定性和安全性。其三,能够降低交易成本。由于基金购买证券量大,支付的销售佣金或经纪费便相对较少并由众多基金投资者分担,因而投资费用较低且相对合理。如美国共同基金分期定额付款购买股票初期收取的平均佣金费用,1970 年占 8.5%,1992 年下降到 4.5%。同期投资者不用支付佣金的共同基金市场份额从占资产的 6%上升到 31%。其四,流动性强。一般而言,基金在发起设立后,投资者可在证券交易所任一交易日或经理人设定柜台的任一营业日通过转让而变现,因而是一种流动性很强的投资工具。其五,免除了投资者投资、管理等大量繁琐的投资事务,为投资者节省了时间和精力。

还应指出的是，长期以来，美、英由于实行单向持股，且股权较分散，广大股东主要追求的是市场上股票的价差和资本收益（股息和分红），因而相对来说，这类国家股权的流动性较大，稳定性较弱。当股东对一家公司的业绩或对一个行业乃至国民经济的形势感到悲观时，他们往往选择抛售这家公司的股票。90年代以来，随着股权宏观集中程度有了一定的提高（到1996年，美国最大的25家机构投资者拥有全美股票市场份额的16.7%），美国股权的流动性比过去有所减慢，稳定性有了一定的提高，这是由于这些机构投资者掌握的股份从绝对量上看已较大，即使将这些股份的一小部分抛出，要想在短期内找到买主也并非易事；如果抛出股票过多，股市上出现供过于求，就会造成股票价格普遍下跌，从而损害这些机构投资者自身的利益。这些都迫使机构投资者相对延长持股期限。但尽管如此，美、英公司股票的流动性仍是较大的。这是由于，机构投资者受到作为股权终极所有者的广大个人投资者要求在尽可能短的时间内获得丰厚回报的制约，要不断改变投资组合，实现基金的优化配置。

美、欧公司的机构持股者与日本公司的机构持股者有一个明显的区别，便是美、欧公司的机构持股者大多不是这些公司股权的终极所有者，而是受托人，公司股权的终极所有者是个人投资者；而日本的机构持股者则大多便是公司股权的终极所有者。这一点是我们应当予以注意的。

（二）相互交叉持股

以日本和德国公司为代表。这种形式的股权结构有四个明显特征,一是公司之间在较长时间内相互持有对方的股票,股票的稳定性较强,流动较少;二是公司以间接融资为主,直接融资为辅,证券市场发展水平较低;三是持股者的主要收入来源不是市场上股票的价差、资本收益(股息和红利),而是在与客户的商业关系中获得的收入,如产品销售收入、提供中介服务的收入,以及市场份额等;四是无论是微观还是宏观股权都较美、英等国的集中程度要高一些。

相互交叉持股既包括两家公司之间双向持股;也包括 3 家或 3 家以上的公司之间相互持股,日本当代著名经济学家奥村宏将 3 家或 3 家以上的公司之间相互持股称为“环形持股”(也叫“多向循环持股”)。

日本公司的相互持股主要是金融机构与工商业公司之间的相互持股。德国金融机构对工商业公司股份的持有率一般虽相对低于日本,但也达到了较高水平。90 年代前半期,日本金融机构持有工商业公司 45—47%的股票(其中主要是银行持有 22—25%,保险公司持有 18%),而工商业公司之间的相互持股率则为 24—25%。90 年代前半期,德国工商业公司之间的相互持股率为 39—42%,金融机构持有工商业公司的股份为 22—29%。[①] 这是由于,一方面,在历史上,日本和德国的银行和保险公司等金融机构,便拥有雄厚的实力,在战后初期至 50 年代前半期虽受到了一定的削弱,但 50 年代后半期以后便很快得以恢复和膨胀;另一方面,国家对各类公司之间的相互持股放得较宽。

---

① 经济合作与发展经济:《金融市场趋势》有关年度。

下面,我们以日本为例,对公司之间相互持股作进一步的分析。

战前,统治日本经济的是财阀垄断体制。财阀是以血缘关系为基础的大所有者直接控制型企业体制,实行财阀家族——→持股公司——→直系公司——→旁系公司——→子公司——→孙子公司的自上而下的层层控制体系,各银行也是按财阀系划分,受财阀家族控制的持股公司支配。公司巨额股票只限财阀家族内部世袭持有,外界不得染指,具有强烈的封建闭锁性。战前,财阀持股公司对下属公司的持股比例,高的达100%,低的一般也有40%左右,财阀垄断还同国家垄断结合在一起,实行"政商合一",控制了日本的经济命脉。到二战结束时,日本10大财阀(三井、三菱、住友、安田4大一流老财阀和鲇川、浅野、古河、中岛、大仓、野村6个二流新兴财阀)占社会总资本的35.2%,其中,金融业占53%,重工业占49%,轻工业占16.8%,其他行业占15.5%。[①] 财阀垄断体制成为实行国民经济军事化、对外侵略扩张的重要基础。

战后初期,美国占领当局进行了"经济民主化"改革,其重点便是解散财阀。早在1945年9月,美国政府制定的对日政策纲领性文件——《日本投降后美国初期的对日本方针》中,便提出要"解散那些控制着大部分日本工商业的大工业和金融联合体。"1945年10月,盟国占领军总司令部指令日本政府迅即制定解散财阀的计划,并训令三井、三菱等15家财阀向其报告各自的资产和经营状

① 〔日〕持股公司整理委员会:《日本财阀及其解体》,原书房1975年版,第473页。

况,并冻结这些财阀的财产。日本政府于1945年11月提出了《关于解散持股公司的备忘录》,确定了解散财阀的具体政策,并于1945年11月发布了《限制公司令》,宣布1200家公司为限制对象,不准其私自处理财产。1946年4月,日本政府又发布了《持股公司整理委员会令》,8月,成立了解散财阀的执行机关——持股公司整理委员会。从1946年至1950年的解散财阀主要包括如下内容:

(1)全部或部分解散财阀持股公司和"限制公司"。从1946年9月至1947年9月期间,先后5次指定83家公司为持股公司。在实际执行过程中,全部解散了28家,其余55家兼营实业的持股公司则迫使其让出股票成为单纯的持股公司,持股公司停止行使对原属下银行、公司的指令权和管理权。1946年11月,颁布《公司证券拥有限制令》,确定625家公司为与财阀有关的"限制公司",持股公司和限制公司的有价证券须转让给持股公司整理委员会。(2)解除财阀家族对企业的股权控制。1949年2月,指定三井等4大财阀的56个家族为"财阀家族",并指令他们将所持有的一切有价证券转让给持股公司整理委员会。(3)由持股公司整理委员会向社会公众公开出售持股公司、财阀家族和"限制公司"的有价证券,换取10年以内禁止转让、变现的国债。出售的股票181亿日元,占当时股份公司股票发行额的42%。在当时年通货膨胀率为100%以上的情况下,这实际上在一定程度上是对大所有者财产的一种变相剥夺。(4)分割财阀工业。战后初期,美国政府便制订了《美国对日本经济力量过度集中的对策》文件,1947年3月,日本国会通过了《禁止垄断法》,并于7月开始实施。1947年

12月,日本国会又通过了《排除经济力量过度集中法》。1948年3月,持股公司整理委员会指定325家公司为经济力量过度集中的审查对象,其中11家公司被分割为2个以上的企业,有3家公司分散了部分企业,有4家公司对其股票进行了处理。[①] 日本法律规定,禁止成立自身没有经营业务,而是以控制国内公司股票为主要业务的持股公司。个人股东在一家公司的持股率最高一般不得超过1%。

日本在40年代后期解散财阀后,法人持股率下降,个人持股率上升,从40年代后期到50年代后期,是个人持股占主导地位。但在这段时间内,法人持股膨胀的因素却在不断积累和增长。因为战后初期,日本民众生活十分贫困,支付能力低下,在解散财阀的过程中,为了引导和鼓励民众购买出售的财阀家族公司股票,日本政府采取了一系列经济、法律和行政措施,支持银行向民众提供贷款。而民众在购买了这些股票后,由于分红率低,甚至不分红,便在数年内大多被出售,或作为还贷资产付给银行。这是其一。其二,在解散财阀的过程中,法人,特别是金融机构也购买了一部分财阀家族公司的股票。其中有一部分是法人以个人名义购买的。其三,1965年股票市场危机后出现的"法人购买"高潮大大加速了持股法人化的步伐。1965年的经济危机直接冲击了股票市场,导致了股票价格的暴跌。为了挽救危局,政府设立了日本共同证券,证券界也设立了日本证券保有组合,政府和民间证券界用日

① 〔日〕持股公司整理委员会:《日本财阀及其解体》,原书房1975年版,第158页。

本银行特殊贷款来购买股票，并把股票冻结了起来。不久，随着股票行市的好转，被冻结的股票又被拿出来出售，此时出现了所谓“法人购买”高潮。这种“法人购买”的势头极为猛烈，各企业集团不仅以单位名义收回原冻结的股票，而且还从股票市场收购大量其他股票。通过“法人购买”，使相互持有的股票在数年间急剧增长。其四，随着战后的科技进步和日本经济的恢复及高速增长，生产规模不断扩大，相应地需要扩大资本规模。尤其是日本，由于资本原始积累不足，战后生产增长与资金匮乏之间的矛盾显得更为尖锐。个人由于资金有限，不能适应这种要求，而必须依靠法人资本的积聚和集中。其五，解散财阀后新建立的公司为了适应日趋激烈的竞争，抵御风险，保持自身的安全、稳定和长期发展，也需要以资产为基本纽带进行结合。尤其是 1965 年日本加入经济合作与发展组织后，根据资本自由化原则，日本政府不得不允许外资进入日本，日本企业面临着强大的以美国为代表的外资的竞争，为了反渗透、反购并，日本企业间的相互持股便迅速发展了起来。其六，国家从总的趋势上放松了对法人相互持股的限制。1947 年，日本《禁止垄断法》曾规定，除银行外其他企业不能相互持股，银行的持股比例不能超过 5%。1953 年，修改后的《禁止垄断法》允许企业间相互持股，并把银行持股的比例放宽到 10%。70 年代以来，日本对法人相互持股的限制又比 50 和 60 年代有了一定程度的加强，如法律规定公司最大 5 家股东的合计持股率不能超过 20%，银行的持股率最高由 10% 降至 5%（保险公司为 10%），注册资金在 100 亿日元以上，或净资产在 300 亿日元以上的大公司（金融机构除外），持有国内其他公司股的金额，不能超过其净资产额。但从总体上看，其力度没有超过 40 年代末。

1954 年，美日签署了《旧金山和约》，日本结束了被占领状态。随着 50 年代后期经济的恢复和高速增长，生产规模不断扩大，相应地需要资本规模的扩大。日本由于资本原始积累不足，战后生产增长与资金匮乏之间的矛盾显得更为尖锐。个人由于资金有限，便不能适应这种要求，而必须依靠法人资本的积聚和集中。而在解散财阀后新建立的公司为了适应日趋激烈的竞争，抵御风险，保持自身的安全、稳定和长期发展，也需要以资产为基本纽带进行结合。所以，60 年代初以来法人持股率显著上升，个人持股率相应下降。法人相互持股确立了主导地位。尤其是 1965 年日本加入经济合作与发展组织后，根据资本自由化原则，日本政府不得不允许外资进入日本，日本企业面临强大的以美国等国为代表的外资的竞争，为了反渗透、反购并，日本企业间的相互持股迅速发展了起来。加上国家从总的趋势上放松了对法人相互持股的限制，三井、三菱、住友集团便以战前旧财阀系统为基础开始重组。60 年代后期至 70 年代，芙蓉、三和、第一劝业集团则以战前的安田财阀和 6 个二流“新兴财阀”为基础，在大银行的支持下，加上其他企业组成。如芙蓉集团是以旧安田系、旧浅野系、旧日产康朱恩系等为主，三和集团是以旧岩井系、旧日产系等为主，第一劝业集团是以旧古河系、旧川崎系等为主构成。

这 6 大企业集团由于是以银行为核心组成的，所以被称为“金融系企业集团”。它们与过去的财阀有着重大的区别，主要是由战前的家族纵向垂直控股变为公司间横向水平持股，其基本形式是“环形持股”。

日本6大金融系企业集团的相互持股有两种含义,第一种含义是集团内公司之间的相互持股,这是主要的、经常提到的。这种相互持股又有两个衡量指标,一个指标是相互持股率,即集团一个成员公司被本集团各成员公司持股率的合计,这一指标一般为20—30%。当然,各企业集团内部的相互持股率也不是整齐划一的,而是有差异的。虽然集团外公司的持股率一般低于集团内,但各集团的开放度还是较高的。详见表2-3、表2-4。

表2-3 日本6大金融系企业集团相互持股率(%)

年份 持股率	1970	1975	1977	1979	1981	1985	1987	1989	1991
	21.68	23.89	23.86	23.75	23.78	23.40	22.65	21.64	20.6

资料来源:〔日〕日本经济协会:《系列研究》有关年度。

表2-4 日本6大金融系企业集团相互持股率(%)

集团名称	1990年	1993年
三井	16.54	16.77
三菱	26.89	26.11
住友	24.06	24.45
芙蓉	15.44	14.90
三和	16.40	16.41
第一劝业	12.06	11.92

资料来源:〔日〕《东洋经济统计月报》1995年第2期,第26页。

另一个指标是平均持股率,即集团内每个公司持有另一个公司股份的平均比例,战后一般为1—3%,6大金融系企业集团的这一指标,1977年为2.19%,1989年下降到1.42%。[①]

日本6大金融系企业集团相互持股的第二种含义是不同集团公司之间的相互持股。这一指标一般为3—6%。具体情况见表2-5。

表2-5　1989年日本6大金融系企业集团的持股率(%)

持股者＼六大集团	三　井	三　菱	住　友	芙　蓉	三　和	第一劝业
三　井	25.50	3.61	3.45	4.31	3.21	4.71
三　菱	4.02	24.60	3.38	4.63	4.07	4.48
住　友	3.53	3.53	26.51	4.04	3.47	4.03
芙　蓉	5.47	3.72	3.84	17.24	3.22	4.28
三　和	5.15	4.89	5.02	4.59	18.61	5.02
第一劝业	4.16	4.37	5.48	4.90	8.51	14.84
独立投资者	9.17	8.74	8.55	12.66	12.18	15.43

注:独立投资者指不属于6大集团的投资者。

资料来源:宋运肇:《融资方式和日本的企业集团》,《复旦学报》1991年第4期,第25页。

1993年,6大企业集团的企业数(指参加集团社长会的除金融机构以外的163个公司)只占全国法人企业(金融机构除外)的0.008%,但其资本金却占18.24%;总资产占14.53%,销售额占17.25%,如将这163个公司与其5817个子公司(核心公司持股率在50%以上),6018个关联公司(核心公司持股率为10—50%)加起来,企业数占全国法人企业(金融机构除外)的0.3%,资本金、总资产和销售额分别占21.93%、18.78%、21.14%,即占全国的

① 〔日〕东洋经济周刊临时增刊:《企业系列总览》1991年版,第36页。

1/5左右。

通过公司之间的环形持股,以资产作为基本联系纽带,能增强各公司特别是集团成员公司生产经营和抵御风险方面的整体协作功能,较有效地维持集团的稳定和秩序。这具体体现在三个方面。

(1)削弱个人股东的影响,使经营者着力于公司的长远发展。因为自然人(私人股东)总是从自已相对狭隘的利益和要求出发,彼此行为差异甚大;而法人是联络各方利益的中枢,它又是虚设的,要由经营者作为法人的代理掌握公司支配权。从而有助于统一思维和行动。

(2)防止外来的恶意收购和兼并。一旦发现集团外的法人或个人购买某成员公司的股票过多,各成员公司便会通过联合增资购买该成员公司的股票,挫败外来控股的企图。

(3)稳定股价,实现资产的不断增值。

从以上关于日本6大金融系企业集团相互持股的研究中可见,与战前相比,战后日本这6大企业集团的持股关系具有如下变化:

(1)大公司之间的关系由依附、隶属转为相对独立、自主。战后,大公司之间已经不是自上而下的控制与被控制,支配与被支配的附庸关系,而是相对独立、平等、自主的关系。

(2)公司之间的联系由战前的固定、紧密、封闭变得相对松散和开放。按财阀家族划分势力范围的限制已经被冲破,不同企业集团之间的界限比较模糊,而且在一定程度上还相互渗透,相互交错,你中有我,我中有你。

(3)联系纽带中的超经济强制因素已经为纯粹的经济因素所

取代。

日本除了6大金融系企业集团外，还有约40个独立系企业集团(企业系列)。这些独立系企业集团都是在战后经济高速增长、实现重化学工业化的过程中产生的，大多属于资本、技术密集型产业。其中典型的有钢铁产业的新日铁、神户制钢所和日本钢管，汽车产业的丰田、日产和本田，电子产业的松下、东芝、日立、索尼和日本电气，化学工业的住友、三菱化成，流通产业的大荣和八百伴，交通运输产业的日本航空和西日本铁道等。独立系企业集团内部实行的是纵向中心控股，由核心公司控制子公司，子公司再控制关联公司。独立系企业集团内部核心企业对下属企业的持股率一般在40—80%。

日本的6大金融系企业集团和40个独立系企业集团通过对中小企业的层层承包、订货和与此相伴随的技术培训、资金支持等，将66.6%的中小企业不同程度地纳入了其系列。

日本的独立系企业集团与战前的财阀企业相比，也有着重大的区别，这表现在：(1)集团中核心公司的最大股东是集团外的大银行或大公司，也就是说，集团内部的纵向持股与外部的横向持股两者是并存的。如松下公司的最大股东是松下集团外的住友银行，新日铁的最大股东是新日铁集团外的兴业银行等。(2)集团中除新日铁等少数企业外，大多数是随着自身实力的壮大，逐步从6大金融系企业集团中分离出去的。这本身也说明了战后日本企业集团的相对松散和开放性。(3)有的公司还跨越集团界限，与其他公司进行联合投资。如日立、日电、富士通等在北海道联合承办防火综合工程，三井物产与住友集团的几家公司共同开发岩尚地区，新日铁和日本钢管公司共同承办阿贺冲大型建设项目等。

当然,横向水平持股,是针对大公司与大公司之间的股权关系而言的,在大企业与中小企业之间,纵向垂直持股还是大量存在的,不仅在日本的独立系企业集团当中,即使在6大金融系企业集团当中,也是如此。

应当指出的是,法人之间相互持股也同世界上许多事物一样,具有两重性,它一方面具有前述一定的积极作用;另一方面,它又存在着一系列弊端,特别是法人相互持股搞过了头,在社会经济生活当中占据了统治地位(如像日本那样),它的一系列弊端在经过一定时期的积累后,便会逐步暴露出来。这种弊端主要表现在如下几个方面:

(1) 限制了股票筹资范围,造成筹资渠道相对狭窄,筹资规模较小。实行股份制的一个重要目的是通过发行股票筹集资金,而法人相互持股则使这一目的受到限制,它使股票在一个相对狭小的范围内发行和转让,使股票的流动性受到抑制,股票市场发育不健全,股票筹资规模较小,在国民经济当中不能充分发挥其应有的作用。股份公司的运转主要还是依赖传统的银行贷款,筹资渠道相对单一。

(2) 排斥个人股东,损害个人股东的正当权利。当股份公司的法人代表处于至高无上的地位时,形成了经营者、董事会和股东会三位一体,经营者自由度过大,股东会和董事会成了经营者的工具,缺乏股东会和董事会对经营者的制约和监督,使公司权力过分集中于经营者,形成权力失衡,经营者从自身的利益和价值取向出发作出的一些抉择(如压低分红率等)往往使个人股东的正当权益受到侵蚀,以经营者之间的幕后默契为基础制订的战略和策略也未必能与社会的要求相协调。而且经营者往往对资本收益重视不够。

(3) 形成了股市的超稳态结构,抑制了市场的公平竞争。在法人相互持股条件下,公司资产价值含量相对稳定,公司运转和调整排他性强,资产重组往往集中在一个相对狭小的圈内,公司经营状况对股价影响程度低,股价在一定时期内居高不下,股票流动性差,市场垄断程度较高,阻碍了公平竞争。80 年代后期,法人股东通过操纵市场供求关系,进行法人投机,哄抬股价,制造虚假繁荣,牟取非法暴利,使股价水平远远超出了公司资产和利润,从而酿成了泡沫经济。

(4) 滋长了权钱交易。法人大股东为了维持自己的垄断地位,往往与政界相勾结,通过权钱交换,影响政府决策,反映他们的利益和要求。

自 90 年代初日本泡沫经济破灭,股价下跌甚至暴跌,经济转入不景气,金融机构不良债权显著增加,至 1997 年 3 月,日本 20 家大金融机构的不良债权已高达 27.6 万亿日元。日本的公司股权结构也发生了进一步的变化,其基本标志便是法人相互持股的变化。对此,国内外学术界主要有两种观点,一类是所谓“崩溃说”(或叫“瓦解说”),即认为法人持股已经崩溃或瓦解;另一类是“裂痕说”(或“松懈说”),即认为法人相互持股出现了“裂痕”或“松懈”。我们倾向于后一种观点,即认为,一方面,90 年代初以来,随着公司收益率下降,资产负债比例上升,资产价值降低,资金短缺,日本一些公司通过逐步出售法人间相互持有的股票(一般是先出售联系相对松散的关系公司的股票,再出售联系相对紧密的公司的股票),从而使法人相互持股率降低,公司间财产关系由僵固向灵活转变。使公司的股权结构日趋符合国际惯例。正如日本著名经济学家奥村宏所说,是"法人资本主义结构开始动摇"。① 另一方面,我们也应看到,日本的法人相互持股格局还未发生根本性的变化,还未走向解体。这主要表现在两点上,一是法人间出售相互持有股票的规模是较小的;二是出售的范围是有限的,主要限于出售原来联系相对松散的关系公司的股票,主体银行与核心公司之间出售股票的事例还较少,数额也较小。尽管近年来日本的法人相互持股制受到了冲击,但这种体制是在战后数十年中形成和发展起来的,是具有较深厚、稳固根基的,要使之发生根本性的变化,决非短期之功。但有一点可以肯定,那就是日本经济高速增长时期结束后,特别是经济持续不振时,经济环境对法人持股网络形成有力冲击,使原来被经济繁荣掩盖着的法人相互持股的各种弊端也更加表面化,这种持股格局的内在自我否定因素明显增长,愈来愈有必要对这种格局进行调整。

还应指出的是,我们一方面要看到战后西方国家一些重要个人和家族在若干公司中已经衰落。但另一方面,我们又不能说过了头,认为个人和家族在国民经济中的地位已经消亡,个人和家族持股已是无足轻重的了。恰恰相反,个人和家族持股仍是战后西方国家股份公司一种重要的持股形式。据《美国新闻与世界报道》1986 年 7 月 21 日刊登的该报经济部对全国 1200 家公司的调查

① 〔日〕奥村宏:《法人资本主义结构开始动摇》,《经济学人》1992 年 10 月 6 日。

结果显示,美国100个最有权势的个人和家族在115个公司中拥有5%以上的股份,详见表2-6。

表2-6　美国最有权势的100个个人和家族在115家公司持股情况

持股率(%)	5—10	10—20	20—30	30—40	40—50	50—60	60—70	70—80	80以上
公司数(家)	24	23	16	14	16	11	5	1	5

资料来源:〔美〕《美国新闻与世界报道》1986年7月21日。

如在化工业,艾琳尼和爱德华·杜邦家族持有杜邦公司股票的17.5%,在汽车制造业,亨利和威廉、福特家族拥有福特汽车公司股票的7.7%,在无线通讯业,罗伯特·高尔文拥有摩托罗拉公司股票的7.6%,在电脑业,戴维·帕卡德持有惠普公司股票的17.20%,王安家族拥有王安公司股票的39.2%,威廉·盖茨第三拥有微软公司股票的44.8%,在广播电视业,特德·特纳持有特纳广播公司股票的80%,威廉·佩利持有哥伦比亚广播公司股票的8.1%,在货车运输和海上运输业,马尔科姆·麦克莱恩持有麦克莱恩工业公司股票的88.8%,在航空航天业,詹姆斯和约翰·麦克唐纳持有麦克唐纳·道格拉斯公司股票的7.4%,等等。值得注意的是,80年代以来,个人和家族更多地在电子计算机、出版、通讯、办公用品、卫生保健等新兴行业的公司中占有一定份额的股票。这些个人和家族除了通过持有多数股票实现对公司的控制外,还通过如下两种形式,一种是持有公司特级股票。如福特家族虽然仅持有福特汽车公司7.7%的股票,但由于全部特级股票都由该家族掌握,因而拥有40%的投票权。凯瑟琳·格雷厄姆和她的子女通过持有可选举董事会中多数董事的特级股票,控制了华盛顿邮报出版公司。另一种是由本人或家族成员直接充当公司的管理者。在前述100个个人和家族中,有35个家族成员在公司最高管理岗位上任职。所以,我们一方面要看到战后以来,个人和家族在西方国家公司中的地位呈衰落趋势;另一方面,也应看到,个人和家族的势力还占有一定的地位,仍然是不可忽视的。

四、金融机构与工商业公司之间的结合由控制为主转为合作为主

我们在上一章已经指出,银行资本与工商业资本之间的结合是19世纪70年代以后一些西方国家出现的一种重要的经济现象。这种结合,既是股份制得以确立的条件之一,同时也是股份制的基本内容之一,它与股份制的发展是相伴随的。战后以来,金融业资本与工商业资本的结合在西方国家社会经济生活当中依然占有支配地位。由吴大琨主编、张帆副主编的《金融资本论》一书指出:“在美国,大约20家最大银行,约10家最大保险公司,约10家最大投资银行,还有为数不多的最富有家族,约100家或200家最大工商业公司有机地融合起来,控制着大部分工商业、金融业、交通业、服务业,统治着全社会的经济生活。”① 这个概括是完全符合美国当今实际的,也是许多西方国家的典型事例。

同时,我们也应看到,战后金融业资本与工商业资本在结合的渠道、方式和程度等方面也发生了一些变化。为了对此加以说明,

① 吴大琨主编、张帆副主编:《金融资本论》,人民出版社1993年版,第51页。

我们先来对比一下19世纪70年代至战前这种结合的特征。

自19世纪70年代以后至第二次世界大战以前，金融业资本（银行资本）与工商业资本之间的结合具有如下3个特点：1.银行资本支配工商业资本。结合是以银行资本为中心，银行资本通过控股、资本供给、人事结合、参与决策等形式而在结合中占了主导地位。2.往往由一两家银行对工商业公司进行控制，这一、两家银行往往集主要的股东、债权人于一身。且两者的结合比较呆板、僵死，较少发生变动。3.结合的行业界限较分明。

金融业资本（银行资本）与工商业资本之间的关系具有二重性，一方面，它们有自身独立的利益，两者之间充满了矛盾。另一方面，它们又基于共同利益而相互依赖、相互合作。随着金融机构的多元化，随着金融业务的不断创新和多样化，随着金融机构之间竞争的日趋激烈和彼此在地域和业务领域的相互渗透，随着工商业公司自身实力的壮大和独立性的增强，随着国家对国民经济（特别是金融业）的调节和干预，金融机构与工商业公司之间的结合由单一、集中、固定变得相对多样、分散和松懈，金融机构以工商业公司主要产权所有者和债权人身份对后者进行控制的情况已不多见。金融机构与工商业公司之间的结合往往是基于共同利益，为追求共同发展而结成的"共同体"，因而是以相互依赖、相互合作为主的结合。

战后以来，二者的结合具有如下变化：

（一）与工商业公司之间的结合已经不仅仅限于以商业银行为代表的银行，而且包括众多非银行金融机构。在一些国家，以各种基金会为代表的非银行金融机构的实力甚至后来居上，成为工商业公司重要的伙伴

1950年，美国商业银行资产占金融业资产总额的56.7%，年金基金、投资公司、金融公司占8.1%，保险公司占21.5%，互助储蓄银行、储蓄贷款协会、信用合作社占13.5%；1988年，商业银行占32.8%，年金基金、投资公司、金融公司、货币市场互助基金占28.1%，保险公司占17.4%，互助储蓄银行、储贷协会、信用合作社占20.3%。[①]

战后以来，一些西方国家投资基金的规模不断扩大，种类也日趋多样化。1940年，美国的共同基金共68种，投资者29.6万户，资产额4.4亿美元；1986年，1843种，4610万户，7163亿美元；1996年，则为6200种，6300万户，35390亿美元，占全国商业银行存款的85%，均创历史最高纪录。1929年，美国的共同基金中，开放型基金与封闭型基金之比为5:95，到1992年，则正好倒过来，为95:5。英国的投资基金分为单位信托基金（开放型基金）和投资信托基金（封闭型基金）两大类。到1990年，英国有投资基金1400多种。[②] 战后以来，美国等国不仅大批个人投资者参与共同基金，而且许多机构投资者，如养老

---

① 王继祖：《美国金融制度》，中国金融出版社1994年版，第68页。

② 美国投资公司协会：《美国的共同基金及与其他工业化国家的比较》，纽约1996年版，第6页。

基金、保险公司、银行信托部等也加入了共同基金。机构投资者的资产额和在共同基金总额中的比重都呈上升趋势。虽然个人投资者仍占优势地位，但机构投资者也成了举足轻重的力量。自60年代以来，在国内基金的基础上，又出现了国际基金，基金已跨越了国家的界限。

战后，在西方国家的金融机构持股者中，各国既有不同的特点，又有共同之处。日本和德国公司的股票主要由银行、保险公司和综合商社等持有，而美国和英国公司的股票则主要由各种基金、保险公司和商业银行信托部等持有。1991年，日本金融机构在东京上市公司的持股率为44.7%，其中银行为23%，是工商业公司最大的股东。[①] 美国到1992年，养老基金（也叫退休或年金基金）、共同基金、保险公司、银行信托部等机构的持股率为50.3%。1996年，美国股票共同基金新吸纳资金2200亿美元，超过了历史最高纪录的1993年（1296亿美元）。[②] 1994年，英国养老基金会和保险公司持有的股票占股票市场总值的49.7%。（其中养老基金会占27.8%，保险公司占21.9%。）[③]

相对来说，美国金融机构持有工商业公司的股票要分散一些。因为美国法律对此限制较严。美国法律规定，商业银行不能持有工商业公司的股票；一家养老基金、共同基金或保险公司在一家工商业公司的持股率一般不能超过这家公司股票总值的5%。否

---

① 日本东京证券交易所：《东证要览（1991）》，1992年4月版，第98页。

② 美国投资公司协会：《美国的共同基金及与其他工业化国家的比较》，纽约1996年版，第13页。

③ 英国中央统计局：《1995年英国证券市场统计》，伦敦1995年版，第28页。

则，将会面临非常不利的纳税待遇，其收入要缴纳三次税，首先是公司税，然后是基金利得税，最后向基金股东分配收入时再纳一次股东个人所得税。所以，美国的各种基金和保险公司在工商业公司的持股率往往低于5%。而德国金融机构对工商业公司的持股率要高一些。因为德国法律对银行向工商业公司参股放得较宽。德国法律规定，银行对工商业公司的股票投资一般不得超过银行自有资金的50%。投资人控股5%以上的公司要向社会公布；控股20%以上要向公众通告其年度财务报告；控股在25%以上，国家兼并法律对该公司有效，控股公司必须向被兼并公司给出事先通知，通告其兼并理由、适用的法律以及其他董事会议的重要决议；控股50%以上，处于政府对兼并的严格管理之内。

到1992年4月，德国银行向工商业公司参股金额为660亿马克，相当于其自有资金的28.6%；德国银行在工商业公司的持股率平均约为9%，对中小公司的持股率一般较高，约为10—25%；而对大公司的持股率则一般较低，如1991年，在最大的100家德国公司中，10家最大的私人银行的持股率平均仅为5%左右。当然，也有少数大工商业公司例外。德国银行与工商业公司的关系还有一个特点，便是从宏观上看，德国三大银行（德意志银行、德累斯顿银行和商业银行）的股权集中程度相对较高。如90年代初，仅德意志银行一家就拥有约占股票总额5%的股票。[①] 德国法律规定，有一家公司10%股权的股东有权在监事会（德国公司的监

---

① 〔德〕汉斯·根茨：《德国的银行与经济》，德国贝特尔斯曼出版社1993年版，第81页、95页、103页。

事会相当于其他西方国家公司的董事会)中占有一个席位;持股25%以上的股东有权否定股东大会的一些决议;持股51%以上的股东,公司经理会有义务向其报告一切重大决策;持股75%以上的股东可以单独控制一家公司。可见,德国银行虽然大多不能单独控制一家公司,但其对公司的持股水平和决策参与程度在西方国家中是较高的。一家银行较长时期地、相对固定地担当一家工商业公司的主要产权持有者和债权人,这种银行在德国被称为主持银行,在日本被称为主体银行或核心银行。

(二)金融机构在一些工商业公司中的持股率下降,持股主体趋于多元化,大股东之间持股率较接近,大股东的位次经常发生变化

战后,随着工商业公司实力的壮大;随着金融机构之间持股的交叉化;随着工商业公司的回购股份(1996年,美国公司回购股票价值1700亿美元);随着战后对30年代以来形成的各类金融机构专业分工的不断调整,特别是80年代以来加速金融创新,各类金融机构组织职能的日趋交错,界限日益模糊;随着金融机构之间为争夺客户而进行的竞争日趋激烈;随着战后国家对金融业管理、监督的不断改革,特别是80年代以来加快放松金融管制的步伐;随着跨国金融机构的介入等等,使金融机构对工商业公司股权的传统控制受到了一定程度的抑制和削弱。虽然从宏观上、整体上看,金融机构是工商业公司重要的持股者,但从微观上、具体地看,一家金融机构单独控制一家工商业公司股权的情况并不太多见。如1975年,德意志银行持有戴姆勒·奔驰汽车公司57.9%的股份,

1990年已下降到28%。[①] 日本6大金融系企业集团内部金融机构对工商业公司的平均持股率也仅为11%左右。大股东之间形成了较强的制约关系。另外,战后西方国家工商业公司的大股东的位次还经常发生变动,这种变动分为两种情况,一种是主要大股东之间位次的变动,另一种是相对次要的大股东与主要大股东之间位次的变动。这都使金融机构对工商业公司的控制发生了困难。

(三)金融机构与工商业公司之间相互持股率趋于接近

这以日本和德国较为典型。1991年,日本三菱集团的核心银行——三菱银行分别持有三菱重工3.62%、三菱商事4.94%、三菱电机3.17%的股份等,而三菱银行股份的3.02%、1.73%、1.41%又分别被三菱重工、三菱商事、三菱电机所持有。1990年,日本丰田汽车公司前10大股东东海银行、三井银行、三和银行分别占5%,丰田自动织机占4.6%,日本生命保险占3.7%,长期信用银行占3.1%,大正海上火灾保险占2.5%,大和银行占2.4%,第一生命保险和三井信托银行各占2.2%;而丰田公司又分别拥有三井银行4.2%、三井信托银行1.76%、大正海上火灾保险2.1%的股份,它还是东海银行的最大股东,并拥有三和银行等多家金融机构的股份。[②] 由于这种相互持股,使金融机构与工商业

---

① 〔德〕汉斯·根茨:《德国的银行与经济》,德国贝特尔斯曼出版社1993年版,第99页。

② 〔日〕小林义一:《日本的金融体系》,东京大学出版会1992年版,第192页、187页、206页。

公司之间相互依存、相互渗透、相互制约，但往往谁也不能控制对方，一损俱损，一荣俱荣，即更多地由战前以对立为基调的“控制溶合”转为以协调为基调的“合作融合”，在一定程度上结成了“命运共同体”。

由于相对来说，德国和日本的银行较多地持有工商业公司的股票，所以德国和日本银行通常较容易获得工商业公司第一手的内部信息，并以主要产权所有者的身份较多地关心和过问公司的长远发展，对持有公司的股票一般较少交易出手，与公司的持股关系较稳定。而美国的金融机构相对较少地持有工商业公司的股票，所以美国的金融机构获得工商业公司第一手的内部信息则较少，美国的金融机构较多地是关注公司的短期股票价格和盈利状况，当公司的绩效不佳时，金融机构较少干预公司的运转，而是较多地调整自己的股票组合，出售该公司的股票。因而金融机构与公司之间的持股关系变动较频繁。但应注意的是，这种区别也不是一成不变的。90年代以来，上述两种类型国家的银企股权关系又在进行调整，呈现出彼此接近的趋势。如日本的银行与工商业公司之间战后一直较稳固的相互持股关系正在发生松动，银行和工商业公司彼此都抛售了对方的部分股票，正在对持股结构进行重组。而美国的金融机构则比过去更多地关注其持有股权的工商业公司的长远发展，较多地对公司运转进行干预。

（四）金融机构愈来愈多地作为工商业公司股票的受托人和中介人，同时又必须接受股东的制约和监督

这种受托人在美国主要由各种基金会和商业银行信托部承

担,在德国则主要由商业银行承担。这种受托人(托管人)的职责体现在两方面,一方面是接受工商业公司股票和其他证券的寄存(储存),如德国工商业公司将其股票总值的40%寄存在银行,其中50—60%寄存在德意志银行、德累斯顿银行和商业银行这3大银行;[①] 另一方面是代理工商业公司投票。西方国家的股票代理投票权从宏观上看,主要由金融机构掌握。如美国股票代理投票权的约70%被各种基金和商业银行信托部持有。德国股票代理投票权的40%被银行持有。[②] 但从微观上看,一家金融机构通过股票代理投票权来操纵一家工商业公司的例子并不多见,这与我们前面论述工商业公司的股权宏观和微观分布结构时的观点是一致的。当然,相对来说,一家德国银行拥有一家工商业公司的股票代理投票权比其他西方国家要高一些。

还应指出的是,虽然金融机构作为工商业公司股票和其他证券的受托人对于实现金融机构对工商业公司的影响具有重要的作用,但这种作用又不是无条件的,而是要受到众多个人和法人股东制约的。因为这时金融机构并不是这些股票的终极所有者,它们必然要充分考虑其终极所有者——股东的利益和要求,要给股东以满意的回报,他们的行为偏好要受到股东的监督和约束,而不能过分地违背股东的意愿,不能我行我素,为所欲为。因为如果不这样,股东便会重新改变受托人。加之各金融机构之间为了争夺寄

---

① 〔德〕汉斯·根茨:《德国的银行与经济》,德国贝特尔斯曼出版社1993年版,第119页。

② 美国投资公司协会:《美国的共同基金及与其他工业化国家的比较》,纽约1996年版,第47页。

存股票和其他证券一刻不停地在进行剧烈的竞争，这也使各个金融机构在履行其受托人职责时必须谨慎从事。特别是90年代中期以来，为了抑制金融机构滥用其代理投票权，或这种代理投票权过分集中，西方国家还采取了一系列新的立法措施。如德国法律规定，公司股票代理投票权必须每15个月更换一次，银行有义务事先征询股东的投票指示，等等。

战后以来，西方国家的金融机构还愈来愈多地充当工商业公司之间、公司与客户之间的中介人。这包括：作为工商业公司股票发行的代理人承购、包销公司的股票；安排公司的收购和兼并；发展租赁业务；开展信息咨询服务；等等。在宏观上看，这种中介人是集中于部分大金融机构的，但具体到各家工商业公司，各家金融机构在充当工商业公司中介人方面的竞争、制约还是较强的，一家金融机构通过充当中介人，单独控制一家工商业公司的情况并不太多见。

（五）工商业公司的债权主体趋于多元化。金融机构在充当债权人时，一般不干预工商业公司的经营活动

信贷联系是金融机构与工商业公司之间传统、基本的联系。战后以来，这种联系从总体上、宏观上看，依然占有重要的地位。到1990年底，美国商业银行对工商业公司的贷款共约6545亿美元，占商业银行贷款总额的1/3以上。[①] 1983—1993年10年间，

① 金晓斌等：《银行信托部及银行持股公司：美国商业银行与企业关系的模式》，《上海投资》1996年第9期，第46—47页。

日本股票上市公司从银行的借款由 656669 亿日元增长到 1186975 亿日元。[①] 至 1990 年末,德国企业向银行所借长期和短期贷款额为 15940 亿马克,占企业资本总额的比重为 61.5%。[②] 但从微观上,具体到每家工商业公司,其债权主体则是趋于多元化的。这具体分为四种类型,第一种类型以美国公司为代表,通过加速折旧、扩大未分配利润等途径扩大自有资金,主要靠自有资金积累(1946—1988 年,美国非农业、非金融公司的自有资金占投资总额的 63%)。[③] 外部资金主要来源于靠多家金融机构为工商业公司特定项目而组成的银团提供的贷款。当然,贷款银团往往是由大商业银行牵头组成的。美国由 15 家大商业银行牵头组成的银团对工商业公司贷款额占了银行对公司贷款额的 75%,其中摩根、大通曼哈顿、花旗、制造商汉诺威占了贷款总额的 1/2。[④] 第二种类型是日本的 6 大金融系企业集团,资金主要来自集团内的若干家城市银行(其中有一家城市银行为主体银行),即是以集团内"系列融资"为主来解决资金问题,但尽管如此,日本 6 大企业集团公司资金来源乃是较分散的,因为资金不仅来自集团内的若干家城市银行,而且也来自集团外的众多银行,每家工商业公司来自本集团内银行贷款占贷款总额的比重,80 年代中期以前为 30—50%(其中主体银行为 20—30%),80 年代中期以后下降至 20—30%

---

① 〔日〕《东洋经济企业系列总览》1995 年版,第 71 页。

② 金晓斌:《主持银行:德国商业银行与企业关系的模式》,《上海投资》1996 年第 8 期,第 24 页。

③ 〔美〕《总统经济报告》1990 年,第 400 页。

④ 金晓斌等:《银行信托部及银行持股公司:美国商业银行与企业关系的模式》,《上海投资》1996 年第 9 期,第 47 页。

(其中主体银行为10—20%)。[①] 第三种类型以日本的非金融系企业集团(企业系列)为代表,外部融资的来源更为分散,如分别来自民间的长期信用银行、城市银行、地方银行、政府的开发银行、进出口银行等等。同时,这些企业对外部资金的依赖也较弱,有少数公司如丰田和松下公司甚至实现了"无负债经营"。第四种类型以德国的工商业公司为代表,虽然一家工商业公司的主要债权人往往是一家主持银行,但工商业公司在信贷上对这家主持银行的信赖也有了一定程度的下降。

还应指出的是,战后至80年代初期,日本由于证券市场不发达,工商业公司自我积累能力弱,所以日本的工商业公司主要是靠间接融资从事经营的。工商业公司对银行(特别是主体银行)的贷款的依赖性较强。在60年代至70年代外部资金占日本工商业公司资金总额的75—80%。银行在选择工商业公司作为债务人时往往是单向的,且对公司的审查和监督较为严苛。而进入80年代以来,特别是80年代中期以来,随着证券市场发展的明显加速(这其中日本政府的金融自由化政策起了重要作用),加上工商业公司自我积累能力的增强,直接融资在工商业公司的资金来源中占有日趋重要的地位,间接融资的地位则相对下降,对银行(包括主体银行)贷款的依赖性减弱,外部资金占工商业公司资金的比重已降至55—65%。银行与工商业公司之间在信贷上的结合由银行的单向选择变为银行与工商业公司相互间的双向选择,银行也不得不放松了对工商业公司贷款的审查和监督。

---

① 〔日〕经济调查会:《系列研究》,1992年版,第34页。

银行贷款给工商业公司，银企间是一种平等互利的商业交易关系。银行的目的在于按期收回贷款，赚取利率差额和手续费。银行在贷款前关心的是工商业公司的真实信息和经营方向，主要包括资产负债、财务状况、原材料供给、产品销路、盈利能力、公司领导人状况等，贷款一般要求抵押和担保。银行在提供贷款后，为了保证贷款的安全性和收益，往往要对公司的经营活动进行监督。如果公司使用贷款得当，生产正常，能够按期还本付息，银行一般不干预公司日常经营活动，这是大多数情况。但在少数情况下，即当公司经营不善，出现困难或亏损，预期不能按时归还部分或全部贷款时，银行便要对公司进行干预。干预大致分为两种基本形式，一种是间接的，从外部进行的干预，包括一家主持银行单独或与其他债权人(银团)协调，与公司重新读判债务、延缓或减免债务，紧急融资或停止贷款，帮助公司联系新客户，要求公司用抵押物品偿债等。另一种是直接的，从内部进行的干预，包括迫使公司调整或改变经营战略和策略，裁减公司雇员，禁止公司分红，银行派员指导和审查公司日常决策，改组公司内部机构并撤换主要领导人，将公司部分或全部债务转为股权(迫使公司提供股票偿债)，出售公司部分资产(或出售分公司)，进行资产重组，阻止公司收购和兼并，要求公司停业整顿，收购或抛售公司股票，乃至要求公司破产并进行债务清偿，等等。相对来说，第一种形式的干预是主要的。

还应指出的是，西方国家政府对银行向工商业公司的贷款也有一定的限定。包括贷款与自有资本的比例、贷款的流动性等等。如 1974 年，日本大藏省宣布，对银行的巨额贷款予以限制，规定普通银行对一家企业的贷款额不得超过银行自有资本的 20%，信托银行和长期信用银行不得超过30%，外汇专业银行不得超过40%。70年代中期以来，西方国家政府对银行向工商业公司贷款的管理还有了加强。

（六）工商业公司进行多角化经营，特别是从事金融业务

战后，许多工商业大公司为了适应日趋激烈的竞争，分散投资风险，往往突破行业的界限，将其业务触角伸向了众多的行业，进行跨行业的多角化经营。现在，一家大工商业公司的业务范围包括20—30个行业是很常见的事。大工商业公司的行业界限已日趋模糊。特别是一些大工商业公司绕过传统的金融机构中介，直接从事各种金融业务，实现了工商业与金融业的一体化。其金融业收入占其总营业额的比重，少的百分之十几，多的高达一半多。工商业公司涉足金融领域，一是通过本公司设立的财务部(财务公司)；二是对专门的金融机构进行控股和兼并。如美国的大百货公司西尔斯·罗巴克公司经营全美保险公司、全美储贷协会、全美企业抵押公司等。此外，西方大工商业公司往往都是跨国公司，这使它们的经营范围更为广阔。

综上所述，可见，战后以来，从宏观上看，金融业资本与工商业资本的结合在社会经济生活当中依然占有统治地位，特别是少数大金融机构与少数大工商业公司集中了社会资本的很大一部分。但从微观上看，一家金融机构一般难以通过与一家工商业公司的结合而对该公司进行控制。工商业公司在与金融机构所进行的控制与反控制的斗争中，其地位有了一定程度的上升，金融机构一般

不能主宰工商业公司,工商业公司独立性、自主性有了一定程度的增强。当然,与金融机构的结合仍是工商业公司生存和发展的必要条件之一,只是工商业公司在选择自己的合作伙伴时具有更多的自主权了。

五、职工持股制迅速发展

职工(雇员)持有股权制又称职工参股制、职工所有权参与(分享)制等,英文缩写为 ESOP(Employees Stock Ownership Plan),是指职工持有本公司的部分资本所有权,分担资本所有权风险,分享利润的一种制度。

(一)职工持股制的由来和发展

50 年代中期,美国旧金山经济学家兼律师路易斯·凯尔索(又译科尔索)在其所著的《资本主义的宣言》和《新型资本家》两本书中率先提出了职工持股制的构想。他认为,商品有两个创造者——资本和劳动。在 18 世纪中叶,美国的商品只有 5% 是由资本创造的;在 20 世纪 50 年代,则有 90% 以上是由资本创造的。人们不仅通过他们的劳动获得收入,而且更重要的是通过资本获得收入,这是人的基本权利。这就是所谓“二元经济”理论。以这个理论为基础,凯尔索认为,资方占有绝大多数份额的财富,不仅不公平,而且不利于经营效益的提高和经济的发展。只有使职工成为本企业的主人或所有者,才能真正协调劳资关系,提高效率,使经济持续稳定地发展。

凯尔索亲自创办了一家投资银行，为职工购买股票提供资金信托服务。1958年，《西海岸报》面临破产的危险，他帮助报社职工以股票红利作抵押，贷款购买了这家报社。这样，第一个职工持股制企业便诞生了。在50年代中期，凯尔索还创立了“全国职工持股问题研究中心”，并帮助上千家全盘购买公司股票的企业筹资。但整个说来，在50和60年代，职工持股制在美国仅仅进行了零星的试验，而且限于小企业，其影响较小。

职工持股制的实际转折发生在1974年。从这一年开始，作为凯尔索积极支持者的美国参议员拉塞尔·朗格运用他的权力和影响，在国会财政委员会制订并通过了税收优惠法和其他支持职工持股制的法案。至1995年，美国已颁布了25个联邦法来鼓励职工持股计划，50个州中已有一半通过了鼓励该计划的立法。[①]

美国实行职工持股制的企业，1974年仅为300多家，职工人数十余万人，1995年已达12000多家，职工1200万人，占全国职工总数的10%，拥有资产约1000亿美元，大部分企业是职工持股占企业资产的10—40%，多数或全部由职工持股的企业约为2000家左右，就业人数约300万人。实行的企业在以中小企业为主的同时，部分大企业也逐步加入了其行列。美国用于职工持股制的贷款，1989年为18亿美元，超过了前15年的总和。从1959年开始，法国便在少数企业中试行用职工分享的部分利润购买股票的计划。1968年，法国在部分大企业中强制推行该计划。70年代，

① 〔美〕全国职工持股问题研究中心：《职工持股制在美国的实验》，《华盛顿邮报》1996年5月21日。

法国推行该计划的企业年均增长 18.6%,80 年代年均增长 27%。法国 1973 年底颁布的法律对企业实施职工持股制作出具体规定,但这一法律主要适用于已上市的企业。到 1985 年,政府再次颁布法律,将职工持股制扩大到未上市的企业。如今,法国不少企业实行职工持股制,但由于雇主担心资金失控,职工股所占比例都较低,一般为企业资本的 10%左右。日本也于 1968 年开始引进了职工持股计划。1973 年,日本实行职工持股制的公司占上市公司的 60%,1989 年,在 2301 家上市公司中,有 1877 家实施了该计划,占 92.4%,职工持股会持股比例占实施企业全部股份的 0.88%,占个人拥有股票总数的 3.81%,实施企业职工入会人数为 45.4%,同年另有 1400 家非上市企业实行了该计划。日本共约有 220 万职工购买了本公司的股票,平均每人持有额为 12200 美元。1973 年,为了对付伴随着石油价格暴涨出现的经济"滞胀",英国开始实行职工持股计划。70 年代末开始的非国有化运动进一步推动了这一计划的实施。据 80 年代中期的一项调查表明,英国 41%的公司至少有过一项向职工出售股票的计划。在实行了非国有化的原国有公司中,96%的职工持有本公司的股票。1961 年,原西德倡导企业自愿推行职工持股计划。到 90 年代中期,约有 1/3 的德国职工向自己的企业注入资本。统计数字还说,1986 年德国各地吸收职工资本的企业有 1382 家,吸收资本为 10.73 亿马克;10 年之后的 1996 年,吸收职工资本的企业已达 2199 家,职工注入资本的总额为 20 亿马克。西欧国家对职工持股制公司的界定一般比美国要严一些,虽然逐步有所放松,但仍较美国严厉。如英国 1978 年财政法规定,只有当一个公司职工持股份额达75%以上时，该公司才是职工持股公司。1984年财政法将此比例降至50%以上。[①]

（二）职工持股制的原则、模式和运作

职工持股制实行的原则有三点：1.参与原则。要求企业职工广泛参与。一般不少于本企业职工70%参加；2.有限原则。为防止垄断，每个职工持有股票的份额有一个最高限度。3.按贡献分配原则。按职工对企业贡献的大小，作为享有股权多少的依据。

日本的职工持股制，就是在股份公司内部设立本企业职工持股会，由职工个人出资，公司给予少量的补贴，帮助职工个人积累资金，陆续购买本企业股票。职工持股会实质上是一种开放型的投资信托基金会。参加持股会的职工按月从工资和奖金中扣缴一部分作为对持股会的出资，加上企业鼓励职工持股的奖励金，组成股票购买基金。持股会用其积累的资金陆续为会员职工购买本企业的股票，并按比例记入会员职工的台账。可见，入会职工与持股会之间是一种信托关系，入会职工是信托人，持股会是受托人。持股会以自己的名义购买并占有、管理股票，行使股东权。会员职工只是名义上的股东，不能参与股东大会。另外，由于企业职工可按持股会章程申请入会或退会、增加或减少出资，因而持股会是一种开放型的投资信托基金会。

按照美国的职工持股计划，企业也设立专门的机构（职工持

---

① 〔美〕科里·罗森、卡伦·扬：《工业化国家职工持股制的发展》，《财富》1996年6月11日。

股计划委员会或职工持股计划信托基金会)，帮助职工购买和取得本企业的股票。这又具体分为两种类型。一种是非信贷杠杆职工持股制，也叫公司自筹资金职工持股制，或股票奖励计划。它是每年从公司税前总收入中提取一定数额的现金，设立股份信托基金，规模大致占公司职工工资总额的5—15%。它可以现金按市场价格从现有股东手中收购股票，或购买新发行的股票，也可直接用股票或其他资产来建立职工股份信托基金。信托基金由公司董事会指派的受托人组成职工持股计划信托基金会或职工持股计划委员会管理。由基金会或委员会建立每个职工的账户，职工股票的多少，除了取决于每年分配给职工的股票值占工资的比例，还取决于职工的工作年限、工作业绩、公司经营状况、股票市场行情等。职工每年从公司利润中按其持有股票的多少分红。第二种类型是信贷杠杆职工持股制。这种类型也是首先建立职工持股计划信托基金会或委员会，这个基金会或委员会以职工的现金或将要购买的本企业部分资产(股权)作抵押，代表职工向银行借款，用来购买本企业的股权，并将这些股权记入职工专项账户中，同时进行集中管理。将每年利润的一部分按照先还贷款，再积累，最后支付股利的顺序完成职工持股计划的全过程。一般6—7年可完成这一过程。

美国有些公司还与金融机构签订了协议，将职工信托基金作为投资基金委托给金融机构管理，受托的金融机构则将基金进行投资或再投资，以达到使基金增值的目的。

美国职工持有的股票在职工在职期间一般不能转让和流通。职工一般在因退休、离职、意外伤亡、被解雇等原因离开企业时，其账户内的股票可以全额付予或分期付予的形式转给他。职工持有了股票，可以自己保留，也可以卖给别人，但公司有优先购买权，公司收购职工股票的价格一般参照当时股票市场价格水平。

美国法律规定，公司以建立职工股份信托基金形式实行职工持股制，只要购买的股票价值不超过工资总额的15%，便可免税。美国1981年《经济恢复优惠税法》和1984年《直接税法》都规定，银行贷款给职工持股制企业，利息所得税减征50%，这使这类贷款利率平均降低1.5—2%。实行职工持股计划的企业获得的贷款在偿还本息前均免税。职工持股制企业出售股票的收入，如果在一年之内再投资，可全部免税。职工持股制企业享受先分股息，后征税的优惠。职工持股制的资产税可在长达14年之内，以股票支付。美国近年来每年为职工持股制企业的减税额约为25亿美元。除了税收优惠以外，美国政府还为实行职工持股制的企业提供贷款担保，并规定，这类企业如受到进口商品的冲击，政府将在贸易政策上为其提供保护性支持。

西欧国家的职工持股制主要分为如下4种形式：

1.利润分享制。

信托单位从公司税前利润中提取一定比例（英国1978年财政法规定，一般不超过5%）建立专门后备基金（又叫雇员基金或劳动者基金），用于职工购买股票，把它分给连续服务满5年的全日制职工，职工依其收入高低有权获得1250—5000英镑的股票。这是在工资以外的一种额外红利。信托单位可以用现金按市场价格从老股东手中收购股票或认购新发行的股票，也可以将拟发行的股票划出一部分分给职工。英国规定，股票由信托机构至少封存两年后才能交给职工,职工持股5年后才能交易。到1989年,英国已有900家公司实行了股份形式的利润分享制,职工达225万人以上。1984年底,法国分享利润的人为100多万人,通过利润分享而购买的股票享有各种税费优待。如法国80年代中期的法律规定,用于购买股票的利润不课税,奖金不需缴纳社会保险基金。英国1978年财政法规定,对各种形式的利润分享购买股票制度予以税收优惠,但职工每年人均免税股票最多为500英镑。1980年和1984年财政法对此规定又作了发展和补充,规定职工每年免税股票最多可为1250英镑,对年薪在12501英镑以上的少数雇员,每年免税股票最高额可为5000英镑。

2. 通过储蓄购买股票。

即职工与金融机构签订一份从工资中按月提成用于储蓄的合同。根据与职工个人或集体签订的协议,企业主可以至少在6年内将职工工资的一部分记入职工本人的专门账户。1985年底,原西德签订了17个包含有新型“财产积累”(即“生产资本参与”)条款的工资协定,包括了40万人,全体员工参加“财产积累”的企业占到企业总数的15%。此外,有1100个企业签订了10万份关于股本参与的合同,这些企业拥有60—70亿马克的资本和100万名从业人员。原西德1984年颁布了鼓励职工持股的法律后,职工每人每年的储蓄额由624马克提高到936马克。如果这笔钱用于购买股票或其他有价证券,个人缴款在312马克以内的可以免税。平均年分红率,单身汉为23%,有2个小孩者为33%。英国1980年财政法规定,凡工作满5年的全日制职工可在5年内逐月储蓄一笔固定的货币(1987年以前通常为每月10—100英镑,

1987年以后为10—150英镑),5年后他可获得一笔分12个月(有的公司为14个月)支付的免税红利。如果他把这笔储蓄再续存2年,他又可获得按较高的利率计算的免税红利。以上储蓄总额加5年或7年后的红利均被授予一种能认购公司普通股票的权利,每股股票的价格可按市价打9折。如果职工在与金融机构签订储蓄契约后不满3年就离开公司,他的股票购买权就丧失;当契约满5年后,职工行使了股票购买权,就有权在证券交易所出售股票。1984年财政法规定对此收益减免所得税。英国1986年1月生效的法律规定,每个职工每年有权将3000英镑以内的个人储蓄用于购买本公司的股票,并且规定用股息进行再投资时免税1—3年。法国法律规定,企业只能向所属职工、所属子公司职工和拥有本企业50%以上股份的公司职工出售股份。实行职工持股制的具体做法是:由股东特别代表大会在听取企业行政委员会和审计部门的报告后,确定新增资本的数额和股票认购的价值。按照规定,代表大会确定的数额,即5个财政年度售出股票的总数,不得超过企业资本的20%。股票认购价值也不能随意确定,如果是上市公司,定价要以代表大会召开前20天的股市平均价格为基数,不能低于平均价的10%。而对于未上市的企业,则有对证券价值进行评估的问题。认购股票的时间也由代表大会确定,一般在30天到3个月。法律对个人认购和集体认购作出了不同规定。当以个人的方式认购时,认购的职工其工龄不得短于6个月。职工在认购股票时,可分期付款,最长缴款期限为3年。老板可从职工每月工资中扣除一定金额,作为分期付款的认购费。职工认购的金额,每人不得超过本人一年所交社会保险费的

50%。对于以集体形式购买的股票，每个人也有一个账户，记录从工资中扣除认购股票钱数等情况。这些账目由银行、储蓄所等金融机构来负责管理。法国法律规定，一个职工的储蓄基金提成比例不能超过年工资总额的25%，公司也可免税向这项基金缴纳一定的数额，1984年以前1个从业人员缴纳的最高数额为3000法郎，后来达到1万—1.5万法郎。该储蓄基金冻结5年，基金参加者享受相当于存款总额25%的减征所得税待遇(但不得超过5000法郎)。

3.通过建立公司"雇员基金"购买股票。

英国公司中约250万职工是"雇员基金"股票的持有者，其中60%的人还直接持有公司股票。从1984年起，瑞典开始实行"劳动者基金"制度，全国共建立了5个地区性基金，均有权购买任何一个国有公司在交易所上市的股票，但不得超过8%，其总价值每年不得超过4亿克朗。后来，一些养老基金也获得了类似的权利，可购买股票的限额降为6%。

劳动者基金的运营机制也很独特。基金靠超额利润税(超过50万克朗的数额的20%)和增加工资基金提成(0.2%)形成。这个数额由公司支付，小公司、微利公司和外国公司除外，并可用于股票和其他有价证券投资，但必须遵守的条件是将获得的3%的利润划入养老金账户。每一项基金专门设立董事会进行管理，董事会的9个成员由工会任命。

1989年这些基金持有的205亿克朗的股票，控制了在交易所注册的公司资本总额的2.6%。基金在各公司股本中的比重平均为6—8%，在一些未在交易所注册的公司中，这个比重更大，达到了20%甚至30%。[①]

企业职工股东所受的制约是购买股票必须记名。从购买之日起5年之内不能出让，除非有以下原因才可解除持股人义务：结婚、被解雇、退休、离职、以及持股人或其配偶残疾或死亡。政府为了鼓励企业实行职工股份制，对实行这一股份制的企业给以减免税优惠。个人得到的好处是，认购者减少了部分个人所得税，免去出让有价证券的增值税；而企业得到的直接好处是，企业用于让职工认购股票的资金可免于征税。

4. 由公司少数经营者参与的"优先认股权"计划。

具体谁可以参与以及参与到何种程度一般是在有关保护投资者法律的范围内，由公司董事会决定。英国1984年财政法规定，授予经营者的股票购买权，要从授予之日起的3年后才能行使，且最长不能超过10年；按所授予的购买权购买的股票价格可以不低于市场价格，也可以低于市场价格；通过股票购买权获得的收益可以减免所得税。

（三）实行职工持股制的利弊分析

1. 职工持股制的优越性。

实行职工持股制，具有如下优越性：

(1) 对职工来说，实行职工持股制，使他们的身份发生了一定程度的变化，即由原来单纯的雇员变为公司产权的部分所有者，加

① 〔美〕科里·罗森、卡伦·扬：《工业化国家职工持股制的发展》，《财富》1996年6月11日。

大了职工对经营管理的参与度,这就提高了职工的地位,缓和了劳资矛盾,特别是随着公司的发展,经济效益的提高,工人不仅能增加工资,而且能分享利润,从而使职工的利益与公司的利益更加紧密地相联系,增强了职工对公司的认同感、归属感和职业安全感,激发了职工的劳动热情,使职工工作得更勤奋、更出色,并稳定了职工队伍。

(2) 对公司来说,由于实行职工持股制,职工更多地将自身的前途与公司的前途结合了起来,认为公司兴旺发达,自己就会增加收入;如果公司不景气,自己则会蒙受损失,获得了职工的热忱、忠诚和合作,从而增强了公司的凝聚力,促进了公司的发展。据调查表明,从 80 年代初至 80 年代中期美国实行了职工持股制的公司,其利润率和劳动生产率要比未实行该制度的公司分别高 50% 和 52%,实行了和未实行该制度的公司就业机会年增长率分别为 3.87% 和 1.14%。此外,实行了该制度的公司还表现在研究和开发速度加快,产品质量提高,新产品增加,工人旷工减少。日本公司在实行了职工持股制 3—4 年内,劳动生产率年均提高 4—5%,而未实行该计划的公司劳动生产率同期年均提高 1%。[①] 此外,通过实行该制度,职工往往能使自身的行为更自觉地符合公司的共同规范,这有助于减少公司的内部管理费用。同时,实行职工持股制以后,职工一般均能支持公司关于限制工资和其他福利支出增长的措施,有些公司甚至放弃了医疗保险,让退休职工用这一计划

① 〔美〕科里·罗森、卡伦·扬:《工业化国家职工持股制的发展》,《财富》1996 年 6 月 11 日。

的账户资金去购买保险。据统计，平均每家美国公司一年用于每位退休职工的支出为1.5万—2.5万美元，美国公司为养老金支出的负债已高达1万亿美元以上。而实行职工持股制，无疑是有助于公司减少开支的。此外，依照有关法律规定，实行职工持股制可享受政府税收、信贷和贸易政策等方面的优惠，这等于增加了公司的收入，扩大了公司的营运资金，从而达到了集资的目的。通过增收节支两方面，都增强了公司的市场竞争力。职工持股制特别对运转困难，濒于倒闭的公司具有明显的收效。对公司来说，实行职工持股制还有一个优越性，便是增强抵御外来兼并的力量，因为西方国家的法律一般规定，要持有一个公司较多份额的股票，才能对该公司实行兼并。而该公司职工持股越多，外来兼并的难度便越大。

2. 职工持股制的弊端。

实行职工持股制，具有如下弊端：

实行了职工持股制的公司，职工持股的份额差别很大，在一些公司中，不少职工持有的股票份额很低，还有一些公司的职工股票是无表决权股，这些股东对公司决策发挥的影响甚微，甚至根本不发挥作用；有些职工股规定不能转让、交易的时间过长，与其他股票所承担的责、权、利不对称；部分实行了职工持股制的公司，已经或正在形成一个新的经理阶层，这个阶层往往排斥职工参与管理；一些职工股东对分红率要求过高；部分公司在实行职工股份制的过程中，对职工工资和福利削减过多；国家对职工持股制较大的税收优惠增加了财政负担；等等。

六、国有资本作为一个基本生产要素，与私人资本紧密结合

西方国家国有经济成分的存在有着悠久的历史。但战前的国有经济具有两个显著特点，一是仅仅限于个别行业，对整个社会经济的影响很小；二是往往具有暂时性，即在战争或危机期间来潮，在战争或危机过后退潮。

战后，西方国家的国有经济发展到了一个新的阶段。国家已经不仅仅作为上层建筑从外部对经济进行干预，而且国有资本作为经济基础的一个组成部分，作为一个基本生产要素，直接参与了社会资本再生产过程，与私人资本紧密结合，相互依存，相互补充，对社会经济的正常运行起了保证、引导、带动、促进、调节、监督等作用。离开了国有经济，资本主义社会经济秩序便不能维系。国有经济的确立、改革和调整，是战后资本主义生产关系通过自我扬弃而发生局部质变的基本标志。而国有资本与私人资本结合的基本形式便是股份制，国家独资企业在国民经济中是微乎其微的。

战后，西方国家国有经济的历程大致可分为四个时期，50 年代和 70 年代是以国有化浪潮为主的时期，而 60 年代和 80 年代至 90 年代中期则是以非国有化浪潮为主的时期。当然，这种划分不是绝对的，以国有化浪潮为主的时期也包含着局部的非国有化，而以非国有化浪潮为主的时期也并不排斥局部的国有化。如何认识这种变动呢？我们认为，国有经济与世界上任何事物的发展、变化一样，不是直线式的，而是充满曲折和反复的。国有经济主要分布

在如下几大领域;一是基础设施和公用事业。包括铁路、高速公路、航空、港口、电力、自来水、煤气、市政设施、邮政、电信、电视、环保等行业。如1995年法国交通运输业和邮电通讯业的国有企业分别为18个和2个,职工人数、固定资产额、年增值额分别为34.86万人和42.44万人,418亿法郎和357亿法郎,770亿法郎和1610亿法郎,分别占本行业总数的83.8%和99%、48%和99%、30%和99%。二是金融业,如银行、保险、信贷等行业。1993年,欧共体国家金融业国有化程度平均为38%,其中希腊、意大利、德国和法国更分别高达84%、75%、61%和48%。三是一些重点基础产业。如以石油、煤炭等行业为标志的能源和部分采矿业等。1995年,法国能源和矿业的国有企业11个,职工20.2万人,占该部门职工总数的86%,固定资产450亿法郎,占该部门固定资产的68.3%,年增值额1900亿法郎,占该部门年增值额的71.6%。[①] 四是少数重点制造业,如汽车、电子、机械制造、造船、飞机制造、钢铁等行业。五是信息业、空间技术领域。六是一些基础研究领域。七是一些军事工业。

上述领域具有如下特点,或是投资大、利润率低、周期长的;或是风险大的;或是关系国民经济命脉和发展前途的;或是关系到社会稳定的。总之,是关系到社会经济全局且私人资本无力单独承担或不愿涉足的。所以,国有经济往往存在于社会经济的关键性领域,对社会经济的正常运行是必不可少的。具体表现为推动技

---

① 欧共体秘书处:《欧共体国家企业的国有化与私有化》,布鲁塞尔1994年版,第9页、10页。

术进步,促进产业结构和地区结构的调整,贯彻国家的社会经济政策,缓和经济危机的冲击,保持国民经济的适度增长,增加就业机会,抑制寡头垄断,确保竞争秩序,限制外资的过度侵入,扶持民族弱小产业,增强国防实力,等等。当然,这并不意味着国有经济在国民经济中占的比重越高越好。国有经济在国民经济总量中应占多大比重?它的行业结构应如何?它的内外部环境(即它与国家有关部门的关系和内部管理如何)?战后西方国家在处理这些问题时,既有成功的经验,也有失误的教训。由于体制上和政策上的原因,西方一些国有企业出现经营不善,效益低下,长期靠国家补贴弥补亏空,加重了国家财政负担;国家对国有企业干预过多;国有企业利用其特殊地位限制竞争;企业内部机构重叠,人浮于事等问题。80 年代以来,西方国家对国有经济的改革,包括实行非国有化,调整国家有关部门与国有企业之间以及国有企业内部的责、权、利关系,正是为了逐步减少乃至消除国有经济的种种弊端,促使其实现自我发展,自负盈亏,增强市场竞争力,改善国家财政状况。如英国 1979 年保守党上台时,国有企业产值占国民生产总值的 11.1%,固定资产投资额占全国总额的 20%,雇佣人员超过 150 万,占就业总人数的 8%。从 1979 年至 90 年代初,英国对国有企业实行了“民有化”改造,出售了 50 余家大型国有企业,200 余家中小型国有企业的股份,约 100 万原国有企业职工变为股份制企业职工,使国有企业产值占国民生产总值的比重降至 1%,英国政府获得了 1024 亿美元的收入,每年减少对国有企业的补贴或各种支出 43 亿美元,每年从这些企业增加税收 47.52 亿美元。1981 年法国国有企业产值占国民生产总值的 27%,投资额占全国总额的35%,国有企业职工为240万人,1984年,亏损额为240亿法郎。从80年代中期实行非国有化以来至1993年,国有企业产值占国民生产总值的18%,投资额占全国总额的25%,固定资产额占全国总额的24%,雇佣职工200万人。国家控股50%以上的国有企业共2750个。从1986年起,国有企业的财务开始持平,1988年盈利460多亿法郎。1960年,原西德各级政府占有公司14%的股权,1980年下降到10%,1990年进一步下降至5%。[①] 1982—1988年,原西德政府出售了4家大公司的国有股票,价值66亿马克。1990年德国统一后,德国政府将1.1万多家国有大、中、小企业向私人出售,但在出售前德国政府承担了部分债务,并支付了大部分清理工作费用。[②] 到90年代前半期,政府在公司中持有的股份,美、英、日、德、法分别为0—2%、1—3%、0.5—1%、4—7%、4—5%。1997年,经济合作与发展组织29个成员国非国有化的交易额就高达1017亿美元,约占全球的65%,创历史最高纪录。[③]

尽管西方国家从70年代末以来掀起了大规模的非国有化浪潮,但到1993年,欧共体12国中就有9国国有企业产值比重超过10%,意大利、希腊和葡萄牙等国则接近或超过20%。从1993年开始,西欧国家又掀起了新一轮非国有化浪潮,计划到2000年,出售国有企业资产2000多亿美元,占西欧各国国内生产总值的

① 德国联邦银行1991年10月号月报。

② 欧共体秘书处:《欧共体国家企业的国有化与私有化》布鲁塞尔1994年版,第18页、25页、32页。

③ 经济合作与发展组织:《金融市场趋势》有关年度。

2%。这次非国有化以电讯、能源、交通、金融和城市供应业为中心,同时涉及电子、冶金、采矿、石油化工、汽车、造船、机械制造、医药、食品、烟草等。其涉及面之广,规模之大,均为战后所罕见。[①]

不过,应当指出的是,虽然70年代末以来,特别是90年代以来,西方国家不断掀起了非国有化的热潮,但这种非国有化又不是无条件、无保留的,而是有选择、有区别的,与70年代末以前的非国有化有一个很大的不同,即主要不是追求国有股数量上的优势,而是着力于国有股质上的影响和控制。其代表便是国有“特别股”(法国叫“硬核股”,英国叫“金股”)的创立。法、英等国规定,对关系经济全局、国民生活和国家安全的行业的国有企业实行非国有化后,国家对这些行业的企业拥有“特别股”(法国和英国规定国有股份额分别为20—25%和1%),国家对某些特别重大的事务拥有少数否决权,例如,国家可以否决企业出售某些重要的资产、可以否决企业将股票过于集中地出售给个别国内投资者或海外投资者。[②]

西方国家的国有经济按发达程度的高低,依次可分为3种类型,一种以西欧国家为代表;第二种以日本为代表;第三种以美国为代表。如1993年,欧共体国家的国有经济产值占国内生产总值的12%,美国占5%。[③] 西方国家国有经济发展的不平衡,是由于

---

① 欧共体秘书处:《欧共体国家企业的国有化与私有化》,布鲁塞尔1994年版,第87页。

② 欧共体秘书处:《欧共体国家企业的国有化与私有化》,布鲁塞尔1994年版,第64页。

③ 国际货币基金组织:《世界经济展望》,1995年,第44页。

西欧和日本的科技和生产力水平比美国低，国民经济在第二次世界大战中又遭到了沉重的打击，私人资本的力量受到了严重削弱，战后又面临着全方位的、激烈的国际竞争。为了医治战争创伤，恢复和重建经济，加速技术创新，为社会经济提供现代化的公共设施，实现产业的高级化，增强国际竞争力，弥补、缓和私人资本的相对不足，都迫切需要使国有经济成分占有重要的地位。这就是战后西欧和日本国有经济程度较高的基本原因。而美国由于本身生产力较发达，战争对国民经济的打击又不大，私人垄断组织在战争中发了横财，私人资本的力量大为膨胀，许多行业私人资本可以不依赖于国有资本而单独发挥作用，战后美国经济面临的主要问题，是高度发达的生产与市场需求的相对狭小之间的矛盾。因而，战后美国不必像西欧和日本那样，保持较高的国有化水平，而主要是通过国家订货和采购，或支持私人资本的对外输出，从而为私人资本庞大的生产能力寻找出路。

第三章　战后股份公司的重组

企业的重组，既是股份制的重要内容和基本标志，又是其结果。按西方经济学家的划分，企业的重组，包括企业合并（收购和出售）；两个或两个以上的企业创办一个合资企业；参股投资；子公司脱离母公司；战略联盟；国有企业“民有化”等多种形式。企业合并又分为吸收合并（兼并）和新设合并两大类。根据美国联邦贸易委员会的划分，企业的合并可分为如下五种形式：

第一，横向（水平）合并。在同一地区的同一市场，从事同一产品或同种产品经营的企业之间的合并。

第二，纵向（垂直）合并。生产经营上互为上下游的企业之间的合并，即同一产品生产过程不同阶段的企业之间的合并。

第三，扩大产品门类的合并。在生产或销售方面具有联系，但销售的产品又没有直接的相互竞争关系的两个企业合并。比如肥皂制造厂与漂白剂制造厂的合并。

第四，扩大市场的合并。生产同一种产品，但产品在不同地区的市场上销售的两个企业合并。比如华盛顿的牛奶加工公司和芝加哥的牛奶加工公司合并。

第五，纯混合（也叫复合或斜向）合并。产品与市场都没有任何关系的两家企业合并。比如造船公司与冰淇淋制造厂合并。

(上述的五种合并中,第三、四、五种合并统称为混合合并)。

以上五种合并,各有不同的发展方向。横向合并是扩大现有经营范围、规模的合并。纵向合并指装配厂开始自己生产零部件,零件厂开始自己生产最终产品(原材料),一般厂家开始自己直接销售产品。扩大产品门类的合并是从高档产品到低档产品的完全系列化。扩大市场的合并是开拓新市场。纯混合合并则是向多种经营发展。

我们不能对企业的重组作狭隘的理解,认为只有合并才是重组。但是,在本世纪80年代以前出现的三次企业重组浪潮,其基本形式是企业合并,所以,我们可以把这三次企业重组浪潮简称为企业合并浪潮。

一、战前股份公司的重组及其特点

19世纪后期以前,西方国家企业的重组,无论从范围还是规模来说,都是较小的,对经济社会的影响较弱。19世纪后期,随着前所未有的技术创新热潮的兴起,西方国家加速进行产业、产品结构的调整和升级,实现重工业化,生产进一步社会化了,资本主义经济迎来了新的繁荣时期,公司股票价格持续上涨。与此同时,市场竞争也进一步激烈。无论是为了适应新的技术——产业革命的要求和重工业化的特点,还是为了在空前激烈的市场竞争中立于不败之地,都必须进一步扩大企业规模,实现资本的社会化。而光靠企业自身资本的积累,从速度和规模来说,都不能适应客观经济环境的要求。这就必须加速资本集中,即进行企业合并。所以,19

世纪后期是西方国家企业合并的一个历史转折时期。以这一时期为开端，西方国家在第二次世界大战以前掀起了两次企业合并浪潮，使自由竞争过渡到了垄断竞争。企业的合并也是后起的资本主义国家在短时期内在世界经济竞争中迅速扩张其经济实力，赶超老牌的资本主义国家，实现后来居上的一条捷径。内在的冲动和外在的压力使后起的资本主义国家对企业合并要求特别迫切和强烈。因此，西方国家企业的合并是以美国和德国为先导。尤其是美国企业的合并，因为其规模最大，影响最广，形式最典型，所以堪称代表。英国和法国则迟了十余年。而日本由于在19世纪60年代末才开始走上资本主义道路，所以其企业合并则更晚。

应当强调指出的是，每次企业合并浪潮过后，并不意味着企业重组过程已经结束。由于技术上、行业上和企业管理上的客观要求，最根本的是，由于市场机制的作用，以及社会公众关于维持市场竞争秩序，保护其合法权益的压力，立法、司法和行政当局的干预等，都迫使西方国家的一些企业在进行合并后又进行分割，即合并浪潮过后又退潮。我们不能像长期以来，前苏联、东欧和我国学术界一些同志那样，只片面地强调企业的合并，而不讲其分割，给人的印象似乎西方国家的企业总是合并、再合并，规模不断扩大，合并只有来潮，没有退潮，这是不符合事实的。历史事实是，不仅在一次合并浪潮过后出现退潮，而且在一次合并浪潮中也存在着企业分割。合并是呈波浪型发展过程的，企业重组是长期延续、不断进行的。

还应强调指出的是，国家的反垄断法虽然对限制企业合并起了一定的作用，但这毕竟是一种外在的作用，它不起主要作用。从根本上说,决定企业合并的是市场机制的作用,是要通过企业行为来完成的。企业行为才是内在的、本质的。“有形之手”的调节相对于“无形之手”的调节是处于第二位的。市场调节的基本标志便是企业合并的收益与成本的比较。当这一比例趋于上升时,便会刺激企业合并;反之,当这一比例下降时,则会抑制企业合并。这一比例还通过多侧面、多角度得以反映,其中股票市场价格的涨跌是灵敏的“晴雨表”。当企业合并收益/成本上升,合并有利可图时,股票价格便上涨,从而推动合并掀起新的热潮;反之,当合并收益/成本下降,则表明这一阶段合并已趋于接近或超过一定的临界点,已经出现规模不经济,合并应降温。

(一) 西方国家的第一次企业合并(重组)浪潮及其退潮

西方国家企业的第一次合并(重组)浪潮发生在1893—1904年,高峰在1897—1904年。在1893—1904年期间,美国共计发生了2864起合并,有3010家企业被兼并,金额为69亿美元。其中在1897—1904年期间,就有2653家企业被兼并,金额达63亿美元。

这次合并浪潮的特点是:以横向合并为主,即有竞争关系的、经营领域相同或生产产品相同的同行业企业之间的合并。若干中小企业合并为一个大企业。其目的在于实现规模经济,减少竞争对手,消除过度竞争。合并涉及几乎所有工业部门,约占制造业总资产的15%,其中金属原料、石油、金属加工等行业尤为猛烈。约有1/4的合并是由银行(尤其是投资银行)促成的。通过这次合并浪潮,100家最大公司的总规模扩大了34倍,控制了全国40%以上的工业资本。[①] 出现了许多大型托拉斯组织，如标准石油公司、美国钢铁公司、美国烟草公司、杜邦公司、国际收割机公司、通用电气公司、爱理斯—查默斯公司、阿纳康达铜业等。典型的像1870年，约翰·洛克菲勒把标准石油公司改组为股份有限公司，当年拥有资本金100万美元，一跃成为美国最大的石油公司。他在取得铁路运价优惠后，1882年，通过缔结协议，把14家石油公司的股份和26家公司的大部分产权集中到被他控制的由9名董事组成的董事会中，给各股东发放信托券，股东凭信托券参加分红。信托券的票面金额共计7000万美元，其中4600万美元归9名董事所有。从而组成了美国历史上第一个托拉斯。标准石油公司控制了美国石油工业的3/4。19世纪末，杰普·摩根购买了卡内基钢铁公司，还吞并了785家小钢铁企业，成立了美国最大的黑色冶金托拉斯——美国钢铁公司，资产额达15亿美元，是资本主义史上第一家资产超过10亿美元的公司，控制了美国钢产量的70%。美国烟草公司垄断了美国除雪茄外50—90%的卷烟市场。尤其是以摩根银行和克劳勃银行为代表的大金融机构，通过为工业公司发行股票和提供金融支持，促进了工业公司的合并，将许多工业部门重要的企业纳入自己的控制之下。1914年，美国年产值100万美元以上的大公司占公司总数的1.4%，而其产值和雇佣职工则分别占了总数的48.6%和35.2%。德国号称“卡特尔的故乡”，在1870年时就已出现卡特尔。1890年，德国有210个卡特尔，1905

① 〔英〕《金融时报》1990年10月19日专文:《本世纪西方出现的四次合并浪潮》。

年有385个,参加的企业达1.2万家。1907年,德国在工业和交通运输业部门中占企业总数0.9%的大公司,占了电力总数的77.2%,蒸汽马力总数的75.3%,工人总数的39.4%。美国有71个行业已由原来的正常竞争变为垄断。[①]

由于垄断的产生和发展,对社会经济生活造成了严重的损害。美国由于垄断因素的存在,每年造成1—7%的国民生产总值的损失。广大公众纷纷要求制订限制垄断的专门法律。

1903年,美国爆发了经济危机,并在1904年进入高潮。合并企业收益率下降,股票价格下跌,从而导致第一次企业合并浪潮转入退潮。如1895—1905年,美国工业生产年均增长速度为5.6%,企业合并数为3238家;1905—1915年,美国工业生产年均增长速度下降到3.2%,企业合并数也下降到1062家。[②]

在以反垄断著称的西奥多·罗斯福总统(1901—1909年)和塔夫特总统(1909—1913年)任职期间,美国联邦政府对若干家垄断公司进行了起诉。如1904年,对由哈里曼、摩根和希尔等垄断资本组成,总资本达4亿美元,并控制了美国西北部铁路运输的控股公司——北方证券公司予以起诉。联邦政府的公诉得到了最高法院的支持,法院判决北方证券公司违反了《谢尔曼法》,应予解散。西奥多·罗斯福总统因此被誉为"轰炸托拉斯的巨型炸弹"。1906年,美国联邦政府对标准石油公司起诉,随后又对美国烟草公司起诉。最高法院于1911年作出裁决,将标准石油公司分割为33家

---

① 〔美〕约翰·杰克逊:《经济集中的变迁》,华盛顿1986年版,第32页、39页。
② 龚维敬:《美国垄断资本集中》,人民出版社1986年版,第227页。

独立的子公司，将股权拆散后按比例划分给各家子公司的股东，由他们分散独立经营。随后最高法院又作出裁决，责令美国烟草公司拆散为十几家独立的企业，相互间不允许合作或持有另一家企业的股票，以保持竞争。[①] 以上述三大反垄断案件的宣判为标志，使垄断势力受到了一定程度的削弱和打击，对推动企业第一次合并浪潮转入退潮起了重要作用。

(二) 西方国家企业第二次合并(重组)浪潮及其退潮

由于第一次世界大战期间的战争景气和战后需求持续增长的刺激，西方国家经济进入了本世纪 20 年代的繁荣时期，股票价格持续攀升。经济繁荣与企业合并的相互推动，是西方国家企业第二次合并(重组)浪潮的基本特点。这次合并浪潮发生在 1921—1929 年。不仅合并的数量比上次多，范围比上次广，而且合并的形式也更趋多样化。在这次合并浪潮中，美国有近 12000 家企业被兼并，26 个行业中的 1591 家连锁店兼并了 10519 家零售店。范围涉及制造业、公用事业、银行、商业、采矿业等，仅在制造业中就有 5382 次兼并，涉及到制造业 10% 的资产。仅在 1925—1929 年期间，美国便有 4583 家企业被兼并。1911 年，德国有 500 多个卡特尔，20 年代增加到 2000 多个。[②] 在美国，由于《克莱顿法》的限制，使美国大企业之间不敢进行太大规模的合并，但控股公司比

① 胡国成:《塑造美国现代经济制度之路》，中国经济出版社 1993 年版，第 58—60 页。

② 美国贝恩咨询公司:《美国、欧洲企业的合并:历史和现实的比较》，纽约 1996 年版，第 20 页、24 页。

过去有了发展。在以中小企业之间的合并为主的同时,也有一定数量的大企业兼并中小企业。尽管横向合并仍占主导地位,但纵向合并、扩大产品门类的合并和扩大市场的合并迅速增长。产业资本与金融业资本的结合在合并中具有更加重要的作用。通过这次合并浪潮,西方国家的大企业具有如下发展趋势:第一,通过纵向合并,把一个产品的各个生产阶段、环节和工序纳入一个企业中,相互结合,连续作业,统一经营和管理,形成联合体。第二,同一行业、生产同类产品的企业之间通过合并,一方面在少数行业形成了独家垄断,另一方面在大多数行业中则形成了几家势均力敌的大企业进行垄断竞争的格局。第三,合并不仅在同一行业的企业之间进行,而且在相关行业生产和销售相关产品的企业之间进行,这些相关行业的企业之间也出现了划分势力范围的情况。第四,在不同地区生产和销售同类或相关产品的企业之间,一方面在进行合并,另一方面也在协调生产,分割市场。第五,产业资本与金融业资本相结合,而以金融业资本为主导的新资本形式在社会经济当中占有统治地位。

进入1929年,随着历史上空前规模的资本主义世界经济危机的爆发,企业开工不足,利润大幅度下降甚至亏损,股票价格暴跌,促使企业合并由涨潮转入退潮。1926—1929年,美国工业生产年均增长4.7%,企业合并为4029家;1929—1932年,美国工业生产年均下降19.2%,企业合并则为2711家。①

---

① 龚维敬:《美国垄断资本集中》,人民出版社1986年版,第227页。

二、战后股份公司的重组及其特点

战后初期和50年代，在医治战争创伤，恢复和重建经济的过程中，西方国家企业处于相对平静的时期。进入60年代以后，随着经济的恢复，新技术革命的发生，产业结构加速调整，新兴产业部门涌现，整个经济正由重工业化时期过渡到高加工度时期，世界贸易迅速发展，推动着世界经济进入了持续稳定发展和繁荣时期。适应世界经济的发展，需要进一步扩大投资规模，进行新工艺、新产品开发，降低成本，分散风险，拓展市场，这一切都为进行新的企业合并，产生新的巨型企业提供了要求和条件。这样，西方国家历史上第三次企业合并(重组)浪潮便兴起了。

（一）西方国家企业第三次合并(重组)浪潮及其退潮

这次合并浪潮发生在60年代中期至70年代中期，高峰在60年代后期。60年代，美国企业合并达25598起，其中工业占50%多。被兼并的企业超过20000个。[①] 1950年，日本企业申请合并件数为420件，1960年为440件，1972年增长到1184件。[②] 这次合并的特点是：1. 兼并企业主要是大企业，被兼并的企业中，大企业的数量更多。1965年，美国被兼并企业的资产首次超过5亿美元。60年代，美国200家最大的制造业企业收购的资产占全部

---

① 〔英〕《金融时报》1990年10月19日专文：《本世纪西方出现的四次合并浪潮》。

② 〔日〕大和证券经济研究所：《大和投资资料》，1989年6月号，第21页。

被收购资产的66%，通过合并，使资产增加了15.6%。到1970年，资产在10亿美元以上的银行已增加到80家，有7家资产超过100亿美元。① 2. 由于反垄断法对横向和纵向合并限制较严，而对混合合并放得较宽，所以这次合并是以混合合并为主，即原来没有关联的企业之间进行合并，从而产生了许多巨型的跨行业的企业。据美国著名经济史学家、哈佛大学商学院教授艾尔弗雷德·钱德勒统计，美国在1963—1972年的合并企业资产中，约75%是为实现多元化经营，约50%是在与原有产品无关的行业进行的。②

表3-1　美国不同历史时期企业各种合并占合并总数的比重　　单位：%

<table>
<tr><th>合并形式</th><th>1926—1930年</th><th>1940—1947年</th><th>1948—1953年</th><th>1954—1959年</th><th>1960—1965年</th><th>1966—1975年</th></tr>
<tr><td>纵向合并</td><td>4.8</td><td>17.0</td><td>10.3</td><td>13.7</td><td>17.0</td><td>7.9</td></tr>
<tr><td>横向合并</td><td>64.3</td><td rowspan="2">62.0</td><td>31.0</td><td>24.8</td><td>12.0</td><td rowspan="2">11.8</td></tr>
<tr><td>扩大市场合并</td><td>17.7</td><td>6.9</td><td>6.4</td><td>6.9</td></tr>
<tr><td>纯混合合并及其他</td><td>19.2</td><td>21.0</td><td>51.8</td><td>55.1</td><td>64.1</td><td>80.3</td></tr>
</table>

资料来源：〔美〕V.柯克：《产业组织与价格水平》，纽约1977年版，第256页。

从表3-1中可见，在40年代后期，纯混合合并已超过横向合

① 〔英〕《金融时报》1990年10月19日专文：《本世纪西方出现的四次合并浪潮》。

② 〔美〕《金融世界》1991年6月25日。

并而成为主要的合并形式。在战后初期至70年代中期，这种形式的合并一直呈上升趋势，60年代后期至70年代中期约占企业合并总数的80%左右。

70年代中期以后，随着资本主义世界经济转入"滞胀"，合并企业收益率大幅度下滑，股票行情相对低落，使企业合并浪潮转入退潮。1961—1969年，美国工业生产年均增长6.6%，企业合并为11735家；1969—1977年，工业生产年均增长2.8%，企业合并则为8657家。[①] 1979年，日本企业申请合并数降至1965年以来的最低点，为871件。[②]

（二）西方国家企业第四次重组浪潮及其退潮

80年代以来，尤其是80年代中期以来，随着以信息技术为标志的新技术革命的发生，产业结构进行了新的转换，西方国家经济由工业经济向信息经济过渡，这些国家的经济体制经历了十余年调整，资本主义世界经济逐步走出了"滞胀"，企业收益率转为上升，股票行情上涨，使企业重组又掀起了一轮高潮。虽然这次浪潮中，重组的数量与上次比较变化不大，但重组交易的规模大大超过了上一次。尤其是大企业重组的面很大。从1984—1990年7年间，美国企业重组交易额达12148亿美元，为前7年(1977—1983年)的3.44倍。美国企业10亿美元以上交易额的合并，在1979年以前很少见，80年代中期则比比皆是。美国最大的1000家公

① 龚维敬：《美国垄断资本集中》，人民出版社1986年版，第227页。

② 〔日〕公正交易委员会：《日本的企业集中》，1980年版，第42页。

司至少有30%在80年代进行了重组。仅在1981—1986年,美国公司的外部接管和内部调整创造了约1620亿美元的股东权益价值,其中外部接管为1350亿美元,内部调整为270亿美元。[①] 日本的企业合并数,在1980年达到961件后,1981年再次突破1000件,1985年达1113件,1987年更达1215件。[②] 这次浪潮与前三次浪潮的最显著区别,便是重组的形式多样化了。如果说,前三次企业重组中,企业合并占了压倒优势的地位,企业合并是企业重组的代表,所以可把前三次企业重组浪潮简称为企业合并浪潮;但这次企业重组中,合并虽然仍占有重要的地位,但已不是其代表,企业重组的形式趋于多样化,其他形式重组的地位上升了,所以,不应将这次重组浪潮简称为合并浪潮。

具体地说,这次重组浪潮具有如下几个特点:

1. 重新进行"逆多元化"经营。"逆(反)多元化"又称为"非综合化"、"反多种经营"、"重新集中"、"返回基本"等等,是指适应经济环境的变化和市场竞争的日益激烈,许多综合性企业集团和其他多元化经营企业通过缩减已有的业务领域,重新集中经营其核心业务,以获得更多的赢利及在证券市场获得更高的价值。

通过对《财富》杂志上的500家大公司的250家进行研究,美国经济学家康斯坦丁·C.马基特斯发现,1981—1987年间至少有20—50%的公司进入"逆多元化"战略调整。马基特斯发现,在50年代和60年代只有极少数厂商重新把力量集中化(更多的厂商进

---

① 翁君奕:《美国的公司重组及其启示》,《世界经济研究》1995年第6期,第31页。

② 〔日〕公正交易委员会:《日本的企业集中》,1989年版,第44页。

行多角化经营)。例如,60 年代只有 1% 的美国大公司重新进行力量集中化,而有 25% 的大公司进行多种经营。相反,在 80 年代,这些大公司中有 20% 重新把力量集中化,只有 8% 进行多种经营。结果,50 年代以前开始的多种经营趋势现在开始逆转。

表 3-2 是 1949—1987 年间美国《财富》500 家大公司中不同经营类型公司的构成。

表 3-2 美国不同类型公司的分布

经营类型	每一类型的百分比(%)				
	1949 年	1959 年	1974 年	1981 年	1987 年
单一经营	42.0	22.8	14.4	23.8	30.4
主导经营	28.2	31.3	22.6	31.9	28.1
相关经营	25.7	38.6	42.3	21.9	22.4
非相关经营	4.1	7.3	20.7	22.4	19.0

资料来源:宋守东、祁建林:《对美国企业经营重新集中化的探析》,《集团经济研究》1992 年第 12 期,第 29 页。

企业重新集中化经营,主要通过两种形式实现。一是自愿的形式,即出售非相关行业业务和购买相关行业业务。1981—1987 年美国最大的 100 家公司进行了 431 次兼并,其中 65% 与其核心行业有关;同时进行了 302 次变卖,其中 58% 与其核心行业无关。二是非自愿的形式,即外部接收企业对破产企业的收购。

西方国家在经过战后初期医治战争创伤,恢复和重建经济的阶段后,在 60 年代刚刚进入经济高速增长时期不久,科学技术日新月异,新兴产业部门不断涌现,企业通过多元化经营,可以进入新兴行业,实现规模扩张,分散投资风险,增强企业竞争能力和生存能力。而这时多元化经营作为一种新的经济现象,受到了股票市场的鼓励和追捧。企业从股市上接受了错误的信号和诱导,使其在多元化经营中发生有计划的过度投资。在当时,股票市场高估了合并企业的股价。在股票市场,当一家具有很高市盈率的成长型企业兼并了低市盈率的企业后,其每股盈利就会增加,从而导致股票价格的上升。这时,老练的投资者就会积极参与投机活动,致使股价继续虚涨,继而推动企业持续进行多元化经营。在60年代,多元化经营是一种新现象,经理人员对其缺乏足够的认识;同时,由于各行各业都处于繁荣时期,经理人员对其在不同产业间转移资产的能力过于乐观,对其经营各种企业的能力过于自信,导致企业的多元化经营超过其最优水平。

而这一时期股票市场发展程度还较低,有关制度还不健全和完备,加上投资银行等中介机构力量薄弱,企业进行多元化投资主要依赖企业内部从低增长分支机构调度资金来供应高增长分支机构,而不需向外界透露敏感的信息。但80年代以来,外部资本市场已经高度发达和现代化,各项制度已日趋健全和完备;竞争更加激烈;投资银行规模扩大并日益资本化;金融创新不断发展;职业研究机构和专业分析人员大量出现;到1986年,美国财务会计标准委员会已颁发80多次通知,要求上市公司公布其经营活动情况,企业信息更加公开化。随着外部资本市场日益完善,内部资本市场对其的优势明显削弱。外部资本市场的完善,也削弱了多元化经营分散风险的优势。以往投资者为了分散风险,往往求助于企业多元化经营。但是,随着美国证券交易固定佣金费的大大降低和经纪人之间竞争的加剧,证券组合投资成为一种相对便宜的投资选择。结果,企业多元化经营失去其部分作用，不能给企业带来更多的利益。而同时，企业付出的代价却在增加。从而出现利润水平下降和股票价格跌落。这就产生了对企业过度多元化经营进行结构调整的客观需要。80 年代接收专家和接收市场的出现，使这种产业变卖和结构调整尤为紧迫。因为接收专家可利用经营不善企业的劣质债券，以较低的价格收购这些企业，这使许多企业面临被兼并的威胁。如果企业意识到自己有可能成为兼并对象时，那么它为反兼并防御而进行重新集中化经营。

股票市场对企业战略调整的反应是敏感的。通常在厂商宣布重新把力量集中化的那一天,股价上涨。在 80 年代,企业在资本市场的作用下进行大规模的重组,重新把力量集中化,结果成为更有效率的全球竞争者。

2.分解式交易成为重组的重要组成部分。1989 年 11 月 11 日英国《经济学家》杂志指出:“在许多工业化国家中,企业的平均规模正在变小,而不是相反。新的企业纷纷涌现,许多分公司正在脱离母公司,综合性大企业通过分散,而专门经营其核心业务。”据美国著名经济史学家、哈佛大学商学院教授艾尔弗雷德·钱德勒统计,在 1963—1972 年进行合并的企业,在 80 年代又有 75% 因失败而变卖了资产。[①] 企业的分解式交易包括两种基本形式,一种是子公司或分公司作为一个独立的实体从母公司中分离出去;第二种是另一家或若干家公司收购一家公司的子公司或分公司。1979 年,割卖在美国企业重组中所占比重仅为 2%,到 1985 年就

① 〔美〕《金融世界》1991 年 6 月 25 日。

上升到30%以上。[①] 欧洲国家分解式交易占重组总额的比重，1985年为10.8%，1988年上升到40.5%。[②] 企业的分解式交易的盛行，是与前述第一种表现形式相联系的，即缩小经营范围，摒弃收益不显著的经营项目，集中力量经营主要最有利的业务。

3. 杠杆收购(LBO)比较兴旺。所谓杠杆收购是指收购企业允诺以被收购企业(目标企业)的财产作抵押获得银行贷款，然后用这种贷款实现收购；同时，收购企业在资本市场发行垃圾债券(这种债券一方面具有较高的潜在收益价值，另一方面又被评级机构认为具有较高的无力偿还风险)，从而获得收购资金，而去收购目标企业。由于这种贷款和债券是实现合并的必不可少的手段，所以又被称为"桥式贷款"和"船式债券"。通常，收购企业的自有资金在全部耗资中仅占10%，50—60%靠银行贷款，其余30—40%靠发行垃圾债券。

杠杆收购兴起于60年代，但到80年代以前，一直是件数少，规模小。至1980年，仅为94起；1987年已达3565起，价值2195亿美元；1988年更高达3637起，价值3114亿美元的高峰，占当年并购总值的1/3左右。[③] 据1988年4月1日美国《纽约时报》估计，截止1988年第一季度，美国便设立了数十项借贷收购基金，总金额为250多亿美元。这些基金推动了5—10倍的并购交易额。80年代，美国企业发行的垃圾债券为1700亿美元。美国企业长

---

① 翁君奕：《美国的公司重组及其启示》，《世界经济研究》1995年第6期，第29页。

② 欧洲共同体：《统计》，布鲁塞尔1990年，第35页。

③ 陈宝森：《美国借债兼并面面观》，《美国研究》1990年第1期，第78页。

期债务与总资产的比例,1980 年为 16.4%,1989 年上升到 24.4%。[①]

杠杆收购的兴盛,主要是由于,第一,全球资本市场上有大量游资在寻求高额收益。第二,在公司资产运营不当或公开市场低估了公司真实价值的情况下,投资者可以从中发现"隆起(Bust-up)的机会。所谓隆起的机会就是公司的交易价值远低于公司的资产价值,通过并购,也就是通过重组,缩小公司资产实际价值与潜在价值之间的差距。通过处理公司的部分资产,就有可能偿还债务。投资者收购现有企业比新建企业更为合算。第三,人们思想观念上的变化。以前,人们往往认为债务超过企业自有资本的一半便风险太大;而 80 年代中期以后,一些企业债务竟超过了自有资本的 10 倍还被人们认为是可以接受甚至受称赞的。借资比例大的公司在市场上往往还可得到额外的好处。第四,许多投资银行都为杠杆收购提供大笔贷款,不少商业银行为同投资银行竞争,也纷纷为杠杆收购提供资金。因为这些贷款不仅能为银行带来高额的预期收益,而且可赚取大笔的手续费,从而成为最有利可图的业务。第五,不仅众多投资银行和商业银行,而且律师事务所和会计师事务所,乃至每一家大企业都设有负责并购的专门部门。第六,由于在 80 年代以来的税制改革过程中,资本所得税率下降,使风险资本大量增加。第七,管理当局对杠杆收购放松管制,而采取了宽容的态度。

---

① 〔美〕保罗·詹森:《企业并购活动为什么会再度兴起》,《纽约时报》1989 年 4 月 1 日。

应当指出的是,在欧洲,杠杆收购没有美国那么火爆。1985—1988年,欧洲企业杠杆收购交易额仅有28.4亿美元,占购并总交易额的不足1.7%。[①]

4.恶意接管和以经营者收购(MBO)为代表的反接管竞争达到白热化。恶意(敌意)接管和经营者收购往往要通过举债完成,所以与杠杆收购相伴随或相重叠。80年代,美国的恶意接管交易占了企业并购总额的近一半。由于在恶意接管过程中,接管者出价一般较高,使企业股东和债权人能得到高于市场价值的溢价收益,所以,企业股东和债权人一般是支持恶意接管的,特别是作为企业大股东和主要债权人的机构投资者更是极力推动恶意接管;80年代以来,美元贬值,1987年10月19日之后美国股市一定时期内的下跌,以及美国企业资产估价一般低于外国企业,这些因素使得美国企业成为廉价企业,给外国企业通过收购美国企业进入美国市场提供了好机会;加上敌对的公开出价收购在社会上不仅不再被认为是缺德的事,反而受到新闻媒体的称赞;当局对恶意接管予以允许;这都消除了恶意接管的障碍。各个企业为了防止被恶意接管,一般要采取两方面的措施,一方面,是通过经营者收购、回购股票等方式实行反接管,以使股权相对集中于自身。所谓经营者收购,是指企业经营者及其合伙人通过举债购回相当大部分股权,最终全部或部分地拥有企业。因为在恶意接管过程中,经营者往往要遭到降职或解雇的命运,所以经营者一般是反对恶意接

---

① 〔美〕保罗·詹森:《企业并购活动为什么会再度兴起》,《纽约时报》1989年4月1日。

管的。实行经营者收购,不仅是经营者寻求对企业的低效、浪费、对环境变化反应迟钝等的解决途径,而且更重要的是防止在外来的恶意接管中丧失地位,并加大对企业的剩余索取权。雇员由于在恶意接管过程中往往遭到与经营者同样的命运,所以,工会往往采取与经营者一致或接近的态度。通过经营者收购和回购股票等,出售股票的股东往往能得到较高额收益。另一方面,则是企业本身成为向外"掠购者",通过收购其他企业,壮大自身规模和实力,防止本企业被接管。这两方面的措施反过来又推动了公开恶意收购活动的升级和股票价格的上涨。

5.出现了"小鱼吃大鱼"。通常的兼并总是"大鱼吃小鱼",但这一常规在这次高潮中被打破。如1985年销售额仅为3亿美元的经营超级市场的派利特雷·普兰德公司,通过借债方式以17.6亿美元吞并了年销售额为24亿美元的经营药品和化妆品的雷夫隆公司。①

6.企业间组成的战略联盟日益增多。广义的战略联盟,是指两个或两个以上的企业为实现一定战略目标而建立的联盟或合作关系。合作伙伴资源和利益同享,风险共担,仍然保持着本企业经营管理的独立性和自主权,彼此之间通过协议结成比较松散的联合体。战略联盟形式繁多,具体包括小额参股、合资、许可协议、合作研究和开发、技术交换、供应合同、生产制造合同、营销协议等。在80年代上半期,世界上企业间战略联盟还只有1560个,1985至1989年间增加了2632个,从而在80年代末期达到4192个。

① 美联社纽约1991年4月16日电。

其中,发达国家企业之间的联盟占90%以上,而发达国家与发展中国家企业以及发展中国家企业之间的战略联盟所占比例还不到10%。据美国布兹—艾伦—汉密尔顿咨询公司调查,美国1000家最大公司90年代初来自联盟的收入占6%,从1987年以来增加了3倍。[①] 如美国的国际商用机器公司在电脑硬件上与英特尔公司结盟,在软件上与微软公司结盟。公司之间的战略联盟已不限于国界之内,而是具有国际化的趋势。1989年,瑞士雀巢公司与美国的巴克斯特保健公司成立合资企业;1990年,雀巢公司又与美国的可口可乐公司建立合资公司;美国的百事可乐公司于1991年与英荷尤尼莱佛公司合资经营。90年代初,美国西北航空公司同荷兰皇家航空公司、联航同德国汉莎、德尔塔同瑞士、西班牙、奥地利三国航空公司、大陆同意大利航空公司等均结成了各种形式的业务联盟。早在1991年,美国柯达公司、日本富士公司两大胶片业巨星已与日本相机业三大巨头佳能、尼康、美能达公司共同开发使用新的小型胶片和相机的APS系统。

7.跨国合并风起云涌。到1989年,世界跨国企业合并为2762件,交易金额达1305亿美元,分别占世界企业合并总件数和总金额的36%和37%,交易额达到了到那时为止历史的最高峰。[②] 美国从过去主要的兼并国变为了80年代主要的被兼并国;西欧是美国企业的最大兼并者;日本兼并美国企业速度加快,规模扩大;美国仍把西欧企业作为主要兼并对象;欧共体国家企业之间

---

① 〔英〕《金融时报》1990年10月19日专文:《本世纪西方出现的四次企业合并浪潮》。

② 同上。

的合并日趋频繁。实行跨国合并，不仅是为了取得一国企业合并的财务收益，而且能绕过贸易壁垒，实现国际性的投资、生产和贸易一体化。

美国第四次企业合并浪潮在1988年达到高峰，合并资产金额为3530亿美元，这一纪录被保持了6年。自1990年起，美国经济转入疲软乃至衰退，企业合并也随之进入低潮。1991年，美国国内生产总值比上年下降了0.7%。1990年、1991年和1992年美国企业合并金额分别为1400亿美元、960亿美元和1180亿美元。①

（三）西方国家企业的第五次重组浪潮

自1993年起，美国经济开始复苏，国内生产总值1992年增长2.6%，1993年进一步增长了3.1%，1994年更达4.1%，经济转为兴旺，企业重组也随之重振。从这一年起，西方国家企业掀起了历史上的第五次重组浪潮，综观这次浪潮，具有如下特点：

1.合并金额连创历史新纪录。1989年，全球企业合并金额为3550亿美元，1998年已达2.4万亿美元，创历史最高纪录。1993年，美国企业合并金额为2122亿美元，1998年已达1.61万亿美元，创历史最高纪录，占全球的26.5%，创造了历史的新纪录（参见表3-3）。② 日本企业合并交易额在1993年高达86.5亿美元

---

① 〔美〕美林集团：《80年代至90年代初美国企业的合并》，纽约1993年版，第4页。

② 这里和以后凡未注明出处的资料，均引自美国证券数据公司相关年度报告。

的历史最高峰,1996年继续保持了这一纪录。①

表3-3 近5年全球与美国企业合并情况一览表

金额(万美元) 年份 / 范围	1994	1995	1996	1997			1998(截至12月4日)		
	金额	金额	金额	件数	金额	百分比	件数	金额	百分比
美国以外国家	1729	3542	3651	11600	5799	41.2%	12500	9000	37.5%
美国	2954	3870	5816	9400	8234	58.8%	11500	15000	62.5%
全球	4683	7412	9467	21000	14033	100%	24000	24000	100%

资料来源:美国证券数据公司有关年度报告。

2.合并数量多。1989年,全球企业合并数量为7700起,到1996年,已增长到22729起。美国前四次企业合并数量在高峰期年均分别为530、916、1650和3000起,而第五次合并浪潮中,1993年为6307起;1995年为9152起,占全球的53.2%;1996年为10200起,占全球的44.9%;1997年为10100起,占全球的44.8%。在1995—1997年3年间,美国有2.76万家企业宣布合并,比整个80年代的总数还要多。

3.超级合并件数多,规模大。1996年,美国企业合并金额超过10亿美元的达100起,超过30亿美元的达31起。1997年,美国企业10亿美元以上的企业合并为156起,超过100亿美元的合并便有5起。有史以来至1998年上半年,全球最大的企业合并案,绝大部分都发生在1995年以后(详见表3-4)。

---

① 中国台湾省《工商时报》1997年1月3日专文:《日本企业并购如火如荼》。

表 3－4 全球企业重大合并案

企业名称和合并内容	交易额（亿美元）	时　间
德国电信公司与意大利电信公司合并	906	1999 年 4 月宣布
美国埃克森公司兼并美国美孚石油公司	737	1998 年 12 月宣布
美国花旗集团公司与美国旅行者集团合并	726	1998 年 4 月宣布
美国西南贝尔通讯公司兼并美国科技公司	620	1998 年 5 月宣布
英国沃达丰移动电话公司兼并美国空中火炬公司	610	1999 年 1 月宣布
美国国民银行与美国美洲银行合并	593	1998 年 4 月宣布
英国石油公司与美国阿莫科石油公司合并	492	1998 年 8 月宣布
美国电话电报公司兼并美国电信公司	480	1998 年 6 月宣布
美国孟山都公司与美国家庭用品公司合并	391	1998 年 1 月宣布
德国戴姆勒·奔驰公司与美国克莱斯勒公司合并	380	1998 年 5 月宣布，1998 年 11 月完成
美国维亚通讯公司兼并美国哥伦比亚广播公司	370	1999 年 9 月 7 日宣布
美国世界通讯公司兼并美国微波通讯公司	365	1997 年 10 月宣布
美国富国银行（又叫韦尔斯·法本银行或第一商业银行）与美国西北银行合并	344	1998 年 8 月宣布

企业名称和合并内容	交易额（亿美元）	时　　间
日本三菱银行与日本东京银行合并	338	1995年3月宣布，1996年4月完成
美国第一银行与美国第一芝加哥银行合并	298	1998年4月宣布
英国石油—阿莫科石油公司兼并美国大西洋富田石油公司	266	1999年4月宣布
瑞士联合银行与瑞士银行合并	258	1997年12月宣布
美国大西洋贝尔公司兼并美国尼内科斯公司	256	1996年4月宣布，1997年完成
美国国民饼干公司（雷诺滋·纳比斯科公司）与美国科尔伯格·克拉维斯·罗伯茨公司合并	246	1988年10月宣布，1989年完成
美国太平洋贝尔公司兼并美国纽约—新英格兰电话公司	227	1996年宣布
美国迪斯尼公司兼并大都会/美国广播公司	190	1995年7月宣布，1996年完成
美国西南贝尔通讯公司兼并美国太平洋电报电话公司	165	1997年宣布
美国第一联合银行兼并美国科雷斯坦兹金融公司	161	1997年11月宣布
美国国民银行兼并美国巴尼特银行	155	1997年8月宣布
美国沃纳集团与美国时代公司合并	141	1990年完成
美国世界通讯公司兼并美国MFC电信公司	135	1996年8月宣布
美国克托夫特食品公司与美国菲利普·莫里斯公司合并	134	1988年完成

企业名称和合并内容	交易额（亿美元）	时　　间
美国海湾石油公司与美国加州美孚石油公司合并	134	1984年完成
美国波音公司兼并美国麦道公司	133	1996年12月宣布,1997年8月完成
美国大通银行与美国化学银行合并	130	1996年完成
美国施贵宝制药公司兼并美国布里斯托尔—迈尔斯公司	121	1989年完成
美国电话电报公司兼并美国麦考电信公司	115	1994年完成
美国西部传媒公司与美国大陆有线电视公司合并	114	1996年完成
美国电话电报公司兼并美国电信港公司	113	1998年1月宣布
美国富国银行兼并美国第一州际银行	103	1995年11月宣布,1996年11月完成
美国诺福克南部铁路公司与美国联合铁路公司合并	103	1996年宣布
美国摩根·斯坦利公司与美国迪安·威特公司合并	103	1996年4月宣布
美国格蒂石油公司与美国德士古石油公司合并	101	1984年完成
德国德意志银行兼并美国信孚银行	101	1998年11月宣布
美国马丁—玛丽埃塔公司与美国洛克希德公司合并	100	1995年完成

资料来源:根据美国证券数据公司有关年度报告整理。

4.方式新。80年代企业合并中,盛行恶意接管,杠杆收购,目的是获取短期财务收益。但往往由于合并过于匆忙，加上合并后管理不善，造成效率低下，特别是由于借债规模过大，信用等级不断下降。时至80年代末，不少垃圾债券公司开始出现资金周转困难，无力支付到期的高额利息和购回债券，违约与拖欠时有发生，造成投资者一片恐慌，债券信誉江河日下。1989年2月，被称为"垃圾债券之王"的德崇公司就由于债务困境而被迫向法院申请破产保护。至此，垃圾债券市场日趋沉寂，使杠杆收购资金筹措丧失了它的市场基础。

据美国美西企业管理咨询中心1997年第一季度对300家80年代实行杠杆收购的企业的调查，发现这些企业57%利润低于行业平均水平，有的甚至根本未盈利。加上1993年以来美国和欧洲股票市场行情看好，使企业能通过增发股票筹集合并资金，而且合并后的新企业往往在股市上大受青睐，从而进一步拉动股价上扬。股东也大多欢迎通过股票交换方式实现企业合并，因为他们能够享受减免税优惠。所以，合并往往通过股票交换和支付现金的方式进行，自有资金占的比重较高。据统计，在这次企业合并浪潮中，交换股票方式约占35%，自筹现金方式约占30%。杠杆收购已经收缩。当然，说杠杆收购已经收缩，并不等于这种形式的收购就不存在了。恰恰相反，杠杆收购还占有一定的地位，并未消失，在有些情况下还占有重要的地位。据美国美林集团提供的资料，在1997年，美国有700亿—800亿美元的杠杆收购基金，可推动的收购投资额则为这些基金的5—6倍。

5.发生合并的行业越来越多。合并涉及了国民经济的大多数行业，而主要又集中在金融业、电信业、广播电视业、交通运输及设备制造业、保险业、医疗保健业、商业服务业、投资经纪业、公用事业、国防工业、石油和炼油业、化学工业、房地产业、消费品制造业、旅馆赌场业、电力工业等行业。1997 年,全球合并交易额最高的行业依次为:通讯业:963 亿美元,银行业:842 亿美元,电力、煤气、自来水供应等公用事业:804 亿美元(参见表 3－5、表 3－6)。

1995 年 3 月,原来分别为日本第六和第七大银行的三菱银行和东京银行宣布合并,宣布合并时资产达 6500 亿美元,成为当时世界第一大银行。并于 1996 年 4 月组成东京三菱银行。

1995 年 8 月,在美国银行中排列第四位的化学银行同排在第六位的大通·曼哈顿银行合并,交易额达 130 亿美元,于 1996 年完成,合并后资产额达 2973 亿美元,成为当时美国的第一大银行,花旗银行以 2570 亿美元屈居第二。组建后的大通银行每年可减少 15 亿美元的支出,先前的 7.5 万员工减少了 1.2 万人,470 个分支机构被关闭 100 个。

1996 年 4 月,美国摩根·斯坦利公司与迪安·威特公司宣布实行合并,交易额为 103 亿美元。摩根·斯坦利公司的服务对象主要是大银行和大财团;迪安·威特公司是美国第三大证券商,也是美国第三大信用卡发行公司,现有 3900 万信用卡用户。两家公司合并之后对外将采用摩根·斯坦利—迪安·威特的名称,拥有 9300 个经纪商和 320 万个客户,将要管理的资产达 2700 亿美元,这是世界上任何一家投资公司无力与之相比的。

1997 年 8 月,美国第三大银行、拥有资产 2843 亿美元、总部位于美国东部北卡罗莱纳州的国民银行出价 155 亿美元收购了美国 东南部佛罗里达州资产440多亿美元的巴尼特银行,巩固了它

表 3－5　美国 1993—1997 年企业合并较多的若干行业

行业名称	交易额(亿美元)	件数(件)
银行业	2000	2492
广播电视业	1620	1435
保险业	1100	5124
健康服务业	1070	…
投资经纪业	1040	…
公用事业	1000	…
石油和炼油业	960	…
旅馆赌场业	840	…

注：…表示缺资料。

资料来源：美国证券数据公司有关年度报告。

表 3－6　欧洲企业合并较多的若干行业

行业名称	1997 年合并交易额(亿美元)	1996 年合并交易额(亿美元)
金融业	337	213
商　业	297	243
保险业	244	131
石油和天然气	224	218
化学工业	218	206

资料来源：KPMG 公司：《调研报告》有关年度。

在美国东部富庶地区的地位，对总部同样设在北卡州的第一联合银行构成严重威胁。第一联合银行不甘示弱，于 11 月以 161 亿美元收购了总部设在费城的科雷斯坦兹金融公司。两家银行合并后,资产总额将达到2040亿美元,在北起康涅狄格、南至佛罗里达的美国东海岸12个州里将拥有2600家分行、1600万客户,从而成为美国第六大商业银行。这两起兼并案有一个共同特点:兼并者的股票时价均低于被兼并者,但兼并出价却远远高出被兼并者的"账面价值"。国民银行的出价超出巴尼特"账面价值"的3倍,第一联合的出价超出科雷斯坦兹的4.4倍。

1997年12月,瑞士联合银行和瑞士银行宣布合并,交易额为258亿美元,组成一家资产为5920亿美元的名为瑞士联盟银行的新银行,其规模这时仅次于东京三菱银行(资产为6960亿美元),为世界第二大银行。该银行1997年底在世界各地拥有职工5.6万人,在未来3—4年内,将裁员1.3万人,由此节约20—30亿美元。到2000年银行年税后利润将达70—80亿美元,资本收益率高达15—20%。

1998年4月6日,美国花旗集团公司与旅行者集团宣布实行合并,交易额高达726亿美元,是截至当时为止世界上最大规模的合并案。花旗集团是一家银行控股公司,其主体是著名的花旗银行。目前在100个国家开展业务,拥有1亿个顾客。花旗集团也是世界上最大的信用卡发行者,发行的银行卡超过6000万张。而总部设在纽约的旅行者集团是一家老牌金融服务公司,原先经营生命、财产保险等业务,在收购了史密斯·巴内金融服务公司之后,其经营范围有所扩大。1997年又以93亿美元的价格再度兼并了美国第五大投资银行——所罗门兄弟公司,从而成为一家大型多功能金融服务公司。经营的业务涵盖投资、生命保险、财产保险、中介服务及商业信贷等领域。通过合并,新公司在原有公司基础上实现优势互补,为顾客提供多样化、一揽子的金融服务,并增强自身在国际市场上的竞争力。新成立的公司保留花旗集团的名称,但采用旅行者集团的“红伞”标志。新的花旗集团无疑是世界上的一个庞然大物,资产达到6980亿美元,年营业收入500亿美元,市场价值1400亿美元,其4800多个分支机构遍布美国近一半的州,在100个国家拥有6.2万职工。按资产计算,将成为世界第一大金融公司。

1998年4月13日,美国国民银行与美洲银行,美国第一银行与第一芝加哥银行分别宣布合并,这距美国花旗集团和旅行者集团宣布将联姻的消息只有一个星期。美国国民银行是美国第四大银行,它与美洲银行合并后组成美洲银行,涉及金融593亿美元,资产数额达5700亿美元,是美国第一大商业银行。分行数将达4800家,有自动提款机1.5万台,员工18万人,合并后的银行业务遍及美国24个州和首都华盛顿的2900万个家庭,成为全美第一家业务横跨东西两岸的银行,并在全球39个国家和地区拥有2000家企业客户。美国第七大银行——第一银行和第一芝加哥银行合并组成第一银行,涉及金额298亿美元,资产总额将达2300亿美元,居全国第五,成为美国中西部地区的支柱银行。分行将达2000家,有自动提款机9150台。

1999年8月20日,资产位居日本银行业第二位、第五位和第六位的第一劝业银行、富士银行、兴业银行宣布,3行将共同出资,由原银行三巨头共同出任首脑,于2000年秋天组建金融持股公司,实现金融业务全面大联合。根据3行的重组计划,新的金融集团将拥有总资产 1.241 万亿美元(约 141 万亿日元),相当于日本国家财政预算的 2 倍,大大超过现在居于世界第一位的德意志银行的规模(总资产 7325 亿美元,约合 73.5 万亿日元),成为新的全球最大金融集团。新集团的组建将分两个阶段进行,第一阶段:2000 年 9 月,3 行将对等出资,共同成立持股公司,全面统筹、调度和指挥 3 行金融业务,到 2002 年全面完成对个人业务、对法人业务和投资银行 3 个主要方面的机构和业务重组,5 年内裁减冗员 6000 人,撤并分支机构 150 家左右,实现年业务纯收益 1 万亿日元和实施投资 1500 亿日元的战略目标。第二阶段:到 2002 年秋天,通过旗下各投资信托、证券、人寿保险等相关机构的合并、分拆、重组,实现原 3 行所属分支业务的全面统合。两阶段机构重组完成后,新金融集团所拥有的总资产和经营规模都将位居世界第一。[①] 第一劝业银行拥有庞大的客户网络,富士银行在吸引法人存款方面成绩斐然,兴业银行则以其对政府政策的影响中较大著称。预计三大银行联合后,将实现优势互补。

1995 年 7 月底,美国娱乐业大王迪斯尼公司和大都会/美国广播公司(ABC)宣布合并,迪斯尼是美国近年来最具活力、赢利最多的娱乐公司,它靠生产动画片起家,拥有卡通人物米老鼠和唐老鸭的专利权,它不仅制作电影和电视节目、拥有一条有线电视频道、在美国加利福尼亚州和佛罗里达州经营迪斯尼乐园、拥有日本和法国迪斯尼乐园的股份,而且在全球拥有 400 多家零售店、两艘豪华游轮和一批饭店,还涉足出版业和声像制造业,一年营业额

① 共同社东京 1999 年 8 月 20 日电。

100多亿美元。大都会/美国广播公司是美国三大电视网之一，下属8家电视台，225家附属电视台，3个频道的有线电视网，在美国的覆盖率达99%以上。它还控制着21个电台网络和美国最有名的体育台，并为3400多家电台提供服务，拥有出版公司、报社和杂志社，一年营业额60多亿美元。两大公司合并已于1996年完成。为实现联姻，迪斯尼公司付出了190亿美元，而回报则更为惊人：合并后，新公司不仅拥有电影、电视、有线电视网、电话等一系列传播手段，而且拥有制作和传播两大阵地。

同年8月，西屋电器公司与哥伦比亚广播公司合并，合并后的新公司拥有15家电视台和39家电台，传播范围覆盖了全美1/3以上的听众和观众(这两家公司合并后又进行了分解，这将在后面详述)。

1999年9月7日，拥有著名的派拉蒙电影公司和音乐电视公司的美国维亚通讯公司宣布，它将收购美国三大广播电视网之一——哥伦比亚广播公司，收购总额按股票价格计算高达370亿美元，这是美国传媒业历史上金额最大的一起收购事件。

对哥伦比亚广播公司来说，这已是该公司5年来第二次转手了。1995年，哥伦比亚广播公司被西屋电气公司收购，但3年后(1998年)，西屋公司的资产被卖掉，哥伦比亚广播公司随之又成为一家独立的媒体。

哥伦比亚广播公司旗下拥有诸多电视、电台网以及大量优良的国际互联网投资。维亚通讯公司的这一举措使该公司有机会大举进入美国的广播、电视、户外广告以及电脑网络领域。加上它本身已拥有的50%美国公共电视网的股权以及几家大有线电视公司的股权，本次兼并将在美国多媒体和娱乐业创造出一个新的巨头，足以与迪斯尼和时代华纳公司形成对抗之势。维亚通讯公司首席执行官萨姆纳·雷德斯通称："我们的兼并将会称王。我们将在资金、品牌等诸多方面成为全球传媒和娱乐业的领袖。"①

分析人士认为，收购将使双方的市场份额扩大，优势互补。

首先，收购将使新公司在规模上取得发展。原维亚通讯公司所属的19家电视台和哥伦比亚广播公司所属的15家电视台在兼并后将重新规划，减少资源的重复使用。按照联邦新闻委员会的规定，一家公司在同一城市的电视台数量不得超过两家。这意味着新公司必须出售原有两大公司在达拉斯、匹兹堡、波士顿、迈阿密和费城等地一些多余的电视台。而且，委员会还规定一家公司在全国的电视观众覆盖率不得超过35%，而兼并后的新公司覆盖率预计将达到41%，也需要精简。但鉴于两公司重复成分相对较小，消化过程比较容易，而且精简也会使成本下降，规划更为合理。预计新公司在兼并后的第一年里可望节省成本2.5亿至3亿美元。

其次，兼并将使新公司在结构上更为合理。原维亚属下的众多公司在音乐电视、有线电视等领域的节目颇为吸引年轻人，而哥伦比亚广播公司的广播和电视节目在中老年人中极有市场。兼并后，哥伦比亚广播公司将获得新的电影和电视节目制作间，还可以向新公司内其他公司提供节目以及电视和电脑互联网广告客户，实现资源共享。

---

① 合众国际社纽约1999年9月7日电。

1998年5月11日，美国第三大电信公司西南贝尔通讯公司宣布兼并美国第七大电信公司美国科技公司，交易额为620亿美元，为美国历史上第三大兼并案，也是迄今为止美国电信业最大规模的兼并案。总部位于芝加哥的美国科技公司是美国中西部的主要电话公司，市场价值为483亿美元，西南贝尔的收购价格比市值高二成，并保证不解雇美国科技公司的职工。兼并后，新公司年营业额将达408亿美元，员工19.2万人，拥有西岸、西南部、中西部及新英格兰部分地区共5700万个电话用户。通过这项兼并，将建立全国最大的地方电话公司集团，其业务几乎遍及美国所有地区，有电话线5700万条，占全国总数的近1/3。将控制美国1/3以上的地方电话市场，并拥有美国移动电话市场的20%。年收入将为530亿美元，市场资本为1250亿美元，两家公司估计至少可从这次兼并中节省10亿美元。

1998年6月，美国最大的长途电话公司——美国电话电报公司宣布斥资480亿美元收购全美第二大有线电视公司美国电信公司，合并后的新公司将依托美国电信公司遍布全国的3300万家庭有线电视用户网络，在保持原有电视服务的基础上，利用美国电话电报公司雄厚的技术、资金实力更新设备，添加电话、传真、数据传送乃至因特网的服务，使用户享受集电视、电话、因特网于一身的“一揽子”全方位服务，每个用户的月租费仅100美元。通过利用美国电信公司现成的网络设备，不仅使美国电话电报公司节省了一笔不小的重新敷设线路的投资，而且还通过美国电信公司的家庭用户，使美国电话电报公司更多地抢占地方电话市场。

1998年12月，美国电话电报公司出资50亿美元购买了国际商用公司的全球网络，这一举动每年可为美国电话电报公司带来25亿美元的营业收入，并扭转美国电话电报公司在全球互联网络和企业数据服务市场中一直落后于世界通讯公司的局面。

1999年2月，美国电话电报公司已与时代—沃纳公司达成协议，将利用后者有线电视系统的电缆向消费者提供地方电话、交互式数字电视及因特网服务。这项交易将使消费者通过一家公司就能获得地方和长途电话、高速因特网接入和有线电视等服务，而且价格将比目前市场上低20%。[①]

1998年11月，全球最大的因特网服务商美国在线公司宣布，将出价42亿美元收购网景通信公司。

因特网的普及和商业开发始于90年代初。"网络经济"已成为最具潜力的经济增长点之一。这促使介入这一全新经济领域的公司极多，目前最引人注目的有两大类：一是以开发网页浏览软件为主的技术公司，网景和微软是这一类的两巨头；二是以提供电子邮件、信息传输和信息搜索等因特网服务为主的服务公司，比如美国在线、雅虎等。

在经营因特网服务方面，美国在线是介入最早的"元老级"公司之一。经过多年苦心经营，它成为同类公司中硕果仅存者。不过，历经多年的残酷竞争后，美国在线深感单纯从事因特网服务生存之艰难，从长远发展考虑，它一直在探寻新的增长点，选来选去，盯上了市场前景可观的因特网浏览软件开发。

在开发因特网浏览软件方面，网景通信公司则是该行业的先

① 美联社华盛顿1999年2月2日电。

驱。90年代初,趁微软公司等多数个人计算机软件开发商不重视开发因特网浏览软件之机,网景独具慧眼全力抢占这一新兴的软件市场。一直到1995年,全球平均每10个因特网用户中至少有8个使用的是网景公司开发的"航海家"网页浏览软件,美国在线当时也是该软件的最大用户之一。

可惜网景的景气没能在1996年后继续。因为微软很快调转了船头,迅速开发出名为"探险家"的因特网浏览软件,与网景的"航海家"一比高下。经过最近3年的白热化较量,网景公司呈节节败退之势:1997年底,"航海家"与"探险家"分别占有50.5%和38.9%的市场份额;1998年7月,"航海家"的市场份额再降为41.5%,"探险家"则后来居上,劲升至43.8%。连当初使用"航海家"软件的美国在线,也"喜新厌旧",摇身一变成为微软的大客户,美国在线的用户也跟着放弃使用"航海家",这是网景不敌微软的一个重要原因。

但是,美国在线与微软的合作注定是暂时的,甚至有点像"与狼共舞"。即使美国在线试图介入因特网浏览软件开发,在与微软的合作过程中,它始终只能居于从属地位,更令美国在线担忧的是微软"过于侵略性的市场策略及暗藏杀机的联盟与合作"在计算机业是出了名的,近年来它一再表露出不满足于仅做软件霸主的倾向,特别是对因特网服务飞速发展表现出极大的热情,并在这方面做了许多成功的尝试,扩张势头咄咄逼人。

微软1998年惹上涉嫌垄断软件市场的官司,这使得美国在线深感与微软同乘一辆战车的危险。1998年10月,美国在线表明了与微软断绝合作的决心。而此时,因受微软"探险家"浏览软件的挤压,网景通信公司日子正不好过,急需寻求强手合作,以图未来大业。

通过收购网景通信公司,美国在线的实力之强、业务范围之广,的确会令其他经营因特网业务的公司惊呼"狼来了"。除了美国在线既有的1400万长期用户,网景公司所拥有的因特网站"网络中心"也极受上网者的青睐,平均每月2000多万人次访问该网站,美国在线的原有用户和"网络中心"的常客多数是不重合的。同时,美国在线将恢复使用网景的"航海家"浏览软件,还将使"航海家"软件的市场份额一夜之间猛增而再次超过微软。美国在线事实上是试图扩展成一个全能型的因特网公司:既在开发网页浏览软件方面成为业界巨头,又在提供全方位网络服务方面占据绝对优势,以发展成为全球最大的因特网软件开发和网络服务公司。

1996年12月,美国两大主要飞机制造商波音公司和麦克唐纳·道格拉斯公司(简称麦道公司)联合宣布,波音公司以133亿美元的价格兼并麦道公司,新公司已于1997年8月正式营运。这是美国航空工业史上最大的一次兼并。波音公司是世界上最大的民用喷气式客机制造商,目前世界市场的占有率为55%,1995年销售额为195亿美元。麦道公司是美国目前最大的军用飞机制造商,其民用客机在世界市场的占有率为10%左右,1995年销售额为143亿美元,在世界航空航天领域排名第三。新公司以波音命名,执行董事会的2/3由波音人士出任,拥有职工22万人。兼并后,双方的优势得到进一步发挥,一方面,新公司的民用客机销售量达到65%,使自己在与其主要对手欧洲空中客车集团的竞争中进一步处于有利地位;另一方面,波音公司由于制造军用飞机的历史比较短,它也迫切需要麦道公司的人力和制造战斗机的经验。兼并后,麦道公司作为新公司所属国防系统业务分部,将负责占新公司营业额40%的所有国防产品生产业务。新波音公司在同美国头号军火商洛克希德—马丁公司的竞争中增强了实力,有利于提高争夺军工产品的新订单的竞争力。

1998年12月,美国埃克森公司宣布以737亿美元收购美国美孚石油公司。联姻后的埃克森美孚公司成为全球按年销售额计算的第一大公司,摘走了皇家荷兰壳牌石油公司的全球第一大能源公司的王冠,也夺走了通用汽车公司的世界第一大工业公司的宝座。兼并后的公司股票市值高达2380亿美元,大大超过壳牌公司。这个新的石油帝国在全球拥有48500个加油站,在世界范围内经营石油勘探、生产和加工等各项业务,其中1/3在美国国内,占有美国国内市场的22%。每天的原油生产能力高达160万桶。两公司共有员工12万人,1997年销售额相加达2023亿美元,利润之和约为118亿美元。兼并后公司每年可减少开支28亿美元,职工将减少约9000人(约占职工总数的7%)。

埃克森的前身是新泽西标准石油公司,美孚的前身是纽约标准石油公司,原均属于洛克菲勒石油帝国。1911年,被美国当局强制分割。现在,埃克森与美孚重新联合,反垄断问题自然令人关注。据悉,新公司将不得不出售一些地区的加油站和炼油厂,以避免违反反垄断法关于限制公司规模的规定。

6. 小鱼也可吃大鱼。1997年10月,美国第四大长途电话公司世界通讯公司宣布以365亿美元兼并美国第二大电信公司微波通讯公司。两家公司的市场侧重各不相同,可以优势互补,世界通讯公司的地方电话业务遍及美国50多个城市,也是美国因特网服务的主要提供者,而微波通讯公司主要经营美国国内和国际长途电话业务。兼并后,新公司将产生强强联姻的明显优势,大大加强其国内外的竞争地位,为大规模进军因特网创造条件,使新公司的服务领域更加广阔,几乎覆盖了世界上所有国家和地区,用户超过200万户。

1995年11月,排列在美国银行第29位的富国银行以103亿美元收购美国第十四大商业银行第一州际银行,成为小鱼吞掉大鱼的又一典型。新银行将拥有924亿美元的资产,成为全国第九大银行,并在美国中部和西部的21个州拥有1500多家分行,家庭客户7620多万户,明显地巩固和扩大了它在中西部的势力。

7. 企业"大变小"和经营分散化仍是一种重要的重组形式。在这次企业重组过程中,企业"大变小"和经营分散化与战略联盟和合并往往并行不悖,相辅相成。许多企业往往是在与其他企业结成战略联盟之后,或与其他企业合并之后,将非主导业务和下属公司分离出去,集中力量从事主业。分离出去的下属公司往往成为独立的经济实体。这是第四次企业重组浪潮中"逆多元化"经营的延续,是大企业规模结构和经营结构的重大调整。据1995年美国著名的沃森——怀厄特国际咨询公司对美国、日本、英国、法国、德国和加拿大的2000家大型企业进行调查,发现这些企业在变革经营中有一个共同而且十分重要的特点,即这些企业中的94.5%采用了通过重建或缩小的方式来革新和加强管理。其中,英国缩小企业经营规模的比例最高,占企业总数的76%,美国占72%,德国66%,法国61%,日本40%。一年后,这家咨询公司进行跟踪调查,证实"大变小"的确不失为企业革新经营的一帖良方,被调查的企业中,约74%降低了生产成本,69.5%提高了盈利,62.5%增加了产品品种。更为重要的是,被分离出去的小企业,一年后实现资产增值的占总数的89.9%。

如作为全美最大电信传播企业的美国电话电报公司1994年拥有员工30万人,总收入为751亿美元,盈利47亿美元,主要囊括长途电话业务及设备、移动电话、电脑和信用卡等业务。在全球电信业市场中是一家鼎足而立的巨无霸公司。1988年,新任董事长罗伯特·艾伦走马上任后坚持市场扩张,他提出了著名的"聚合"战略,即将生产和销售、通讯和电脑结合起来,建立起一个业务范围庞大的电信业王国。艾伦认为,一家同时掌握通讯和电脑两种科技产业的公司将在信息时代大展宏图。艾伦的战略得到了贯彻和一定程度的实现。他初战告捷,看准了潜力很大的信用卡市场,利用庞大的销售网络推销威士卡和万事达卡,短短数年便将美国电话电报公司发展为美国三大信用卡公司之一。1990年,美国电话电报公司以74亿多美元收购了国民收银机公司,该公司以生产自动柜员机及大型电脑见长。艾伦认为,未来电脑将以个人电脑为主,因此将国民收银机公司改名为环球资讯公司,成为美国电话电报公司旗下一个业务单位,重点发展个人电脑。可惜,艾伦涉足电脑业的举措押错了赌注,美国电话电报公司在个人电脑业已错失先机,个人电脑硬件获利甚丰的日子早成过去,美国电话电报公司推出个人电脑,虽然设计质量具备竞争力,但边际利润太低,开拓市场已晚,因此亏损严重。

在有利可图的长途电话市场上,美国电话电报公司也面临地区性电话公司结盟的挑战。在如此市场竞争激烈的环境上,美国电话电报公司终于认识到,规模大不一定带来可观效益,反而会行动迟缓,反应迟钝。电话和电脑两个产业也不一定能够整合为协调互助的一体,反而会造成牵制。为使自己更具竞争力、更灵活,使旗下各公司各有集中的经营重点,1995 年,美国电话电报公司主动放弃"聚合"战略,自我肢解,宣布把非核心业务分离出去,成立独立的公司,将公司分解为通讯服务、通讯设备和电脑三部分。改组后,电话业务集团将保有美国电话电报公司这一响亮的名称,负责经营美国长途电话、移动电话及信用卡业务,每年销售额约 490 亿美元。通讯设备业务集团将负责通讯系统市场,包括成长快速的通讯设备的制造与行销,如电话、录放机、光纤电缆及通讯网络交换机、调制解调器等,年销售额约 200 亿美元。贝尔实验室将分解为两部分,分属电话业务和通讯设备公司。而亏损严重的环球资讯公司将改组为规模较小的公司,停止生产个人电脑,集中发展金融、零售及通讯三个行业的科技产品,供应大型电脑、自动柜员机及收银机等产品。通过分解,美国电话电报公司由美国第五大企业降至第十二位,并将裁员 4 万多人。

又如,美国西屋电器公司是一个有着 110 年经营历史的老牌公司,其电气产品尤其是发电设备由于技术先进一直在世界上享有盛誉。但是近年来,公司的摊子越来越大,经营项目越来越多。西屋公司在 1995 年以 54 亿美元购买了著名的美国哥伦比亚广播公司,1996 年又以 39 亿美元兼并无限广播公司。这样,公司的经营已包括发电设备、广播电视、电器、冷藏运输车、防盗装置以及许多其他项目。由于业务过于繁杂,机构臃肿,运转不灵,西屋公司近年来困难重重。因美国投资者现在钟情的是规模较小、经营重点突出而利润很高的企业,而西屋则业务庞杂,主业不突出,利润率低。1995年西屋销售额96亿美元,列美国最大500家公司第135位,而利润仅1500万美元,落到第441位。利润率越低,吸引资金就越困难,被人称为美国"老工业地带一个昏昏欲睡的官僚大企业"。

1996年11月,西屋公司宣布公司将一分为二,一个是电气公司,负责经营西屋的传统电力产品,另一个是广播电视公司,专门经营广播电视。同时,一些与主体业务无关的公司将被出售,其中包括一些盈利可观的公司,以扬长避短,发挥自身优势。并裁员1500人,"厚厚的中间管理层"将不复存在,高层管理人员也将大大削减。

再如,戴姆勒—奔驰公司在70年代和80年代加快了"加法"运算速度,获得了德国宇航公司、AEG电器、MTU动力制造等著名企业的控制权,其业务扩展到航空航天、有轨无轨车辆、金融服务、电子等领域,年产值高达1000亿马克,成为世界名副其实的水、陆、空交通制造业巨人。

进入90年代,由于全球一体化进程加快,竞争更加激烈,而此时的戴姆勒—奔驰集团也遇到了前所未有的挑战。为了保持公司的领先地位,90年代中期,公司步入了"减法"为主的调整收缩阶段,"清理非主流业务,加强汽车核心地位",成为调整战略的重点。为此,戴姆勒—奔驰集团更名为戴姆勒—奔驰股份公司,梅赛德斯—奔驰汽车公司不再存在,其业务由总公司直接控制。除此而外,它还卖掉微电子除汽车电子以外的所有业务、AEG电器的部分业务,并将 AEG 剩余部分和 ABB 公司合资。事实证明,公司大刀阔斧的调整战略非常成功,近几年盈利大幅增长。

1999 年 3 月,美国第三大烟草和食品公司——雷诺兹·纳比斯科公司宣布,公司将一分为三:占销售额 49%的食品业务与烟草业务分离,还原为以前的纳比斯科集团控股公司;占销售额 33%的美国国内烟草业务重归于雷诺兹公司名下;占销售额 18%的海外烟草业务以 80 亿美元高价卖给日本烟草公司(日本烟草公司通过这次合并在世界烟草业中的排位从第四位上升到第三位)。

1985 年,雷诺兹公司与纳比斯科公司合并。那时,前者是一家实力强大的烟草公司,后者生产的饼干也享誉世界。雷诺兹在美国反烟运动的背景下,为多样化经营的需要,买下了纳比斯科。

由于美国反烟运动日益高涨,自 1991 年以来,华尔街股市价格上翻了好几番,而雷诺兹·纳比斯科的股票价格却下跌了一半多,公司背上了 65 亿美元的沉重债务。这几年,许多州政府起诉烟草商,1998 年以美国四大烟草公司答应今后 25 年向受害的个人和单位赔偿 2060 亿美元了结,按比例分摊,雷诺兹一年要支付 20 亿美元左右。

类似的例子还有:美国百事可乐公司原是饮料、饭店、快餐三位一体,现已决定放弃两项,突出经营重点,集中力量在饮料市场同老对手可口可乐竞争。全球最大的企业通用汽车公司 1997 年宣布将在未来 5 年裁员 4 万,出售 14 家公司,为此耗资 30 亿美元,以追求高效率。1996 年收入 690 亿美元的菲利普·莫里斯公司也宣布大幅裁员和重整,拍卖"非核心业务",压缩成本,以期每年节省 2 亿美元。1998 年 12 月,美国惠普公司宣布一分为二,一个继续研制、生产、销售电脑、打印机等产品，另一个经营测量半导体、通讯器材等仪器。斯普林特公司分拆它的移动电话业务而形成一家价值30亿美元的独立公司。西尔斯公司分拆全州保险公司。德国钢铁巨子蒂森公司和克虏伯公司1998年合并后，宣布将业务集中在占公司销售额70%左右的汽车配件、机械制造、设备制造、电梯、材料贸易和平板钢材6个领域，对不属于公司特长的房地产、电信业务，将逐步清理、出售。1998年，德国电子巨头西门子公司宣布将出售销售额102亿美元（占总销售额的14.4%）拥有雇员6万人的一些所属公司。同年荷兰飞利浦电子公司宣布将关闭它在世界1/3的工厂。日本金融机构和工商企业更是纷纷撤并分支机构（特别是海外分支机构）、裁员、清理债权债务、压缩库存产品和过剩设备等。美国乔治·华盛顿大学管理学教授威廉·哈拉尔在1998年5月接受《未来时报》记者专访时，将分散经营与增强协作和建设智能基础设施称为"世界企业正在经历的以知识为基础的三大变革"，并指出："所有的企业都将经历从集中控制走向自由分散的逆转历史过程"。① 看来，威廉·哈拉尔的观点是有一定道理的。

8.企业之间（包括跨国企业之间）的战略联盟日趋扩大和增多。如在航空领域，1983年全球性的战略联盟有10个，1993年增长到52个，1997年更达363个。1997年5月，由德国汉莎航空公司和美国联合航空公司等5家航空公司组成了当时国际航空界最大的战略联盟——"明星联盟"。1998年9月，以英国航空公司、

---

① 〔美〕《未来时报》1998年6月8日。

美国美洲航空公司、澳大利亚昆达士航空、加拿大国际航空、香港国泰航空为核心,包括日本航空、西班牙伊比利亚航空、丹麦梅克斯航空、英国 GB 航空、美国西方航空和芬兰航空宣布组成更大的环球联盟——一个世界,像“明星联盟”一样,这一联盟也将为乘客提供一次购票、随意转机等所谓“无缝”服务。[①] (全球航运业主要联盟见表 3－7)

又如,在海运领域,1995 年 10 月,日本大阪三井商船公司、美国总统海运公司、荷兰扎华公司、马来西亚国际航运公司和香港东方海外轮机公司 5 家海运公司实行大联合,筹组由 66 艘海轮组成的联合船队。这 5 家海运公司新组建的航线被命名为“全球航线”,5 大公司将共同使用船舶、码头、货物,实行合理化调配。为适应 21 世纪的国际海运发展,世界级海运公司有在海上活动中心、海洋旅游、综合仓库、大型物流中心等不动产及文化设施方面实行更大规模联合的趋势。

再如,在计算机生产领域,1991 年,美国国际商用机器公司与苹果公司、摩托罗拉公司结成联盟,合作开发 Power PC 芯片和 Power PC 机,以同微软公司、英特尔公司的 Win－tel 机相抗衡。1996 年 5 月,由美国国际商用机器公司、苹果、网景、太阳电脑、奥拉克尔 5 大公司公布网络电脑工业标准,成立网络电脑联盟,摩托罗拉、日本索尼公司、任天堂公司、日本电气公司、东芝公司和芬兰的诺基亚公司、英国电信公司等 70 多家公司表示支持这一联盟,以与微软、英特尔、康柏、惠普、数字设备、得克萨斯仪器等公司组

---

① 联合国贸易和发展会议:《世界投资报告》,日内瓦出版,有关年度。

成的个人电脑联盟相抗衡。

表 3－7　世界主要航运联盟

联盟名称	一个世界	明星联盟	大西洋杰出联盟	美荷联盟
成立时间	1998 年 9 月	1997 年 5 月	90 年代中期	90 年代初期
现有成员	英国航空公司 美国美洲航空公司 澳大利亚昆达士航空公司 加拿大国际航空公司 香港国泰航空公司等	德国汉莎航空公司 美国联合航空公司 瑞典斯堪的纳维亚航空公司 加拿大航空公司 泰国国际航空公司 巴西里奥格兰德航空公司	瑞士航空公司 奥地利航空公司 土耳其航空公司 葡萄牙航空公司 美国 DELTA 航空公司	美国西北航空公司 芬兰航空公司
雇员	22 万名	23.1 万名	7.1 万名	7.4 万名
航线	138 个国家和地区 800 个城市	110 个国家和地区的 642 个城市	…	82 个国家和地区
年客运量	超过 1.74 亿人次	1.85 亿人次	4750 万人次	…
飞机	1524 架	1415 架	…	…

注：…表示缺资料。

还如，在电信领域，1998 年 7 月，美国电话电报公司和英国电信公司共同宣布，将联合建立一个总资产现值 400 亿美元的合资企业，经营其所有的国际电信业务。新企业的股权将由两公司各占一半，总部设在大型跨国公司云集的美国东海岸，雇员总数为

5000名，每年为全球237个国家和地区提供250亿分钟的电信服务，并预计在完全运作的第一年即2000年中实现年营业额100亿美元、利润17亿美元。英国电信公司和美国电话电报公司的现有总资产都接近上千亿美元，在同行业中分别列世界第五位和第三位。①

在航天领域，1998年12月，意大利阿莱尼亚公司、德国达索航空航天公司、法国马特拉—马可尼公司和英国通用电气有限公司联合组建欧洲最大的航天公司。公司在4个国家的从业人员达1.1万人，营业额328亿美元，将成为欧洲第一、世界第二大航天公司。

在影相领域，1996年9月，柯达公司和富士公司宣布，除了协调统一小型胶片和相机的APS规格之外，还要在相机用记忆卡格式标准化，乃至运用APS影相的咨询家电产品开发等方面进行合作。

在金融领域，1998年5月，日本第一大长期投资银行兴业银行和最大的证券公司野村证券公司宣布，将共同出资建立两家公司，一家专门经营金融衍生商品业务；另一家经营投资基金，其对象是个人资产的运作和管理。1998年7月，日本住友银行与大和证券公司宣布将于年内共同出资建立一家专门经营大宗金融贸易的证券公司，主要开展面向法人的金融服务、金融衍生商品交易、资产运作(包括证券发行、企业收购等)。大和证券将于1999年4月转变为持有子公司股票，不从事业务的持股公司。住友银行在

---

① 美联社纽约1998年7月26日电。

日本19家大银行中排名第三，大和证券是仅次于野村证券的日本第二大证券公司。双方关系历来密切。大和证券是想通过与住友银行的合作来增强自己的资金基础，提高金融商品开发能力以及扩大在海外的金融业务。住友银行的目的在于尽快进入证券领域，实现金融业务的综合化。

在汽车生产领域，美国通用汽车公司向日本五十铃汽车公司和铃木汽车公司出资，福特汽车公司收购英国美洲虎汽车公司的部分股权，英国维克集团将所属罗尔斯·罗伊斯汽车公司出售给宝马公司，意大利菲亚特集团下属的依维柯客、货车公司和法国雷诺汽车公司所属的雷诺车辆制造工业公司将建立一家主要生产大型客、货车的合资公司，新组建的公司将成为欧洲大陆上第二大客车生产企业。

在食品工业领域，1993年，西欧两大食品工业公司——英荷尤尼莱佛公司和法国BSN公司宣布实行合资经营，前者生产的冰淇淋在世界上雄踞榜首，后者是世界上制造酸乳酪的最大公司。两家联合之后，将在世界范围内生产和推销它们的优势产品。

9.跨国企业合并跃上新高峰。1989年以后，世界跨国企业合并的件数和金额均呈减少之势，到1991年，件数为1960件，交易额为543亿美元，跌至低谷。从1992年开始呈回升势头，1992年件数虽为1810件，比1991年少150件，但交易额却达726亿美元，比1991年增加183亿美元。1996年，跨国企业合并5540件，交易额2750亿美元，占跨国直接投资总额的79%，比1995年增长30%。1997年为3410亿美元，比1996年增长20%多，创造了历史最高纪录。在1996年发生的45起大的跨国企业合并中，每起交易额都超过10亿美元。1997年10亿美元以上的跨国企业合并金额达1610亿美元。

美国企业依然是外国企业主要的兼并对象。在1996年最大的20起跨国企业合并中,仅有1起涉及北美和西欧以外地区的企业;而在10起最大的跨国合并中,涉及美国企业的占7起,涉及加拿大企业的占2起。① 1997年,美国企业兼并外国企业的费用为近800亿美元,居世界第一位。居世界第二、三位的分别是瑞士企业和英国企业,分别接近400亿美元。1997年,外国企业兼并美国企业的费用为610亿美元,居世界被兼并额的首位,居第二、三位的分别是英国和德国企业。1998年,外国公司兼并美国公司的交易额猛增至2340亿美元。

欧洲联盟(欧共体)15个国家企业跨国合并数量在1986年以后逐年递增,1989年以后急剧上升。1986年,欧盟企业的跨国合并还不到500例,1990年已突破2000例。1995年,欧盟企业的跨国合并金额为750亿美元,1996年上升到1000多亿美元,创造了历史最高纪录。1990—1995年期间,欧盟的跨国企业合并数占欧盟企业合并总数的29.2%。其中,欧盟各国间的企业合并数占18.7%,欧盟企业与欧盟以外企业合并数占10.5%。1990—1995年期间,欧盟各国企业共兼并近1500家美国企业。同期,美国兼并欧盟企业1750家,被兼并的德国和英国企业分别占31.1%和27.5%。②

---

① 联合国贸易和发展会议:《世界投资报告》,日内瓦出版,有关年度。

② 欧洲联盟委员会:《1997年经济公报》,布鲁塞尔1997年版,第37页。

1999年4月,德国电信公司与意大利电信公司宣布合并,合并交易额为906亿美元,是有史以来规模最大的企业合并。合并后,将成为拥有2150亿美元资产的超大型电信公司。在目前全球电信市场中,日本电报电话公社营业额为781亿美元,排名全球第一,德国电信公司营业额为390亿美元排名第三,意大利电信公司营业额为310亿美元,排名第四。德意公司合并后,将以700亿美元的总营业额取代目前以513亿美元营业额位居第二的美国电话电报公司,并成为欧洲最大的电信公司。

1998年8月,英国石油公司和美国阿莫科石油公司(又译阿姆克或"美国石油公司")宣布合并,交易额为492亿美元,成为有史以来全球工业界最大的合并交易。英国石油公司具有近90年历史,在全球石油界位居第三,阿莫科公司则是美国第五大石油公司和北美地区最大的天然气生产者。据估计,两家公司合并后的市场资本总额将达1100亿美元。它的雇员总数将达10万名,拥有148亿桶原油储量,日产原油300万桶,在全球各地经营的加油站达27200个,它将是全球头号能源市场——美国的原油和天然气的最大供应者及北海油田原油的最大生产者,并将成为仅次于英荷壳牌石油公司和美国埃克森石油公司的世界第三大石油化工企业和世界第十四大企业。根据协议,合并后的企业将命名为"英国石油—阿莫科石油公司"。其中,英国石油公司拥有全部股份的60%,并有权指派公司8名执行总裁中的6名。而阿莫科公司的总部芝加哥则成为新公司北美地区炼油、销售和运输以及从事全球化工产品业务的总部。此外,新公司董事长将由英国石油公司现任首席执行官约翰·布朗担任,董事会则由英国石油公司现任董事长彼得·阿瑟兰和阿莫科石油公司董事长拉里·富勒联合主持。新企业将把阿莫科在美国市场以及在聚脂材料生产方面的优势，与英国石油公司在勘探以及北海、阿拉斯加、墨西哥湾等油田的生产优势结合起来。由于合并，仅1999—2000年两年，将使新企业成本降低30亿美元。1999年4月，英国石油—阿莫科石油公司宣布以266亿美元收购美国大西洋富田石油公司。收购后，该公司石油日产量将猛增32%，达日产270万桶，成为全球第一大非国有石油生产商。

1998年5月，德国最大的工业集团戴姆勒—奔驰公司与美国第三大汽车公司克莱斯勒公司宣布合并，合并交易额为380亿美元，涉及的市场资本价值920亿美元，是有史以来全球最大规模的工业合并之一。合并后，奔驰和克莱斯勒将分别持有新公司57%和43%的股份。奔驰公司董事长于尔根·施伦普说："这是一次永远改变世界汽车工业界面貌的历史性合并。"①

戴姆勒—奔驰公司1997年营业额是1240亿马克，其中3/4是汽车制造，税前利润43亿马克，有职工30万人，仅汽车部门就销售了71.5万辆小汽车和41.7万辆载重汽车。克莱斯勒汽车公司1997年营业额611亿美元，税前利润47亿美元，有职工12.8万人，售出汽车288万辆。两家公司合并后，年销售额将达1330亿美元，拥有职工42.2万人，年销售汽车400万辆，将是仅次于美国的通用和福特之后的世界第三大汽车制造公司。西方经济界普遍认为两家"门当户对"，双方的产品门类和市场基本互不重

---

① 路透社斯图加特1998年5月7日电。

合，携起手来正好可以取长补短。奔驰以生产高档品牌小轿车著称，在德国市场的占有率为20%，在西欧为13%，在美国市场占有率不过1%。克莱斯勒则以生产越野车、面包车为主，牌子有道奇、吉普、克莱斯勒—普利茅斯，小汽车只占不到总产量的1/3，且以普通车为主，其产品90%以上销在美国，在西欧市场占有率仅为1%，它的主要竞争对手通用和福特则各占12%。重型载重卡车方面，奔驰的"斯太尔"和"运输大王"型在美国相当畅销，但克莱斯勒基本没有这类产品。两个公司合并后，一只脚踏在欧洲，另一只脚踏在美国，且又互相利用对方多年经营起来的销售网络，同时又集中了科研和财政力量，据估计，仅每年节省的费用就可达25亿马克。

1998年11月，德国最大的商业银行德意志银行和美国信孚银行联合宣布，前者以101亿美元的价格收购后者。两家银行的营业额总计为8200亿美元，德意志银行将成为世界上营业额最大的商业银行。这也是美国银行史上最大的一宗外国收购事件。

信孚银行是一家专门从事投资业务的银行，在美国排名第八，雇员1.5万人。德意志银行雇员7.6万人。收购后，将带来10多亿元的聚合收入，德意志银行在资产管理方面将从第七位跃至第四位，管理的资产总额将从5864亿美元增加到6320亿美元，并将裁员5500人。

1999年1月，世界第二大和第四大烟草公司——英美烟草工业公司和乐福门国际公司宣布合并。英美烟草公司是英资公司，总部设在伦敦，而乐福门公司主要是南非和美国资本，总部设在瑞士。合并后，英美公司和乐福门公司将分别占有新公司65%和

35%的股份。新公司将使用英美烟草公司的名称。合并后，将建立一家总资产达245亿美元的国际烟草公司，年产香烟9000亿支，营业额将达171美元，将占世界香烟市场16%的份额，直逼世界第一大烟草公司——美国的菲利普·莫里斯公司（占世界香烟市场的17%）。

两家公司合并后可得到几大好处：一是每年可节省4.2亿美元的管理费用；二是市场互补，英美烟草公司市场主要是拉美、非洲、澳洲和亚太地区，而乐福门占据的市场是欧洲、亚太、中亚和中东；三是有利于进一步开发其他市场。[①]

1999年1月，英国最大移动电话公司——英国沃达丰移动电话公司宣布耗资610亿美元兼并美国空中火炬公司，兼并后的新公司将成为世界最大的移动电话公司。美国空中火炬公司是美国内主要的移动电话公司之一，有用户750余万。两公司合并后组成的新公司名为沃达丰空中火炬公司，在欧美两地移动电话市场上将拥有2000多万用户，市场资本1100亿美元。[②]

随着1998年上半年亚洲金融危机加深，由于企业面临困境，本国货币贬值，亚洲企业资产普遍贬值了60—80%，亚洲企业还纷纷抛售其资产。而美欧企业则出于对巨大的亚洲市场的重视和对其长期看好，为了增强自己在这一市场的竞争力，从而加快了对亚洲企业的收购。1996年，美欧企业收购亚洲企业的交易额创造了到那时为止的历史最高纪录，仅美国企业的收购额就达43亿美

① 路透社伦敦1999年1月11日电。
② 路透社伦敦1999年1月15日电。

元,但1997年下半年开始减少,下半年比上半年减少了50%,1997年全年美欧企业收购日本企业交易额比上年减少了83%,减至8亿美元。但1998年上半年以来形势发生了逆转。这一时期美国收购亚洲企业的交易额已达80亿美元,比1997年上半年的12亿美元增长了68亿美元,创造历史新纪录,其中收购日本企业的交易额就达近约40亿美元。此外,欧洲企业收购亚洲企业的交易额为40亿美元。外国企业收购亚洲企业迄今为止最大的一笔交易是1998年6月美国旅行者集团以16亿美元购买日本第三大证券公司日兴证券公司25%的股份,这样旅行者将取代东京三菱银行,成为日兴证券的第一大股东。双方1999年共同出资1400亿日元,成立一家新的证券公司,专门服务于机构投资者。日兴将把其包销大笔证券交易及其他机构业务移交给新公司。日兴本身专职于零售客户业务。自1998年年初以来,日兴已经在个人投资者业务卜与旅行者开展合作。

10. 企业重组动因发生了重大变化。在80年代的合并中,大多数企业因实力不强,财务困难而被吃掉,合并多以短期财务投机为出发点,在完成合并后,不是将企业资产分割出售,就是在股市上借差价进出大捞一把。而90年代以来的合并往往是强强联合,大多通过双方主动和友好协商的方式,在合并前,双方都要对对方的现状和潜力进行较深入的调查,企业领导层在合并过程中变动较小,目的在于通过合并取得先进技术,实现新形势下的规模经济,降低成本,调整产品结构和经营方向,适当扩大产品门类,实现相关业务之间优势互补,提高产品技术含量和附加价值,开发名牌产品,追求技术、经营、销售网络、财务、人才、基础设施等方面的协同效应，分散和降低行业风险，提高市场占有率，增强在全球范围内的竞争力，迎接21世纪的挑战。其目标具有长期性、战略性的特点。

这次实行重组的企业主要分为如下几类：它们重组的目的既具有其共性，又具有各自具体的特性。

第一类是新兴产业部门。如电子计算机业，至1998年1月，美国有4500万个家庭拥有电脑，占美国家庭总户数的44.8%。至1998年4月，美国上网人数已达5800万人，相当于美国人口的30%。网络在美国家庭的普及率是23%。到1998年上半年，全世界已有186个国家的6500多台电脑主机、4亿台电脑、130多万个大小网络、1.4亿人在使用因特网。通过电子计算机业企业的重组，是为了统一网络标准，降低成本，增加研究和开发能力，提高附加价值和市场占有率，从而增强长远竞争力。

第二类是传统产业部门。如1996年，世界各国汽车公司生产能力为6800万辆，但由于市场需求有限，各公司的实际产量只有5000万辆，生产能力严重过剩。60年代，全世界共有52家大型独立汽车制造商，到1997年只剩下19家。1997年，全球汽车工业发生了700多次合并活动，交易额280亿美元。通过合并，美国通用、福特，日本丰田，德国大众和戴姆勒—克莱斯勒五大汽车公司1997年产量约3000万辆，相当于全球汽车产量的60%左右[①] 通过合并，各汽车公司之间将进行技术协作、合作采购、共同营销、零

① 〔英〕约翰·格里菲斯：《全球汽车工业公司购并》，《金融时报》1998年5月11日。

部件互换等，以方便研究与开发，发展生产，扩大市场，促进销售，以降低油耗和废气污染，提高汽车的安全性。又如，近年来，世界石油生产能力严重过剩，1997 年初，世界市场每桶石油价格还有 25 美元，1998 年末，已降至 11 美元，是 12 年来最低的。大石油生产企业之间通过合并，不仅可降低成本，提高市场占有率，而且可利用其雄厚的资金、技术实力承担风险较大的大型长期项目，如在世界偏远地区开发新油田，并涉足新的能源开发领域等。

第三类是金融部门。通过银行的合并和集中，以拓展业务领域和市场范围，降低费用，提高服务质量，提供全方位金融服务。1984 年，美国有 1.45 万家银行，1994 年已下降至 1.05 万家，同期银行的就业人员也下降了 5%，1994 年为 150 万人。1997 年，美国仅资产在 100 亿美元以上的大银行就有 81 家，总资产达 4.25 万亿美元。其中最大的 10 家“超级银行”资产总额 2 万亿美元，其余 71 家为“跨地区银行”。“跨地区银行”虽在规模上小于“超级银行”，但在全国范围内的渗透力却不可小视。这些银行的成长速度也很可观，1996 年的贷款利息收入增长 15%，达 1440 亿美元，非借贷业务收入 482 亿美元。西欧国家 1993 年有银行 9770 家，1996 年减少到 8952 家，而同期银行的收入却从 11740 亿埃居上升到 12980 亿埃居。[1]

随着冷战的结束，全球政治、经济和安全环境趋于稳定，随着经济的全球化，世界各国经济的开放度大为提高。市场特别是资本市场迅速扩大，为各国企业在海外发展提供了机会。同时欧洲

① 经济合作与发展组织：《金融市场趋势》，有关年度。

及亚洲企业的崛起,也促使美国强化对自身的保护及加强竞争力,以对付咄咄逼人的海外对手。

欧洲统一大市场的建立,极大地改善了欧盟内部的经济大环境,推动了企业的跨国联姻。大市场消除了各成员国之间过去存在的贸易壁垒,使欧盟国家之间实现了商品、服务、人员和资金四大自由流通,从而使欧盟的企业对美国、日本、加拿大等非欧盟企业具备了更大的吸引力,后者可以通过合并交易打入比原先更为广阔的欧洲大市场。

三、战后公司重组的系统透析

综合本章前二节的内容,可以得出以下几点结论:

(一)企业重组归根结底是技术进步、产业结构调整和市场需求变动的产物,是一种市场行为

随着技术的进步,特别是新的技术——产业革命的发生,产业结构必然相应进行调整,新兴产业大批涌现,一些传统产业衰落了,另一些传统产业则通过运用新的技术手段进行改造而得到复兴。为适应技术进步和产业结构的调整,相应地要进行资本的流动和重新配置,即企业重组。资本的流动和重新配置,大致可分为两大类:一类是在一个企业(或企业集团)内部进行;另一类则是在各个企业(或企业集团)之间进行。而技术进步和产业结构的调整,又是以市场需求的变动为依据的,或者说是市场需求变动的产物。所以,企业的重组,归根结底反映了市场需求的变动,

要通过市场竞争来完成，并接受市场的检验。当市场需求上升、旺盛，企业利润率增高，成本降低，股票价格攀升时，便往往是企业重组的高峰时期；反之，当市场需求萎缩、不振，企业利润率下降，开工不足，股票价格低迷时，企业重组也陷入低谷。纵观西方国家企业发展史，可以看到，在各个不同时期，新兴的技术含量高、附加价值大、成长前景好、占了国民经济重要地位并成为对其进行改造的物质技术基础的主导产业和支柱企业，便成为一定时期整个国民经济的代表。而传统产业部门的企业，也只有适应市场需求变化的要求，在进行技术结构、产品结构和投资结构等的调整同时，相应地进行企业规模的调整，才能得以重振和发展。一些中外经济史学家将本世纪初以来西方国家企业发展史分为六个时期：第一个时期（本世纪初到20年代）是以美国钢铁公司等为代表的“钢铁公司时代”；第二个时期（30年代和40年代），是以标准石油公司等为代表的“石油公司时代”；第三个时期（50和60年代），是以通用汽车公司、福特汽车公司和克莱斯勒汽车公司等为代表的“汽车公司时代”；第四个时期（70年代至80年代中期），是以国际商用机器公司等为代表的“大型计算机公司时代”；第五个时期（80年代中期至90年代），是以微软、英特尔等公司为代表的“微电脑公司时代”；第六个时期（90年代后期以来），预计将进入“网络电脑公司时代”，西方国家各大电子公司正在激烈角逐这一时代的盟主地位。美国《财富》杂志每年依据整体管理质量、产品或服务质量、创新、长期投资收益、财务状况、对社区和环境的责任、资产使用情况、企业全球业务效益这8项指标评出“全球最受推崇的公司”，1997年前10位公司中，有6家公司（分别为通用电气公司、微软公司、英特尔公司、惠普公司、索尼公司、德尔公司）属于电子业。①

当然，国家的调节和干预也制约着企业重组的进行。但这种调节和干预，除了补充市场行为的不足外，主要还是为了建立、维持和完善市场规则、秩序，而不是与市场相冲突、相对抗。

（二）虽然大公司在整个国民经济中占有主导地位，但这种地位不是固定不变的、无条件的，而是动态的，是受到制约的

1. 主导地位具有动态性。大企业的主导地位，归根结底是通过市场竞争形成的，大企业也必须以一个平等的竞争主体投入到市场中去。虽然也有少数大企业通过非正常手段提高了自身的地位，但那是违法、违规的，是例外情况。主导地位的动态性，便是指在不同时期，由于技术进步、产业结构调整和市场需求变动，以及企业之间的激烈竞争，大企业在国民经济中的地位也是在不断上下波动的，是不稳固的。从1955年起，美国《财富》杂志开始公布美国上年度500家最大工业公司名单。1954年，美国500家最大工业公司销售额占名义国内生产总值的37%，1980年提高到60%，1987年下降到42%，1994年又上升到63%。虽然在1954—1994年的40年中，美国名义国内生产总值年均增长7.5%，而上述500家公司销售额年均增长7.6%，二者大致同步，但在不同时期，二者的增长幅度是有较大的差异的。对工业500

① 〔美〕杰里米·卡恩：《世界最受推崇的公司》，《财富》1998年10月26日。

家来说,其发展轨迹是由快到慢。在头20年中,即1954—1974年,500家的销售额年均增长率为9.5%,大大超过了名义国内生产总值的年均增长率(为7.1%)。但从1974年开始,这种关系倒过来了:名义国内生产总值的年均增长率为8%,而500家的销售额年均增长率仅为5.6%。1954年,500家税后利润占美国所有公司税后利润的39%,这个比例在20年中增长了,1973年达到50%,后来份额开始下降,1977年下降到41%,是1955年以来最低的一年,1984年上升到59%,1988年进一步上升到66%(自90年代初开始,由于财务会计报表上指标口径的调整,使利润与80年代不可比)。500家的雇员增长率经历了由明显增长到迅速减少的过程。1973年上升到17%,1987年下降到11%。在1954—1979年间(尽管有时也停止招收雇员),这500家的雇员年均增长率达2.9%,雇员总数由790万增加到1620万,1979年达到最高点。自此以后,工业500家把重点放在提高生产率上,限制雇员人数的增长。自1979年以来,每年的雇员人数都有所减少。1994年的雇员总数为1160万人,仅比1965年略高,但其间经历了30年。500家中没有哪一家公司没有裁过员。《财富》杂志1955年公布的500家公司,到1997年已有70%被淘汰出局。尤其是90年代以来,500家中被淘汰出局的速度明显加快,比例大大提高。70年代末,500家中还有3/4仍在名单上,1980—1994年,已有40%的公司从名单上消失。[①] 战后以来,特别是80年代以来,西方国家大公司位次的剧烈变动,从根本上说,是由于西方国家正经

---

① 〔美〕《财富》杂志有关年度。

历着一次历史性、世纪性的重大经济变革,即工业经济向服务经济过渡,制造业在国民经济中的地位下降,服务业的地位则相应上升;同时,制造业与服务业之间一度明确的界限正日益模糊。信息技术的发展导致制造业与服务业相混合,信息运动既可进行制造活动,又可提供服务业务,不断增加的信息价值(约占西方国家制造业附加值的3/4)改变了制造业的性质,许多传统的制造业公司既从事制造业活动,又从事产品研究、开发、设计和市场营销活动,制造业正在走向非物质化。

2. 制约性。企业集中及与此相伴随的大企业的主导地位,不是可以无限扩展的,而是受到各种因素制约的。

(1) 社会需求水平和结构的制约。一定时期,社会需求的水平和结构总是以一定可支配收入水平为基础的,同时,还与国家的政策、人们的文化和观念等相联系。而随着人们可支配水平,以及国家政策、人们的文化和观念等的变动,社会需求的水平和结构也必然相应发生变动,从而对企业规模提出不同要求。

(2) 企业规模本身具有"双刃剑"的作用。企业在一定限度内的集中,可以缩短创建企业周期,获得和利用被收购企业的技术专利、管理人员、基础设施、原材料(零部件)来源、营销网络、商标等,并较便利地实现资金融通,迅速扩大产品种类,通过廉价收购资产(股票)而在短期内实现增值,等等。总之,在一定限度内扩大企业规模,实现生产要素的合理流动和重组,可以提高市场份额,淘汰落后企业,减少过度竞争,实现规模经济,优化资源配置,分散风险。但是,企业的集中是有一定客观界限的,而不是随心所欲的。超过了这种客观界限,便会产生一系列的负效应,即规模不经济。

如企业经营范围过宽,机构庞大、臃肿,环节、层次多,手续繁琐,人浮于事,效率低下,出现进入市场的障碍,直至垄断市场,排斥乃至消灭竞争者,产品和服务质次而价高,从而引起物价上涨,损害消费者利益,并伴随大量解雇职工而导致的失业人数增加,以及过度投机,等等。所以,企业规模本身是一柄"双刃剑"。不同行业对企业规模的要求是不同的,如在传统制造业中,在一定限度内,产量增长25%,单位成本降低6%;而在新兴产业,如计算机芯片制造业,产量增长25%,成本则降低14%。

(3) 中小企业的制约。1995年,美国中小企业占了企业总数的99%,仅小企业的营业额就占了美国国内生产总值的50%,出口额占出口总额的26%,雇员人数占私有企业雇员总数的54%。[①] 1995年,欧洲联盟国家中小企业数目占企业总数的98.8%,营业额占国内生产总值的65%,利税占利税总额的66%。[②] 1994年,日本制造业中,中小企业数目占企业总数的99%,就业人员占71.7%,销售额占48%。[③] 虽然西方国家每年有成千上万家企业(主要是中小企业)被兼并或破产,但中小企业的总数每年仍在增长,如美国每年中小企业的增长率便为2—3%。中小企业往往"船小好掉头",经营灵活,管理环节少,周期短,成本低,效率高,能根据市场需求的变化及时调整科研和经营方向,特别是根据客户的特种需求安排生产,因而竞争力较强;中小企业往往为大企业提供零部件或元器件,进行原材料或中间产

① 《经济参考报》1996年7月8日。
② 《经济参考报》1996年7月24日。
③ 《经济参考报》1996年6月30日。

品加工,与大企业之间形成了有机的分工合作体系;中小企业多属劳动密集性行业,已成为吸纳劳动力的主要依托,有助于增加就业岗位,缓和失业矛盾;等等。所以,中小企业在社会经济中起着重大的和不可取代的作用。中小企业与大企业之间是相互依赖、互相制约的。

3. 大企业本身规模的收缩。大企业也不是总在无限扩大规模,而是恰恰相反,不少大企业为了集中力量发展主业、分散风险、降低费用等,一定时期在自动收缩规模,实行分散化经营,将原来隶属的一些分支机构进行分割,成为独立的经济实体。

(三) 必须重视企业重组后的质量和水平,以提高市场竞争力为根本目标

80 年代时,西方不少企业或为了取得短期的收益,实行片面的"低成本扩张",或盲目扩大企业规模,这种企业合并尽管短期内搞得热热闹闹,但由于不是着眼于合并后是否促进了技术进步,以开发主导产业和产品,提高市场竞争力,不重视合并的质量和水平,而是脱离了主导产业和产品,靠单纯的股票市场炒作、投机来增加收益,因而这种合并是难以长久维持的,不久便会出现"消化不良"、"抗病"能力低下,合并后的企业解体或亏损、倒闭等。90 年代以来,西方国家企业合并在较大程度上吸取了 80 年代的上述教训,比较重视长远的战略目标,因而,企业合并后多数发展得较好。但也有少数企业合并没有吸取 80 年代企业合并浪潮中的教训,因而使资本市场依然潜伏着泡沫和不稳定的成分。

(四) 企业的多元化经营应有度

1. 企业适度的多元化经营具有如下优势：

(1) 减少经营风险，增强稳定性。由于经济波动，竞争加剧，企业在单一业种中经营的风险加大。而适度的多元化则有"东方不亮西方亮"的效果，能根据市场情况，在企业内部有效配置资源，提高资源利用率，保证经营的盈利性和稳定性。

(2) 扩大企业规模，实现范围经济性和协同性。适度的多元化使企业规模扩大，企业运筹资源的能力增强，无形资产增值，其利用率提高。共同的营销体系和管理体系的充分利用，使不同业务之间的协同性增强，范围经济性提高。

(3) 市场内部化，降低交易成本。适度的多元化使企业经营范围扩展，市场内部化成为可能，使由市场控制的一部分不确定性交易在企业内部实现，克服了市场不完善带来的交易成本上升。同时，适度的多元化还是跨国公司转移利润、避税的重要途径。

2. 多元化经营的弊端：

(1) 分散力量。企业在主业趋于有效经济规模以前，实施多元化经营往往是不经济的。它使企业资源分散化，市场灵敏度降低，并降低了经营的特色。

(2) 目的不明确，"副业"侵蚀主业。多元化经营者大多在原来业务领域较成功，具有一定的"富余"资本，多元化后往往涉足一个或数个陌生的市场，由于对新市场不了解，加上产品线过长，不仅缺乏竞争优势，而且反而加大了经营成本，为了维持下去，只好不断增加投入，这就造成"副业"侵蚀主业，整体经济效益下降。

(3) 管理难度高,技术和营销跨度大,不易经营。多元化意味着多产业、多市场管理和经营,这要求强力、高效的领导,对决策层要求很高;而且跨行业的技术和营销管理难度很大,不少企业达不到该类经营要求。

3.适度相关联性多元化经营。

每个企业的多元化经营达到何种程度都有一个界限,它是根据企业的资源,诸如研究和开发的能力、管理人员的素质及外部环境来决定的。如果超过了这一界限,就会出现某些不经济的后果,从而影响企业的盈利能力和股票市场价值。所以,企业在选择多元化经营战略时,应特别注意"适度"问题。应在充分发展主业的前提下,一业为主,立足主业,适度相关联性多元化经营。而主业尚未在市场立住根基的企业,只要发展该业仍有前途,则不宜实行多元化。一般不主张实行非相关联的多元化经营。

为了有效实行多元化经营,企业应注意:

(1) 慎重选择产品线组合。企业要根据行业特点、根据技术经济联系的紧密程度选择相关产业。联系越紧密,成功的可能性越大。同时要稳扎稳打,步步为营,切忌四面出击。进入一步,成熟一个,巩固一个,循序渐进。

(2) 实行资产经营分权管理。多元化经营要求企业的组织结构和决策体系做出积极的改变。企业应实行资产经营分权管理,将新进入产业作为一个战略经营单位来对待,依据所持有的股份行使管理权,赋予新经营单位充分的经营自主权。

(3) 提高管理水平,打好多元化经营的基础。跨行业经营与单业种经营在管理上差异较大,对管理水平也要求较高,必须提高管理水平与之相适应。同时,要强化高层职能部门的协调能力、信息管理能力、资源筹措能力等,改善管理和技术的软硬件设施,保证多元化战略的实施成功。

总之,只要能合理把握多元化的度,该战略将大大推动企业提高竞争能力和经营绩效。

(五)战略联盟是企业之间一种重要的合作途径

1.战略联盟产生的背景分析。

随着技术进步的加快,技术和产品的寿命周期逐步缩短,各种技术之间日益综合化和交叉化,新技术、新产品的开发向着投资大、风险高的方向发展,加上经济全球化、区域化和集团化趋势增强,国际市场的竞争愈演愈烈,为了获取各种有形和无形资源,增大市场渗透力,建立全球性的市场,分担昂贵的研究开发费用,分散风险,增强国际竞争力,建立战略联盟便成为企业愈来愈重要的一种选择。

2.战略联盟的特点。

80年代以来,尤其是进入90年代后,企业的战略联盟与以前的联合相比,具有如下新发展或特点:

(1)由短期、策略性向长期、战略性转变。过去,企业之间的联合往往是基于短期、策略性的目的,如赢利等。现在,联盟则具有长期、战略性的目的,包括获得企业所需的技术、知识产权、管理经验、迅速拓展市场以及在筹资、研究开发、生产、销售、服务上实现规模化等。

(2)由单纯的竞争向竞争与合作的结合转变。过去,竞争与合作被认为是绝对对立、水火不相容的,企业之间要么是竞争对手,要么是合作伙伴,竞争方式是你死我活、鱼死网破式的,是要采取一切可能的手段,击败竞争对手,把他们逐出市场,因此,企业的成功是以竞争对手的失败和消失为基础的,“势不两立,有你无我”是通行的竞争法则。而随着战略联盟的出现,赋予了竞争以新的含义,使竞争与合作的关系发生了根本性的变化,确立了两者间全新的关系,企业为了自身的生存、成功和发展,需要与竞争对手进行合作,即为竞争而合作,靠合作而竞争。企业建立战略联盟可使其处于有利的竞争地位,或有利于实施某种竞争战略,不会合作就不可能有强大的竞争力。竞争与合作之间是相互依存、相互制约、相互渗透、你中有我、我中有你的。

(3) 由一国性向国际性转变。以往,企业战略联盟往往限于一国范围内,但 80 年代以来,尤其是 90 年代后,随着经济的日趋跨国化、国际竞争的剧烈和保护主义的抬头,许多企业企图通过建立跨国的战略联盟,以绕过经济、行政和法律壁垒,实现国际化经营。

当然,不同行业的企业建立战略联盟目标的侧重点不尽相同,如一些行业企业侧重于技术转让;一些行业企业侧重于对过剩生产能力加以控制和处理;一些行业企业侧重于降低进入或退出市场壁垒;一些行业企业侧重于适当扩大相关业务范围;一些行业企业侧重于加强协调,限制过度竞争;一些行业企业侧重于加强上下游企业之间的联合;如此等等。

3. 战略联盟的优越性。

(1) 联盟伙伴之间具有资源互补性。伙伴之间不仅具有现实的资源相互补充的能力,而且具有将来对各种资源开发作出贡献的潜在能力。

(2) 联盟能降低成本,分散风险,增强国际竞争力。企业合并资源投入大,控制程度高,一方面有助于企业贯彻落实其经营战略和对策,另一方面也带来费用上升、风险增大、企业内部组织机构庞大、经营管理复杂等弊端,独资企业要求全部要素的投入,涉及到资本、技术、人才和管理等一揽子的资源。而战略联盟则是根据不同方式,进行部分的、不同的资源投入、转让以及有限的承诺,具有节约成本、减少风险和增大灵活性的特点。

(3) 联盟具有灵活性。这种灵活性主要体现在:a.时间上的灵活性。联盟的时间根据伙伴的各自需要可长可短。b.联盟程序的灵活性。联盟既可以是小额入股、合资等产权、投资性的;也可以是契约性(或叫非股权安排性)的,而且后者往往占有更加重要的地位。契约性联盟是一种非资本参与型国际经营方式,它所形成的并非是一国企业对另一国企业进行控制和支配的纵向从属关系,而是以协商产生的契约或协定为基础的一种合作关系。它并不强调伙伴之间在各个方面的相容性,所重视的是相互之间某些经营资源的共同运用,其相容性是有选择的。根据不同的选择,可以组成种种不同类型的合作同盟,而不必形成法律束成的经营实体,进行一揽子资源的相互转移。契约性合作更具有灵活性和选择性。既可以是单项资源的,也可以是多项资源的。c.项目选择上的灵活性。合作项目可根据市场需求及时调整。

4.战略联盟的不足。

(1) 文化冲突。联盟所推行的一套全新的体系,特别是有关如何控制和管理的制度,对联盟者可能是陌生的。而各自的企业文化和经营哲学又不尽相同,甚至对立和冲突,致使联盟不够稳定。

(2) 不够明确的战略。联盟由于所有权分散,责任共担,模糊了企业的界限,战略方向可能不够明确,削弱了以往集中管理时可行使的战略控制权,进而可能丧失对核心权力的控制。

(3) 伙伴之间的利益冲突。过分强调联盟所从事的经营活动,就可能忽视合伙人的利益。

5. 建立战略联盟应注意的若干问题。

战略联盟要达到两个目标:取得预期的战略目的;维护一个"双赢"的合作关系。这就注定了其管理过程既是对经营活动的管理,也是对双方关系的维护和培植过程。这种管理需要不同的技能和控制系统,需要管理中的灵活性,需要造就一种合作气氛。

(1) 从企业所处的环境出发,制定正确的战略。首先,要明确企业在目前环境和在未来形势下的优势和劣势;研究企业所具有的市场机会;核查企业的经营资源;然后确立企业的长期目标和行动方案。其次,要仔细分析在不同国家、地区和市场上与其他企业可能在哪些领域合作,在竞争与合作之间保持适当的平衡是联盟成员必须考虑的策略。

(2) 应当选择适当的伙伴。伙伴之间一是要具备互补的优势,二是要坚持平等自愿的结合,这样才能形成整合,合作才能经受住时间的考验。

(3) 应当明确伙伴之间的关系。联盟一开始,各方的责任、义务、权利应当明确,经过仔细推敲的合作协议可以减少潜在冲突的发生。伙伴间应切实履行承诺,从而建立一种相对稳定、相互信任和和谐融洽的关系。

(4) 伙伴在合作中应有相容性和灵活性。伙伴在经营战略、指导思想、组织结构、管理方式和企业文化上应可以相容,在具体的管理中需要双方有合作精神和处理方法上的灵活性,要兼顾各方利益,平等互利,求同存异,创造合作的氛围,以积极的态度去解决合作中的分歧和矛盾。

(5) 共同管理,平等协商。联盟成员之间由于只存在松散的联系,许多企业都忽略了共同管理的重要性。管理的中心工作是协调、监督协定的执行。战略联盟的组织结构要根据具体情况选择。假若需要紧密的相互依赖,有一个适当的管理和组织形式可能更好,可成立各加盟方总经理联席会议为总协调机构,过问合作项目的进展和成效,根据合作状况修订或更正各方技术资产的投入、共同享用的细则,解决合作中的矛盾与冲突等。另外,协作双方还必须建立解决争议监督机制,定期做出合作报告,以及互相信任与尊重,这些对于战略联盟和长期发展是至关重要的。

(6) 联盟应保持适当的动态性。一旦市场或哪一方发生变化,需要中止联盟,也应中止,因为"强扭的瓜不甜"。如果勉强维持,只会带来更大的损失。当然,这种动态性要适当,联盟的变动不能太频繁,应保持联盟的相对稳定性,否则也是不利于联盟战略的贯彻的。

第四章 战后西方国家对企业集中和垄断的监控

西方国家对企业集中和垄断的监控是伴随着企业集中和垄断的发展变化而逐步发展起来的。在本章中,我们先对战前西方国家对企业集中和垄断的监控作一介绍和分析,然后再与战后这种监控的新发展进行比较。

一、战前西方国家对企业集中和垄断的监控

由于伴随着企业集中而来的垄断的产生和发展,对以美国为代表的西方国家的社会经济生活造成了严重的损害。美国由于垄断因素的存在,每年造成1—7%的国民生产总值的损失。广大公众纷纷要求制订限制企业集中和垄断的专门法律。在1888年总统选举中,共和党和民主党为了迎合民众,争取选票,都把反对企业集中和垄断作为竞选纲领的主要内容之一。1889年,哈里森总统在国情咨文中提出,要实行反托拉斯立法。美国国会于1890年通过了《谢尔曼法》。《谢尔曼法》共7个条款,其中最主要的是第一、第二条款:

第一条款,凡是限制州与州之间或与外国之间贸易和商业往

来的合同，以托拉斯或其他形式出现的联合或密谋均为非法。

第二条款，任何人凡垄断，或企图垄断，或与其他人联合或共谋垄断州际或对外贸易、商业的任何行为，都是违法的。

《谢尔曼法》对"限制贸易"和"垄断"未下明确的定义，而将解释权交给了法院。

《谢尔曼法》作为西方乃至整个世界经济史上第一部国家级反垄断法，它的制订和实施，无疑具有开拓性、历史性的意义。它从法律上禁止了企业联合起来控制价格、实行商业抵制和划分市场势力范围。它反映了社会公众主张厂商之间机会均等，公平、平等、充分竞争并保护消费者权益的要求和呼声，因而是符合历史潮流发展趋势的。这就是《谢尔曼法》问世 100 多年来，经多次补充、细化、修订和完善，其宗旨和基本原则一直沿用至今的根本原因所在。而长期以来，国内学术界有些同志在研究该法时，对其缺陷、局限性谈得很多，但对其必然性、必要性和积极的一面却很少甚至根本不涉及，这无疑是片面的。

毋庸讳言，作为历史上第一部国家级反垄断法，《谢尔曼法》依然是不成熟、不完备的，具有其不可避免的局限性和缺陷。《谢尔曼法》有些条文过于抽象和模棱两可，对"限制贸易"和垄断的界定不明确和不严密，且缺乏一系列实施细则，加上在执行过程中主观随意性较大，特别是这一法律针对的重点是流通领域，对生产领域企业的集中和垄断关注不够，从而反映出这一法律还相当片面、肤浅和不成熟。从该法制订到 1901 年以反垄断著称的西奥多·罗斯福总统上台前 11 年间，美国联邦政府总共只提出过 18 项反托拉斯的诉讼。而到 1914 年，在历届美国联邦政府提出的反托拉斯诉讼中，胜诉率只有 60%。[1] 当然，还有其他一些原因，如立法、司法和行政当局之间的不协调，美国政府反垄断的介入力度不够（这其中既有财力、人力、经验不足等客观原因，也有重视不够等主观原因）。1901 年西奥多·罗斯福、1909 年威廉·塔夫特和 1913 年威尔逊总统上台后，由于长期目睹垄断给社会经济造成的损害，也迫于公众的强烈呼声和自身价值观，均加大了反垄断的力度。在西奥多·罗斯福总统任内，开展了"反托拉斯进军"行动。1912 年总统竞选时，民主党候选人威尔逊在政纲中，把修订反托拉斯法、加强对垄断企业的限制作为主要内容之一。在西奥多·罗斯福、塔夫特和威尔逊总统任内，美国联邦政府分别涉足了 44 项、52 项和 90 项反托拉斯诉讼。[2]

1914 年，美国国会又分别通过了《克莱顿法》和《联邦贸易委员会法》，作为对《谢尔曼法》的补充和细化。《克莱顿法》除规定禁止价格歧视、搭售合同、限制性协议，还规定禁止一家公司收购另一家与之相竞争的公司的股票，从而导致减少竞争，形成垄断。禁止资本超过 100 万美元的公司、存款超过 500 万美元的银行与其他公司或银行建立联锁董事会（即兼任其他公司或银行的董事）。根据《联邦贸易委员会法》，成立了联邦贸易委员会，作为调查、研究和执行处理"不公平竞争"案件的机构。

《克莱顿法》和《联邦贸易委员会法》的颁布和实施，标志着西方国家在对企业集中和垄断的法制化、规范化监控的道路上迈出

① 胡国成：《塑造美国现代经济制度之路》，中国经济出版社 1995 年版，第 57 页。
② 同上，第 58—60 页。

了新的重要的步伐，这两项法律是西方国家反垄断法体系的历史发展进程中的重大转折。随着《克莱顿法》的出台，西方国家开始以法律的形式对企业在生产领域的集中和垄断进行管制和监控，并对企业在生产领域的集中规定了数量上的界限。而《联邦贸易委员会法》的出台，则明确规定了联邦贸易委员会不仅能调研而且能执行行政“不公平竞争”案件。

当然，这两项法律依然是不成熟、不完备的，特别是依然将反垄断的重点放在以价格为中心的流通领域，对生产领域的资本集中较少涉及，即使涉及，也是从资本集中对流通秩序的影响角度来进行调控。从而说明反垄断法还有一个相当长的修订、完善过程。

30 至 40 年代，西方国家的反垄断立法又有了新的发展。1936 年，美国国会通过《罗伯逊—伯特门法》，规定禁止由于价格差异和通过特别降价而削弱竞争，禁止促销、折扣。1938 年，又通过《惠勒—李法》，规定禁止商业中的不公平竞争和欺骗行为，并扩大了联邦贸易委员会的管制范围和权力。这些反垄断法的颁布和实行，在一定程度上对原有的反垄断法体系作了补充和延伸，为完善反垄断法体系作出了一定的贡献。

不过，应当指出的是，30 年代西方国家新出台的反垄断法依然没有突破在这以前反垄断法所固有的重流通、轻生产，有些条文含混不清等局限。

二、战后美国对企业集中和垄断的监控

战后西方国家对企业集中和垄断的监控经历了比较曲折、复

杂的过程，每一时期由于当局的政策偏好、国内和国际环境、特别是各种势力力量对比的变化，在不同国家，当局管理和监督的力度又是不同的。下面我们分国别和地区予以评介。

美国是反垄断历史最长、反垄断体系比较发达、完备的国家。战后以来，美国当局对企业集中和垄断的监控大致可分为五个阶段：第一阶段为战后初期至 50 年代；第二阶段为 60 年代；第三阶段为 70 年代；第四阶段为 80 年代至 90 年代初期；第五阶段为 90 年代中期以来。第一阶段和第三阶段为对企业集中和垄断的监控比较严格的时期；第二阶段和第四阶段为监控比较松动的时期；第五阶段则介于二者之间。

（一）第一阶段：战后初期至 50 年代

美国自《谢尔曼法》颁布以来约一个世纪，虽然对反垄断法不断进行了修订和补充，但在审理垄断案件时，一直遵循着两项原则，即所谓"实质性违法规则"（又称"本身违法规则"）和"理性规则"（又称"合理规则"），其中，第一项原则是主要的。第一项原则认为，企业集中是否违法，应当着重看企业是否通过规定价格、限制产量、瓜分市场等手段排斥竞争，导致垄断。也就是说，重点应考察企业集中的效果和手段。即"市场效果"和"市场行为"，而对企业集中的动机（目的）不太重视。第二项原则认为，应制裁的是"不合理"的集中，而对"合理的集中"不仅不应制裁，还应予以保护。对开发新技术、新产品，降低成本，提高生产率，增强竞争力，改善人民生活即符合社会利益的集中不仅不应禁止，还应当允许和鼓励。侧重于处罚垄断的既成事实，而对预期的垄断不太重视。

但在不同时期，美国当局在审理企业集中案件时，执行这一原则的侧重点和力度是不同的。

1920年，美国最高法院在审理占了美国钢铁市场60%的美国钢铁公司涉嫌垄断一案时，曾认为，企业规模与垄断并无必然联系，且未发现该公司有追求垄断的行为，因而裁决该公司并未违反反托拉斯法。但1945年，美国最高法院却判决占美国铝市场90%的美国铝公司违反反托拉斯法，理由是虽然没有发现该公司采取妨碍竞争、损害社会公众利益的行动，但由于它是美国铝市场唯一的国内供应商（另外10%来自进口），这种格局本身便是垄断，从而违反了反托拉斯法。通过美国政府在战争期间创办的雷诺金属公司和凯塞铝及化学公司相继打入制铝工业，美国铝公司的独家垄断局面终于被打破了。1962年，美国最高法院判决杜邦公司在通用汽车公司持股过于集中，违反了反托拉斯法，限定它必须于1965年出售其持有的全部股票。所以，对判定一宗企业集中案是否违反反垄断法，美国司法和行政当局是拥有较大主动权的。因为相对于活生生的、纷繁复杂、千变万化的经济生活，法律条文总是抽象的、概括性的，进一步解释、运用法律条文是司法和行政当局（特别是司法当局）的职责。有时对同一法律条文的认识，司法与行政当局本身便存在着分歧，这也从一个侧面说明了反垄断法实践过程的伸缩性。

1950年，美国国会通过了《塞勒—凯弗维尔法》（又称《企业兼并法》），对《克莱顿法》作了重要的修正和补充。这主要表现在如下两方面：

（1）堵住了“资产兼并”漏洞。《克莱顿法》只是规定禁止大公司大量购买竞争者的股票,如果这种购买会大大削弱竞争和导致垄断的话。但它仍允许大公司购买竞争者资产,即使这种购买会大大削弱竞争或导致垄断,这是《克莱顿法》的一大漏洞。由于《克莱顿法》存在这一大漏洞,所以该法实施后,企业削弱竞争的股票收购型兼并被抑制了,但资产收购型兼并却更多了。为了堵住这个漏洞,《塞勒—凯弗维尔法》对《克莱顿法》作了修正,规定:禁止任何公司大量购买竞争者的资产,如果这有可能导致竞争的大大削弱或产生垄断的话。这里需要指出的是,《塞勒—凯弗维尔法》关心的是"保护竞争,而不是竞争者"。有些兼并虽消灭了竞争者,但并没有削弱竞争,反而促进了竞争。例如两家小企业之间的合并就有利于它们与大企业进行竞争。又如一家濒临破产的企业,被一家经营得当的竞争对手所收购,对于前者来说,由于资源耗费耗竭,除了把自己出售之外别无出路。因此《塞勒—凯弗维尔法》对上述情形的兼并是允许的。

(2) 在企业兼并的检查方面,将《克莱顿法》规定的对"兼并企业"与"被兼并企业"之间竞争关系的检查改为兼并对"任何行业"、"任何地区"竞争关系影响的检查。这就使法院扩大了对两家企业合并时的检查领域。

《塞勒—凯弗维尔法》是美国历史上第一部专门性的关于企业合并的法律,它填补了战前反垄断法一些重要内容的空白,具有开拓性的意义,标志着西方国家进一步突破了将反垄断仅限于流通领域的局限性,而在一定程度上使反垄断更多地深入到了生产领域。同时,反垄断的范围扩大了,强度增加了,反垄断法对企业合并的约束力增强了。从 1914 年《克莱顿法》颁布实施到 1950 年的

37年间，美国司法部和联邦贸易委员会等对79件企业合并案表示了异议；而从1951年《塞勒—凯弗维尔法》开始实施到1964年的13年间，美国司法部和联邦贸易委员会就对123件合并案表示了异议。1950年以前，每200个企业消失案件，受到反对的只有1个案件；1950—1964年，平均每95个企业消失，便有1个受到反对。[①] 官方提出的反垄断诉讼约占反垄断诉讼的10%，占反垄断诉讼90%的私人诉讼在50年代初以后也迅速增长，1937—1954年间，私人提出的反托拉斯诉讼案件平均每年为134件，1955—1974年间，平均每年则为666件。[②]

《塞勒—凯弗维尔法》较为有效地抑制了旨在削弱竞争的横向合并和纵向合并，尤其是对前者的抑制较为有效。如联邦法院在60年代裁决伯利恒公司和扬斯顿公司(分别占钢铁业资本的16.3%和4.6%)合并这一典型的横向合并将增加钢铁业市场的集中度，因而是违法的。1962年，美国联邦法院又判决美国第三大制鞋公司布朗制鞋公司兼并第八大制鞋公司金尼公司〈这两大公司都是鞋业零售商〉将削弱竞争，因而是违法的。

当然，《塞勒—凯弗维尔法》也具有明显的缺陷，那就是没有制定关于限制混合合并的条文，反而使这种合并合法化了。所以60年代，混合合并成为主要的合并形式。

总之，在40年代中期至60年代初期，美国当局和学术界占主

---

① 〔美〕艾尔沙伯·施瓦茨：《垄断、垄断化与集中：关于市场力量的一种观点》，普林斯顿大学出版社1965年版，第167—168页。

② 根据〔美〕理查德·A.波斯纳：《反托拉斯法：经济上的展望》，芝加哥大学出版社1976年版，表1—4计算。

导地位的观点都认为企业合并和集中会妨碍公平竞争,因而对企业合并限制较严,企业合并较为呆滞。

(二)第二阶段:60 年代

60 年代初期以后,美国经济学界和舆论界一些人士对反垄断法及其实施提出了异议,认为这妨碍了资本的自由流动,降低了企业效率,抑制了企业活力,从而削弱了企业的竞争力。因而主张应放松反垄断管理。这种观点逐步在美国经济学界占了上风,并对国家决策产生了重大的影响,使决策层内部放松管理的主张也逐渐占了主导地位。60 年代,美国当局基本没有出台新的反垄断法律。唯一的一项《兼并准则》对混合合并也没有多少约束力,且对重要的混合合并案件起诉较少。当局的放任态度是促使 60 年代中期至 70 年代初期出现第三次企业重组(合并)浪潮的重要原因。

1968 年,美国司法部公布了一个《兼并准则》,规定,第一,横向(水平)兼并:如果该行业中最大四家企业的"四企业集中度"小于 75%,兼并方所占比重在 30%以内,被兼并方比重在 1%以内,则不干预;如果四企业集中度超过 75%,但兼并方和被兼并方的比重分别在 15%和 1%以下,也不干预;否则将会干预。

第二,纵向(垂直)兼并:如果供应方占该市场的销售份额 10%以上,购买方占该市场的份额 6%以上,那么,兼并将会受到干预。

第三,混合兼并:如果有相互购买关系,或者在市场中占支配地位,那么,兼并将会受到干预。

在1968年《兼并准则》出台以前，美国当局对企业合并案件审查的原则一般是：一家企业占有一个行业70％以上的市场份额判为控制了市场；50％以下不属此类；50—70％之间需进行具体分析。这种标准无疑是过于粗糙、笼统了。1968年《兼并准则》在对行业集中的量化方面无疑前进了一步。此外，1968年《兼并准则》对横向（水平）兼并控制较严，对纵向（垂直）兼并放得较宽，对混合兼并由于没有制订明确的标准因而放得更宽一些。

1933年美国《证券法》对以股换股形式的收购要约作了要向证券交易委员会注册的规定，而现金形式的收购则基本处于无人监管的状态，很多上市公司在不知不觉中其控股权就被转移；中小股东对其所持有股票的未来走势的认识较大股东来说非常落后，处于被动的地位。特别是60年代在企业非公开接管的浪潮中，被接管公司的经理人员事前往往一无所知，大部分股东也只能仓促作出反应。

1968年，美国国会制订了《威廉姆斯法》，对通过证券交易系统逐步收购和通过发出“公开收购要约”的要约式收购作了详细规定。

《威廉姆斯法》的目的主要是以三种方式保障目标公司股权不被突然转换和秘密接管：(1)在接管过程中，需要提供更多信息使目标公司股东和管理层能够充分判断该收购发盘；(2)接管过程需要有一个时间跨度，从而推延公开收购股权的实施；(3)明确规定目标公司可以起诉标购公司。

《威廉姆斯法》的这些规定以后补充进了《证券交易法》的13D和14D条款。

13D条款。《威廉姆斯法》要求收购方在取得目标公司5%或5%以上股票时,必须在10天之内向证券交易委员会和目标公司各呈递一份表格,详述溢价收购的条件,收购人背景,资金来源,收购目的,收购方在接管后发展公司的计划,该股东持有该种股票的总额,以及过去60天内买卖该种股票而订立的合同、协议,所达成的默契、关系等。该法案还规定,购买了其他公司5%以上股票的任何个人或公司,也必须10天内提交相同资料。

一个股东在作了13D备案后,其买入或卖出每1%以上的该种股票,或其购股意图有改变,都要及时(一般认定为1天之内)向上述机构补充备案。

14D条款。13D条款对通过证券交易系统逐步收购某种股票的信息披露作了较为具体的规定,14D所管辖的则是发出收购要约一次性收购一个上市公司的程序和要求。美国法律中并没有明确规定"收购要约"的概念,通常认为,如果一个投资者向多个人发出收购股票的邀请,并且收购价格比市场价格优惠,就构成了一个收购要约。该投资者必须按照法律的规定填送14D—1表格向美国证券交易委员会备案,并同时通知该公司和该股票上市的证券交易所。14D—1备案的内容除了13D的内容之外,还需披露收购要约的内容,包括收购股票的数量、收购价格、要约有效期、付款方式、收购人的财务状况等。该法案规定收购要约(即发盘期)的有效期至少为20天,还应给应盘股东15天时间来慎重考虑其决定。若收购股份数额少于应盘数额,则必须在应盘股东中按比例分配。

开始时,《威廉姆斯法》只要求收购公司负有信息披露义务,

1980 年,修正过的该法案要求目标公司也做相应的信息披露,目标公司在收购要约生效后 10 天之内必须填写 14D—9 表格,表明其接受还是拒受此公开要约。

《威廉姆斯法》通过一系列的信息披露使广大投资者在作出股票投资决策时,平等地享有与该投资决策有关的重要信息,并慎重考虑其决定,同时保证收购目标公司管理层发表意见的权力和义务。

(三)第三阶段:70 年代

60 年代以来混合合并如火如荼地进行,给美国社会经济造成了一系列消极影响。在这种情况下,经济学界和舆论界不少人士认为,一家企业规模过大,涉足领域过宽,是不利于公平竞争的进行和经济的良性循环的。因此,他们主张对现有反垄断法进行修订,以限制混合合并的进行。在这种思潮的影响下,美国当局对企业合并和集中的政策又发生了新的变化。

1968 年,根据约翰逊总统的指示,白宫成立了"反托拉斯政策工作组",对美国的垄断问题进行了专门研究。该工作组提出的研究报告认为,长期以来,由于反托拉斯机构(如联邦贸易委员会和司法部的反托拉斯局)监督、调控权限过小,使上述机构无所作为,加上已有反托拉斯法的明显漏洞,是造成经济不断集中于少数企业的重要原因。因此,应制订新的反垄断法,对经济集中加以限制。

1974 年,美国国会通过《麦格努森—摩斯法》,进一步授权联邦贸易委员会就关于从事工商业经营活动发表"解释性条例和总政策声明。”

1976年,美国国会通过了《哈特—斯科特—罗迪诺法》,这部法律是美国历史上继《谢尔曼法》、《克莱顿法》和《塞勒—凯弗维尔法》之后,第四部具有重大意义的反垄断法。该法规定,企业合并前,必须提前30天向联邦贸易委员会和司法部提出报告,经审查批准后才可进行合并。该法规定,凡一个公司或个人购买另一公司有投票权的股票总值达1500万美元上,或目标公司总资产(年销售收入)超过250万美元,兼并公司购买其股票超过50%,兼并公司必须填制长达16页的表格,内容包括兼并公司营运情况、兼并公司盈利及负债、目标公司营运情况等等。并随附此次兼并活动对竞争影响的分析报告。

综观该法案,具有如下四个特点:一是扩大了政府对企业合并的监督、调控权,使政府可以阻止其认为有碍于竞争的合并活动发生,从而反映政府加强了对企业合并的管理。二是对企业合并的调控,由以往主要针对同一行业内转为各个不同行业,并提出了量化指标,这就对各种类型的企业合并(包括混合合并)均适当加大了监督、制约力度,从而推动了企业合并趋于缓和。三是将“潜在竞争”原则作为评判企业合并的重要依据。如一个企业通过自身力量进入一个新的行业市场,占有一定市场份额,该行业市场就可增加一个竞争者,从而加强了市场竞争,这是一种潜在的竞争力量。反之,如果这个企业通过兼并另一个行业的企业进入了新的市场,不仅使已有的竞争者消失了,而且使行业市场集中度更高了,这就削弱了潜在竞争。这一原则的实行,加大了对企业混合合并的约束力。这一原则在60年代后期已经开始实行。如1968

年,美国电话电报公司欲对美国广播公司进行混合兼并,美国司法部对这起案件提起了诉讼,美国电话电报公司不得不取消了这次兼并。四是认为企业通过技术革新和改进管理而在行业中形成的垄断地位不违反反垄断法。这项原则在70年代初也已开始实行。如美国当局1972年对伊斯曼·柯达公司案件和1978年对杜邦公司案件的宣判,都是按这一原则进行的。通过本法案,使上述各项原则得以比较系统化和固定化。

在对合并"加强管制"的社会思潮影响下,70年代以来,美国当局加强了对企业合并的干预。当局的干预,成为抑制企业合并,推动第三次企业重组(合并)浪潮转入退潮的一个重要因素。

60年代后期以前,美国部分州虽然颁布了一些针对特定行业的反垄断法,但基本没有经过联邦认可的针对整个经济的反垄断法。1968年通过的《威廉姆斯法》的一项重要内容,便是在较大程度上允许各州颁布反托拉斯法,以强化各州在反垄断中的作用。此后各州陆续颁布了一些针对整个经济的反垄断法,并得到联邦的认可。

联邦与州反垄断法各有侧重,联邦法律往往着眼于证券交易和收购要约的管理,而州反垄断法则着眼于规范企业章程与条例。

大多数州反垄断法都有以下一些规定:公平价格规定;禁止商业合谋规定和完全收购规定。

公平价格规定主要是防止所谓"二段式定价"。"二段式定价"就是兼并公司分两个阶段购入目标公司股票。在第一个阶段,兼并公司通常给出更为优惠的购买价格,这样就达到了分化目标公司股东的目的。公平价格规定禁止用"二段式定价"方式发动兼并。

禁止商业合谋规定。该规定禁止兼并公司与目标公司的合谋行为。例如,禁止兼并公司在兼并成功后出卖目标公司资产。

完全收购规定。该条款规定如果兼并公司与购入目标公司股权超过一定比例时,兼并公司必须按同一条件对目标公司流通在外的全部股票发出公开收购要约。这一条款实质上是禁止那些不具有 100%股权收购实力的公司发动兼并战。

(四)第四阶段:80 年代至 90 年代初期

80 年代以来,随着新技术——产业革命的发生,产业结构加速调整,国际竞争不断加剧,特别是日本、西欧经济迅速崛起,美国在世界经济中的地位相对衰落,美国国内经济学界和舆论界的一些人士认为,70 年代以来,美国当局对企业合并管理过于严格,造成了美国企业规模普遍偏小,在国际竞争中形成不了规模优势,且企业缺乏活力,效益低下,从而对美国的霸主地位形成了强有力的挑战。里根和布什政府均是这种观点的支持者。这两届政府均对企业合并采取了比较放任的政策。在这两届政府任期内,司法部对民事性的托拉斯案件诉讼急剧减少。如美国国际商用机器公司和美国电话电报公司两件诉讼案是美国历史上最大、花费时间最多的反托拉斯案件。美国司法部分别于 1969 年和 1972 年对这两家公司提起诉讼,指控这两家巨型公司利用它们的庞大资产和对市场的支配地位排挤较弱的竞争对手。1982 年,里根政府司法部撤销了从 1969 年起以"硬件和软件搭配销售"名义对国际商用机器公司的起诉,并中止了从 1972 年起对美国电话电报公司的指控，与该公司实现“法庭外解决”，决定从1984年起，允许美国电话电报公司保留对贝尔实验室、设备制造厂和长途电话部的控制，并允许该公司进入电子计算机、信息处理等新兴的尖端电信业，作为交换，该公司将所属22家地方电话子公司从总公司中分离出来，纳入7个独立的地区控制公司，并放弃市内电话业务。在此项政策的影响下，美国电话电报公司在全美长途电话市场的占有率从80年代中期的95%下降到90年代中期的55%，而微波通信公司和斯普林特公司等长途电话公司迅速崛起，长途电话费用下降了10%，服务质量则迈上了新的台阶。①

里根和布什政府比较放任的政策，是推动80年代以来美国掀起第四次企业重组浪潮的重要原因之一。

1982年，美国司法部公布了一项新的《兼并准则》，这项《准则》的主要变化有三点：

(1)改革衡量市场集中程度的方法。原有测定方法是以一个行业内前四家企业的市场集中度为依据，现在以赫芬达尔—赫希曼指数(即赫氏指数，英文缩写为HHI)② 为依据。赫氏指数的背景理论认为，一家或多家公司拥有相对较高的市场份额，要比最大四家公司所占市场份额更为重要。其计算方法为：市场份额的平方与相应家数的乘积的代数和。譬如，在一个行业市场中，4家最大公司均占15%的份额，其余40%的份额由40家公司占有，后者每家份额为1%，那么，赫氏指数为：

---

① 〔美〕联邦通信委员会有关年度报告。

② 赫氏指数是美国哥伦比亚大学教授D.C.赫芬达尔和加利福尼亚大学教授A.D.赫希曼于40年代中期到50年代初期创立的，在80年代前一直未予采用。

$HHI = 4\times(15)^2 + 40\times(1)^2 = 940$;

在另一个行业市场中,一家最大公司占有57%的市场份额,另外43家公司每家占有1%,其赫氏指数却为:

$HHI = (57)^2 + 43\times(1)^2 = 3292$。

可见,赫氏指数能较准确地反映一个行业内公司规模分布状况以及集中程度。

合并后赫氏指数低于1000,该行业市场的集中程度处于低水平(或者说是非集中的),在这种低集中度的市场里,不管合并企业的市场份额是多少,合并一般不会受到阻止。合并的赫氏指数在1000—1800之间,如果合并使指数上升100以下者,合并一般不会受到阻止;如果指数上升100以上者,有可能受到干预。合并后赫氏指数在1800以上者,如果指数增量小于50,则还是不会受到阻止;若指数增量在50—100之间,则受到干预的可能性增大;若指数增量在100以上者,则肯定会受到干预。

(2)提出了"5%规则"。即假设某企业的价格上涨5%,然后观察一年之内,顾客是否会转向不同企业或不同产品,由此来推断企业是否可以将价格保持在高于竞争水平之上,即企业提价是否具有长期获利的可能性。

(3)对于非横向合并(即纵向和混合合并),《准则》认为虽然它们对竞争的影响较小,但也不是始终无害的。在批准非横向合并时,《准则》规定除了要考虑对横向合并也适用的规则外,还要考虑其他因素,如供给的潜在可能性如何、是否会消除潜在的竞争者、进入市场的难易程度(是否有新企业或现有企业转产)、是否使串通更加容易等等。

美国司法部于1984年又颁布了一个新的《兼并准则》，这个《兼并准则》是1982年《兼并准则》的延伸和细化。这表现在如下四个方面：

（1）市场的定义与衡量。“5%检验”的原则，由原来的一年延长至两年，并具有更大灵活性。

（2）对外国竞争者的处理。该《准则》第一次对外国竞争者作出了规定。当外国生产者产品销往美国时，其所占市场份额的处理办法，与当地企业一样。

（3）效率。1982年《兼并准则》给人的印象是，只在特殊情况下考虑效率问题。新的《准则》则强调，在所有情况下，效率问题都应给予适当的考虑。对于那些能大大提高效率的兼并，在批准时可适当放宽。

（4）企业财务状况。该《准则》强调，在对竞争状况受企业市场份额影响作评估时，要考虑到企业的财务状况。如果对一个财务状况不佳的企业进行收购，能够显著改善其财务状况，那么，这种情形应给予优先考虑。

（五）第五阶段：90年代中期以来

1992年底克林顿政府上台时，正值西方开始掀起第五次企业重组浪潮。科技进步的日新月异，经济的持续增长和全球化，竞争的日趋激烈，产业、产品的升级和改造，都迫使美国企业必须投入到世界性的企业重组浪潮中，才能在市场上占有一席之地。而当局也只有顺应这种趋势，对企业重组予以支持，才符合国家的利益。所以，克林顿政府从总体上主要是承袭了里根和布什政府放松反垄断管制的政策,并加以适当的补充和完善。

长期以来,美国政府一直不允许电视、广播及其他媒体之间相互交叉经营,如法律禁止个人或团体在同一地区使用两家以上的电台或电视台播出同一个节目;任何商业集团最多只能拥有 12 家电视台,其观众不得超过拥有电视机家庭总数的 25%;电视网不能兼并;报纸发行人不得在其发行市场购买广播产业;电视台的拥有者在同一社区不能拥有报纸;无线电视网不得制作及向他台提供节目;等等。1996 年 2 月 8 日,克林顿总统签署了酝酿达数年之久的新电信法案。新法案打破了 62 年前制定的电信法案所设置的障碍,允许有线电视、广播、电话和电脑网络服务业跨界经营,以使竞争更加自由化,最终让顾客有更多的选择。同时,该法案又继续维持多项现行限制,包括在同一市场上不得经营一家以上的电视台,以及不得在同一市场上同时经营报纸、电视台、广播电台或有线电视台。人们预期,新电信法案将给占美国国内生产总值 1/6 的电信业带来深远的影响。

此外,美国当局还通过修改有关法律法规,放宽银行业不许跨州经营的禁令,取消主管铁路运输业合并的美国州际商务委员会,把供电、供气等公共行业企业推向市场。早在 70 年代末,美国法律就要求公用事业单位从独立的发电商购买部分电力;从 1992 年起,它们又被要求向希望购买独立发电商所发电力的用户传输电力。独立发电正获得越来越大的市场,近几年美国新增发电能力中,非公用事业发电占了 60%以上。1995 年 3 月,美国联邦能源条例委员会批准了强制公用事业单位开放输电网络的全面性措施。据称,这样做的目的是让私有发电企业能以同样的成本使用电力网络,从而获得平等的竞争机会。加利福尼亚、新罕布什尔、马萨诸塞和罗得岛等州已捷足先登,通过了州级立法,其他 20 多个州也将紧随其后,把供电和供气推入新的市场竞争,使用户有权自由选择供应公司。如 1995 年 12 月,加利福尼亚州又出台了一项促进竞争的新措施。州公用事业委员会决定放弃由公用事业单位设定电价的作法,而改为由市场决定。从 1998 年 1 月起,加州的发电商把电力全部出售给一个批发联营企业,售价根据市场供需形势每半小时确定一次。从 1999 年 2 月起,大多数欧洲联盟国家效仿美国,开始允许用电大户在本地电力应商之外选择供应商。

与此同时,近年来,美国许多行业的集中程度比过去有了明显的提高。在这种形势下,美国经济学界和舆论界关于经济集中对社会经济产生负面效应的观点又逐步抬头。美国国会以执法机构反托拉斯"不力"而对之一再提出了严厉指责。所以,90 年代中期以来,美国执法机构适当加大了对企业合并和集中的监管力度。当然,这并不意味着回到像 40 和 50 年代及 70 年代那样对合并的严格管制时期,而只是像美国一些报刊所说的:"给合并热浪泼点儿冷水"。所以,90 年代中期以来,美国当局对企业合并和集中的政策进入了第五阶段,即由前一阶段较大程度的放任转为适当加大监管力度。但这种适当加大监管力度,主要表现在对合并个案的监管上,这与从总体上、从主要的方面执行宽松的反垄断政策两者是并行不悖的。

(1)修订和重新颁布反对不公平竞争的法规。1978 年,美国宣布缩减政府对航空运输业的管制。美国共有 10 大航空公司和 70 余家规模较小的地区性公司。美国每年都会有小航空公司注册后进入市场竞争，但也在激烈的竞争中宣告破产。1998 年 4 月，美国运输部宣布，对美国航空运输业中的不公平竞争重新颁布执法条例。根据新条例，政府将对票价、航班次数、航线、服务以及有关不公正的销售策略等做出规定，违者将处以停飞、罚款和其他惩罚。此外，政府部门还将对全国各大航空港进行监督。由于各大航空公司在主要航空港拥有压倒优势的市场控制权，票价明显高出许多，引起了许多消费者的不满。

新条例的颁布，引起了截然不同的反应。小企业和消费者组织普遍表示欢迎，而大公司则表示不满。

(2)对一些涉嫌垄断的企业予以起诉。如 1998 年 3 月，美国司法部和国防部联合就美国最大和第四大军火公司洛克希德—马丁公司和诺思罗曼—格鲁曼公司 160 亿美元的合并计划向联邦法院提出起诉，指控这项计划将“失去军火工业行业内各大公司之间的竞争”，“使军火价格暴涨，而质量下降”，从而违反了反托拉斯法。

又如早在 1990 年 5 月，美国联邦贸易委员会就认为总资产达 2000 亿美元、占了世界个人电脑软件市场 80%、号称“软件大王”的微软公司在计算机软件上加装密码的做法旨在防止其他软件公司参与竞争，有碍自由市场原则，遂对该公司展开反垄断调查。调查告一段落后，联邦贸易委员会曾就是否起诉微软公司进行表决。然而两次表决均未达成共识。1993 年 8 月，该委员会宣布撤销针对微软公司的调查，并将案子移交美国司法部处理。美国司法部认为，微软公司在电脑操作系统方面占有垄断地位，它在加强这种地位时非法地运用了垄断能力。1994 年 7 月，微软公司表示同意改变其产品销售方式以及与计算机制造厂商所签订的某些条款，于1995年与司法部达成了一项协议。不过问题并没有因一纸协议而解决，对这个协议双方有不同的解释或不同的强调点。1997年10月，美国司法部根据一些企业的投诉，指控微软违反协定，强迫个人计算机生产厂家在视窗95软件上加装其因特网“探险者”浏览器，并给予60%的高额回扣，否则停止执行视窗95供货合同。司法部要求地方法院禁止这种销售行为，并对微软处以每日100万美元的罚款。地方法院接受了司法部的前一项请求，而拒绝了后一项。微软公司在1998年6月新推出的视窗98软件操作系统包括了本公司的“探险者”浏览器，这也因排斥网景公司的“航海员”浏览器而遭到司法部的反对。为了避免进一步诉诸法律，微软与司法部曾进行了10余天的谈判，但未取得成功。1998年5月，美国司法部联合20个州和首都哥伦比亚特区的检查官，正式向法院起诉微软。法院对这场号称“本世纪最大的反托拉斯案件”正在进行调查取证，这一案件在反垄断史上的影响是广泛而深远的。

1998年6月，美国联邦贸易委员会向联邦法院提起诉讼，指控占全球电脑芯片（微处理器）市场80%的英特尔公司因康柏电脑公司、数字设备公司和交互图形技术公司（这3家公司市场占有率均不超过4.8%）不愿转让部分专利，而拒绝向这3家英特尔电脑芯片用户提供关键性的技术资料，使它们无法生产与英特尔奔腾微处理器兼容的芯片，从而涉嫌滥用垄断优势，压制竞争对手，扼杀创新。法院已经受理了这一诉讼案件。

（3）对重大合并计划进行较严格的调查。如世界电信公司计划以370亿美元巨资收购比自己规模还大的微波通讯公司。但美国电话电报公司等竞争对手认为,这两大电信巨子的合并,将可能加剧国际互联网和长途电话价格上的垄断,不利于市场竞争。对这项合并计划美国联邦执法机构已花费了较长时间进行调查,迟迟未开放绿灯放行。

(4)对违反反垄断法的企业予以严厉处罚。如美国历史上三起反垄断罚款金额最多的案件均发生在克林顿政府执政时期。一次是1996年,对美国食品公司罚款1亿美元。另一次是1997年,对荷兰、比利时和美国得克萨斯州的3家公司共罚款6500万美元。第三次是1999年5月,美国司法部门判决,德国巴斯夫公司和瑞士霍夫曼—拉罗歇公司这两大制药公司在过去10年中伙同其他生产商,每年举行年度会议,商讨如何分割市场,人为地将维生素价格抬高8—25%,使美国消费者多花了很多冤枉钱,从而获得了高额利润,分别被判罚2.5亿美元和5亿美元。

(5)加强反垄断的国际合作。一方面全球化使国内的价格垄断协议难以维持,因为国外竞争者很可能愿意按更低的价格在美国市场上销售产品,从而打破垄断价格;另一方面要对国外的垄断协议进行监督难度很大,它的成功往往要求外国政府和国际组织的合作。早在1994年,美国国会通过了一项《国际反托拉斯协助执行法》,授权美国反托拉斯机构同外国同类机构签订协议,在签约政府之间相互协助,调查本国的垄断行为,查找证据并保守机密。1999年5月,美国和日本达成了一项反垄断合作协议,主要内容有:反托拉斯机构彼此之间通报可能影响对方利益的反托拉斯行动;执行反托拉斯行动时互相协调;对对方提出的要求予以考虑;在执行反托拉斯行动时避免冲突;互相交流有关反托拉斯的信息,共同磋商。但总地来说,因许多国家反垄断法的完备程度大大落后于美国,因此进展比较缓慢。

三、战后日本对企业集中和垄断的监控

战后,日本反垄断的进程大致可分为四个阶段,每个阶段各有其不同的内容和特点,下面我们分别加以评介。

(一)第一阶段:1947—1949 年。

战后,日本第一次颁布《禁止垄断法》(全称为《关于禁止私人垄断和保护公平交易的法案》)是在 1947 年美军占领期间。该法的主要内容是从美国移植过来的。由于当时美国占领当局正在对日本经济进行整肃,"解散财阀"便是其主要内容之一。而禁止垄断不仅与解散财阀紧密相联,而且是其重要组成部分。所以,日本 1947 年的《禁止垄断法》的明确、系统和严厉程度不仅高于美国,而且高于许多西方国家。

日本 1947 年《禁止垄断法》的主要内容是:

其一,禁止企业垄断市场。具体如靠支配和排除其他的竞争者(包括阻止新的进入)实质性地限制一定的交易领域的竞争。该法明确规定,一个企业的市场占有率超过 1/2,或者两个企业的合计市场占有率超过 3/4,就处于垄断状态,应予以禁止乃至取缔。其二,禁止企业的不正当交易活动。该法所列举的"不正当交易"行为有 6 种:(1)歧视其他厂商;(2)以不正当的价格进行交易;(3)

以不正当的手段引诱或强迫竞争对手的顾客同自己交易;(4)约束交易对手的活动;(5)不正当地利用自己的交易地位同对方进行交易;(6)妨碍与自己有竞争关系的交易对手同自己的主顾进行交易。其三,禁止建立垄断企业及垄断性企业集团,限制企业的合并。该法所禁止建立的垄断企业形式主要指卡特尔和控股公司。同时还不允许一个公司的高级职员兼任另一公司的职务。由于企业间的合并是产生新垄断组织的主要渠道,因此亦为该法案所不容。

《禁止垄断法》的执行机构是公正交易委员会,这也是效仿美国的。它直属于内阁总理大臣,在行政组织上,隶属于总理府,是一个独立的执法行政机构,委员会设有委员长和4名委员,任期5年,由内阁总理大臣征得国会的同意后任命。委员会内含行政性权限和司法性权限两种职能,能独立行使职权。委员会依法调查经济实际状态,审查申报的内容等,不仅能够进行行政性指导、劝告,而且在对违法行为拥有搜查权限的同时,拥有审查其违法行为,进行审判的司法权限。公正交易委员会对违法者,一般不马上进行审理,而首先向他们提出劝告,要他们采取措施消除违法状态。如果违法者不接受劝告,公正交易委员会就可不经过审理而作出与劝告大致相同的判决(劝告判决)。否则,要进行审理,作出正式判决。但考虑案件的重大程度,有的也要向高等法院起诉。但自公正交易委员会1947年成立以来,起诉案件只有7件。

从以上内容可见,日本1947年《禁止垄断法》的明确、系统和严厉之处在于:其一,不仅限制垄断行为,而且限制垄断状态;其二,较严厉地限制企业合并;其三,较全面地禁止了企业的不正当交易活动。从 1947 年至 1949 年,可作为战后日本反垄断的第一阶段,即以企业分散化为主的时期,或者叫对集中和合并严加控制的时期。

(二)第二阶段:1949 年至 70 年代初期

从 1949 年开始,随着美军占领当局对日本的控制逐步放松,日本的反垄断政策进入了第二阶段,即对垄断的管制明显减弱的时期。根据财界的要求,日本的《禁止垄断法》分别于 1949 年和 1953 年进行了两次修改。

1949 年,日本对《禁止垄断法》的修改主要表现在:第一,将企业合并的批准制改为申报制;第二,允许事业公司持股和母公司持有子公司的股票;第三,允许非竞争性公司之间相互持股和相互兼任高级职务。

1953 年的修改表现在:第一,允许合理卡特尔的存在;第二,删去禁止私人统制团体的规定;第三,放宽对竞争公司之间的相互持股和互兼高级职务的限制;第四,规定企业的合并和转让应在 30 天前向公正交易委员会申报。

综观 1949 年和 1953 年对《禁止垄断法》的两次修改,可见:

首先,修改后的该法适用范围和威力都大力缩小。以前一概禁止的卡特尔,现在则有了例外:如果出于产业合理化发展的需要,便可成立"合理化卡特尔";如果某一产业发生萧条,便允许成立"萧条卡特尔"。

其次,从 50 年代初开始,允许金融、保险、运输和外贸等产业按本部门的法规行事,无须理会竞争政策法规的有关条文。自此,各种限制《禁止垄断法》实施的部门法纷纷问世。比如，1952 年制定的《出口交易法》和《特定中小企业安定临时措施法》，就允许出口企业和一些中小企业建立卡特尔，并明确宣布《禁止垄断法》在这些企业不适用。与此同时，政府主管部门还直接插手其主管行业的发展事宜，对该行业新设企业数量、设备、价格等进行限制，以减少行业内在竞争。

第三，日本政府不断限制竞争政策的执行机构——公正交易委员会的活动。公正交易委员会在解散财阀的那几年发挥过重要的作用，但在这一阶段其地位和作用则呈下降趋势，在与政府一些经济管理机构特别是通产省的摩擦中，往往处于不利地位。虽然日本于 1956 年制定了《防止拖延支付承包费法》，1962 年又制定了《防止不正当赠送商品和不正当标记法》等法律，以限制不公正交易行为，但总的来看，日本这一时期反垄断的力度比前一时期弱化了。

这一时期，日本当局出台了一系列鼓励企业合并，从而建立"新产业体制"，实现"适当"、"协调"、"有效"竞争的法律法规。如 1952 年颁布的《企业合理化促进法》指出："今后产业合理化政策的重点是产业结构合理化、企业间协作组成联合体制及整顿产业相关设施等。"50 年代，日本政府通过《石油业法》、《纺织业设备临时措施法》，对石油精炼业、纺织工业等以原材料工业为依托的中间产品行业的企业组织进行"行政指导"，并通过 1956 年的《机械工业振兴临时措施法》等对制造最终产品的加工工业进行间接诱导。1958 年，日本国会通过《投资协调议案》，在一定范围内允许银行合并。1964—1967 年，对汽车、钢铁、石化、炼油、机床、计算机、海运、合成纤维等行业的企业合并予以“行政指导”。

50年代中期以后，特别是60年代以来，随着日本企业合并的加剧、物价水平的日趋上涨，日本经济学界和公众舆论关于加强对卡特尔限制的呼声不断高涨，迫使日本公正交易委员会较严格地限制“非适用范围卡特尔”的认可，强化了取缔违法性价格协定。但是，伴随着这一时期日本政府为实现重化学工业化，实行所谓“产业重组”，其中一项主要措施便是在若干行业内，推行企业的合并，由银行予以配合，组建“大企业体制”。公正交易委员会在企业合并、互持股票、调整投资等方面放宽了限制，其标志便是相继认可了以三菱重工、八幡富士等为代表的大企业合并。

（三）第三阶段：70年代中期至90年代初期

60年代中期以后，随着日本经济集中化程度的日趋加强，其在国民经济中的负面影响更趋突出，日本学者、消费者团体、中小企业团体加强了对垄断的抨击，使公正交易委员会的地位和作用逐步开始回升。其代表性的事件便是1968年公众对八幡和富士这两家大钢铁公司合并的反对，从而迫使公正交易委员会对这项合并计划提出了“排除措施”建议，“劝告”这两家公司将一部分设备转让给几家中型钢铁公司，以免合并后市场占有率突破《禁止垄断法》规定的30%限制。由于这两家公司接受了公正交易委员会的“劝告”，才使合并得以完成。1972年，东洋制罐公司（本行业第一大公司）通过互持股票和派遣董事企图支配同一行业中的第三位、第四位、第五位及第八位的4个企业，被指控为违法。

在1973年开始的石油危机中，卡特尔横行，推动了物价的飞涨,公众的反垄断要求更趋强烈,迫使日本当局于1977年对《禁止垄断法》进行了第三次修改,1982年又进行了局部修改,强化了对垄断调查和处罚的措施。这表现在如下五个方面:第一,对于违法卡特尔取得的利润征税;第二,授予公正交易委员会对寡头垄断哄抬物价进行调查并向国会报告的权力。这是指在高度集中的寡头垄断(国内销售额达200亿日元以上,居前位的三家公司集中率达70%以上)的行业中实行同步提价;第三,对在国内销售额达500亿日元以上,居前位地位的一家公司的占有率达50%以上,或居前位地位的两家公司的占有率达75%以上的行业中新进入非常困难,产业利润率在一定时期(约5年间)非常高的场合,以恢复竞争为目的,应对这些企业进行分割;第四,加强对银行和大型非金融企业持股的限制;第五,增加对所有违法行为的罚金。

1977年对《禁止垄断法》的修改还表现在对限制"不正当交易"和"不公正交易方法"作了补充和细化。所谓"不正当交易"是指:一个以上的竞争者,通过契约、协定、默契等统一行为,共同在价格、产品、数量、技术、设备、知识、顾客和交易地区等方面,限制自己和竞争者本应是自由的经营活动。所谓"不公正交易方法"是指:(1)区别对待顾客;(2)价格和交易条件的差别;(3)以引诱和强制的方法招揽、争夺顾客;(4)有限制条件的交易;(5)滥用优势地位;(6)干涉、妨碍竞争者交易。

迫于国内公众和国际上的压力,为了适当限制大企业间相互持股所带来的生产要素的僵固性,适当增强股权转让的透明度,日本在1972年修改《证券交易法》时,从美、英等国引进了"公共购买股票制度,即"股票包买"制度,它是指包买一方在报纸上刊登广告，直接从股东那里收购股票，收购价格一般比市场股价高，同时事先说明购买股数和时间，以此完成企业合并。这种体现股票交易公开性的制度，虽然写进了日本的《证券交易法》，但实际上很少实行。1981年，日本修改《商法》时，对相互持股予以了适当限制，规定一个企业持有另一个企业的股票超过25%时，超过部分的股票不能行使表决权。

从表4-1中可见，从1947—1984年，日本处理的违反《禁止垄断法》案件中，较多的是卡特尔和不公正交易案件，而私有性垄断和企业集中案件则较少。

表4-1 日本违反《禁止垄断法》案件判决件数

	1947—1951年	1952—1959年	1960—1969年	1970—1976年	1977—1984年	1947—1984年
私有性垄断	3	2	0	1	0	6
卡特尔	100	30	170	253	77	630
国际契约	22	1	1	6	0	30
企业集中	26	1	2	2	0	31
不公正交易	23	14	26	13	31	107
其他	0	0	2	21	4	27

资料来源：〔日〕公正交易委员会：《1984年度报告》。

（四）第四阶段：90年代中期以来

90年代中期以来，随着科技进步的加速，产业结构的调整，国际市场竞争的加剧，世界经济的日趋全球化，日本经济中长期积累下来的资源配置僵固、生产要素流动不畅、企业活力不足等结构性矛盾所导致的国际竞争力低下逐步显露，迫使日本当局借鉴国际经验，进一步调整和协调各种关系，酝酿对《禁止垄断法》作进一步的修改。

1997年3月，日本政府向国会提出了《禁止垄断法》修正案，其基本精神是适当放松原有《禁止垄断法》对成立控股公司的限制，在一定范围内允许成立控股公司。主要内容是：

允许企业自主组建控股公司，总资产在3000亿日元以下的控股公司实行完全自由化，不需申报；超过3000亿日元的控股公司事后必须向公正交易委员会报告，以后每年报告一次，如公正交易委员会认为有问题，可命令控股公司采取减少股份等措施，排除垄断的可能性；一般情况下，控股公司的总资产不得超过15万亿日元，否则将对其实行严格审查，如发现已发展成像战前的垄断财阀，则强行解散。另外，法案还规定大型金融机构不能同一般事业的企业组成控股公司；相互关联的大企业之间不能组建控股公司；金融行业的控股公司设立的手续、范围等问题，由大藏省通过修改《金融业法》或制定《金融控股公司法》来决定。

为了促进控股公司的发展，日本政府还决定修改税制，确立控股公司联合纳税体制，减轻控股公司的税收负担。

四、战后联邦德国对企业集中和垄断的监控

第二次世界大战结束以前，德国一直没有系统的竞争法。1890年，当美国通过《谢尔曼法》时，德国最高法院却裁决“合同自

由"亦适用于卡特尔协定。7年之后,该法院又认为卡特尔协定不妨碍贸易自由。这种主张被载入了官方的《工商业管理条例》中,从而引起了卡特尔协定的迅速增加,在几年之内就遍布了主要的经济领域。1923年,德国政府颁布了监督卡特尔协定的规定,以禁止滥用市场权力,然而此规定却并未付诸实践。希特勒上台后,则在已有的卡特尔组织框架内,将原来卡特尔经理们换成了政府官员,并依据自给自足和重整军备的新政策目标来调整卡特尔组织。由于伴随这种政策实施的是利润和就业的增加,因此当时并未遭到强烈的反对。

第二次世界大战后,占领军政府在联邦德国推行激烈的反卡特尔和反集中措施。可以认为,这主要是出于:一方面,工业和金融业巨头曾经作为一种强权资助了希特勒政权,并为其提供了战争装备。这种强权的基础必须予以清除。另一方面,美国和英国等国希望联邦德国建立一种基于自由市场和竞争之上的经济制度。因此,占领军政府的反卡特尔法令一直持续到1958年,即联邦德国立法机构通过《反对限制竞争法》为止。

从40年代后期以来,新自由主义经济学(又称为弗莱堡学派)在联邦德国崛起。联邦德国前任经济部长(后任总理)、"社会市场经济之父"路德维希·艾哈德就属于这个学派。根据该学派代表人物瓦尔特·欧根在其所著《经济政策原理》一书中所归纳的,经济政策的制订具有七项本质性原则,即:完全竞争条件下的自由价格制度;通货稳定;经济活动参与者能自由进入所有市场,这也意味着能自由进入所有职业;生产资料的私有制;以不妨碍竞争自由为前提的缔结合同自由;所有经济当事人都须承担责任,以减少公司经济权力集中的可能性;稳定的经济政策,以使厂商和居民户有稳定的预期并依此制订他们的计划。

在这些本质性原则范围内,欧根认为还有四项调节原则,同时即为政府的四项功能:

对垄断实行公共监督;通过公共财政手段实行收入再分配;调节工人的社会保障;最低收入保障。

可见,本质性原则中,大多数都与反垄断直接有关。政府的四大功能中,第一项就是反垄断。

早在1948年3月,就任美英占领区经济署长不久的路德维希·艾哈德就着手制订一个卡特尔法案。同年6月,他废除了占领当局颁布的绝大部分经济管制条例,正式推行"社会市场经济"。次年7月,在艾哈德领导下,一个专家委员会提出了第一个保护竞争的法律草案。经有关各方的长期讨论修改,从联邦德国1949年建立始,关于反卡特尔和反垄断就有两种意见之争。争论的一方是新自由主义学派,代言人为当时作了联邦议员的弗兰茨·别姆和经济部长路德维希·艾哈德。他们主张实行较严厉的措施禁止卡特尔,控制垄断和合并。争论的另一方是一些与联邦德国工业有联系的立法机关成员,他们试图把政府通过法律对企业行为的干预尽可能减少到最低程度,建议缔结卡特尔协定只须登记一下便可,政府仅监督对市场权力的滥用。有关卡特尔协定的所谓"禁止原则"和"滥用原则"之争成为联邦德国50年代的一个重要议题。1952年初,联邦内阁批准将《反对限制竞争法》草案提交联邦议会审议。以后,该草案在内阁和议会之间几经周折,遭到猛烈攻击和多方否定,很多重要内容和定义多次修改,直至1957年7月才正式颁布《反对限制竞争法》。艾哈德高度评价这项法律是:“利用和实施了社会市场经济政策的最好原则,是德国复兴史上的一个里程碑。”①

为确保该法的贯彻执行,法律中规定由联邦经济部长、联邦卡特尔局和各州的州卡特尔局作为执法者。联邦经济部长承担对企业合并行为以及出口卡特尔滥用市场行为的监督。州卡特尔局的管理职权限于在本州内发生的歧视性行为和限制竞争行为。超出州范围的由联邦卡特尔局处理。此外,由联邦卡特尔局负责的任务还有对企业合并行为的监督,对出版物的价格建议行为和滥用价格形成行为的监督以及对联邦邮政、联邦铁路的监督。联邦卡特尔局是联邦经济部下属的一个较高级的行政机构,具有相对独立的权力。

《反对限制竞争法》的主要内容是:

其一,禁止卡特尔。

《反对限制竞争法》第一条就规定:企业或企业协会为共同目的达成的协议和企业协会的决议,如果由于限制竞争而对生产或商品流通的市场环境或工作效率产生影响,就属于卡特尔行为,其协议或决议一律无效。同时,还明确规定,那种企图规避“禁止卡特尔”的约束而在企业间进行口头的卡特尔“牵线”行为亦在禁止之列。1973年修改《反对限制竞争法》时,在禁止卡特尔和禁止“牵线”方面又补充了禁止企业协调行动的内容,比如所谓的“早餐

---

① 〔联邦德国〕路德维希·艾哈德:《来自竞争的繁荣》,商务印书馆1983年版,第117页。

卡特尔”,虽不缔结形式上的协议或协定,但后果仍是协调、统一行动以阻碍竞争。不允许企业或企业协会成为一项卡特尔协议的约束的对象;企业和企业协会不准对其他企业以利害相威胁;不准对其他企业承诺和担保好处,煽动他们参加某一行动;企业和企业协会不准强迫其他企业为限制竞争而采取一致行动。协调行动是违反经济秩序的行为,可处以罚款。就法律体系而言,这些规定充实、完善了该法第一条关于禁止卡特尔协议的原则性规定,以阻止那些企图通过自愿建立联系、交流情报和相互了解等协调行动方式来规避法律制裁的非法行为,使该法更有效地保护竞争。如果在市场上几家企业经过事先交换情报或协商,同时降低或提高某一商品的价格,即构成协调行动,要被禁止和罚款。如果是一家首先降低或提高价格,别家随后跟上,则是允许的。卡特尔局认为,这个为首的企业看到了当时能不丢失市场份额而变动价格的活动余地。

在实际经济生活中,对竞争的限制不仅会来自横向或纵向的垄断协议,而且会由于企业的某些市场行为,如控制市场、企业合并或企业之间协调行动而形成。对此,《反对限制竞争法》作了专门规定。该法对“控制市场”的定义是:“一家企业在国内没有竞争对手或没有主要的竞争对手”,以及“占有突出的市场地位”。确定企业是否“占有突出的市场地位”有六条标准:a.市场份额;b.财力;c.对采购市场和销售市场的占领情况;d.与其他企业的联合程度;e.对其他企业进入市场的法律上的限制;f.对其他企业进入市场的事实上的限制。

控制市场的企业要接受对其滥用市场地位行为进行监督。该法规定，此项监督有两个内容：其一是对这些企业"滥用阻碍行为"进行监督，防止控制市场的企业通过阻止其他企业进入市场的行为来限制进一步竞争。因为这些企业往往试图通过联合、合作以及签订排他性协议、采取强迫供给、强制购买、供货封锁等歧视性措施来巩固和扩大市场地位，从而排挤尚存的竞争者，阻止潜在的竞争者进入市场。该法明令禁止这类"阻碍行为"。其二是对这些企业"滥用价格行为"进行监督，防止控制市场的企业利用有利的地位对供货者压价，对购买者抬价，或者迫使他们承担不适当的业务条件。这些行为使价格扭曲，从而使价格调节经济的作用受到抑制，竞争不能公平地、充分地展开。因此，该法禁止这种滥用价格的行为，也禁止企业之间的价格约束和价格建议（出版物例外）。

但是，"禁止卡特尔"并不禁止竞争企业之间正常的相互合作。但这种"正常的"相互合作有三个基本条件：一是不会限制、损害竞争，而且要在市场竞争中进行；二是参与合作的企业必须是自由的、仍有自主选择权力的；三是有利于发挥合作企业的各自优势。关于对企业自由合作的问题，联邦德国经济部在 1976 年编纂的《企业联合指南》中作了详细规定。

《反对限制竞争法》对一些卡特尔行为作了一系列的例外规定，而非一概加以禁止。这是考虑到有些卡特尔协议对竞争的限制不大或虽有一定的限制，但给宏观经济和公众利益带来的好处更大些。这些卡特尔分为三类：

第一类是注册卡特尔。即这些卡特尔只有到卡特尔局登记注册后方才生效，它们包括统一标准和统一型号卡特尔、供货卡特尔、核心标准卡特尔以及纯出口卡特尔。按卡特尔法规定，注册卡特尔必须接受卡特尔局对它们滥用市场行为的监督。

第二类是异议卡特尔。当这些卡特尔通报卡特尔局后，卡特尔局在三个月内没有提出异议方为有效。异议卡特尔包括有条件卡特尔、折价卡特尔、专业化卡特尔、中小企业合作卡特尔、合理化卡特尔等。

第三类是允许卡特尔。即卡特尔局明确批准的卡特尔。卡特尔局在批准这些卡特尔时往往会附加一些条件，如修改卡特尔协议的部分条款，或要求它们承担向卡特尔局报告的义务。这里有两种情况，一种是要求在法律上准许的。如出口卡特尔、合理化卡特尔。另一种是不需要在法律上准许，卡特尔局或联邦经济部长有权批准的。如结构危机卡特尔、进口卡特尔和特别卡特尔（又称部长卡特尔）。获批准的允许卡特尔，有效期一般为三年。《反对限制竞争法》作为特殊例外还规定：经济部长出于社会经济和公共福利等压倒一切的特殊原因，它不必经联邦卡特尔局审查许可。但是，自1958年1月1日《反对限制竞争法》生效以来，"经济部长卡特尔"只产生过4起，其中包括1958年的"煤油联营卡特尔"和1973年出于健康政策原因的"限制卷烟电视广告卡特尔"。

卡特尔局对未经批准的卡特尔协议和事实上的限制竞争行为实行监督，违反卡特尔禁令或违反卡特尔局的有关规定，就属于破坏经济秩序行为，卡特尔局对其实行罚款处理。此外，卡特尔在获准前，卡特尔局必须逐一进行深入调查。卡特尔局对已批准的卡特尔实行监督和审查，一旦发现有滥用不公平竞争的行为、阻碍其他非成员企业进入市场或不适当地提高（降低）价格，就要对其进行处罚或宣布有关协议无效。处罚的金额为1万—100万马克，或根据其非法所得超额收入的 3 倍数罚款。处罚既可适用于企业,也可适用于负责的个人。

经卡特尔局批准的卡特尔协议,60 年代中期有 130 个,70 年代末有 200 个,80 年代中期有 2202 个,而 1930 年为 3000 多个。

其二,监督和控制企业合并。

早在 40 年代后期,联邦德国新自由主义经济学者便主张通过法律控制企业合并和垄断,但当时由于企业合并的规模较小,由此造成的垄断程度较低,所以企业合并还不是一个紧迫而突出的问题,还未引起公众的充分注意。新自由主义经济学者的上述有关建议也并未得到立法机构的充分重视和采纳。60 年代以来,特别是 60 年代中期以来,由于企业合并规模日趋扩大,由此造成的垄断日益严重,企业合并才成为公众瞩目的焦点。从 60 年代中期至 80 年代后期,联邦德国立法机构先后 5 次对《反对限制竞争法》进行了修订,其重点便是限制企业合并及由此造成的垄断。

1965 年第一次修订时,对企业合作行为作了法律上的认可,并增加了关于专业化卡特尔的特别例外规定。

1973 年第二次修订时,明确和扩大了“控制市场”的定义。更强化了对企业合并进行监督的规定。实行了强制登记制度,所有合并都须按规定登记;如果两家厂商通过合并使年营业额平均达到 10 亿马克以上则必须当卡特尔局在规定期限内无异议时,才能实行,禁止通过合并形成或加强合并者的市场支配地位。成立由五位专家参加的反垄断委员会,其任务是经常不断地分析集中过程,评价联邦政府卡特尔局的政策。实行两段式的控制程序:企业合并申请提出后,首先由联邦卡特尔局审查其对竞争的影响;然后由联邦经济部长根据公共利益决定。在部分决策之前,反垄断委员会须作出研究报告并公开发表。

法律规定:关于横向合并,1家企业占有市场份额1/3(原为40%);3家企业占有市场份额1/2;5家企业占有市场份额2/3,这些企业即为“控制市场企业”,如系新的合并则不予批准。

此外,这次修订还废除了对间接价格约束的保护,增加了禁止歧视和协调行为的内容。

1976年第三次修订时,补充了对企业合并进行监督的内容。

联邦德国反垄断委员会认为,卡特尔局对横向合并控制较成功,但对纵向和混合合并却监管不力,并对非横向合并的控制提出了具体的立法建议。

1980年《反对限制竞争法》第四次修订稿反映了上述建议。该修正案规定:营业额达到20亿马克的厂商,在下列情况下不允许合并:

——与其他厂商合并,使总营业额超过120亿马克;

——与已经在市场上占据支配地位的厂商合并;

——在中小企业(年营业额400万马克以下)占统治地位的市场上,与其中的某家或某几家合并。

鉴于80年代以来联邦德国企业加速合并和从1992年开始欧共体市场将开放,而联邦德国《反对限制竞争法》规定,邮政、银行、保险、运输等行业的卡特尔是例外卡特尔外,不适用《反对限制竞争法》,与欧共体的竞争法有冲突,联邦德国政府于1987年春委托经济部组成一个“竞争法工作小组”进行第五次修订《反对限制竞争法》的工作。这次修正案的主要内容包括:

(1) 加强对企业联合的控制。针对商业企业的日益联合情况,在原条款所列举的企业在市场上具有垄断地位的标准的基础上,又新增加了二项标准:该企业的转行的能力;该企业控制另外企业的能力。因为商业投资比较小,灵活性比较大,企业之间很容易转行,而无需像生产企业转行所需那样大的投资。因此,商业企业势力很大,这也就很容易造成他们滥用这种势力,因此他们之间的联合危险性就更大。司法实践中,商业大企业滥用其市场垄断地位的案件也较大的生产企业滥用垄断地位的案件多。

新增加的二项标准,使企业具有垄断地位的标准更具体化,实践中有益于卡特尔局更好地对企业联合加以控制,并更好地防止具有垄断地位的企业滥用其市场地位。

(2) 禁止大企业对中小企业的妨碍行为。新增加条款规定,大企业不得利用其市场势力对中、小竞争者直接或间接进行妨碍。中小企业如受到损害,可以根据《反对限制竞争法》提请卡特尔局向对其实施妨碍行为的大企业发出禁止令,也可提起民事诉讼。立法者认为,新的修正案比较好地制约了大企业利用垄断地位限制中小企业竞争者的行为。

(3) 禁止歧视待遇。新增加的条款规定,禁止大企业对中小企业直接或间接进行妨碍;禁止大企业没有事实上合理的理由,对中小企业实行区别对待。相反,如大企业相对中小企业作为需方时,则不在此限。

(4) 中小企业的购销合作卡特尔。新的条款规定,中小企业之间的购销合作卡特尔,如果没有在实质上限制竞争,并且有利于改善中小企业的经营和竞争能力,则不适用该法规定的禁止卡特尔合同或协议。这条新规定有二个目的:一个目的是使中小企业的购销合作卡特尔合法化;另一个目的是使中小企业不致于因规模大小上的差异而受到歧视,加强中小企业之间的联系,从而有利于与大企业竞争。

然而,《反对限制竞争法》同时规定,企业证实其合并有利于改善竞争条件从而抵销控制市场的消极作用;那些最终只是在无关紧要的市场上导致控制,或者即使是比较重要的市场但有助于改善中小企业与大企业竞争环境的合并,理应作为例外允准。在控制合并方面,联邦政府经济部长出于公众的特别利益或社会经济的全局需要也可做出超越于联邦卡特尔局的决定。其前提是,所允准的企业合并必须有充足的符合整个国家经济、社会发展方向的理由和论证,保护出口市场上的竞争力,如同满足就业、国防和能源需要一样,都是允许某些例外合并存在的理由。

五、战后英国对企业集中和垄断的监控

英国在20世纪前半期,特别是两次世界大战之间,企业的合并和合作比以前有了显著的增长,当时英国政府为对付经济衰退,在一定时期内对这种合并和合作予以鼓励。但进入40年代,这种合并、合作的加剧及由此出现的经济的集中化和价格卡特尔等的猖獗引起了公众舆论的广泛关注及不安。英国政府的态度也随之发生了变化,认为企业合并和合作对公众利益的损害已增大。1944年,英国政府发表的《就业政策白皮书》被认为是英国政府的态度发生转变的标志。这份《白皮书》指出:“近年来,联合与合作

的行为有增长趋势。……厂商因此追求控制价格和产量,分割市场,并且固定销售条件。政府将因此组织力量,明确限制合作行为及联合活动的范围和作用。并且将采取适当的行动检查那些带来部分生产者的利益而对整个国家造成损害的行为”。

继《白皮书》之后,英国当局于1948年颁布了《垄断企业和限制贸易行为(调查和控制)法》,设立了垄断和限制行为委员会(现在为垄断和兼并委员会),负责在国务大臣提出要求时检查卡特尔和具有垄断局势(占有关市场的1/3)的主导公司,而且,要就这些公司的活动是否有碍公共利益提出报告。这项法律没有为集中和卡特尔定罪,而仅仅将其置于某种形式的管理之下。

自1948年以后,其他关于反垄断的法律和法令大量发布,扩大了反垄断的范围,加大了力度。如1956年通过了《限制贸易行为法》,1973年颁布了《公平贸易法》,1976年又制定了《转卖价格法》,1980年公布了《竞争法》等。这些法律统称为《竞争法》。

英国《竞争法》的有关规定:

其一,垄断和主导地位。1973年的《公平贸易法》规定,垄断指对某类产品的市场予以控制。某个人或某一集团公司掌握25%以上的销售市场,如果同时违背公众利益就构成不正当竞争的垄断。

垄断状态可以是“结构性”的,也就是一个公司享有25%市场,也可以是“行为”或“综合性”的,即共同享有市场25%份额的两个或更多的公司,为限制它们之间的竞争而采取行动。英国1980年《竞争法》规定,一个公司无论是否处于垄断状态或主导市场地位,均可能发生反竞争行为。

其二,收购和兼并。英国对收购的规定包括如下要点:第一,持有一个上市公司30%以上股权的股东必须向所有其余股东发出购买其余所有股票的强制性收购要约。第二,一个股东购买一上市公司股票达到5%时,必须按规定备案,并通知该上市公司,一个股东持有一上市公司股票达到15%时,必须在第二天中午以前,将这一事实通知该上市公司和上市证券交易所,持有15%以上、30%以下股票的股东,其以后购买1%以上该股票也必须按其在持股15%时的方式报告。第三,收购要约必须首先向被收购公司的董事会发出。该董事会有权检验收购人是否有能力执行该要约,并且应将董事会对该收购的意见与收购要约同时向股东公开。第四,除了收购要约人在收购结束后,其持有的该种股票不到该种股票总额的30%这一情形之外,收购要约一般来说不能只是收购部分股票而是应收购整个公司。第五,收购要约有效期不得少于20天。收购要约期满,接受要约的股票总额如未超过公司股票总数的50%,则受要约人有权撤回其承诺,但若超过50%,受要约人则无权撤回其承诺。对兼并的控制始于1956年。在下列两种情况下,兼并被禁止,一是兼并的结果将产生垄断;二是接管的资产超过1500万英镑。

其三,限制贸易行为。1948年的法律对卡特尔及其他公司间协定没有作用,除非这些卡特尔和协定被一些公司用来形成一种垄断局面,才可以作垄断来处理。按照1948年的法律,可要求垄断和限制行为委员会对某些限制行为给公共利益带来的总影响进行调查。到1952年,则要求该委员会就下列协定和协作对公共利益的影响作出报告,即:这些协定和协作的参加者被要求限制设备、歧视性采购或给予整体性的折扣。1956 年《限制贸易行为法》规定了限制贸易协定的控制机构，设立了限制贸易行为登记官办公室（现在由公平贸易总署署长接管）和限制贸易行为法院。

《限制贸易行为法》和《竞争法》规定，有关货物或服务的限制性协定必须向公平贸易总署提出登记。总署需将其提交给限制贸易行为法院，如果法院认为，该协定的某些条款不符合法律的规定，可以宣布其违背公众的利益。在这种情况下，协定当事人须向法院保证，或法院在公平贸易总署的要求下，作出不得履行这些条款，也不得再签订类似协定的决定。

其四，侵犯消费者行为。《公平贸易法》规定，总署及保护消费者顾问委员会通过以下几种办法保护消费者：一是提出新的法律以制止不正当贸易行为，并对之作出决定加以制止；二是对已经实施侵害公众利益的违法行为或违反民事义务的行为的生产商或贸易商进行处理；三是促进贸易组织制定规则以使其成员在与消费者交易时加以遵守；四是向消费者提供信息和劝告。

1964 年以前，除了水平性质的转卖价格集体协定，一般都排除在限制贸易惯例立法之外。直到 1964 年单独的价格维持才被纳入控制。1976 年《转卖价格法》禁止集团和个人维持转卖价格。维持转卖价格是指货物制造商寻找各种途径控制其产品的零售价格。这种行为严重损害消费者利益和控制生产的发展，因而可以对这种行为提起民事诉讼。1976 年的《转卖价格法》使最小的转卖价格协定也无效。

英国的反垄断机构包括：

其一，公平贸易办公室。

公平贸易办公室于1973年据《公平贸易法》设立，是有关竞争政策的主要机构。最高官员是公平贸易总署署长，主要职责如下：

控制、审查英国的商业活动，以防出现具有反竞争效果的商业行为。掌管限制贸易协定的登记，其中有所例外，将所有登记过的协定提交限制贸易行为法院裁定，看该协定是否违犯公共利益。在检查可能的垄断状况条件下，向垄断和兼并委员会提交垄断的情况资料。进行预先调查，以决定一项经营的特殊的步骤是否会违反竞争行为，并且，在适当的情况下，向垄断和兼并委员会提交竞争的情况资料。在观察兼并活动条件下，向国务大臣提交一份关于垄断和兼并委员会决策是否同意兼并的建议，就共同市场的竞争事宜与欧洲共同体保持联络。

一个重要特征是署长在许多领域享有独立于政府的权力。由此他自己有权收集垄断和竞争的情况资料。但在某些领域，他只能向国务大臣提出意见和建议，这指垄断和公共团体的情况，在这方面，只有国务大臣能向垄断和兼并委员会提供情况资料。

其二，垄断和兼并委员会。

其职能是，调查由署长或国务大臣提交的垄断和兼并问题，垄断和兼并委员会虽然对反竞争贸易行为以及公共团体的活动能提出采取行动的建议，但不能率先进行决策或采取任何行动。

其三，限制贸易行为法院。

其职责是听取由署长提交的关于限制贸易协议和转卖价格维持的案件，裁决它们是否符合公共利益。这种裁决跟垄断和兼并委员会的报告不同，法院的裁决对总署署长和协议的当事人都有约束力。

其四，国务大臣。

虽然竞争政策的许多领域已脱离政治舞台，但国务大臣仍拥有许多重要职能。有关竞争方面的问题主要有：

提供垄断的情况资料，该权力由他与总署署长分享。提供兼并及公共团体的资料。在一项协定对限制贸易行为法院意义不大时，授权总署署长不向该法院提供情况资料。废除有关国计民生的兼并和限制贸易行为。根据垄断和兼并委员会的报告发布命令。

六、战后欧洲共同体对企业集中和垄断的监控

1957年，欧洲共同体《罗马条约》指出："要建立一种保证在共同市场中竞争不受破坏的制度。"《罗马条约》还专门制定了关于共同体竞争政策的规定。内容涉及专利、许可证协定和商标；价格歧视和定价；转卖价格补贴；国家援助；支配市场地位的滥用；倾销；进出口数量限制；合并和集中；国家企业等多项内容。

欧共体关于竞争的主要规定包括：

其一，关于卡特尔和其他限制性行为。各成员国企业之间任何影响共同体内部贸易以及妨害、限制或破坏竞争的协定、决定或一致行动的措施，均在被禁止之列。这包括强制性规定不公平购买或销售价格以及其他不公平条例；转售限制；拒绝交易；限制竞争；搭售安排等。但如果这类措施中"有助于改善商品的生产或分配，或者有助于促进技术、经济的进步，同时又使商品使用者也能

公平地分享到由此产生的好处的一部分”,并且是实现上述目标所必不可少的,而且不至于消除竞争,即可以不受禁止。

其二,关于禁止滥用支配地位或干扰成员国间贸易。1989 年 12 月,欧共体理事会通过了一项关于控制企业兼并的法案,其中规定,企业兼并后总的市场占有率不得超过共同体内相应产品市场的 25%,如果超过,同时又产生或加强了严重阻碍有效竞争的市场支配性地位,欧共体委员会将对该兼并活动作出相应处理。1988 年 12 月,欧共体委员会颁布公众兼并报价指令,禁止部分的公众兼并报价,责成竞争股权(30%以上资产)的投标人将其投标扩大到全部股权,并要求该投标人事先说明其意图。1988 年 12 月,欧共体理事会同意有关上市公司主要股权被取得或转让时应公布有关资料,当投资在上市公司的股权达到 10%、20%、1/3、50%和 2/3 时,上市公司应履行上述通知义务,目的在于通过强制性的信息公布以加强对投资者的保护。欧洲议会 1977 年 2 月的指令规定股东享有以下权利:a. 股东大会召开前一个月,到公司去取得各种基本文件,如兼并计划、会计报表等;b. 兼并公司持有 90%以上股权时,被兼并公司的股东有权要求兼并公司购买其股票;c. 由于公司的经营人、专家的过错而导致损失,股东有权要求这些人承担民事责任;d. 公司兼并前的债权人有权要求兼并后的公司对其债权给予完全的保证。当出资人及第三人认为自己的权利受到侵犯时,他们有权向法院请求兼并无效。

监督共同市场竞争法遵守情况的任务属于共同市场委员会。在对违反反托拉斯法行为予以处理时委员会有权禁止某种形式的商业行为,还可按约定予以罚款或其他惩罚。在委员会感到某些协议可以加强竞争时,可以不废除一些协议。委员会还可以为某一类的协议免责。

委员会的裁决可由公司或个人向欧洲共同体法院上诉。欧洲共同体法院是共同体法的最后裁决者,其判决是欧共体竞争法中关于商业行为的终极判决。共同体法院还听取由成员国法院提交的竞争法案件。

应当强调指出的是,90 年代中期以来,欧洲联盟(欧共体)在处罚违反反垄断法个案方面的力度有了加强,这与美国相似。如 1995 年,瑞典热力管道公司指控占欧洲城市热水和暖气管道市场 40%的瑞士和瑞典合资公司 ABB 伙同丹麦、德国、奥地利、荷兰等国的 9 家公司,在城市热水和暖气管道的承包方面建立垄断市场联盟,订立统一价格,分享市场,操纵投标程序,并试图扼杀其他竞争对手。瑞典热力管道公司因拒绝加入这一联盟而处处受到排挤和抵制。欧盟经调查核实后,于 1998 年对 ABB 罚款 8400 万美元,对其他 9 家公司共罚款 1.1 亿美元。又如,欧洲纸箱包装市场大约每年有 170 亿法郎,欧盟国家 19 家大纸箱公司的老板们从 1986 年到 1991 年每年要聚会几次,名义是"联谊",实际是瓜分市场,控制价格。期间,欧盟的纸箱价格上涨了 6—10%,而同期国际市场的价格却在下降。法、英印刷行业协会向欧盟执委会提出起诉后,执委会才发现了这一垄断行为,判处违法者 9 亿法郎的罚款。执委会还发现 14 家欧洲主要的钢铁公司有类似行为,另外还有 42 家大公司也以非法形式瓜分了欧洲的水泥市场,并予以了处罚。

七、西方国家对企业集中和垄断的监控给我们的启示

反垄断法体系是市场经济法律系统中非常重要的组成部分。反垄断法的主旨在于保障公平竞争,防止限制竞争的行为,保护竞争者、消费者利益,维持市场统一和竞争秩序。因此被喻为"自由企业的大宪章"或"经济宪法"。但反垄断法体系的形成和完善是一项高难度的、复杂和艰巨的任务,需要长时期在实施过程中不断探索和总结,不断对已有反垄断法进行修订、补充和完善。

(一)垄断的规制

垄断一般包括垄断状态和垄断行为。从世界各国反垄断立法的趋势看,反垄断法逐渐集中在垄断行为上,相对淡化对垄断状态的规制。也就是说,反垄断法所反对和禁止的主要不是企业规模大小,而是其行为及行为的后果。在对垄断进行规制的问题上,不仅要关注企业是否具有市场支配地位,而且更要关注它是否滥用这种市场支配地位,是否采取了反竞争的垄断行为。

当然,具体国情不同,垄断状态和垄断行为在反垄断中占的地位也应不同。如西欧国家一般国土较小,实行的是外向型经济,并且欧洲是一个统一的大市场,国际贸易的比重较大,因此很难用一个国家的市场范围来规制垄断状态,只能转到对垄断行为的规制,这是有道理的。然而对于大国来说,其国内市场很大,许多产品在相当长的时间内只能以国内市场为主,因而不能只考虑垄断行为

而不考虑垄断状态。

反垄断法在规制垄断行为时,通常遵循两个原则:一是实质性违法规则;二是理性规则。实质性违法规则主要适用于各种类型的卡特尔协议,如固定价格协议、限制生产额的协议、瓜分市场的协议、联合抵制协议以及阻止新企业进入市场的协议等。这类协议的性质比较明确,本身就是违法行为。理性规则适用于非明显阻碍竞争的垄断行为。在确定这类垄断是否违法时,必须考察企业的意图、企业获得或维持垄断地位的途径以及企业行为所产生的后果。

(二)企业合并及其管理和监督

监控企业合并是反垄断法的一项重要内容,其主旨是通过控制企业合并来创造一个利于公平竞争的市场结构。

企业合并的效果具有二重性,既有正面效应,也有负面效应。因而,关键的问题是达到什么样的规模、何种程度的企业合并应受到限制。反垄断法限制那些妨碍竞争的合并,而不应该限制不妨碍竞争的合并。若合并能提高效率、降低生产成本、促进技术进步,即使具有形成垄断的态势,对此是否管制,那也要通过综合效益来评价。大企业的合并未必就会限制竞争,因为它们面对的是一个全球性市场,在这一市场上,它们的合并往往是限制不了竞争的。

关于企业合并监督程序。企业合并应向反垄断主管机关申报,对达到一定规模或市场份额的企业合并实行许可监督制度。

（三）反垄断执法机构的设置

反垄断法是不同于一般经济法的重要法律，需要设立专门的执法机构，如美国是司法部和联邦贸易委员会，日本是公正交易委员会，德国是联邦经济部和卡特尔局。只有这样，才能保证反垄断法的有效实施。在反垄断执法体制上，要建立一个从中央到地方统一的反垄断执法体系，地方反垄断执法机构统一归中央领导，并向中央报告工作。反垄断的任务不仅要对企业的垄断行为进行规制，还要对政府部门滥用权力、限制竞争的行为进行规制。这就要求反垄断法执法机构应有相当大的独立性和权威性。

在对垄断的监控上，除了充分发挥行政、司法等官方机构的作用外，还应充分发挥民间组织、消费者和新闻媒体等的作用。

（四）反垄断法的适用除外

反垄断法的适用除外是世界各国反垄断法中所共有的一项法律制度，其意义在于对那些涉及自然垄断、公共利益的行业或领域予以豁免，以避免社会资源浪费，如城市供水、电网、煤气等。但是，豁免一是有限度的，如果受到豁免的行业或企业滥用豁免权或超越豁免限度，仍要受反垄断法的规制。二是对有些行业或领域的豁免是有时限的。在一定时期内，当这些行业或领域还不具备竞争条件时，可以实行豁免，豁免的目的是为这些行业或领域创造和积累竞争条件。在经过一定时期，当这些行业或领域逐步具备了竞争条件后，就应相应减少乃至取消豁免。三是在一个行业或领域内，享受豁免的企业应尽量不只是一家，而应是两家或两家以上,在这些企业之间应进行竞争。

此外,对合理化共同行为、中小企业的共同行为和为了对付经济不景气而采取的共同行为进行豁免要特别谨慎。大多数国家允许竞争者为加强国际竞争力订立主要用于出口产品的卡特尔,只要其实现的利益大于对国内的影响。

第五章　战后股份公司治理结构的新变化

战后,西方国家股份公司治理结构的新变化,对于考察、研究股份公司变化具有至关重要的作用,同时,也是分析股份公司运行最为复杂的问题之一,还是经济学界争议最为激烈的问题之一。

一、19世纪70年代以前公司的治理结构——所有权与经营权合一

19世纪70年代以前,西方国家股份公司的所有权与经营权是合一的,股权高度集中于少数个人或家族大股东,公司的大股东往往本身便是经营者,掌握了公司的经营大权。在这一时期,生产力还不够发达,生产规模较小,生产经营相对简单,专业化分工水平较低,对经营者的专业技术和管理知识的要求不高,经营主要凭经验进行,使所有者与经营者能够合一,而且经营者往往是世袭的。

二、19 世纪 70 年代至 20 世纪 20 年代公司的治理结构——所有权与经营权开始分离并得以初步发展

在这一时期，公司所有者虽然大多不再直接从事经营活动，但少数大股东（一般为本公司创业家族）通过持有较高比例的股票依然对公司的股份进行着控制，并对公司的经营战略、董事会和高级管理人员的任免有重大的有时甚至是决定性的影响。经营者还依附于所有者。

在这一时期，科学技术不断进步，生产力有了迅速发展，生产和资本的社会化程度明显提高，生产规模扩大，企业内部和外部专业化协作程度较高，市场范围拓宽，竞争更为剧烈，对经营者知识化、专业化的要求愈来愈高。而所有者一方面由于自身知识素质、专业领域和管理水平的限制，往往难以胜任经营者的职能；另一方面又由于体力和精力的限制，即使再精明能干，也不可能亲自日理万机，把企业一切对内、对外业务包揽无遗，而必须选择精通专业知识、会管理、忠诚、尽职的人才，实行经营者职业化，根据所有者的授权和委托，由经营者在其职权范围内，充分发挥其聪明才智，从而提高经营效率，实现企业的良性循环。马克思在论述这种现象时指出："实际执行职能的资本家转化为单纯的经理，即别人的资本的管理人，而资本所有者则转化为单纯的所有者，即单纯的货币资本家。""在股份公司内，职能已经同资本所有权相分离，因而

劳动也已经完全同生产资料的所有权和剩余劳动的所有权相分离。”“它再生产出了一种新的金融贵族，一种新的寄生虫——发起人、创业人和徒有其名的董事；并在创立公司、发行股票和进行股票交易方面再生产出了一整套投机和欺诈活动。”① 恩格斯也指出：“资本家的全部社会职能现在由雇佣的职员来执行了。资本家拿红利、剪息票，在各种资本家相互争夺彼此的资本的交易所中进行投机，除此以外，再没有任何其他的社会活动了。”②

三、20 世纪 30 年代至 70 年代公司的治理结构——“经营者革命”

从 20 世纪 30 年代起，特别是战后初期至 70 年代末，是公司所有权与经营权分离发展至高潮并得以确立的时期，也就是发生所谓“经营者革命”的时期。

（一）“经营者革命”发生的背景和含义

在这一时期，新的科技革命推动着生产力日新月异的发展，生产能力和生产规模达到了前所未有的水平，企业内部和企业之间的分工协作严密而细致，统一的无所不包的世界市场已经形成，市场竞争空前激烈且复杂多变，迫切需要具有高水平的管理才能、强烈的事业心和远见卓识、敬业爱岗的专业人才独立自主地从事经

① 马克思：《资本论》，人民出版社 1975 年版，第 3 卷，第 493 页、494 页。

② 恩格斯：《社会主义从空想到科学的发展》，《马克思恩格斯选集》，人民出版社 1972 年版，第 3 卷，第 436 页。

营活动，确立经营者的中心或主导地位。在这一时期，随着生产的进一步社会化，资本的社会化也达到了一个崭新的阶段，股权多元化、法人化和微观分散化的进程显著加快，少数大股东（包括公司的创业家族）持有公司股票的份额下降，法人所有权已独立于终极所有权，资产的价值形态已与实物形态相分离，股东一般已不再对公司实物形态资产进行支配，而是关心价值形态资产的保值和增值（股票价格的波动、派息率分红率的高低等），而将法人所有权授予（或委托）给了经营者。作为法人代表的经营者在保证所有者的资产在价值形态上保值增值的前提下，对公司的资产有独立占有、支配和处置权，能独立从事业务活动，能以民事主体的身份在法院起诉应诉等。美国经济学家阿道夫·伯利和加德纳·米恩斯在1932年出版的著名的《现代公司和私有财产》一书中，指出，公司所有权与经营权的分离在20世纪30年代发展到高潮。我们认为，这一论点是有一定根据的。也就是说，公司所有权与经营权分离的过程，与从传统股份制向现代股份制过渡的过程二者是基本同步的。这种"经营者（经理）革命"又被称为"经营者主权"。

（二）"经营者革命"的基本历程和概况

战前担任西方国家公司负责人的基本条件，一是股份的大小，二是家族裙带关系，而这二者往往又是结合在一起的。这种人事制度划地为牢，人为地堵塞了才路，使许多人才难以脱颖而出。

战后西方国家公司负责人主要由有真才实学、远见卓识、功绩显著的专家担任。

战后西方国家公司人事制度的变革主要是通过两种途径完成

的，一种是以美国为代表的“非强制”式，即一些原垄断了公司领导岗位的家族适应生产现代化、专业化、知识和技术密集化的要求，全部或部分退出公司领导岗位，而由专家取而代之。这种退出，往往是自觉的、非强制性的。第二种是以日本为代表的“强制”式。即在解散财阀的过程中，通过人事“整肃”，解除战前财阀家族对公司人事的控制。1946 年 7 月，美国占领军司令部指令日本政府，将财阀家族及其任命的人从公司负责岗位上排除出去，并中止对兼职领导人的任命(战前财阀家族及其代理人往往身兼数职)。从 1945 年 9 月至 1950 年 3 月，占领当局下令解除了 632 家大公司的 2210 名主要负责人的职务，另有 245 个公司的 1535 名主要负责人被日本政府勒令辞职或被解职。①

60 年代中期，美国经济学家罗伯特·J. 拉纳以阿道夫·伯利和加德纳·米恩斯 30 年代的考察材料为基础，对美国 200 家最大的非金融公司的治理结构进行了一次新的考察，并于 1966 年 9 月在《美国评论》杂志第 4 期上发表了《200 家最大的非金融公司的所有权与控制权，1929—1963 年》一文，该文被西方经济学界称为“对伯利——米恩斯模型的新发展”。拉纳指出，伯利和米恩斯曾说，1929 年，在美国最大的非金融公司中，有 44% 的公司和 58% 的公司资产是由经营者控制的，而到 1963 年，这两个比例分别上升到 84.5% 和 85%。据日本商社 1966 年底对有形资产在 50 亿日元以上的 492 家日本大公司的调查，家族支配型(即所有者控

① 〔日〕持股公司整理委员会编:《日本财阀及其解体》，原书房 1975 年版，第 158 页。

制)仅占16.8%(其中持股90%以上的占5.6%,持股50—90%的占11.2%),其余83.2%的公司均由经营者支配。

另据日本经济学家奥村宏提供的资料,70年代中期,日本资产10亿日元以上大公司的经营者共2—3万人,其中属于所有者家族控制型的经营者仅200—300人,其余均为自主控制型的经营者。[①]

(三)“经营者革命”的基本内容

“经营者革命”具有哪些基本内容呢?我们认为,主要有如下几点:

1.股东的权力相对缩减。虽然法律上规定,股东大会是公司的最高权力机构,经营者必须对股东负责。但随着产权的社会化、微观分散化和法人化,随着市场竞争的激烈和行情的多变,使公司经营不仅技术和经济难度更大,而且时效性也更强,这是众多股东往往难以胜任的,如果广大股东都参与日常经营,则意见难以统一,导致延时误事。加上广大中小股东势单力薄,监控经营者成本高等,都使股东过问公司经营发生了困难。而法人股东虽然要对公司的经营进行监督和制约,但这些机构持股的目的,主要在于建立长期稳定的关系,形成利益共同体或命运共同体,而不在于通过持股控制对方的股东大会和董事会,从而操纵对方公司。所以除特殊情况外,法人股东一般也不会干预公司的经营活动,被称为“沉默的(或沉睡的)机构投资者”。这样,都导致股东的权力缩减,

---

① 〔日〕奥村宏:《法人资本主义》,三联书店1990年版,第99页。

经营者的权力相对扩充。这具体表现在如下两个方面:

(1) 股东大会的权力仅具有象征意义。作为非常设机构的股东大会一般每年才召开一次,美国公司一次股东大会持续的时间一般为2—3小时,日本公司一般为30—45分钟,其中在30分钟以内散会的占60%以上,最短的只有8分钟。从股东大会的召集到大会内容的确定,乃至董事候选人的提名和通过,一般都由经营者操纵。许多股东往往不参加股东大会,而由其代理人或受托人来参加大会。股东或其代表在股东大会上一般都会批准经营者的动议,也就是说,股东大会对经营者动议的审批只是一种形式,履行一道手续而已。在东京证券交易所上市的2100多家公司中,每家公司出席股东大会的股东平均不足90人,所有股东都不发言的股东大会占3/4,回答股东提问不超过5分钟的占一半以上。①

(2) 股东的共益权弱化,而偏重于自益权。股东的权限分为两方面,一方面是共益权,即通过行使表决权对公司经营进行控制;另一方面是自益权,即利润分红和剩余财产分配等。战后以来,随着由资本确定制(又称法定资本制)过渡到授权资本制(或称折衷授权资本制),像公司资本增加(发行新股或债券等)这样的大事的决定权也由股东会转向经营者,股东由于没有条件、没有能力或不愿意对公司经营进行干预,因而共益权趋于弱化,股东对“用手投票”的兴趣减退;而主要关心其价值形态资产的安全性和利得性,即股价和分红派息率的高低,股东主要通过“用脚投票”,即买入或抛售股票,改变股票的组合来表达自己的意志,也就是自益权

① [日]野村浩:《日本与欧美的股份公司》,东洋经济新报社1993年版,第79页。

得以强化。

应当指出的是,西方国家的公司中主要经营者结构问题并不是统一的,而是各不相同的。在美国,有的公司由董事会较多地负责公司决策并较经常地召开董事会;有的公司则把决策权更多地交给高层管理人员。有的公司董事会设立了参与公司经营管理的常务董事,有的则不设。有的公司由董事会选聘总裁(总裁大多由董事长兼任,但也有少数单独设立);有的公司则由董事会聘任首席执行官,即董事会所属执行委员会主席(首席执行官有的单独设立,有的由董事长或总裁兼任)。还有的公司没有设立总裁而设立总经理(总经理大多单独设立,但也有少数由董事长或总裁或首席执行官兼任)。日本公司董事会的代表董事通常由总经理(社长)担任,是公司的法人代表,下设专务、常务、一般董事,专务和常务董事往往由副总经理和其他主要管理人员组成。往往由代表董事、专务董事和常务董事组成常务会议,代表董事会进行经营决策和管理。原西德(现德国)公司的决策机构是监事会(相当于其他西方国家公司的董事会),决策执行和管理机构是理事会(又称经营董事会),监事会由 3—21 名单数成员组成,原则上股东和职工代表(由工人、职员和工会代表三方面组成)各占一定比例。

2. *作为经营者的必要条件是人品、能力、学识和贡献,而不是股份*。如美国的管理学家认为,作为公司的经营者应具备优秀性、开放型、多面型的素质。他们应该——有战略头脑和远见卓识,有哲学思辨能力;有敏锐的观察力,能洞悉环境因素及其变化对本公司的影响;有很强的应变能力,能在变化不定的环境中反应迅速;有强烈的社会责任感和献身精神;有实现权力分散下放的民主精神和容忍反对意见的胸怀;工作热情高;善于接受新事物和新思想,勇于探索和创新,头脑灵活;有坚强的意志、稳定的感情和强健的体魄,能经受紧张、压力和挫折;有合理的知识结构,掌握最新科学,有强烈的学习愿望;在员工中威信高,有人情味,善于做人的工作,善于沟通人际感情,能理解下属的心理需求,对他们的反应、情绪和困难十分敏感,创造条件使他们对工作满意并忠于职守,同时善于理解和沟通各种不同的文化和价值观念;有高超的语言技巧等等。

1992年,美国最大的1000家公司的总裁(总经理)中,大学毕业的占90%。在这些大学毕业的总裁中,有505人具有管理、法律、财务、工程技术等学科的硕士和博士学位。他们的平均年龄为56岁。[①] 从表5-1中可见,美国大公司的经营者学历较高,而在本公司的持股率则较低。另外,1984年,日本注册公司的经营者平均持股率为1.6%。[②]

表5-1　1986年美国若干大公司的总裁(总经理)概况

总裁(总经理)姓　名	公司名称	毕业院校	所学专业	持有本公司股份(%)
阿拉斯科格	国际电报电话公司	美国军事学院	行政管理	1
巴恩斯	梅隆银行	阿利亨尼学院	银行	0.02
赫克特	杜邦公司	迈阿密大学	技术	0.07
胡克	通用电气公司	密苏里大学	保险	0.24
亚科卡	克莱斯勒汽车公司	里海大学	机械工程	1.01

① 〔美〕《商业周刊》1994年1月5日专文:《美国1000家大公司总裁调查》。
② 〔日〕奥村宏:《法人资本主义》,三联书店1990年版,第99页。

基钦	洛克希德飞机公司	富特希尔学院	行政	0.12
彼得森	福特汽车公司	华盛顿大学	行政	0.02

资料来源:〔美〕《福布斯》杂志 1987 年 6 月 15 日。

3. 经营者的权利扩张。这表现在如下 3 个方面:

(1) 经营者具有相对稳定性。战后,经营者的稳定性比战前显著提高了。经营者不是股东随心所欲可以更换的,而是经营者要有明显的过失,且要通过严格、复杂的程序。据对美国和英国的各 27 家典型大公司的调查,1971—1981 年期间,董事会中的高级经理人员留任的比例分别为 74% 和 48%。[①] 经营者的相对稳定性,反过来又保证了公司战略的连续性。

(2) 经营者具有独立自主性和配调公司资源的权力。公司的人、财、物各种资源,供、产、销各环节实际上都是由经营者调配的。即经营者拥有对公司资产的占有、支配和处置权。从表 5-2 中可见,日本公司中大部分计划的决定权在总经理或经理常务会。经营者不仅负责公司的日常经营业务,而且对公司战略性的问题有自主决策权。在公司正常运营时,股东一般不会对经营者的行动进行干预。

(3) 经营者的收入与公司的经济效益密切相关。如果公司效益显著,经营者的收入相应剧增;如果公司效益不佳,甚至出现亏损,经营者的收入则相应剧降。经营者与普通职工的收入存在较大差距。如90年代初,美国的经营者收入结构大致为:基本报酬

① 〔英〕A. D. 科什和 A. 休斯:《公司控制剖析》,《剑桥经济学杂志》1987 年 12 月号,转引自《世界经济译丛》1989 年第 5 期,第 4 页。

表 5-2 日本公司中立案、审议、决定的主体

经营活动			主体(%) 董事会	总经理	经理常务会
基本经营计划		立案	0	0	8.3
		审议	11.8	7.9	56.6
		决定	55.0	38.3	6.7
设备投资计划		立案	0	0	3.1
		审议	7.9	6.6	38.7
		决定	32.7	54.6	12.7
利润计划		立案	0	0	0
		审议	5.7	7.1	47.1
		决定	23.2	62.5	14.3
资金计划		立案	0	0	0
		审议	5.9	2.9	48.5
		决定	21.4	66.1	12.5
生产计划		立案	0	0	0
		审议	5.6	1.9	40.7
		决定	20.0	60.6	15.6
销售	营业	立案	0	0	0
		审议	6.4	0	41.3
		决定	5.6	64.8	16.7
	广告调查	立案	0	1.9	0
		审议	1.8	1.4	35.1
		决定	3.6	61.7	10.9
组织计划		立案	0	0	0
		审议	8.2	0	61.6
		决定	31.7	58.2	6.7
上层人事		立案	0	3.3	16.7
		审议	15.3	3.3	70.0
		决定	20.3	76.3	3.4
工资体系		立案	0	0	0
		审议	7.5	1.5	59.7
		决定	17.5	73.7	7.0

经营活动		主体(%)		
		董事会	总经理	经理常务会
研究开发计划	立案	0	0	0
	审议	5.0	3.3	48.3
	决定	11.3	75.5	5.7

资料来源:〔日〕山田一郎:《我国最高经营机构实态——关于其功能与组织的通信调查概要》,1968年版,转引自中国经济体制改革研究所赴日考察团:《日本模式的启示》,四川人民出版社1988年版,第56—57页。

占39%,短期奖金占25%,长期奖金占36%。短期奖金是根据每年的工作业绩支付的,长期奖金则是根据几年的工作业绩支付的。为了刺激经营者的积极性,西方国家一些公司实行了经营者"优先认股权"计划,且这一计划的收益在经营者总收入中的绝对额和比重均呈迅速上升之势。所谓"优先认股权"计划,就是在3—10年期限内,按事先约定的价格,赋予经营者购买一定数额公司股票的权利。如果在这段时间内,公司股票行情上涨,其价格差额收益就归经营者;如果公司股票价格由于效益不佳未上涨,"优先认股权"便不会给经营者带来任何好处。据美国《商业周刊》对1992年该国1000家大公司的总经理(总裁)的收入情况调查表明,1980年,美国上述公司总经理(总裁)的平均收入为624996美元,比普通职工高42倍,1992年增长到创纪录的3842247美元,比普通职工高157倍(日本高31倍),其中,工资和奖金占29%,优先认股权收入占71%。[①] 在英国,情况也差不多。80年代,英国公司高级经理

① 〔美〕《商业周刊》1993年4月26日专文:《总经理们的收入》。

人员的收入增长了351.5%，而同期一般英国人的收入只增长了106.8%，零售物价上涨累计68.6%。英国大公司高级职员的年薪平均水平从88340英镑已上涨到398830英镑，年薪上百万英镑的也不乏其人。①

从以上可见，战后西方国家经营者权利的扩张是多方面的，表现在名誉和社会地位的提高、事业心的满足、资源调配权的膨胀、高水平的收入，等等。

4. *要成为经营者应精通本行业业务，并对本公司的发展作出了突出贡献。* 要成为经营者，除了应具备人品、学识和才干等方面的素质外，还有两个重要的条件，一个是精通本行业业务，要做到这一条，除了具有较深的专业基础理论造诣外，一般要在本公司或本行业其他公司工作过若干年。如据80年代初对美国和英国的各27家大公司的典型调查，美国和英国的高级经理人员中，2/3以上年限在本公司服务的分别占高级经理人员总数的85%和52%，其中美国高级经理人员在本公司服务的平均年限为28.7年。② 要成为经营者，还有一个条件，便是应在产品、工艺或组织管理等方面的创新有突出成效，为公司带来了显著效益。

（四）"经营者革命"的国别模式

"经营者革命"在西方各国有许多共同的内容，这在上面已经

① 〔英〕霍华德·科恩：《80年代的收入与物价水平》，《金融时报》1992年4月29日。

② 〔英〕A.D.科什和A.休斯：《公司控制剖析》、《剑桥经济学杂志》1987年12月号，转引自《世界经济译丛》1989年第5期，第3页、第4页。

论述了。同时，这种“革命”在西方不同国家又有着差异，经济学界一般把公司的治理结构分为美国和日本两种有代表性的模式。

1.从公司高层人员的组成来说，大致可分为美国的“圈内人——外来者”模式，日本的“圈内人”模式。美国公司内部董事约占1/3—1/2，外部董事约占1/2—2/3。外部董事主要是从法律界、咨询业、银行业、保险业、大学和其他公司（除同一行业中相互竞争的公司外）聘请的专家。所以被称为“圈内人——外来者”模式。而日本公司70—80%的董事是从本公司基层一步步晋升上来的。他们往往既是决策者，又是执行者。日本公司的董事还包括银行（特别是主体银行）、保险公司、持股工商业公司、退休或退职的有关政府官员、法律界、教育界等方面的代表。

应当着重指出的是，美、英等国的金融机构向工商业公司派遣的董事往往采取外部董事的形式，而日本主体银行向工商业公司派遣的董事则往往是内部董事，即公司的支薪人员。在日本上市公司中，来自银行的董事占5.3%，来自银行的董事会主席、副主席、总裁分别占6.3%、10.2%和6.3%。[①] 这表明日本工商业公司与金融机构之间的结合比美、英等国紧密和稳定。主体银行向工商业公司派遣内部董事对银行本身和工商业公司都是有利的。对银行来说，一是可以获得公司第一手的内部信息，即预先信息或比社会公众所知更详尽的信息，而不仅仅局限于公司的一般报表，了解公司的决策过程，从而加强对公司发展战略的制订、实施的影

---

① 徐向艺：《日本主银行体系及企业与银行关系市场化分析》，《山东金融》1996年第1期，第59页。

响和监督。二是有利于加强公司的管理，分担公司的业务风险。因为主体银行向公司派遣的内部董事都是与公司业务有关的专家。三是使派遣者有了职位。对于公司来说，一是取得银行的认同、信任和支持，从而获得较稳定的信贷资金。二是通过引进专业人才，从而提高公司的经营管理水平。三是及时获得有关金融信息，为正确制订公司的发展战略和对策提供依据。

日本公司的董事、顾问、副总经理等领导人还有一个来源，便是退休、退职的政府有关职能部门官员。日本政府职能部门的一些负责人退休、退职后往往会受雇于一些与其原来的工作有关的私有公司。例如大藏省的一些干部会被银行、保险等金融机构聘用；建设省、厚生省的干部也会分别被建筑公司和制药公司等聘任为公司的领导人。由于这些原政府职能部门的负责人在政府机构有一定的影响力，他们受聘于企业后，就利用老关系为自己所在的公司谋取特殊好处。

虽然日本以前的公务员法规定，担任领导职务的公务员退休、退职后两年之内不得在企业任职，但这条规定并不能阻止退休、退职领导干部在企业任职。

日本工商业公司与银行（尤其是主体银行）、政府部门之间在人事上特别紧密的结合，主要是历史上非市场因素作用的产物。它伴随着不同单位之间经济关系透明度较低、行贿受贿等腐败现象时有发生，并造成了企业间竞争条件的不均等。有鉴于此，日本在80年代中期以来，加速了企业与银行之间关系市场化的步伐，使企业与银行之间的联系（包括人事联系）比过去有了一定程度的削弱。1997年，日本又颁布了新的《公务员法》，禁止退休、退职的政府各部门局级以上干部到企业任职，从而减少了政府官员与企业串通进行不正当交易，并滋生腐败的温床。

2.经营目标的侧重点不同。由于美国是以公司外个人股东为主，这些股东主要追求的是风险最小、收益最大的最佳投资组合，因而短期利润往往被置于经营目标的首位。股东考察公司业绩的时限则趋于短期化。如果公司经营者不充分反映他们的利益和要求，他们往往就要抛售公司股票。美国公司董事会中，外部董事占了相当的比重，这些董事主要反映了外部股东的意愿。所以，美国公司更多地是追求股票价格的上涨和分红派息率的上升等短期财务目标。而日本的公司外股东主要是法人股东，他们一般不干预

表5-3　美、日两国公司经营目标的比较

经　营　目　标	美国位次	日本位次
投资收益率	1	2
股票升值	2	9
市场份额	3	1
产品质量的改善	4	5
生产、物资流通系统的合理化	5	4
自有资本比率	6	6
新产品比率	7	3
公司社会声誉的提高	8	7
生产条件的改善	9	8

资料来源：中国经济体制改革研究所赴日考察团：《日本模式的启示》，四川人民出版社1988年版，第40页。

公司的经营,公司内经营者具有更多的独立性和自主权。由于日本大公司较多实行“终身雇佣制”和“年功序列制”,职工对公司有更强的归属感和依赖性,他们往往认为“分红是费用”,既然是费用,就应当节约。公司应把重点摆在研究与开发、固定资产投资等长期项目上,以便提高生产率,增强竞争力,扩大市场占有率。美国公司的股息率一般为5—6%,而日本则为2—3%。表5-3列出了美、日两国公司经营目标侧重点的差异。

(五)“经营者革命”的优越性

实现“经营者革命”,与资本的社会化二者紧密结合,在战后资本主义股份公司的变化中处于基础地位和中心环节,其他许多变化均是导源于这里。“经营者革命”具有如下优越性:

1. *有利于有真才实学的人的发现和选拔*。战前,充当公司经营者的条件,一是资产,二是血缘关系。这种管理上的闭锁性严重阻塞了才路,使经营者队伍的形成局限在一个狭小的圈子内。战后以来,随着“经营者革命”的发生,这种封闭式管理体制已为开放式管理体制所取代。发现和选拔经营者,在相当程度上要看他们的专业知识水平、教育程度和管理才能,要看他们的工作业绩,他们对公司的贡献,而不仅仅是凭借资产和继承关系。这样,一些非股东、非创业家族成员也加入了经营者的行列。这就能够鼓励人们开拓、进取、向上,调动人们的积极性和创造性。

2. *有利于缓和劳资矛盾,模糊劳资界限*。战前,所有权与经营权高度集中于少数资本家,广大劳动者处于单纯的受雇佣、受奴役的地位,对企业的发展没有任何发言权,劳资关系尖锐对立,高度紧张，从而不利于企业的良性循环。而战后的“经营者革命”，实现了所有权与经营权较彻底的分离，一方面，企业的经营者一般不再是企业的主要所有者，甚至不再是企业的所有者；另一方面，一些企业劳动者也在不同层次参与了企业的决策和管理，对企业的兴旺发达有了一定的发言权，将自身的利益与企业的前途和命运紧密地联系了起来，在一定程度上形成了整个企业的“命运共同体”，缓和了劳资矛盾，模糊了劳资界限。

3. 有利于合理配置资源，协调各方利益，实现企业长期稳定的发展。战前，少数资本家家族凭借他们对企业所有权和经营权的排他性拥有，使企业的运营为其自身狭窄的私利服务，而他们自身的这种局部利益往往是与企业的整体利益和整个社会利益相矛盾的，因而企业的发展便是短期化的、片面的，对资源的配置也往往是不合理的。而战后随着“经营者革命”的发生，基本摆脱了少数资本家家族对企业的控制，使各方的利益能够较多地得到协调，特别是企业整体利益和社会利益较多地得到兼顾，资源的配置比过去合理了，企业具有较多的实现长期稳定发展的机会。

（六）“经营者革命”的重要补充——在一定程度上满足职工的物质、精神和文化需求，乃至吸收职工参与管理

单靠少数经营者，还不能实现企业的兴旺发达。如何处理劳资关系，调动作为企业主体的广大职工的积极性、主动性、创造性和进取精神，对于企业的生存和发展也是至关重要的。战后，西方国家企业普遍比较重视职工的地位和价值，使各项工作富有“人情”色彩，笼络职工的思想感情，进行企业文化建设。战后西方国

家的劳资关系具有如下变化：

1. 实行高收入、高福利，重视物质利益刺激。西方国家企业普遍提出所谓“把蛋糕做大一些”，实行高收入。尤其突出灵活工薪，如推行弹性工薪制，特点是完成工作量愈多，收入愈多，上不封顶，没有限制。同时采取各种使职工和企业共命运的奖励制度，极为流行的是各类分享超产利润的制度。在瑞典，企业实行“固定工资加奖金”，而且不少企业还试用“分发生产利润”来代替奖金，作为固定工资外的附加工资。在日本，除推行众所周知的“终身雇佣”、“年功序列”工薪制外，其企业还实行各种有效的奖励制度。如年中(每年6月)和年终(每年12月)发给企业职工两次奖；在本企业连续工作15、25、35年发给特别奖；业务创新、热心服务、预防灾害发给社长表彰奖；此外还有各种提案奖、合理化建议奖等。

除了奖金外，还举办各种福利事业。诸如建立医疗站、托儿所、娱乐场所，兴办人寿保险，提供房屋住宅，优待购买本公司的产品等。同时，企业也提供上班交通费、免费午餐等。

2. 从把人看作是“干活挣钱”的“经济人”，发展为看作是有感情、有“精神需要”的“社会人”。认为人除了物质需要外，还有感情、有精神方面的需要，这往往在更大程度上决定生产效率，因而需要关心人，爱护人，信任人，满足人的安全、受尊重、被理解、自我实现等精神方面的需要，形成和谐、相互了解和信任的氛围，增强职工的向心力和群体意识，调动和激励人的积极性。如：改善和创造安全卫生的工作环境；不轻易裁员，增加工人的职业安全感；缩短工时，实行弹性工作时间，使人感到生活方便；利用各种机会关心人，联络人们的感情，如经营者和管理人员给工人及其家属祝寿，慰问加班工人，重视舆论宣传作用，提倡“劳资合作”、“劳资一体化”、“劳资一家”，倡导各种联谊活动；建立经营者、管理人员和工人之间人格上的平等关系，所有人穿一样的工作服，在同一个食堂吃饭，这些都使得员工感到自身价值的存在，感到自己的利益同企业命运结合在一起，从而增进对企业的忠诚和工作的积极性。把人看作是有精神需要的社会人，就必然重视人际关系对劳动者的影响，因而提倡企业精神。

3. 从劳动者是机器的附属物，发展为开发人力资源，重视劳动者素质的提高。把人看作是企业的重要资源，在不断改进技术装备的同时，采取多种措施加强职业培训，提高劳动者的素质，以此作为提高劳动生产率的重要手段。今天国际上以经济技术为中心的综合国力竞争，实际上是人才的竞争，许多国家都把开发人力资源、提高劳动者素质放到突出位置，把培养和发挥高技术人才的作用同普遍地加强劳动者的职业培训结合起来。日本把提高劳动者素质喻为“技术立国”的基石，德国把职业培训作为经济腾飞的“秘密武器”，美国每年用于职业培训方面的费用，达 400—600 亿美元，美国提出“全民教育”的口号，现在西方国家采取多种形式进行职业培训，既有企业自己办的，也有同行业合办的，还有跨国联办的，并且有以下发展趋势：一是全员化，从过去只培训工人发展为全员培训，二是终身化，不仅工人进厂上岗前必须经过培训，在职的也必须经常培训，以不断更新知识，退休者只要自己愿意和需要，也可接受培训。三是多技能化，一个企业的员工不仅要接受本工种的培训，还要学习和掌握另一两种技能。四是规范化，政府通过立法等手段，确立培训目标和要求，规范职业培训。

4.从劳动者是被管理的对象,发展为劳动者参与管理和决策。劳动者多种形式、多种层次地参与管理和决策,是劳动者享有一定程度发言权、决定权的民主管理。工人参与按其性质来说,大体有如下4种形式:

(1)“职工参与决策”(“共同决定”)制度。这种形式以德国(原西德)和瑞典等国为代表。特别是德国的“职工参与决策”有着比较悠久的历史。早在1891年,德国重新修订的《营业法》就第一次在法律上承认了工人委员会。1918年至1919年的德国革命建立了魏玛共和国。魏玛宪法正式承认工会的合法地位,承认工会与雇主缔结劳资工资协议的权利,并规定雇员和企业主“权利平等地参与整个经济生产力的发展”。在社会民主党执政时期,颁布了1920年企业委员会法,规定建立企业委员会、工人委员会、职员委员会,在企业的公共福利及人事等方面的事务上,在解雇、招聘、劳动条件、休假安排、推行新工资制时都拥有咨询讨论、参与决定的权利。到本世纪80年代末,原西德共有1860万雇员所在企业实行了参与制,占雇员总数的85%。

1951年,原西德颁布实施了《煤炭和冶金工业企业共同决定法》,1952年颁布实施了《企业法》,1976年颁布实施了《共同决定法》。根据上述法律,将企业分为4类:第一类是煤炭、冶金工业企业约60万雇员适用于1951年法律。一般规定监事会由11名成员组成,其中股东代表和工人代表各5名。他们是根据企业工人委员会和股东大会的提议选举产生的,第11名监事会成员应是独立于股东和工人的专家,即所谓“中立的第三方”代表。他是根据10人监事会成员的建议由股东大会选聘的。有些州的法律规定在钢铁、煤矿业要委任劳工代表担任劳动经理,在理事会中主管职工参与管理和职工医疗、住宅等社会福利设施事务。第二类是在雇佣5—2000人的中小企业中工作的1200多万雇员适用于1952年法律。根据这个法律,雇员代表在监事会中占1/3。职工代表由工人委员会提出候选人名单,再由职工直接选举。第三类是在雇佣2000人以上的大企业中工作的约400万雇员适用于1976年的法律。该法律规定,职工代表和资方代表在监事会中一般各占一半。每位监事均有一票投票权,但监事会主席有2票投票权,并一般由资方代表担任。第四类是在公共机构工作的360万雇员按独立的《员工代表法》也享有企业内部的决策参与权。

1973年,瑞典通过了《工人董事法》,于1976年正式实施。该法规定,雇佣工人25人以上的企业应吸取少数职工董事进入董事会。同时,地方工会应委任2名工人代表和2名候补人员参加董事会(候补人员只享有参加董事会的会议权,无选举权)。1977年,瑞典又通过了《共同参与法》。1982年,瑞典总工会、私营部门职员卡特尔和雇主协会签订了《发展协议》,将《共同参与法》的内容进一步细化。按照以上法律和协定,企业劳动条件的改变,必须经工会、职员卡特尔和雇主协会一致同意。

日本的"职工参与制"主要采取吸收工会或职工代表参加董事会或经理常务会的形式。约36%的企业、50%以上的大企业管理干部中有工会代表,工会代表约占了企业管理者的15.5%。不过,进入管理层的工会代表的产生,不是由职工选举的,而是由资方指定的,指定的标准是所谓"工作积极,为企业作出了突出贡献"。

(2) 谈判、协商制度。西方国家的集体谈判最早出现于18世纪末。当时,工人为反对个人雇佣契约的苛刻劳动条件,迫使雇主与工会签订了集体合同。而那时,欧美各国政府认为这种团体协约有悖于"契约自由"的原则,因而禁止缔结集体合同。19世纪中叶后,工人要求改善劳动条件的罢工斗争日益高涨,雇主为避免罢工带来的损失,不得不与工人组织谈判,同意签订集体合同。这时期的集体合同只不过是劳资双方的"君子协定",不具有法律效力。到20世纪初,随着工人运动的发展壮大,集体合同的法律效力才逐渐被确认,一些国家相继颁布了签订集体合同的法律。

德国于1921年颁布了《劳动协约法(草案)》。1952年,德联邦议会又颁布《集体合同法》,明确了工会和雇主协会的地位、集体谈判的规则以及集体合同的起因、内容和程序,把整个集体谈判和集体合同纳入了规范化的轨道。20世纪60年代以来,西方各国普遍实行了集体谈判制度。集体合同适用范围也由企业工会会员、雇主扩大到企事业单位全体成员,由某一地区或产业扩大到全国各地区、各产业和科研部门。集体合同的内容,由最初的工作时间、工资标准、劳动保护,扩大到录用、调动和辞退职工的程序、技术培训、休假期限、辞退补助金、养老金和抚恤金的支付、福利设施以及职工组织的权利和职工参加企业管理办法等等。

根据德国《企业法》,所有5人以上的企业必须建立企业职工委员会,成员人数视企业规模大小而定,并由年满18岁,工龄在一年以上的有选举权的全体职工共同选举产生。每届任期3年。人数在5—20人的企业中由1名仲裁员来行使企业职工委员会的职能;人数为21—50人的企业选3名委员;51—150人的企业选5

名委员;300人以下的企业职工委员会成员不得超过7人,不实行脱产办公;300—500人的企业,职工委员会由9人组成,其中1名主席进行脱产办公;1000—2000人的企业中职工委员会由11人组成,3人脱产;2000人以上的企业,每增加职工300人,职工委员会增加2名成员;1万人以上的企业,每增加职工2000人,职工委员会增加1名脱产人员。企业职工委员会的成员在任职期间享受与其他职工相同的待遇。

企业职工委员会的任务是签订劳资协议,监督与职工利益密切相关的法律、法规、工资、福利、劳动安全、培训制度等的执行情况,参与讨论有关招工、解雇以及其他与职工利益相关的问题。企业职工委员会主席每月与雇主对话,相互交换意见和情况。企业职工委员会每年召开一次全体会议,报告当年工作情况和下年工作计划,雇主列席会议,直接听取职工的意见。参加会议的职工有权对企业职工委员会的决定发表意见并提出提案。

企业职工委员会在许多方面有参与决策的权力,如:企业的规章制度,企业的工作时间包括实施短时工作和额外工作、休假规定,企业内部福利机构的形式、组织和管理,职工的技术考核,安全保护,工资和报酬原则,职工在职期间的住房等等。此外,职委会在许多方面,如劳动岗位计划、生产工艺和工序、人事计划、工厂改建和扩建计划、岗位调动、职业培训等方面享有协商和咨询权。在企业经营发生重大变化,如紧缩、关闭、迁移时,企业职工委员会有权在一定的条件下实施旨在平衡或减少被涉及雇员的经济利益的措施。企业雇主在采取人事方面的单项措施,例如招工、编组、重新分组和调动、辞退时,原则上必须取得企业职工委员会的同意,职委会可依据法律的规定对这些措施进行否决。如果雇主仍坚持此项措施,则必须就此事提请劳工法庭作出仲裁。雇主在解雇职工时必须征求企业职工委员会的意见,否则解雇无效。如果职委会根据法律有关条款提出理由充分的异议,雇主必须继续雇佣该职工。这在很大程度上保护了职工,提高了职工的地位。

德国工会联合会(简称德国工联)下设16个行业工会,约有1100万会员,但工会会员在各经济部门雇员中所占比例不尽相同,平均不到50%。德国工联还经常通过社会民主党这一重要的途径对联邦政府施加影响,许多罢工是工联和社会民主党共同决定的结果;在罢工中,社会民主党的领导人往往走在队伍的前面,并发表支持罢工的演说。

德国雇主联邦联合会(简称德国雇联)中吸收了全国约90%的企业主。除了代表企业主同工联进行合作对话外,它的主要职责还有向全国各行业企业主提供经济和政治信息,提供如劳资合同、劳动权利、企业人事、"共决权"问题、就业、社会安全、职工教育等方面政策的咨询和帮助,代表企业主向联邦议会和联邦政府提出建议和要求,以及反映企业主利益的各种法律提案等。

德国劳资双方谈判大多每年进行一次,谈判分别在三级劳资双方间进行,其中以产业级谈判为主,国家级的谈判达成的协议是产业和企业劳资谈判的总体性、框架性基础。这一点与美、英、法等国不同,这三国都是以企业级谈判为主。在德国,工会与雇主的集体谈判每年有不同的主题,或是提高报酬,或是改善工作条件,或是增加就业岗位。为了使企业少解雇以至不解雇员工,劳资双方一般采取缩短工时和适当降低工资的办法来达成妥协。

通过各级劳资组织间的谈判和协商，调节了劳资关系，形成了劳资间相对稳定的“社会伙伴关系”，减少了摩擦。国家只定出劳资间的一般性条件，不干预劳资协议，实行劳资自治。

瑞典的工厂委员会是1946年开始建立的，到1966年，工厂委员会的权力扩大到就业及“人力事务”方面，1975年，又扩大到“审查公司的财务情况”。意大利也是由工会与资方协会谈判有关职工权益的问题。1953年，意大利工业总联合会和工会联合会同意建立厂级小组委员会，后改为“企业内部委员会”。其任务是监督、咨询和保证企业遵守全国协议和立法的规定。英国在50和60年代，制造业部门近一半的企业实行了劳资“共同协商”，70年代中期增加到近75%。协商主要是厂级的协商委员会或协商会议。法国也成立了类似机构——企业委员会。

日本的协商、对话制度主要分为3个层次，在企业层次，由工会、职工代表和管理者代表组成生产委员会(有的企业称为劳资协议会或管理问题委员会等)；在部门层次，由工会和企业主代表组成部门协商委员会；在国民经济层次，由政府、全国工会和企业主联合会的代表组成国家劳资协商委员会。而其基础和重点是企业生产委员会。企业生产委员会就劳动规章、经营方针、生产计划等问题进行协商或沟通。对一些重大问题，生产委员会还要自上而下地广泛征求广大职工的意见，发动广大职工进行集体讨论。

美国和加拿大的谈判、协商制度主要是通过三种形式，一种是工会或职工代表与资方代表不定期地进行对话、谈判，对话、谈判的内容主要是涉及劳动者自身具体利益的问题；另一种是企业内的职工代表咨询会议，这种咨询会议一般每周举行两次，职工代表可就企业生产经营中的问题向企业经营者提出意见和建议；第三种是企业各级领导人每月至少一次走访职工家庭。

（3）职工自我管理制度。这种制度主张"职工自治"，将企业各级管理者的部分权限交给职工，并压缩了企业管理部门。如日本在工段、车间从成立"质量管理小组"到成立"自主管理小组"。英国成立了"质量小组"、"情况交流小组"。日本的"质量管理小组"大多是在1962年以后成立的。这种小组一般为10人左右。到1975年，这样的小组估计有100万个，成员1000万人左右。日本的质量管理具有两个显著特点：一是实行全面管理，而将质量管理贯穿在企业经营管理的全过程中，严格把住质量关，实现以预防为主的质量管理。二是全员管理，即发动企业全体员工参与质量管理。据估算，仅从1962年到1972年10年间，日本的"质量管理小组"共提出了500万项改进措施，节约成本达250亿美元。70年代中期以来，在"质量管理小组"的基础上，又发展成为"自主管理小组"，80%以上的职工参加了这种小组。管理范围扩大到生产率、成本、工艺流程、设备、劳动条件、安全生产、美化环境等许多方面。[①] 在不少西方国家企业，则有按生产线组成的项目小组实行任务包干，目标管理，达到或超过目标均给予奖励。

（4）职工建议制度。美国在70年代中期，就有一半以上的企业实行了这一制度。日本企业的"质量管理小组"或"自主管理小组"即具有自我管理的职能，也具有献计献策的职能。质量管理小组就生产技术、经营活动提出的合理化建议，约70%被企业采纳。

① 〔日〕松井武男：《战后日本经济的成长》，岩波书店1993年版，第203页。

许多西方国家企业还盛行职工单独向企业负责人提合理化建议，既可面谈，也可书面（署不署名均可）提出。凡意见被采纳者给予奖励，未被采纳者也要向建议者说明原因。

应当指出的是，西方各国企业在一定程度上满足职工的各种需要，并吸收职工参与管理方面具有不少共同性的同时，又有各自的特点。这是由它们各自的历史、文化传统和现实经济社会环境所决定的。这以日、美为两极代表，而以西欧居中。

1．从经营指导思想上说，美国企业职工更多地认为企业是股东的，因而较多地关心目前利益，较多地与企业当局谈判争取提高工资，对长期项目投资的关心程度相对较低，劳资纠纷较多；而日本企业的职工更多地认为企业是自己的，因而较多地关心企业长期发展，较少提出提高工资等要求，对研究与开发和设备更新等投资比例较高。日本的工会也不像其他西方国家的工会那样，有企业——行业——全国这样纵向的关系，而是企业内的工会，只有本企业正式职工才具有加入工会的资格，工会无上级，无下属，各工会之间是独立、平等的关系。企业在，工会在，企业破产，工会撤销。这种工会占日本工会总数的94%，工会会员占会员总数的83%。[①] 这种制度使日本工会比较关心本企业的发展，对本企业经营有较强的参与意识。而不是简单地攀比本行业其他企业，在自身目前利益方面提出过高的要求。因而日本劳资纠纷及其所带来的损失也较小。

2．从企业内部的结合方式来说，美国企业是契约式结合，即

---

① 经久：《日本企业成功的四个要诀》，香港《中报》1986年12月2日。

企业与职工签订雇佣合同,以合同为基础对职工进行管理,突出规章制度和组织的机械性(刚性),因而结合具有内容的相对狭窄性和时间的短期性等特点;而日本企业则是“有机性”、“一体化”,结合、强调人的能动性和价值观等。因而结合具有内容的广泛性和长期性等特点。所谓广泛性,是指从单纯的经济利益扩大到了感情、权力、社会地位、声誉等。所谓长期性,是指不仅仅追求短期的利益均衡,而且追求长期的综合平衡。日本式企业管理以“和”作为其指导思想。日本民族的伦理观的本质是“互助互让”和“无私”。每个人均应把集体的“和”放在第一位,在这个集体中融合着个人的主张和个人的利益。集体可以从一个家庭扩大到一个村庄,然后扩大到一个企业,甚至扩大到国家。每个人应对各级集体专一和忠诚。集体内人与人之间应统一、和谐。美国人习惯于“人往高处走”,工人在不同企业间的流动性较强;而日本企业由于实行“年功序列制”,职工的收入往往是与在一个企业内的服务时间相联系的,在两个人学历、能力、贡献相近的条件下,在一个企业的资历越长,晋升机会也相应增加,收入往往越高,如“跳槽”到其他企业,以往的工龄和职位都会丧失,一切得从头做起。而较高程度的企业内福利,更使职工认为只有企业兴旺发达,自身的福利才能不断改善。“终身雇佣制”的推行,对劳资双方都有约束力:一方面,资方不能随意解雇职工;另一方面,职工也不能随意辞职。资方在劳动力短缺时仍保有比较充足的熟练工人,特别是避免了人才外流;职工则可在劳动力过剩时使自己的就业相对有保障。如企业随意辞退员工,会影响企业的社会声誉和地位;如员工频繁流动,也会受到社会舆论认为该员工有“违法乱纪”之嫌的压力。职工在不同企业间的流动性较小。美国工人从工作到退休，平均每人流动7次，日本仅为1.2次。[①] 日本职工主要是在企业内部或企业集团内部流动。日本企业内部的摩擦力较小，而凝聚力较强，职工对所属企业具有较强的忠诚和归属感，企业成为广大职工安身立命、兴衰与共的利益共同体。

3. 从企业内分工和职责划分来说，美国企业比较强调权威性和单纯效率性，突出“个人能力主义”，日本企业则比较强调协商性、相互理解和效率性与合理性、人格性的统一，突出“团体主义”(或叫“集团主义”)。美国企业强调机构层次分明、职责分清、各司其职；在日本，企业是一个共同体，个人是这个共同体中的一员，企业组织是建立在人的基础上，而不是建立在下属各部门的职能上，因此，应尽量简化结构，权利和责任划分不太明确，强调整体规划、互相协调、主动工作及培养多面手。美国企业强调个人决策，结果是决策快，责任明确，但是贯彻中的协调难度较大。日本企业在决策方式上往往强调集体讨论，集思广议，按自下而上的程序进行充分酝酿和讨论，注重上下级间正式和非正式的意见交流和沟通，其结果是决策周期较长，但贯彻决策较迅速。

还应指出的是，战后西方国家企业在一定程度上满足职工的物质、文化和精神需要，乃至吸收职工参与管理决不是完美无缺的，恰恰相反，它存在着根本的局限性。这就是，这种政策是被迫的、有限度的。工人物质和文化生活的改善，归根结底是他们自己创造的财富的一部分，而不是统治者的恩赐。就工人参与管理来

---

① 〔日〕松井武男：《战后日本经济的成长》，岩波书店1993年版，第238页。

说，(1)劳资双方的目的有重大差别。工人要通过它维护自身的经济和政治权利，实现企业管理乃至经济管理的民主化，而资方则把它视为维护资本主义制度，不触动自身根本利益的一种手段，视为一种越过或者削弱工会，调节和稳定劳资关系，增加利润的过程。(2)范围有限。工人有决策参与权的限于与其目前、具体权利有关的一些问题，如就业、工资和福利、劳动条件、劳动规章等，而对一些关系企业前途和命运的问题，如投资、技术开发、利润分配、重大人事安排等，大多数国家的企业只向工人代表通报情况，或进行咨询，工人代表没有决策参与权。(3)在不同国家、不同行业，工人参与管理的程度很不平衡。从国别来说，在西方国家中，西欧国家企业职工参与管理的程度较高，日本次之，美国最低。这是由于，在西欧国家，有强大的工会运动的传统背景，加上社会民主党、工党、共产党长期执政或参政，在立法、行政和司法机构中及思想舆论界有着重大的影响，他们都把争取共决、捍卫经济民主作为自己的基本纲领。不少西欧国家都从立法上对工人参与管理作了具体规定和保障。但即使在西欧国家之间，工人参与管理的程度也有较大差异。以德国等部分国家为代表的共决制，不仅遇到了以美国为代表的北美国家的抵制，即使在部分西欧国家中，也没有得到推行。而美国的工人参与管理则没有政治背景，当局也没有为此制订过任何法律，而是以企业劳资双方的自发、“自愿合作”为基础的。从不同行业来说，即使在工人参与管理程度较高的德国，行业之间的差距也是较大的，在5名雇员以下企业工作的340万雇员便没有参与决策权。在工人有决策参与权的企业，工人代表所占的比例也有较大差别，有的行业工人代表占1/3，有的行业则占

1/2,即使工人代表占到1/2,但由于作为资方代表的监事长有两票投票权,所以决定权仍掌握在资方手中。

四、20世纪80年代至现在公司的治理结构——对“经营者革命”的进一步改革

应当指出的是,这一阶段不是对前一阶段“经营者革命”的根本否定,而是在对前一阶段继承、保留的基础上,对其作进一步的革新和深化。因为导致两权分离的社会经济条件依然存在,而且更为发展了,包括战后随着科技进步的日新月异,经济实现了高度自动化和现代化,生产规模空前巨大,企业横向联系更为广泛而错综复杂,分工协作更为细致,新的社会需求不断涌现,市场突破了国家和地区的界限而遍布世界各地,国际市场竞争达到白热化的程度,市场行情瞬息万变,企业必须及时、准确、有效地进行决策,有条不紊地进行管理。在这种条件下,资本家更不可能事必躬亲,包揽一切,所以两权分离当然要保留。两权分离提高了经济效率,增强了市场竞争力,但又出现了新的矛盾,表现为公司经营者权力因失去监督、制衡而过度扩张和膨胀,从而为经营者滥用权力,以权谋私,违背股东、债权人和职工的利益提供了条件。如何纠正权力过分向经营者倾斜和集中,对经营权进行适当约束,协调所有者与经营者之间的关系,便成为摆在人们面前的新的课题。这也就是要统一提高经济效率与对经营权的监督制衡之间的关系,对公司权力格局进行再调整。但这种调整,又不是否定经营权的独立

性,否定经营者的中心地位和自主性,不是向所有权与经营权合一的复归,而是在保持所有权与经营权分离的前提下进行改革,重点是加强股东和债权人的参与权、制衡权、监督权和知情权,适当制约经营者的权力。

(一)对公司所有者与经营者之间关系的进一步调整

1. 经济环境变化与公司组织结构调整。我们在本章前面已经论述过,战后西方国家公司股权结构的一个基本趋势是持股和债权的法人化。而从战后初期至80年代以前,这些投资者特别是机构投资者对公司经营基本不加干预,而把经营全权委托给经营者,它们表示对公司经营不满的方式往往是抛售该公司股票,改变资本的组合。与"经营者主权"相伴随的是"沉默"或叫"消极的"投资者。而80年代以来,随着整个世界经济转向长期不景气,生产萎缩,收益减少,固定资本投资不振,许多过剩资本从生产领域游离出来,转向证券市场,力图通过资本的短期运作(如频繁炒作股票等)获得高额财务收益。这推动了股票市场的兴旺和股价不断攀升,使虚拟经济与实际经济相脱节,泡沫成分加重。80年代以来西方国家公司间如火如荼的敌意(恶意)兼并和收购浪潮及与此相伴随的目标公司的经营者为防止被并购而纷纷"回购"本公司股票的行动,都造成了股价的持续上扬。在新的环境中,投资者意识到,如果公司经营不善,他们受的损失更大;而公司的经营状况和形象良好,无疑将使本公司股票价格保持较高水平,从而给自己带来高收益。同时,投资者一般都支持敌意并购,因为这种接管和与此相伴随的反接管不仅推动了本公司股票价格的上升,使投资者获利，而且增加了股东对经营者的约束力。过去，股东只能用投票对公司事务发言，现在，他们的权力进一步扩大到可以将股票卖给敌意接管者。当敌意接管成功后，经营者往往面临被解雇或被降职的命运，公司的经营方针也往往被修改。而当股东对公司经营不满，或认为代理人成本（包括经营者的收入、公司的若干开支等）太高，且并购的代价过高（如目标公司经营者采取了有效的反接管措施，或为接管而筹措资金的费用过高），通过股东大会争夺董事会的席位，即所谓“争夺公司代理权”便成为一种可供选择的方案。投资者认为，有助于降低代理人成本，实现公司内资源的优化配置，也使自己的权利得到了可靠的保障。这些投资者在董事会中拥有一定席位后，不仅参与制定公司的发展战略，而且监督有时甚至解雇经营者。所以，80 年代以来的投资者被称为“觉醒的或积极的”投资者。从 80 年代初至 1986 年底，美国就有 5 万名有 3 年以上工作经验的企业中、高级管理人员被股东或企业主解雇。仅仅在 1991 年下半年至 1992 年全年的一年半时间内，美国《幸福》杂志列出的 500 家最大的工业公司中，便有 13 家公司的总裁或总经理被迫下台。他们包括通用汽车公司董事长兼总裁罗伯特·斯坦普尔、数字设备公司总经理肯尼思·奥尔森、克莱斯勒汽车公司总裁李·亚科卡，以及康帕克公司、因特尔公司、哈特马克斯公司、坦尼科公司等国际上著名的企业的领导人。下台的名目繁多，包括“自动离职”、“自愿提前退休”（往往按原标准适当增加退休金）或被解职等等。西方国家企业界还有一种新的趋势，即追求中高级管理人员的年轻化，而轻视、排斥老资格的中、高级管理人员。这是由于一些投资者认为，年轻的中、高级管理人员一般代理人成本较低,包括薪金较低,由于他们在企业内没有形成盘根错节的势力而较易监督和制约,工作热情较高,干劲较大,等等。这不仅造成老资格的中、高级管理人员的失业率上升,而且再就业率也较低。如美国到1986年1月,在过去5年失去工作岗位的55岁以上和45—54岁两个年龄段的中、高级管理人员中,分别有42%和14%的人已退出"劳工队伍"。在未退出"劳工队伍"的人中,一般找工作的时间很长,而且往往只能找到职务和薪金低于原岗位的工作。[①]

为了增强股东对经营者的制约和监督,一些企业还逐步改变了以往董事长和总经理、总裁由一身兼任的状况,适当扩大了董事会的职权,相应适当缩小了总经理的职权。美国全国公司董事联合会主席约翰·纳什在90年代初就预言,到21世纪初,美国《财富》杂志500家最大的公司中,有50%将有独立的董事长。[②]

2. *有关立法、法令的调整和完善*。80年代以前,西方国家虽然也颁布了不少有关保护投资者权利的法律,但是这些法律或是线条过粗,或是实施成本太高,使其可操作性受到了一定影响。根据这种状况,80年代以来,西方国家对立法进行了调整和完善,加大了对投资者特别是中小投资者权益保护的力度。

(1) 适当扩大股东、特别是中小股东的发言权。包括股东大会提案权和提议召开权、选举权和被选举权、董事和监事的聘任提名权和解职请求权、对经营者的质询权、对公司有关材料的查阅

---

① 〔美〕托马斯·斯图尔特:《国王死了》,《财富》1993年1月11日。
② 〔美〕托马斯·斯图尔特:《国王死了》,《财富》1993年1月11日。

权、对经营者报告的审议权、对董事的起诉权、股东之间的联系权、当公司经营者涉嫌违法时的请求法院调查权,等等。如日本1990年修改后的《商法》规定,持有一家公司1%以上股份的股东有股东大会提案权,持有3%以上股份的股东有综合性股东大会的召集权和请求权,有任免董事和监事的请求权,有修订公司部分章程的请求权。针对原《商法》中虽有“股东代表诉讼”的内容,但由于起诉费用过高等原因,使股东实际上很难行使这一权力,日本1993年修改后的《商法》则降低了诉讼费用,从而使股东更容易追究经营者的法律责任。80年代中期,美国联邦政府颁布一项法令,鼓励个人股东参加公司的投票选举,并指出,选举也是一种资产。1992年,美国证券交易委员会颁布一项新法规,允许个人股东之间自由地互通信息,乃至结成选举联盟。但异议者(股东)的这类行为并非总能成功,据经验研究证实,平均成功率在50%左右。此外,不少西方国家的法律还规定,公司实行累积投票选举制度。这是广泛适用于公司董事会和监事会选举的一项制度,根据这一制度,中小股东只要统一意见,将选票集中投向自己的候选人,他们的候选人就有可能当选。此外,还有限制表决权制度(根据这一制度,当一股东持有股票份额达到法律规定的限额以上时,超过限额部分便不享有表决权),少数股东否决权制度,成立中小股东保护协会一类专门组织等各种形式。

(2) 限制经营者的权限。如美国法律规定,大公司董事会管理人员所占比例最多不能超过50%,而且必须有一部分外聘董事;决定管理人员报酬的委员会不能有管理人员本人参加。

(3) 强化对经营者的监督、审查和制约。如美国法律规定,公司的审计委员会必须由股东大会聘请公司外独立会计师或外部董事组成,不能有管理人员参加。英国的法律也规定,由股东大会聘请独立审计员对公司财务表册进行审计。日本1974年修改《商法》时,将1950年以来《商法》规定的由董事行使的业务监察权转由监事行使(原监事仅有会计监察权),1990年进一步修改《商法》时,又规定,监事不得在同一公司内兼任董事或经理,由股东大会聘请与本公司无关的独立会计师担任公司审查人,1993年再次修改后的《商法》,进一步加强了监事的权力,延长了监事的任期,增加了人数。

应当强调指出的是,90年代中期以来,日本与以法人相互持股的松懈为基本标志的股权结构改革相联系,对公司治理结构也进行了重大调整,在公司治理结构上吸收了美、欧的一些内容,使公司治理结构更多地向国际惯例靠拢。以落实和扩大作为股东代表的董事会的职权为中心,具体表现为严格区分董事会与经理会的分工,改变"没有实际权利的董事会"现象,排除"暧昧表现",董事会决定公司长期基本方针,指导、监督总经理(社长),对其成绩进行评价,并决定其报酬。经营者主要是对股东负责,而不是像过去那样主要对职工负责,逐步使主要经营者从股东代表中产生,而不是从本公司职工中一步步升上来。美国《商业日报》指出:"80年代当日本公司争购像洛克菲勒中心这样的美国偶像式建筑时,美国人曾蜂拥到日本去学习日本经济奇迹的秘密。10年后,日本陷入长期的经济衰退,于是情况发生了逆转。""目前没有美国团体到日本学习。现在的情况是日本人渴望向美国同行学习。""这种转变有助于巩固在以培养各国高级经理人员为目标的跨文化培训业中出现的一个新行业——进行美国式的商业和管理培训。”①

（二）对企业劳资关系的进一步调整

80 年代以来，西方经济转入持续低速增长，失业率长期居高不下，世界市场的竞争更趋激烈，随着产业结构的调整，劳动密集型的传统产业相对萎缩，技术密集型的新兴产业相对兴旺，劳动力由第一、二产业加速向第三产业转移，第三产业及其劳动者成了国民经济的主体，蓝领工人的比重下降，白领工人的比重相应上升，这些新时期的劳动者在工作条件、组织程度、生活方式、价值观念等方面都与旧式的劳动者有显著的差异。仅拿工人的组织程度来说，现在工人之间的联系比战后初期至 80 年代以前大为松散了。到 1995 年底，法国、美国和德国所有雇员中分别仅有 6%、14.9% 和 30% 的人参加了工会，美国工会会员数目为 1300 万人，而不是会员的雇员高达 1 亿人。② 适应新的经济条件，对劳资关系也亟需进行进一步的调整。而进一步调整的中心，便是将长期以来“以物为中心”的管理体系向“以人为本”的管理体系过渡，发挥职工的能动的主体性的作用，将世界各国的企业管理经验进行综合兼溶，取其长处，摒其短处，从而使劳资关系呈现了一些前所未有的变化和特点。

1. 实行柔性(又叫软性)管理。80 年代以来，随着技术创新

---

① 〔美〕《商业日报》1998 年 2 月 22 日专文：《现在日本想向美国公司学习，而不是相反》。

② 〔美〕克里斯蒂安·滕布罗克：《遭排挤、被抛弃、被遗忘》，《时代》1996 年 8 月 16 日。

加速并在生产中具有日趋重要的地位,社会需求的个性化、多样性和多变性以及市场的日趋细分化,以价格竞争为主的时代成为过去,产品开发的周期日趋缩短,生产方式也由过去刚性的大批量、少品种、标准化、通用化转向灵活应变的小批量、多品种,与此相适应,管理也走向柔性化。这种柔性化管理具体包括如下几个方面:一是将管理科学与管理艺术融为一体。认为管理不仅是一门科学,而且是一门艺术。管理不仅应考虑技术、经济因素,还应考虑社会、文化、心理因素等。二是从侧重"层次管理"到侧重"走动式现场管理"。以往公司组织结构非常复杂,层次繁多,等级森严,条块分割,效率低下,被称为"层次管理"。而通过精减层次,缩短管理链条,公司领导更多地面向基层,深入基层,进行"走动式现场管理",在公司内部建立广泛的、非正式的、公开的信息网络,以体察下情,沟通意见。三是从刚性组织向弹性组织转变。以往注重公司规模和组织结构的程式化,因而导致公司规模过于庞大,部门划分过细,管理上集权程度高,设计、制造、销售、财务等部门彼此隔绝,不仅缺乏沟通、合作和协调,也缺乏竞争,而且很难全面、准确地考核各部门对公司的贡献,公司内生产要素的流动仅仅通过最高管理层的调配来实现。而弹性组织则是公司在组织机构的设置上保持灵活性,淡化各职能部门之间的界限,改变原有呆板、狭小的分工,不仅强化各部门之间的联系,而且各部门不再细分,以前界限分明的设计、制造(工程实施)、销售等各部门相互融合,相互竞争,直接面向市场;每个职工都将其工作作为大系统的一个子系统看待。各部门在经营上有较多的自主权和灵活性,公司可以根据生产经营的需要,及时地扩充或收缩某些部门,专业分工不同的人员可以组成多个混合小组。有的公司部门、小组还作为独立核算单位，实行利润包干，超额分成。作为弹性组织的一种基本形式是“团队”。所谓“团队”，是指打破原有的部门界限，绕过原来的中间管理层次，直接面对顾客，向公司总体目标负责，以群体和协作优势赢得竞争主导地位的公司组织形式。“团队”一般分为两类，一类是专业“团队”，成员主要来自公司各部门的专业人员，为完成某一特定任务组织在一起，一般任务完成后“团队”即告解散；另一类是固定“团队”，通常是长期性的，主要从事日常业务工作。“团队”内部实行自我管理，自行安排工作和工作时间，自行决定“团队”的分配。此外，柔性管理的原则还包括内在重于外在、心理重于物理、直接重于间接、个体重于群体、肯定重于否定、身教重于言教、务实重于务虚、执教重于执纪，等等。

应当指出的是，日本公司的“柔性”管理在西方国家中起步较早，积累的经验也比较系统和完备。如日本较早地就将公司内各部、各科的职责作比较粗的划分；为适应产品和经营环境的急剧变化，日本公司常常组成攻关性质的动态组织，解决技术上、管理上的重大问题，日本公司对职工实行全方位的工种轮换培训，使不少职工在本职工作上是专家，在其他工作上是通才；日本公司内不同职务间的调动比较频繁和广泛，公司利用人事调动，培养员工适应新环境、解决新问题的能力；同时借以建立能全面考虑整个公司问题，并能超越某一职务和部门处理问题的人才队伍。这种人事变动也使职工得到了锻炼、提高的机会；日本公司将各事业部划分为独立自主的实体，这种实体集研究、开发、销售于一身，使大企业具有中小企业联合体的特点。一方面保持大企业资金、技术、人才密集的优势，另一方面吸收中小企业经营灵活、富于创新的长处，从而克服大企业组织僵化的弱点，增强灵活应变能力。不少西方国家公司都对日本的经验进行了借鉴、改造和提高。

2. 各国公司管理体制和经营方向相互融合，相互补充。新的国际国内经济环境，使各国所有的公司管理体制和经营方向面临新的挑战，迫使各国公司对其原有的体制和经营方向进行反思和调整，并吸取其他管理体制和经营方向的长处，从而使各国的公司管理体制和经营方向呈现相互融合、相互补充的趋势。

从公司管理体制来说，具体包括处理如下几对关系。

(1)"个人本位主义"与"团体主义"

美国公司不再把"个人本位主义"看作是唯一的"旗帜"，正设法把"团体主义"成分注入到自己的队伍。他们意识到，在现代科学技术发展的条件下，既需要尊重个人的权利和尊严，发挥个人的积极性和主动性，又需要把每个人的创造才能组织起来，倡导个人对社会负责精神。只有个人真正把自己归属于公司和团体，对社会对组织对他人负起应尽的责任，人类才能适应科学技术的进步和社会的发展。

与此同时，日本公司的"团体主义"价值体系中，悄悄渗透了重视个性和个人价值，尊重个人利益的因素。日本战后成长起来的新一代职工，不再像他们祖辈和父辈那样无限忠于公司，绝对服从团体。他们要求充分发挥自己的才能，相对自由流动。在这种情势下，公司要增强凝聚力，激励士气，保持高效率，就不得不调整公司、团体与个人的关系，采用一些"个人本位主义"的方法和技术。

(2)"契约主义"和"人文主义"

美国公司正在加强其组织的"人情味",力求把组织设计得"更符合人性"。他们认识到,组织的中心是人,组织发展是为了人,因而必须依赖人性和人的感情。还认识到,公司与职工的关系虽然是一种契约维持的利益关系,但也不容忽视其感情的一面。

与此同时,日本公司终身制职工比例下降,合同制职工比例激增;个人责任愈益明确,分工专业化趋向有所加强;规章制度不断完善,管理机制中弹性、模糊性的一面正获得刚性和清晰性的补偿。

(3)"能力主义"与"资历主义"

美国企业界认为,日本的年功序列制,有利于增强职工的共识,避免公司职工常有的那种冷漠、敌意。还认为,日本公司所采用的缓慢晋升、配差较小办法,不仅能缓和职工内部矛盾,增进彼此友谊、合作,而且能减轻职工那种由于晋升机会不等、配差过大所导致的不公平感、挫败感。有些公司已经缩小配差,以减少职工的不公平感。

日本企业界认为,年功序列制虽有不少优点,但它过分强调论资排辈,容易产生惰性,不思进取。因此,日本企业界吸取了"能力主义"的合理因素,加强对传统"资历主义"的改造。公司开始重视有能力、有贡献的年轻力量的提拔和配备,并提高了职能工资在结构工资中的比重,相应降低了与资历相联系的固定工资的比重。力求把资历和能力二者有机结合起来。

(4)稳定性与流动性

美国企业界和经济界认为,日本公司的终身雇佣制,不仅有利于降低失业率,增强职工的职业安全感,而且有利于劳资双方兴衰与共，风险共担，从而形成对公司的认同感，降低高频流动。因此，美国有些公司正效仿日本延长聘任合同期，增加终身雇佣成分。

日本企业界认为，终身雇佣制虽然使职工视厂如家，但是它使劳动力市场“内部化”，公司职工“近亲化”，阻碍了劳动力通过市场自由流动，致使市场机制僵化。在经济增长，公司扩大时，招收不到专门技术人才；在经济困难时，公司又不能对员工进行调整，致使劳动力过剩，生产效率下降，产品成本上升。职工的老龄化更加重了公司负担，公司发展受到了限制。为了消除终身雇佣制的弊端，日本公司开始对雇佣关系采取多样化方式。如采用了增加假日，缩短工时，暂时休业，提前退休，转变岗位，压缩、裁减临时工(50 年代中期至 70 年代末，日本大企业雇佣的临时工占了职工总数的 10—25%，而 80 年代以来最高的已不足 10%，许多公司甚至为零)，少招甚至不招新工人等。日本有的公司还引进了德国的作法，对部分签订了雇佣合同的“剩余”正式职工进行解雇，办法是事先提出 1—3 次警告；提前若干周通知职工本人，让职工有较充裕的时间另谋职业；并为职工提供一定的失业救济金等。这样既促进了劳动力市场的多向流动，也激发了公司内部职工的竞争意识，增加了公司的经营活力。在日本全国 5000 万职工中，现在享受终身雇佣制的仅为 1200 万，而日本的完全失业者，1990 年为 134 万人，1993 年增至 166 万人，1995 年更达 220 万人，占就业人数的 3.5%。

(5) 权威与民主

美国企业界不再把领导权威单纯建立于权力占有和运用上，而是把权威的形成寄托于领导人非权力人格影响力的增强上面，公司领导人应该成为民主价值观的真正拥护者，努力做到：(a)运用领导权力，但不迷信领导权力；(b)不放弃领导权，但不独揽一切权力；(c)负起领导责任，但不拒绝大众参与；(d)组织解决问题，但不以我为中心；(e)信任、尊重职工，倾听职工意见，激励职工全心全意投入工作，但不提供职工解决问题的现成答案；(f)亲临市场和工作现场，不再把自己封闭起来，事事让秘书代劳；(g)提高对文化问题的兴趣，领导好企业文化建设。

日本公司领导吸收西方合理因素，发扬自己固有传统，正在形成既重视权力影响，又重视非权力的人格影响；既强调个人威信，又突出领导集体作用；既让下级"忠诚"、"服从"，又给职工参与和自由这种特殊的领导风格。

(6)"理性主义"与"非理性主义"

一般地说，日本公司经营管理的传统模式，更具有"非理性主义"色彩。它重视人性，忽视契约，长于心测，拙于量化，主张把领导管理作为一门艺术。近年来，日本人在发挥已有优势的基础上，正在加强其自身模式的"理性主义"成分。"理性主义"把经营作为一门严密的科学，强调统计数据基础上的定量分析，重视以充分依据为前提的实证，注意严格的设计和按固定程序的控制；比较轻视随意、权变，贬斥模糊、微妙。

从公司经营方向来说，突出地表现在日本公司与美国及其他国家公司的趋同上。日本90年代初泡沫经济破灭，经济不振，不少公司的项目投资不能按期收回，加上股东要求分红的压力增大，使日本公司不得不将经营方向转向相对较短期的投资收益率，拓宽经营领域，实行多元化经营；而对提高市场份额，改善公司形象，开发新产品等长期目标则摆在相对次要的地位。加上经济国际化进程加速、国际竞争和贸易摩擦加剧,国际上要求扩大市场开放的压力增大,日元升值,这一切也使日本企业和政府加快了与国际接轨的步伐,使日本公司的经营方式更加与其他国家相融合、相协调。日本公司将更多的生产基地和项目移向海外,为提高自身竞争力,缓解与所在国的矛盾,日本公司进一步实施了当地化战略,如提高原材料、零部件在当地筹集的比例,利用当地各种条件进行研究和开发,培养、录用当地人才,设计、生产符合当地风俗民情的产品等等,而相应地使国内原有的生产体系趋于松懈。所以,90年代以来,相对重视短期的经营目标,并日趋与国际接轨,从而与他国公司趋同,是日本公司经营方向调整的基本趋势。详见表5－4。

表5－4　日本企业经营目标的转移

项　　目	按目标的优先顺序排列	
	1993年	1981年
投资收益率	1	2
业务组织体制的改善	2	5
生产流程的合理化	3	4
提高市场占有率	4	1
改善企业形象	5	7
开发新产品比率	6	3
股东利益	7	9
自有资本比率	8	6
劳动条件的改善	9	8

资料来源:董迎:《日本企业经营新变化》,《中国工业经济研究》1994年第8期,第59页。

当然,日本公司经营方向的变化,也不是对其传统特色的彻底抛弃和否定,而是扬弃,是对传统特色既抛弃又保留,调整是有选择、有重点、有限度的。对日本固有的一些传统优势,如重视研究和开发等就予以了保留。这也是我们应当注意的。

第六章 战后股票市场的新变化

战后，与西方国家股份公司的地位、股权、投资结构和治理结构的新变化相伴随，股票市场及其监管体制也发生了一系列重大而深刻的变化。

一、战后股票市场的规模、地位、行情和经营主体的新变化

战后，随着新科技革命的发生和产业结构的调整，资本主义世界经济得到了前所未有的发展，而股票市场的规模也空前扩大，在经济社会中的地位显著提高，股市行情趋于兴旺，作为股市基本经营主体的投资银行的作用增强，同时，随着其他金融机构进入股市，股市经营主体趋于多元化，股市竞争更趋激烈。

（一）全球股票市场规模不断扩大，交投空前活跃。金融日趋证券化

90 年代后期，全球股票市场资本金总额约为 15 万亿美元。[①]

---

① 本章中凡未注明出处的数据资料，均来自美国证券数据公司有关年度报告。

美国股票市值,1981年为1.33万亿美元,1986年为2.64万亿美元,1991年高达4.18万亿美元,1998年更高达10.52万亿美元。1998年,美国股票交易额高达6.7万亿美元。股票市值和股票交易额均创历史最高记录。美国股票市值与国内生产总值之比,1981年为44%,1986年为62%,1991年为74%,1996年为94%,1998年为127%,这个比例在历史上仅低于1929年的193%。1998年8月31日,美国各股市成交量达27.18亿股,为股市历史上第二大日成交量。1998年9月1日和1997年10月28日,美国纽约证券交易所日成交量分别为12.1亿股和12亿股,分别创该证交所成立以来最大和第二大日成交量记录。①

90年代以来,西欧国家股票交易额普遍有了较大幅度增长。1995年,英国股市交易额为5120亿美元,1996年增长到6030亿美元。1986年,英国股市交易额与市值总额之比为31%,1996年,提高到35%。仅在1997年,德国、法国、意大利和西班牙股票交易额就分别比上年增长了48%、43%、99%和85%。1996年,德国股市交易额与市值之比为117%。到1998年上半年,德国股市的日平均交易额为120－150亿马克,年交易营业额已达到3.3万亿马克,比1995年1.68万亿马克的交易额增长了1倍多,已接近3.6万亿马克的国内生产总值水平,创造了德国股市历史的最高记录。1998年上半年,法国巴黎证券交易所平均日交易额为150亿法郎,半年累计高达16790亿法郎,等于1996年全年的交

---

① 〔美〕戴维·韦塞尔:《股票市场在全球经济中的作用增大》,《华尔街日报》1999年3月15日。

易量。1998年6月30日的巴黎股市市值达到57000亿法郎,而1997年底只有40000亿法郎。1998年全年巴黎证交所交易额创过去10年最高记录。

1970年,日本股票资产为11万亿日元,仅占国民总资产的1.8%,而到1991年,增加到586万亿日元,占国民总资产的8.2%。[①] 主要西方国家股票市值占国内生产总值的比重详见表6-1。

表6-1 主要西方国家股票市值占国内生产总值的比重

单位:%

	1975	1980	1985	1990	1994
美国	48	50	57	56	75
英国	37	38	77	87	112
德国	12	9	29	24	24
日本	28	36	71	100	78
法国	10	8	15	26	34
意大利	5	6	14	14	26

资料来源:经济合作与发展组织:《金融市场趋势》1995年第2期,附表2。

金融证券化,是指社会各经济主体包括工商业企业、个人、金融机构和政府部门,通过债券、票据、股票等有价证券形式筹集资金或拥有资产的过程。金融的证券化包括两种基本类型,即融资的证券化和金融机构资产的证券化。

---

① 刘昌黎:《论日本资产结构的变化及其意义》,《日本学刊》1995年第2期,第3页。

融资的证券化，是指社会各经济主体不通过银行信用中介，而直接通过在市场上发行和买卖有价证券融资，即融资由银行信贷向证券市场转变，由间接金融向直接金融转变。伴随着这个过程，大量资金从银行存款账户中流出而转入证券市场，储蓄存款相应减少。这种现金被称为“脱媒”。融资证券化的主要形式是债券和票据融资。

金融机构资产的证券化，是指经营放款的金融机构(如美国的储蓄与贷款协会和商业银行等)将自己传统的主要资产——贷款的债权作为担保发行证券，通过证券交易的方式转让贷款债权，从而实现了贷款债权的流动化和市场化。金融机构不仅是证券发行的安排者和管理者，而且日益成为证券的发行者和认购者。

资产证券化对金融机构有许多益处。首先，证券化能降低利率风险。由于证券化使资产从卖方机构的账簿上转移了，故有利于降低利率风险。其次，证券化能提供额外的资金来源，其成本低于其他资金来源。卖出资产的现金收入为进一步的贷款活动提供了资金。另外，金融机构作为资产担保证券的受托人而收取的手续费还为金融机构提供了一个非利息收入来源。再次，金融机构出售而不持有他们的资产，能减少账面负债和资产，从而减少准备金和资本要求以及存款保险金。因为传统的贷款活动由存款或其他负债提供资金，资产和对应的负债要在资产负债表上反映出来。为了增加贷款，一般需要增加存款负债。但是，证券化不需增加资产负债表上的负债，就能增加相应数量的贷款或其他资产。对创造相同数量的贷款，证券化与传统的贷款活动相比，其账面的资产和负债数额更小。最后，金融机构从还本付息中得到的手续费收入能比平常更快地得到确认。根据公认会计原则,资产证券化中的手续费能在证券出售时得到确认,而不像在银行账簿上那样,需在资产寿命期内分摊。

从1985年起,西方国家金融市场融资总额中,有一半以上是证券融资,证券融资在历史上第一次超过银行贷款而成为主要融资形式。自那时起,证券化的进程更加迅速,程度更高。

金融证券化的原因,在于证券具有更强的流动性和更高的收益率,而且它不需负担信用中介费用,从而降低了融资成本。另外,它还具有灵活方便、筹资者和投资者的选择性强等优点。同时,通过金融证券化,还实现了金融资产的多元化,从而分散和降低了金融风险,提高了资金的使用效率,实现了资金的合理配置,推动了金融市场的竞争。

(二)"股票投资大众化革命"进程加速,股票的绝对数和在家庭财产中的比重上升,股市是企业的重要融资渠道

"股票投资大众化革命"的进程在本世纪初就已开始,在战后,特别是90年代以来显著加快。现在,美国约占成年人口一半的人投资股票,尤其是美国战后生育高峰时期(1946—1964年)出生的7600万人已大批从"消费代"转变为"投资代",这一代人在观念和行为偏好等方面都与老一辈有着明显差异,他们一般更崇尚通过冒一定的风险而获得较高收益,从而成为投资于股市的主力。90年代以来,在西欧和日本投资股票的人数也呈上升趋势。美国共同基金资产总额,1982年底为3000亿美元,1990年底为1.1万亿美元,1997年底为4.5万亿美元,1998年4月底突破5万亿美元

大关,高达5.048万亿美元,有6500万人投资共同基金。1997年和1998年,美国新投入股票市场的共同基金分别为2311亿美元和1650亿美元。[①] 从1989—1998年10年中,美国家庭拥有股票的价值增长了381%,到1998年底,达10.77万亿美元,占家庭财产总额的25%,其绝对额和占家庭财产总额的比重均创战后最高记录。长期以来,美国家庭首选投资对象是房地产,但90年代后期已被股票所取代。1989—1998年间,美国家庭拥有房地产价值增长了55%,这个增长速度虽然也较快,但明显落后于对股票的投资,1997年底,对股票的投资便超过了对房地产的投资,这在过去30年中尚属首次。1997年,美国股市资金占国内生产总值的114%。[②]

尤其值得注意的是,传统上,除英国外,西欧国家普通百姓家庭金融资产一直是以银行储蓄为主,股票投资占的比重很低。但90年代以来,股票投资在西欧国家百姓家庭金融资产中的比重呈上升趋势,而银行储蓄和其他投资形式占的比重则相应下降。欧洲大陆国家股票投资占家庭金融资产的比例,1992年为1.8%,1997年上升到26%。仅仅在1996—1997年两年内,意大利和西班牙分别有1130亿美元和2850亿美元由银行储蓄转化成了股票投资。1997年,德国私人投资股票为500亿马克,相当于1996年的2.5倍。1997年,英国股市资金占国内生产总值的122%,德国

---

① 美国投资公司协会:《1998年共同基金统计摘要》,纽约1999年1月,第17页。

② 〔美〕戴维·韦塞尔:《股票市场全球经济中的作用增大》,《华尔街日报》1999年3月15日。

和意大利虽较低(分别为28%和21%),但比过去也有了提高。在西欧国家,过去只有少数富人才“玩”股票,而近年来越来越多的工薪阶层和退休者加入了股民行列,甚至连有的失业者也把失业补贴用来炒股。

日本也具有与欧洲大陆同样的趋势。1970年,在私人财产中,来自于股票的积累占2.2%,而到1991年,已上升到7%。[①]

应当强调指出的是,90年代以来,以美国为代表的西方国家由于股票等资产价格持续上升,资本市场空前兴旺,而股票等资产已成为大众化的投资工具,从而使这些国家家庭和企业收入水平普遍提高,财富显著增值,财富的增值,促使大众进一步扩大消费和投资,从而又推动了经济的进一步发展和繁荣。这就是著名的“财富效应”。从1992年6月30日至1997年6月30日的5年中,按年率计算,美国普通股基金的平均收益率为17.5%,国际股票基金为12.5%。[②] 美国私人消费占了国内生产总值的2/3。经济学家一般估计,美国家庭净财富增加100美元,便会增加3美元的消费开支。美国有的经济学家估计,美国国内生产总值增长的1/3是由于股票升值带来的。股市攀升,还表明人们对经济前景看好,信心增强。

虽然股票发行在多数行业企业融资总额中不占主要地位,但其绝对额仍很可观,对少数行业企业的融资更是举足轻重,在企业

---

① 刘昌黎:《论日本资产结构的变化及其意义》,《日本学刊》1995年第2期,第13页。

② 〔美〕汤姆·佩特鲁诺:《令人乐观的股票市场》,《洛杉矶时报》1997年7月10日。

重组中的作用尤其不可忽视。1901—1939年,美国企业新股发行占资金来源总额的11—19%,1940—1979年下降到2—5%。美国企业的主要资金来源是内部积累,但尽管如此,90年代后期,美国企业每年通过发行股票融资仍高达1万多亿美元。日本企业股票筹资占资金来源总额的比重,1957—1959年占12%,1960—1964年下降到10.9%,1965—1969年进一步降到3.6%,1970—1974年更降到了2%,1975—1979年回升到8.3%,1980—1989年进一步升到10.7%,1985—1988年更达12.3%。[①] 但股票发行在日本企业筹资总额中依然不占主导地位,日本企业战后初期至70年代中期的主要融资方式是银行借款,70年代中期以后则是内部积累。但尽管如此,发行股票对西方国家某些行业企业的融资仍然是很重要的,如对高新技术企业创业资本投资便是这样。另外,股票发行和交易在企业并购的攻防战中起的作用更是至关重要的。

(三)股票价格呈现上升的趋势,且上升速度显著加快,创造了历史最高水平,但在高价位上有较大幅度的回调

从表6-2中可见,美国纽约证券交易所道—琼斯30种工业股票平均价格指数的最高水平,在战后初期还不到500点,到1999年5月3日已突破了11000点的历史最高记录。道—琼斯指数从创立到500点用了60年,从500点到1000点用了16年,

① 李向阳:《美日德企业资本结构比较》,《世界经济》1995年第9期,第63页、第64页。

表 6-2 道—琼斯股票价格指数历史回顾

日　期	点数	当日收盘实际点数
1896 年 5 月 26 日问世	40.94	40.94
1906 年 1 月 12 日	100	100.25
1956 年 3 月 12 日	500	500.24
1972 年 11 月 14 日	1000	1003.16
1987 年 1 月 8 日	2000	2002.25
1991 年 4 月 17 日	3000	3004.46
1995 年 2 月 23 日	4000	4003.33
1995 年 11 月 21 日	5000	5023.55
1996 年 10 月 14 日	6000	6010.00
1997 年 2 月 13 日	7000	7022.44
1997 年 7 月 16 日	8000	8038.88
1998 年 4 月 6 日	9000	9033.23
1999 年 3 月 29 日	10000	10006.78
1999 年 5 月 3 日	11000	11014.69

资料来源:〔美〕纽约证券交易所:《突破 11000 点的道—琼斯指数》,纽约,1999 年 5 月 5 日。

从 1000 点到 2000 点用了 14 年,从 2000 点到 3000 点用了 4 年,特别是 1991 年至 1999 年 5 月期间,从 3000 点到 4000 点用了 3 年多,而从 4000 点到 11000 点跃升 7000 点则仅仅用了 4 年多。1991 年以来,创造了几项记录,一是从 1991 年至 1999 年 3 月,道—琼斯指数的升幅为 260.7%,超过了 50 年代和 80 年代股价高涨时的记录(道指 50 年代上涨了 239.5%,80 年代上涨了

128.3%),而仅次于 1923—1929 年创造的上涨 4 倍的记录,因而 90 年代的升幅创造了战后的最高记录。而纳斯达克股价指数在 90 年代竟创造了上涨 826.2%的历史最高记录。二是到 1998 年,在道—琼斯指数 102 年历史上,只有 1995—1997 年连续 3 年内,每年指数上升 20%以上(1995 年上升 33%,1996 年上升 26%,1997 年上升 22.6%)。三是从 1999 年 3 月 29 日至 1999 年 5 月 3 日期间,在 30 多个交易日里即上升 1000 点,创道—琼斯指数千点跃升最快记录。四是 1997 年 10 月 28 日上升 337 点,创日升点数最高记录。

英国伦敦证券交易所《金融时报》100 种股票平均价格指数在 1997 年 8 月 6 日首次打破了 5000 点的历史最高记录。德国法兰克福证券交易所 DAX30 种股票平均价格指数 1997 年 10 月还为 3600 点,1997 年底为 4250 点,到 1998 年上半年已达 5900 点。法国巴黎证券交易所 CAC40 种工业股票平均价格指数在 1998 年 7 月 17 日创造了 4388 点的历史最高记录。1998 年全年巴黎证交所 CAC 股指增幅为 33.7%,为过去 10 年来的最高增幅。

一些西方经济学家认为,自 1982 年以来,美国股市便进入了持续 16 年多的牛市,90 年代以来,这个牛市进一步加速发展和兴旺了。但我们应当注意的是,这个牛市并不是股价直线上升,股市行情一直火爆。而是在股价上升的趋势中,在高价位上有短期回调,甚至是幅度较大的回调。如 1987 年 10 月 19 日,道—琼斯指数暴跌 508.32 点,日跌幅为 22.6%,以 1738.74 点报收,仅次于 1914 年 12 月 12 日该指数日跌幅 24.39%的历史记录,而大大高于 1929 年 10 月 28 日该指数下跌 12.82%的幅度,被称为“黑色星期一”。但在1987年10月21日,该指数又反弹到2027.85点。经过1987年10月至12月的进一步调整,到1987年底基本完成了这次调整过程。又如,1997年10月27日,道—琼斯指数大跌554.26点,以7161.15点收盘,日跌点数创历史之最,并首次启用股市停盘的规定。由于下跌点数过多,当天两度停盘并提前收市。但这一天日跌幅仅为7.2%。次日,道指猛升337.17点,创日升点数最高记录。再如,1998年8月31日,道指猛跌512.61点,跌幅为6.4%,以7539.07点收盘。但次日,道指又大涨288.36点,涨幅为3.8%,达到7827.43点,为历史上第二大点数上涨日。这一天,纳斯达克指数上涨了75.84点,涨幅为5.1%,达到了1575.09点,超过了1997年10月28日创下的上涨67.93点的最高记录。

应当注意的是,自1987年以后,美国和西欧股市再未出现暴跌和熊市的局面。经济学界一般认为,股指日跌幅超过10%为暴跌,但即使是1997年10月27日和1998年8月31日道—琼斯指数的两次大跌,跌幅仅分别为7.2%和6.4%,远未达到暴跌的标准。经济学界一般认为,一个时期内,股指最低点比最高点下降20%以上,且在年内有一半以上交易日股指是在下降,即为熊市。按照这个标准,1998年8月31日股指最低点与1998年7月17日股指最高点相比,道—琼斯指数降幅为19.3%(下降1800点),接近20%,但股指在此日后就大幅上扬,且在3个月内股指上升的天数大大多于下降的天数。所以,不能说转入了熊市。

90年代初以来,美国和西欧股票价格指数在保持加速上涨趋势并达到历史最高水平的基础上,又通过几次调整(包括较大幅度的调整），在一定时期、一定程度上挤出了泡沫成分，从而保证了股价的总体上升。90年代以来，美国和西欧股市的几次调整，由于股指日跌幅较小，下降的时间持续较短，所以股市没有转为熊市。

另外，还应注意的是，股票居于高价位对股价的下跌也起了一定的缓冲、制衡作用。这表现在两个方面，一方面是股价从这种高价位跌回到低价位需要经过较长时间，而不会在短期内完成。而在这个较长时间内，由于国内国际经济、政治形势的变化，股价可能止跌回升；另一方面是股价指数下跌的回旋余地加大，如同样为1%的下降幅度，道—琼斯指数在2000点时，下跌20点，就相当于在10000点时下跌100点。同样下跌100点，道指在2000点时的降幅为10%，而道指在10000点时的降幅仅为1%。

日本股市股价变动趋势在80年代末以前与美欧股市是基本一致的。1949年5月16日东京证券交易所在战后重新开张时，日经平均股价仅为176日元，到1984年1月，突破1万日元大关，1987年1月突破2万日元大关，1989年底更达38916日元。[①]

（四）从中、长期看，股票市场行情变动趋势与国民经济变动趋势两者之间是基本一致的，但股市行情在短期内的剧烈波动则与国民经济形势不尽吻合

如战后以来，美国国民经济和股市行情变动趋势分为五个阶段，第一个阶段，从40年代中期至50年代初期，是美国经济比较稳定的时期，也是股市比较稳定的时期，到1954年底，道—琼斯指

① 日本大藏省：《日本的证券市场》有关年度。

数恢复到1929年的水平(约400点左右)。第二个阶段,从50年代中期至70年代初期,是美国经济加速增长的时期,也是股市交易规模显著扩大,股价快速攀升的时期。1960年,纽约证交所年交易额为约600亿美元,1968年增加到1500亿美元。到1972年11月,道—琼斯指数首次突破1000点。第三个阶段,从70年代中期至80年代初期,是美国经济"滞胀"时期,也是股市交易规模相对萎缩,股价低迷的时期。1974年12月6日,道—琼斯指数跌至577.60点,为近12年来的最低点。第四个阶段,为80年代,是美国经济走出"滞胀",恢复增长,股市比较兴旺的时期。道—琼斯指数从1982年8月开始上升,到1987年8月上升了250%。1987年1月首次突破了2000点。受美国股市影响,同期伦敦《金融时报》股价指数上升253%,法兰克福股价指数上升241%。世界股票市场资本金总额从1982年的2万亿美元增加到1987年的8万亿美元。第五个阶段,为90年代以来,系美国经济在战后增长最快的时期,也是股市行情火爆的时期。从1991年4月道—琼斯指数首次越过3000点之后,仅仅过了8年时间,便越过了11000点大关。90年代初至1999年7月,道—琼斯指数上涨了260.7%,纳斯达克指数上涨了826.2%。所以,从中、长期看,股市行情的变动趋势与国民经济的变动趋势二者是基本一致的。

但是,股市的短期剧烈波动则不一定反映国民经济的基本面,甚至与此大相径庭。从股市的中期波动看,据美国联邦储备委员会提供的资料,从表6-3中可见,1933年以后,道—琼斯指数经历了10次较大幅度的下跌,但真正标志着经济衰退来临或由经济衰退造成的股票价格下跌则仅有3次。

表 6-3 道—琼斯指数的下跌及与美国国民经济变动的关系

时间	道—琼斯指数最低点比本次下跌前的最高点下跌幅度（%）	道指下跌同期和一年后美国经济情况
1929年9月3日—1932年7月8日	-89	经济大危机
1937年3月10日—1938年3月3日	下跌幅度不详	经济衰退
1940年1月3日—1942年4月28日	-39	经济增长
1946年5月—1946年10月	-23	经济增长
1961年12月13日—1962年6月26日	-27	经济增长
1966年2月9日—1966年10月7日	-25	经济增长
1968年12月3日—1970年5月26日	-36	经济轻微衰退
1973年1月11日—1974年12月6日	-45	经济衰退
1976年9月21日—1978年2月28日	-27	经济增长
1987年8月26日—1987年12月31日	-36	经济增长
1998年7月中旬—1998年8月3日	-20	经济增长

资料来源：〔美〕约瑟夫·哈施：《30年代以来美国股市的九次下跌》，《福布斯》1987年10月30日，〔美〕纽约证券交易所：《1998年公报》。

从1949年5月东京证交所恢复营业至80年代中期，东京证交所日经股价经历了6次上涨行情。第一次是1950—1953年朝鲜战争期间，由于战争“特需”膨胀的刺激，日经平均股价上涨了5.6倍，最高达474日元。第二次是1955—1961年，日本经济出现“神武景气”和“岩户景气”两次经济繁荣，日经平均股价从1955年的374日元上升到1961年的1549日元，翻了两番，股票年交易量从1955年的380亿股增加到1961年的483亿股。第三次是

1967—1970 年。从 1966 年开始,日本经济进入“伊奖诺景气”,经济繁荣长达 56 个月,1968 年日本的国民生产总值超过原西德,仅次于美国,居资本主义世界第二位,从而确立了“经济大国”的地位,日本的国际收支明显改善,出现了大量顺差。受以上因素影响,日经平均股价从 1967 年 12 月 21 日的 1250 日元,上升到 1970 年 4 月 6 日的 2534 日元。第四次是 1972—1973 年初,随着经济增长和大量外汇流入,股票价格又出现了大幅度上升,日经平均股价 1972 年的上升率达 92%,1973 年 1 月 24 日为 5360 日元。第五次是在 1974 年底—1981 年,由于日本经济经过调整,逐步走出了第一次石油危机造成的停滞局面,日经平均股价在 1981 年 8 月 17 日上升到 8019 日元的高点。尤其是在 1978 年底—1979 年底期间,日经平均股价上升了 95%。第六次是 1984—1989 年。由于 80 年代初以来世界经济恢复和加速发展,日本出口进一步扩大,贸易顺差大幅度增加,资金大量过剩,在 1989 年 1 月日经平均股价突破了 1 万日元大关[①]。应当说,到 80 年代中期,日本股价的变动,特别是中、长期变动趋势,与国民经济的变动趋势还是比较接近的。

(五) 高技术产业和金融保险业等行业的大公司对股市的带动作用增强

90 年代以来,西方国家高技术产业和金融保险业等行业的少数大公司由于其市场占有率和利润率高、成长性强、市场前景广阔

---

① 日本大藏省:《日本的证券市场》有关年度。

而倍受投资者的追捧,从而推动其股票价格节节攀升,这些行业的大公司对股市的带动作用明显增强。英国《金融时报》根据1998年1月—9月的全世界股市市值资料,评选出1998年度全球500家最大上市公司,微软公司已取代通用电气公司,成为全球最大的上市公司。1998年1月—9月,美国标准—普尔500种股票中的电脑软件股票价格比1997年同期上升了39%,欧洲股市同类股票上升了38%。①

90年代以来,美国纽约证券交易所股票价格上涨,是由250家大型跨国公司、金融保险公司等的股票价格上涨带动的,这250种股票市值占纽约证交所2590种股票总市值的50%以上,并吸收了纽约证交所入市资金的1/3,相应地,另外2340种股票中许多股票市值或者上涨幅度不大,或者基本稳定,有的还有一定程度的下降。同样地,标准—普尔500种股票价格指数的上升主要表现在25家大公司股价的上升。

应当指出的是,部分中外经济学者以少数大公司的股价上涨对股市繁荣的带动作用增强为根据,认为这说明美国和西欧股市极不稳定,甚至岌岌可危,随时具有崩溃的可能。我们认为,这种观点是值得研究的。因为,第一,任何股市在多数情况下,总是有一部分股票价格在涨,而另一部分股票价格在跌。关键是应看价格上涨的这部分股票市值能否压倒价格下跌的那部分股票市值。第二,90年代以来,美国和西欧股市的大多数股票(包括中小公司的股票)价格是呈上升趋势的,而不是相反。对股票价格波动的观

① 〔英〕《金融时报》1999年2月20日:《1998年全球500家最大上市公司》。

察固然应看波谷日与波峰日的对比，但更重要的是应看长期的变动趋势，因为股票价格总是有涨有跌的，关键是长期内，是涨的趋势占主导地位，还是跌的趋势占主导地位。第三，战后美国和西欧国家股市的调节力、应变力和承受力比战前显著增强了。特别是吸取了1987年10月股市暴跌的教训，90年代以来，公司、券商的自律以及国家对股市的监管均比较完备了。再出现1987年10月那样的股市暴跌的可能性较小，更不用说出现20年代末30年代初那样的股市大崩溃。当然，这并不是说西方股市不会出现短期内的剧降，恰恰相反，这种短期剧降还将多次出现，这是不可避免的，但股价在短期内剧降，大工商业公司和大金融机构也是承受得起的，大工商业公司和大金融机构仅仅是利润减少，一般不会因此而倒闭，这时，这些大工商业公司和大金融机构在出售持有的股票时，也是有一定限度的，因为如果它们出售股票数量过大，造成股价在较长时期内持续下跌，甚至引起股市崩溃，则会在社会经济生活中造成恐慌，从而严重损害他们自身的利益。如1998年8月股价剧降后，虽致使美国资产损失2.32万亿美元，但美国股市却能够迅速稳定下来，股价转跌为升，便证明了美国股市自我防护和调节能力大大增强了。

（六）90年代美国和西欧股市虽存在着一定的泡沫成分，但程度远不如日本严重，从中、长期看，美欧股市的主体反映了国民经济的基本面

西方经济学家一般估计，现在美国股价泡沫成分约占20%左右，笔者认为，这个估计是比较符合实际的。亚洲金融危机后，有

的人对虚拟资本谈虎色变，甚至与泡沫经济划上等号。事实上，这二者既有一定联系，又有重大区别。虚拟资本是当代世界经济的主要特点之一，今后还会有进一步发展，在这个过程中泡沫成分也不能完全避免。问题是恰当地控制其比重，中国古书上说："水至清则无鱼，人至察则无徒"，不能因噎废食，因为虚拟经济可能产生泡沫成分便否定了虚拟经济存在和发展的必要性。

认为90年代以来，美国和西欧股市泡沫不断膨胀的主要依据，第一是认为道—琼斯指数上涨速度过快，水平过高，脱离了国民经济、特别是实际经济的状况。第二是认为道—琼斯指数代表的行业过少，反映不了国民经济的全貌。第三是认为以网络股为代表的科技股泡沫成分过重，将造成股市大盘暴跌。我们认为，这三点都是缺乏说服力的。下面我们分别加以分析。

关于第一，90年代以来，在美国股市，并不是仅仅有道—琼斯指数在上涨，而是包括标准—普尔500种指数和纳斯达克指数在内的各种指数都在上涨，而且幅度更高；如1998年，道—琼斯指数上涨16.1%，标准—普尔指数上涨26.7%，纳斯达克指数上涨40%。并不仅仅是美国股市繁荣，而西欧国家股市也是普遍繁荣的。如前所述，我们认为，美国和西欧股市这种兴旺趋势反映了国民经济的状况。关于股市行情与实际经济状况是否相符的问题，我们认为，首先应当对实际经济进行严格的界定。实际经济有两个口径，一个是狭义的实际经济，即物质生产部门，与这种狭义的实际经济相对应的是非物质生产部门。另一个是广义的实际经济，广义的实际经济既包括物质生产部门，也包括商贸、服务和管理等非物质生产部门。我们认为，应当用广义的实际经济状况来与股市行情进行比较才是科学的。这是因为,与广义的实际经济相对应的才是虚拟经济;随着知识经济的兴起,后工业社会的来临,非物质生产部门在国民经济中占的比重不断上升,而物质生产部门占的比重则相应下降,这是一种客观趋势。到1997年,在美国国内生产总值中,"商品生产"部分占的比例降到了32.9%,包括批发、零售、服务和管理在内的"非商品生产"部分的比例则上升到67.1%,其中仅仅金融服务业就占18.9%。非物质生产部门已成了西方国家经济的主体。西方国家国民经济的增长,主要是靠非物质生产部门的增长来拉动的。况且在知识经济条件下,设计、制造与销售之间日趋交叉化,形成你中有我,我中有你的局面。所以,只有广义的实际经济才能反映西方国家经济的全貌。

关于第二,仅仅用道—琼斯指数确实不能反映美国经济各行业的状况,但道—琼斯指数涵盖的行业范围也在逐步拓宽,使其具有更广泛的代表性。1997年3月17日,道—琼斯30家公司作了调整,伯利恒钢铁公司、德士古石油公司、沃尔沃公司和西屋电器公司"引退",而让位给旅行者集团、惠普公司、强生制药公司和沃尔—马特连锁商业集团。现在的道—琼斯指数不仅包括工业公司股票,而且包括运输业、公用事业、商业、科技等行业公司的股票,其代表性比过去拓宽了,只是习惯上还称其为"工业股票指数"。

关于第三,以网络股为代表的高科技股的泡沫成分确实是存在的,并在西方国家股市泡沫中占有一定的地位。但我们认为,对此不宜估计过高。因为网络股市值占美国股市总值的比重不到5%,所以在1999年上半年美国纽约股市网络股价下跌中,并未对整个股市造成大的冲击。况且高科技公司由于其成长性好,市场需求量大，因而其经营业绩较好。如1998年，微软公司的毛利润率约为48%，而杜邦公司的毛利润率只有14%。[①] 这样，高科技公司的股票价格自然就比较高，并不是高科技股股价都是泡沫。

为什么说美国和西欧国家股票价格的变动趋势反映了其宏观经济的基本面呢？或者说，为什么美欧股市股价上涨是有其现实经济基础，而主要不是泡沫在起作用呢？下面，我们对此进行一些分析。

据英国《金融时报》依据1998年1月—8月的全球股市股票市值资料，评出的1998年度全球500家最大上市公司，美国公司为244家，比1997年度增加22家，日本公司则为46家，比1997年度减少25家，比1996年减少64家。[②] 另据美国道—琼斯公司依据1998年全年的股市价格，评出的1998年度世界百强上市公司，美国、欧洲和日本分别为59家、38家和3家，分别比上年度增加5家、11家和减少12家。[③]

另据美国《财富》杂志公布，按营业额排序，在世界最大的500家公司中，近年来，美国最大公司的数目节节上升，1995年为153家，1996年为162家，1997年为175家，而日本则连连下降，1996年还有126家，1997年已下降到112家。欧洲公司数目稳中有升，1997年为171家。

1. 90年代以来，美国经济已连续近9年增长，同时通货膨胀

① 〔美〕蒂姆·斯马特：《市场上的新劲旅》，《华盛顿邮报》1999年2月19日。

② 〔英〕《金融时报》1999年2月20日：《1998年全球500家最大上市公司》。

③ 〔美〕道—琼斯公司：《1998年全球100家最大上市公司》，《华尔街日报》1999年1月15日。

一直保持低水平。截至1999年7月,美国经济已连续101个月增长,成为和平时期最长的一次经济扩张。1992—1998年,美国国内生产总值年均增长3.1%。1997年和1998年,美国国内生产总值增长率分别为3.8%和3.9%,失业率分别为4.9%和4.3%,通货膨胀率分别为1.7%和1%。财政在1998年扭转了战后连续29年的赤字而变为盈余,1998年盈余为700亿美元。1998年经济增长率是过去10年中最高的,失业率是过去25年来最低的,通货膨胀率是过去12年来最低的,1997年劳动生产率提高1.7%,接近1991—1995年平均增幅的2倍。美国虽然有1000多亿美元的外贸逆差(1998年为1700亿美元),但其一,美国的服务贸易是顺差,从而在一定程度上抵销了商品贸易的逆差;其二,大量廉价商品的进口,减轻了美国国内通货膨胀的压力,就这一点而言,美国也是有失有得。

2. 产业结构调整速度加快,成效显著。1991—1998年,美国企业对高技术产业的投资年均增长19%,仅在1998年,就比上一年增长32%。新兴产业的崛起和迅速发展,不仅引导和带动了整个国民经济的发展,增加了大量就业机会,而且为传统产业的改造和升级提供了技术手段。1991—1997年美国经济增长总量中,有2/3是与高技术产业有关的。①

3. 投资(包括对股市的投资)呈增长趋势。1989—1998年,美国国民储蓄总额和国民投资总额占国内生产总值的比例分别由

① 〔美〕罗伯特·莱文:《问题和答案:美国为什么如此繁荣》,《国际先驱论坛报》1999年3月17日。

16.7%和18.6%增加到17.4%和18.9%，其中企业和个人投资占国内生产总值的比例从15.2%增加到16.1%。1990—1998年，美国企业投资的平均增幅为11%，其中1998年高达17.5%，这是过去50年中，企业投资增长最强劲的一个周期。1997年下半年亚洲国家金融危机发生后，大量资金从亚洲国家流向美国寻找出路。仅在1997年7月至1998年10月期间，便有7000亿美元的巨额海外资金流入了美国市场。仅在1997年1年内，外国人购买美国股票的资金便高达700亿美元，超过了在此之前7年的总和。①

与此同时，西欧各国正在进行社会福利改革，其中的重点是养老金的改革，职工个人承担的份额逐渐增加，各种民有养老基金和其他公共基金因此也空前活跃。据统计，参加民有养老基金的职工比例在意大利为5%，法国近10%，德国则达46%，这些资金也涌入了股票市场。②

4. 企业重组浪潮对股市繁荣起了显著的促进作用。历史事实说明，企业重组浪潮的兴起与股市繁荣存在明显的正相关关系。战后以来也不例外。战后西方国家企业的三次重组浪潮(60年代中期至70年代中期、80年代、90年代中期以来)成为推动股市景气的重要因素。

5. 企业“民有化”运动对股市兴旺起了一定的推动作用。90年代以来，西欧各国的企业“民有化”运动的进程加速，范围扩大，

---

① 〔美〕罗伯特·莱文：《问题和答案：美国为什么如此繁荣》，《国际先驱论坛报》1999年3月17日。

② 欧洲联盟委员会：《1997年公报》，布鲁塞尔1997年版，第66页。

力度增加。1990年,西欧各国的企业“民有化”资金只有150亿美元,1997年增加到680亿美元。[①] 实行“民有化”后,政府减少或取消了对原国有企业的补贴,这些被“断奶”的企业便将筹资重点转向股市。

6. 低利率对股市行情的影响增强。国家调节和干预对股市的影响,主要是通过利率的升降进行的。利率较低,则表明选择投资股市可能获得较高的收益,从而增强股市的吸引力;反之,利率较高,则表明选择储蓄与其他形式投资可能获得较高的收益,从而降低股市的吸引力。90年代以来,许多西方国家股市之所以长期繁荣,一个重要原因便是这些国家的利率降到了历史的最低水平(如德国、法国和美国的短期利率已分别降至3%、3%和5.25%)。在美国投资股票共同基金,一般一年可获利10%以上,大大高于同期银行储蓄利息。日本在90年代初股市泡沫破灭后,为抑制股价下跌,也不断降低利率,自1995年9月后,短期利率已降至0.5%的历史最低水平,并已开始遏制住了股价下跌的势头。

(七)日本90年代初以来股市泡沫破灭,是日本股市长期矛盾积累的集中暴露。通过改革和治理,1999年以来,日本股市的元气开始逐步恢复

长期以来,日本股市股价具有一个显著特征,即它的相对稳定性或抗跌性,其股份下跌的幅度往往较美、欧股市小,且反弹一般比较迅速、有力。战后初期至1988年,日本共经历6次较大的股

---

① 经济合作与发展组织:《主要经济指标》有关年度。

票跌价。第一次是在1949年底,随着世界经济衰退和股票供应量增加,出现了股价下跌。第二次是1962—1965年,由于股票投资信托的过度发展和证券公司在市场繁荣的背景下过分乐观而盲目进行扩张,导致了股价暴跌。日经平均股价由1961年高峰时的1549日元跌到1965年7月12日低谷时的1020日元,下跌了34%,1965年市场上新股的发行暂时中止。第三次是1970年4月—1971年底,由于一部分国际投资信托不景气,外国投资者纷纷抛售股票,以及国际上"尼克松冲击"的影响,造成股价下跌。第四次是1973—1974年,由于第一次石油危机对日本经济的冲击,引起日本股价下跌。第五次是1981—1982年,由于第二次石油危机的冲击,日本经济出现动荡,造成股价下跌。从1981年8月17日最高点的8019日元,降到1982年10月1日最低点的6849日元,下降15%。第六次为1987年10月—1988年1月,受纽约证交所股价暴跌影响,在1987年10月19日全球著名的"黑色星期一"后的次日,日经平均股价下跌了3836日元,跌幅为14.9%,大大低于道—琼斯指数下跌22.6%的幅度。

日本股价虽然长期稳定,但它一旦暴跌,其影响则是空前的强烈。美国股市就像火山口不断通过一些小的爆发来释放能量,而日本股市则是积聚平时的能量一次性大爆发,其对日本社会经济生活所带来的影响是持久而强烈的。

80年代中期以来,日本股市股价增长速度过快,幅度过大,且股价水平愈来愈脱离上市企业的业绩和宏观经济基础。1985—1989年期间,日本国内生产总值年均增长5.7%,4年共增长25%左右,但东京证交所日经股票价格却由13000日元跃升到38915

日元,上涨两倍多,股市总值也由196万亿日元增加到630万亿日元,增长3.2倍,股票资产由242万亿日元增至890万亿日元,增加2.7倍,占国民总资产的13%。1985年,日本股票市值为国内生产总值的0.75倍,1989年增加到2.24倍。[①] 以上均创历史最高记录。70年代初以前,日本股市的市盈率大多在20倍以下,70年代到1983年,上升到20—30倍,1984年开始突破30倍,1986年开始突破40倍,1987年开始突破50倍,1989年开始突破70倍。

1989年,日本股市市盈率为70.6倍,而美、英、原西德、法分别为11.6倍、11.25倍、15.6倍和12.3倍,同年日本的股息率为0.45%,而美、英、原西德、法分别为3.43%、4.12%、2.85%和2.65%。[②] 畸高的股价与畸低的股息率两者不成比例。

进入90年代,日本股市泡沫开始破灭。1990—1998年,日本年均经济增长率仅为1.2%,不仅低于西方7大国经济年均增长速度(2.2%),也低于世界经济年均增长速度(2.4%)。日本股市市盈率,到1992年已降到35.6倍。日本股市的低迷一直持续到1998年底。到1998年,东京证交所日经股指跌到12880日元的13年来最低点。比1989年12月高峰时下跌了67%,超过战后日本股价历次下跌的幅度,亦为战后世界主要股价大跌之最。1998年底,日本股票市价总额仅为278万亿日元。1998年,日本东京证交所全年卖超8500亿日元。由于股市长期低迷和成交量极度

---

① 日本大藏省:《日本的证券市场》有关年度。

② 周林薇:《从日本股市暴跌看泡沫经济的特征》,《世界经济》1993年第2期,第69页。

萎缩，日本个人投资者纷纷撤离股市，1998年，个人投资者交易额仅占股票交易总额的10.4%，创历史最低点。由于国内个人投资者锐减，外国投资者成了日本股市投资的重要力量。1998年，外国投资者占股票交易总额的27.5%。在单个交易日中，经常出现外国投资者的交易额超过一半以上的情况。股市长期不振还加大了企业在股市筹资的难度和上市成本，增加了风险，迫使一些外国企业取消或暂停在东证上市。1998年，在东京证交所上市的企业共有54家。其中，11家是直接上市，其余是从店头市场转来的。原定这一年在东证上市的6家外国公司先后取消或推迟上市日期。在东证上市的外国企业已从1989年高峰时的127家减少到1998年12月底的53家。最近3年，竟还没有一家外国公司在东证上市。目前，外国企业股票的日平均成交额仅有8.7万股，仅为高峰时期的1/30。[①] 日本银行、非银行金融机构和证券公司大量亏损甚至倒闭，其中最为引人注目的是1997年11月3日，日本第七大证券公司——三洋证券公司宣布破产，1997年11月17日，日本第十大银行——北海道拓殖银行宣布破产，1997年11月24日，日本四大证券公司之一的山一证券公司宣布破产。

据日本在1998年才成立的金融厅提供的资料，到1998年3月底，日本金融机构的不良债权（呆账和坏账）为87.5万亿日元（约8600亿美元），其中19家大银行就达到22万亿日元。[②] 日本金融界的信誉急剧下降，大量资产流向海外，企业利润减少，资金

① 日本大藏省：《日本的证券市场》有关年度。

② 共同社东京1998年4月14日电。

周转困难,人们对经济前景的信心不足。

日本股市泡沫的形成、发展和破灭不是偶然的,而是有其长期、深刻、独特的背景的,我们下面加以分析。

1. 法人持股和由此出现的法人垄断、法人投机。日本上市公司的股权结构是以法人相互持股为主,证券公司又长期实行法人优先、法人优待的经营政策。这种以法人大企业为中心的股票市场体系,不可避免地存在法人企业为追求自身利益而扭曲股价形成机制的情况。这表现在如下几个方面:

(1) 稳定股东工作。法人股票投资的主要部分是以强化企业间结合关系为目的而进行的。这些股票基本上被法人企业长期所有,"永久性"地退出了股票流通市场。这种股票投资具有投资规模巨大、投资对象集中于少数大公司股票的特点。法人企业长期大量持有股票,极大地限制了股票市场的现实供给量。这些股票大量从流通市场上消失,会引起同种股票价格大幅度上涨。而这些股票价格大幅度上涨,往往成为全部股票价格上涨的前奏。

(2) 法人大量购买股票市场上的浮动股票,减少市场上浮动股票数量,以控制股票供求,操纵股票价格,造成股价上涨。大多数个人投资者仅仅是法人投资者和市场行情的追随者。法人大量购买的刺激,主要股票价格上涨的引诱,以及证券公司的鼓励,在相当程度上影响个人投资者的股票投资方向和规模。

(3) 允许按时价发行股票,抬高了股价。从明治时代开始,日本的股份公司就是以股东分摊和按面额发行股票为原则来增加资本的,但是,采用这种做法,股价高的公司与股价低的公司的实际增资额是相等的,因而上市公司批评没有发挥市场机制的作用,认为应该实行按时价发行股票增资的做法。大藏省也表示赞同。由于允许按时价发行股票,那么股价越高,发行公司的增资收入就越多;所以对发行公司而言,总希望抬高股价,而稳定股东的做法可以达到抬高股价的目的,所以稳定股东工作客观上成了按时价发行股票的手段,就这样,吸收市场上的浮动股,通过对股票供求关系的控制来提高股价,从而利用高股价来发行股票而增资。

(4) 法人股和法人通过控制供求关系抬高股价的情况普遍化,并成为结构性现象以后,当然就可以利用这种情况进行投机活动。由于证券公司知道一旦进行稳定股东工作,股价就会上涨,因而它们可以利用这些信息,动员个人投资者和机构投资者来购买股票。由于个人和机构投资者的大量参与,投机盛行起来,而投机的盛行反过来又促进了法人的投机热,因此证券公司就可以赚取大笔手续费。具体来说,就是证券公司劝诱发行公司发行可转换的公司债券和附加新股认购权的公司债券,发行公司再用筹集到的资金进行股票投机。发行公司利用筹集到的资金进行股票投机的做法,使日本的大企业从中获取了巨额利润。

应当强调指出的是,银行长期大量持股隐含着两种巨大的风险:一方面,当股价大幅度上涨时,银行持有的大量股票产生巨额账外资产,银行有可能以此为基础大量增加贷款,造成经济过热或泡沫经济。另一方面,当股票大幅度下跌时,银行持有的股票贬值,轻则削弱银行的信贷能力,重则引起整个金融体系的动荡,造成经济混乱。

2. **四大证券公司的高度垄断**。50年代后期以来,野村、大和、日兴、山一四大证券公司及其附属机构一直垄断了日本股票交易额的60%以上。这四大证券公司还结成了收取手续费等的"价格卡特尔"。证券公司与少数上市大企业相互勾结,进一步扭曲了日本股市股价的形成机制。特别是1984年后日本实行了"特定金钱信托"制度,即股东大户将资金全权委托给证券公司进行股票交易,依靠证券公司广泛精细的信息网络,使之"旱涝保收",赚取丰厚利润。此制度作为经营股票的工具,开辟了以信用交易为中介,巨额投机资金流入股市的庞大渠道。运用各种金融商品增股筹资的增长和特别金融信托的增加,形成股市高价位基础上的供求高峰。

3. 企业财技术手段过度膨胀。所谓财技术是指企业将所筹资金的一部分从事金融投机,从中获取金融投资收入。在日元升值萧条中,企业实物资产经营收益徘徊不前,资金转向金融资产。企业的财技术行动以及由于地价、股价上升,海外投资等营业外收入的增加,填补了本业收益的减少,形成了产业"空心化",如1985—1989年,在东京证券交易所上市的制造业企业,本业利润为1.25万亿日元,金融收入却为1.91万亿日元①,财技术收益大大高于本业经营收益。企业经营和资本运动效益直接与虚拟资产的膨胀相联系。在地价、股价暴涨相互推动的情况下,企业的账外浮余资产日益膨大。从而一方面形成高利润企业股,刺激投资需求,使企业从股市以低成本筹措资金;另一方面,提高了企业担保力,增强贷款能力。

4. 企业直接融资的成本低于间接融资的成本,诱使大量资金

---

① 〔日〕东京证券交易所:《东证要览》有关年度。

流入股市。从国际金融市场的经验来看,股票和房地产的资金成本应略高于银行借款,因为这些行业的收益相对较大。而在日本却恰恰相反,80年代中期至后期,在日本,由于日元升值、利率不断下降等,同是筹措100亿日元的外部资金,但选择股票发行比选择银行借款节约1.7亿日元的资金成本。金融市场提供的错误信息以及股票与房地产的高收益性,诱使过量资金配置于股票等直接金融市场上,造成整个金融体系的资金结构失衡。

5. 储蓄政策改变。80年代初期,日本的短期利率还为9%左右,但这以后通过数次调低利率,到1987年2月降到2.5%,1995年9月进一步降到0.5%,达到历史最低水平。

1998年4月1日,中曾根内阁取消了涉及2.3万亿美元储蓄的"小额储蓄非课税制度"。这项制度曾经对于推进个人储蓄起了很大的作用。这项制度废止后,日本个人的资金运用形态发生了显著变化,一方面是个人储蓄存款额大幅度下降,另一方面个人大量购买股票。

6. 融资条件的放宽。进入80年代后,日本经济发生了结构性变化,资金供求状况从超投资型转为超储蓄型,形成了大量资金过剩。面对资金剩余,大多数日本金融机构陷入资金运用困难之境地。因为多数优良企业有了自己的资金来源渠道,银行贷款失去了往日的魅力。失去贷款客户的金融机构需要千方百计为剩余资金寻找出路,其中一个重要途径是面向中小企业。以往,日本金融机构对中小企业的融资条件一向是严厉的,但从80年代初开始,银行的贷款审查就放松了,至80年代中期,日本中小企业从银行借款的任何障碍完全不存在了。此外,银行对于土地担保融资和股票担保融资扩大了。从1986年到1989年,这两项融资一直以20%的速度增长。还须特别值得一提的是,日本的非银行金融机构在泡沫经济的形成中,起了不可忽视的作用。非银行金融机构是指贷金业、租赁、信托、住宅金融会社等,它们与银行相比,较少行政上的制约。这类机构自80年代以来发展极快。企业、个人等对于股票和不动产的投资资金,很大一部分是来自于这些非银行金融机构的"迂迴融资"。到90年代初,日本有3万多家非银行金融机构,其中大的非银行金融机构有300多家。据日本大藏省的统计,从1986年3月—1991年3月,日本银行贷款增加了1.6倍,达446万亿日元,而非银行金融机构的贷款增加了4.4倍,达98万亿日元。非银行金融机构的贷款中大约80%是以估价过高的土地和股票作担保的,土地和股票的估价是银行平均数的3倍,[①] 而且很少了解这些贷款的具体用途,这无疑隐含着巨大的风险。

7. 日本金融体系的缺陷。日本金融机构常常违反有关贷款的规定,在贷款过程中存在拉关系、走后门的现象,一些金融机构甚至与黑社会相勾结,从事行贿受贿、非法交易、隐瞒资产、进行幕后贷款等活动。

日本政府一向重视对金融机构的保护和扶植。日本大藏省曾经多次声明,决不让20家大银行和大型非银行金融机构倒闭,并向这些金融机构提供多种被日本报刊称为"护送舰队式的"保护。

---

① 〔美〕乔治·列文:《日本金融体系的薄弱环节——非银行金融机构》,《纽约时报》1992年8月27日。

由此，创造了日本大型金融机构不倒的神话。

长期以来，日本一直是在大藏省内附设证券监管机构，力量很小。直至 1992 年一些金融黑幕被陆续揭露后，才设立了隶属于大藏省的证券交易监督委员会，但人数仅有 200 人，而美国的联邦证券交易委员会有 3000 人。显然，日本靠这样一支弱小的力量，是无法胜任对证券业的系统的监管职能的。在 1998 年 4 月金融大改革之前，对民间金融机构的监管主要包括大藏省和日本银行每两三年实施一次的“检查”和“考查”。大藏省的“检查”与日本银行的“考查”的区别在于，前者是依照法律实施的检查，不仅检查金融机构的经营是否健全，而且注重揭发各种违反法令的事实；后者则是依照日本银行与在日本银行设有往来账户的民间金融机构之间所签订的合同进行的。不少专家指出，大藏省在执行监督功能之中所扮演的角色与其说是广大存款者及其他债权人的代言人，不如说是金融机构的现任经营者的保护人。而导致出现这种不正常倾向的一个重要原因，是金融当局的高级官员当中，很多人在退休后“下凡”到民间金融机构担任要职。这种官员“下凡”的惯例在实质上成为金融当局与民间金融机构之间的一种交易，严重地影响了金融当局监督功能的正常发挥。因为官员为了确保自己退休后的再就业机会，难以在执行监督任务之中尽职尽责，常常对经营上有问题、却能在将来退休后为自己提供“肥缺”的民间金融机构进行庇护，甚至发生各种舞弊行为。

过度的行政干预形成了官商勾结的恶果。由于从利率水平到金融商品开发均需经大藏省等政府主管部门的审批认可，连大藏省内小小的课级官员对金融机构都握有生杀予夺的大权，因此，各个金融机构莫不讨好和迎合大藏省等政府主管部门。政府对金融机构的过度保护还造成了双重后果，一方面，金融机构的效率低下，竞争能力弱，风险意识差，滋长了对政府依赖、投机和侥幸心理。一旦出现重大经营失误，常常是向大藏省一推了事，即使有违规行为，也有政府顶着。另一方面，造成了公众对金融机构的迷信。

80年代以来，日本开始进行金融自由化改革，毫无疑问，这是提高金融业国际竞争力的大势所趋，但是问题在于有破也要有立。政府没有相应建立一种金融自由化和国际化条件下的对金融市场和金融机构进行监控的机制，设置金融风险的警戒线，掌握新形势下的调控方式，监管者的监管能力和金融立法均没有跟上，股票市场上存在着许多不公正、不道德行为。

8. 社会心理误区。首先，日本经济在平稳发展15年之后，人们普遍相信新的一轮高速增长期又来了。其次，股票和房地产升温以后，人们普遍相信只要投资于股票和房地产就会赚大钱。

日本股价从1990年初开始持续性下跌。长期性的大幅度股价下跌，给日本股票市场甚至整个经济造成了巨大冲击。在强烈的股价暴跌冲击之下，日本股票市场原有的股价形成机制动摇了，从而造成了日本股票市场的大动荡、“大混沌”局面。造成这种局面的原因是：(1)在80年代特别是80年代后期，日本企业所进行的急风暴雨式大规模股票发行，极大地削弱了法人企业对股票供求的控制能力。(2)法人持股已经达到极限，并且遭到以美国为首的西方国家的坚决反对。所以，法人企业在大规模发行之后，再也不能毫无顾忌地大量购买了。(3)自1991年起，日本企业的收益状况恶化,法人企业即使想大量购买股票,也已心有余而力不足。日本法人持股占持股总额的比重,1989 年为 70.8%,1996 年下降到 65%。[①] (4)证券公司特别是大型证券公司经营失控,发生了一系列"证券丑闻",受到社会各界的猛烈抨击,使法人企业失去了联合控制股票供求的一个强有力支柱。(5)面对国际大潮的冲击和自身财力的下降,日本政府再对金融业进行过分的保护已显得力不从心。

针对股市泡沫破灭所反映出来的日本金融体制和政策的一系列矛盾,日本政府从改革和治理两方面采取了措施。关于改革方面的内容我们放在本章第二节予以评价,这里我们只谈治理方面的内容。

日本政府的治理对策,集中反映在其"金融重建(再生)综合计划"中。日本政府于 1998 年 7 月 2 日批准了"金融重建(再生)综合计划",同年 10 月 12 日国会也通过了该计划。该计划旨在推进金融改革的同时,稳定金融体系和秩序。具体包括"金融早期健全化法案"、"重建金融机能紧急措施法案"、"金融重建委员会设置法案"、"存款保险法修改案"、"促使抵押债权转让顺利进行临时措施法案"、"特定拍卖手续特例法"、"促使拍卖手续顺利进行法案"、"债权管理回收业特别措施法案"共 8 项法案。根据上述法案,政府可通过发行国债等方式,动用国库资金,充实存款保险机构的财源,由存款保险机构出面向民间金融机构注入资金来提高民间金融机构的自有资金比例。当民间金融机构一旦发生危机,资金周

① 〔日〕东洋经济周刊:《企业系列总览》,1997 年版,第 73 页。

转失灵,存款保险机构可通过购买其发行的优先股和次等债的形式向金融机构迅速提供融资,以提高民间金融机构的自有资金比例,增强其资信和抗风险能力,保证储户的金融资产安全。可采用特别的公共管理方式,强行收购濒临破产银行的普通股,将其收归国家管理,并进行整顿,在银行纳入正常轨道后出售给民间企业。引进美国的"过渡银行"制度,当民间金融机构破产倒闭时,由金融厅派人接收破产机构,保护储户和借贷企业,然后寻找其他民间机构予以接收,如果找不到,即由政府动用金融稳定资金将其改变为公共性质的"过渡银行",继续从事金融贷款业务,同时集中力量处理不良债权,2—5年后"过渡银行"自行解散。该制度有利于金融机构的竞争和淘汰,促使金融机构尽快处理不良债权,同时又可以避免金融机构倒闭而引发的信用恐慌。设立股份制的不良债权清理回收机构,负责清理和处理金融机构的不良债权,并通过证券化等方式加快不良债权回收,转化和流动。

为了实施上述法案,日本政府准备了60万亿日元的公共资金,通过政府的存款保险机构,向自有资本比例达不到国际清算银行规定的金融机构注资。对自有资本比例大幅低于规定的金融机构,实行强制性注资,以增强日本金融业的信誉,恢复公众的信心。

不过,应当强调指出的是,现在日本政府对民间金融机构的支持与过去相比有两点不同,一是重点由援救金融机构转为保护储户和投资者的利益;二是着力于增强金融机构的"造血"功能和转换其经营机制,而不能长期依赖政府"输血"。

此外,日本当局还加强了对金融机构的监督和检查。

1992年7月,日本国会通过一项法案,要求非银行金融机构必须向政府报告用于股票投资的贷款情况。

1991年6月,日本最大的证券公司——野村证券公司因向黑社会头子提供贷款事发,结果当时担任野村公司董事长和社长的田渊节也、田渊义久两兄弟双双辞职。日本政府从中吸取教训,于1992年成立证券交易监督委员会。然而,野村证券以及其他证券公司并不悔过自新,而是更隐蔽、更巧妙地继续向黑社会提供好处,1997年3月,野村证券公司,5月,第一劝业银行,7月,山一、大和证券公司,9月,日兴证券公司均因涉嫌向具有黑社会背景的特殊股东"总会屋"头子小池隆一非法提供融资和好处费而分别受到东京地方检察厅的搜查。在截至1997年的9年中,四大证券公司共向小池非法提供资金24亿日元,第一劝业银行则向小池非法提供了100多亿日元贷款用于购买股票。除山一证券倒闭外,日本大藏省对野村证券和第一劝业银行予以了严厉处罚。从1997年8月6日至年底,停止野村公司的股票自营业务,全公司停业整顿一周;从8月6日至12月5日,停止野村证券第一企业部的有价证券与期货交易;取消该公司在此期间承销国债等公共债券的资格。从1997年8月6日到年底,禁止第一劝业银行进行新的融资业务,禁止该行在1997年内参与国债等公共债券的承兑和投标,禁止该行在1997年内开设新的分支机构和营业部。日本证券公司的领导人或被依法逮捕,或引咎辞职。①

通过金融改革和采取的一系列治理政策,日本经济在1999年3月起开始逐步回升,股票价格也随之上扬。1999年3月日经股

---

① 共同社东京1997年9月25日电。

票平均价格自 1998 年 8 月 4 日后首次恢复到 16000 日元以上，1999 年 6 月又突破 17000 日元，1999 年 7 月再突破 18000 日元大关。

（八）作为股票市场基本经营主体的投资银行的地位上升，集中程度提高

投资银行是与商业银行相区别的，以证券承销为本源业务，并从事证券交易、资产和基金管理、项目管理、投资顾问、咨询服务、信用评估、吸收定期存款和发放抵押贷款等业务的金融机构。它包括证券公司、信托公司、投资公司、金融公司、财务公司等。

投资银行的雏形可追溯到 15 世纪欧洲的商人银行，即由商人提供的短期债务融资服务。最初这一业务还只是某些商人的非主营业务，后来人们发现此类业务具有较高盈利性，才出现了专门从事投资银行业务的商人银行。美国投资银行的兴起比欧洲晚，但却后来居上。

从 19 世纪 20 年代开始，美国涌现出一批新兴铁路公司、保险公司和公用事业公司，美国证券市场因而迅速地扩容起来，有力地推动了美国投资银行的加速成长。在美国金融史上，第一家投资银行普莱姆—伍德—金公司成立于 1826 年。该公司首先从证券零售经纪业务中脱离出来，成为最早开展证券批发业务的机构。

美国南北战争期间，南北双方的各级政府为了筹措战争经费发行了巨额政府债券，给年轻的美国投资银行带来了较多的业务机会和丰厚收入，从而为后者的起步和发展提供了有利条件。

从 19 世纪 70 年代到 1929—1933 年大危机的这段时期，是美

国投资银行发展的鼎盛时期。当时一批投资银行首先在铁路公司股票的承销与投机活动中大获其利,有的甚至乘机谋取了重要铁路公司的实际控制权。此后,他们又将业务和影响拓展到新兴的产业部门,业务范围从证券承销、经纪到信托投资、企业创立与改组、企业兼并、培植新兴企业,乃至大额存放款、汇兑、外汇等几乎无所不包。美国国会在1913年发表的《货币托拉斯调查报告》中指出,摩根财团以当时最大的投资银行摩根公司为核心,控制着美国钢铁公司、通用电气公司等53家大公司,总资产达127亿美元,包括金融机构13家、工矿业公司14家、铁路公司19家、公用事业公司7家。摩根公司被时人喻为"单人联邦储备银行",投资银行家摩根被公认比当时的美国总统更有影响力,而美国投资银行则被公认比美国政府更有影响力。

值得注意的是,这一时期其他金融机构如商业银行、人寿保险公司、信托公司等也通过设立证券子公司或投资银行部的方式承办投资银行业务。投资银行也大量涉足这些金融机构的业务领域,从而使彼此之间的业务界限模糊不清。

1929—1933年大危机给美国经济造成了巨大的破坏,金融业受害尤重。1933年,作为罗斯福总统实施"新政"的一个重要步骤,美国国会通过了《格拉斯—斯蒂格尔法》,将美国投资银行与商业银行的界限明确地区分开来,投资银行不准承办商业银行的主要业务如存款、支票,禁止商业银行与投资银行之间的资本和人事结合等。受其影响,投资银行在美国经济中的作用和地位被削弱,发展势头受到影响并进入调整阶段。当时的摩根公司被强制分割,从事商业银行业务的部分称为摩根银行,从事投资银行业务的部分组成了摩根—斯坦利公司。

然而,60年代以后,美国经济发生了一系列重要变化:首先,规模愈来愈大的美国企业纷纷大搞负债经营,外源性筹资比重上升,筹资方式与筹资工具日趋多样化;其次,市场利率的攀升促使了大量公众存款从商业银行"脱媒",并转入证券市场投资来生息获利;再次,随着人均收入水平的提高,个人对金融资产的投资需求增强,并成为证券市场上的重要投资主体;最后,为实行扩张性财政政策,弥补财政赤字,联邦、州及地方各级政府发行的公债规模逐年扩大。这些新情况、新变化给投资银行带来了新的业务机会与收益,美国投资银行亦不失时机地调整了经营战略与管理制度,加紧推行金融创新。一些重要的创新金融工具如货币市场互助基金、现金管理账户等,均是由投资银行在70年代推出的,一度不振的美国投资银行又重新扩张起来。

进入80年代,美国投资银行重新急剧扩展,其发展进入一个新阶段,并呈现如下特点:

1. 规模急剧扩大。1980年美国投资银行资产总额为640亿美元,仅相当于该年全美金融机构资产总额的2%,而1988年其资产总额则增至4760亿美元,并占全美金融机构总资产的8%。

2. 经营国际化。80年代以来,国际金融领域里出现了资产证券化、金融自由化和证券市场国际化(全球化)等新特征。美国投资银行趁机在海外广设分支机构,突破国界与国内金融制度的限制,实行经营国际化。当前,海外经营在美国投资银行的整体经营格局中已占据相当重要的地位。

3. 业务多样化。现在,一般美国投资银行不但经营传统的证券承销与经纪业务,而且拓展了证券投资、公司理财、资产管理、购并顾问、项目融资、抵押贷款、风险投资、保险等业务。其业务结构也有很大的变化。据统计,1973年美国投资银行的佣金收入占总收入的比重的56%,1986年则降至21%。传统上,投资银行对公司股票的投资非常少,可是,目前它们投资、持有的公司股票规模仅次于养老基金,而超过人寿保险公司等其他机构投资者。大投资银行的优势并不表现在传统的业务领域内,而表现在新兴的业务领域内。

由于大投资银行财力雄厚、网络广泛、研究开发力量强,从事新兴业务更为得心应手,小投资银行在传统领域中生存一般比较容易,但要跟上证券业发展的步伐则显得力不从心,因此差距越拉越大,如美国证券业中的佣金收入占全行业总收入的比重,1972年为53.8%,1991年仅为17.3%。用于经纪业务的资本,1972年尚占总资本的45.4%,1991年仅占6.3%。[①] 在新兴业务领域拓展的成功程度,是在剧烈的市场竞争中决定投资银行兴衰的关键。

4. 依然存在大量中小投资银行。如美国90年代中期有7000多家证券商,大多数中小证券商擅长于一项特定业务(如折扣经纪、柜台交易、证券自营等),而同时从事传统的证券核心业务(经纪、承销和交易)的只是少数大券商。

随着战后“股票投资大众化革命”的发生,为此服务的投资银行也相应得到发展。50年代,在美国,以美林公司等为代表的一

① 〔美〕全国证券商协会:《股票市场调查报告》,1992年,第84页。

批新兴的投资银行开始登场，它们通过建立分公司、从事证券调查业务、扩大证券推销员队伍、吸收小额投资者的资金等途径而得以发展。同时，证券投资顾问(或叫证券分析家)的作用也日趋重要，证券投资顾问已经成为投资者的向导。1950年，日本野村、大和、日兴和山一四大证券公司税后利润的总和只相当于住友银行一家的水平。到70年代末，日本证券公司的实力已与城市银行不相上下。1980年，野村证券公司的经常收益在全部金融机构中居第二位，日兴、大和、山一也分别居第九位、第十一位和第十三位。80年代末是日本证券公司的鼎盛时期，1988年，野村证券公司的总资产就达3720亿美元，而世界上最大的跨国银行日本第一劝业银行的总资产也不过2407亿美元。90年代初日本泡沫经济破灭后，给证券公司以沉重打击，日本47家证券公司1990年度盈利6305亿日元，1991年度则亏损2621亿日元。① 但证券公司在日本金融业乃至整个国民经济中仍占有举足轻重的地位。

1968—1991年，美国前10大投资银行的资本额占全行业资本总额的比重，由33.2%提高到76.6%。1990—1998年，最大的20家投资银行在全球资本市场上的份额由80%提高到97%，其中最大的10家的市场份额几乎翻了一番。② 投资银行通过与商业银行和其他金融机构之间业务的交叉化、投资银行之间、投资银行与商业银行和其他金融机构之间的合并和联盟等形式，拓展了自己的市场份额。

---

① 于秀东:《日本跨国证券公司的发展》,《日本学刊》1996年第3期,第55页、第56页、第61页。

② 〔英〕《金融时报》1999年3月1日专文:《全球投资银行业务趋于集中》。

70年代中期以来,随着西方各国当局对股市经营主体限制的放宽,商业银行、保险公司等金融机构也逐步介入股市,从而使股市经营主体趋于多元化,股市竞争更加激烈,而各国又有各自的特征。关于这类问题,我们将在下一章中论及。

二、战后股票市场交易的手段、品种、方式和布局的新变化

战后,随着科技进步的日新月异,经济的飞速发展和集团化、国际化、多极化趋势加强,股票市场规模的不断扩大,股票市场交易的手段日趋现代化,新的交易品种和交易方式不断增加,交易品种和交易方式日趋多元化,各种交易品种之间、交易方式之间日益交叉化和传统界限模糊化,西方国家各股票市场正在进行重组,各国股票市场力量对比的格局几经变化,国内统一的和国际性的股票市场体系正在逐步形成。

(一)随着股票市场的竞争空前剧烈,各证券交易所不断提高交易手段的现代化水平

战后以来,国际股票市场的竞争不断加剧,进入90年代后,更是达到了前所未有的白热化的程度。如何适应这种形势,通过不断技术革新和设备改造,提高交易手段的高科技含量,以降低交易成本和投资风险,为投资者提供全方位、高效率、灵活、优质的服务,提高经济效益,进而吸引更多的投资者,扩大交易规模,成为关系各证交所生死存亡的问题。

50年代后期以前，为先进技术在股市中运用的初级时期。由于电子计算机问世不久，价格昂贵，如日本证券公司中，只有野村、日兴、大和、山一这四家资本实力雄厚的证券公司采用电子计算技术，通过电子计算机处理日常文书及票据工作。1958年—60年代中期，为先进技术的推广时期。50年代后期，日本经济高速发展，证券公司的业务范围随之逐渐扩大和多样化，工作异常繁重。为了在激烈的竞争中求得生存与发展，自1958年起，许多证券公司仿效野村、日兴、大和与山一，纷纷配备和安装电子计算机，使先进技术在证券公司的业务活动中迅速推广。从60年代后期到70年代初期，为证券公司业务现代化的提高时期。主要标志是计算机联机处理控制系统的出现。随着计算机技术条件的完备，野村、日兴、大和、山一四大证券公司于60年代后期先后在他们各自的公司中建立了局部联机处理控制系统，将公司总部的中央处理机与公司一些主要分支机构的计算机联成网络，利用计算机向联机的分支机构传送证券交易的即时指令、管理公司账户、进行会计核算和整理通报信息，从而使证券公司的业务技术产生了质的飞跃。在四大公司的带动下，一些主要证券公司也开始筹资组建联机系统。1971—1974年，为先进技术的普及时期。1971年，东京证交所引进了股票簿记预算系统。在这一时期，日本成立了一个全国性的服务机构——市场情报中心，负责对证券业者提供证券行情变化情况、证券交易的即时价格和注册证券的交易额方面的信息。1971年，市场情报中心以及东京和大阪的证券交易所相继建立了计算机联机系统，并在此基础上成立了计算机服务中心。除处理自身的业务外，也对顾客提供服务。与此同时，在证券业协会的协调之下，日本各证券公司加强了彼此的业务联系和技术合作。

进入70年代后，各国以手工操作的交易系统逐渐由现代化的交易手段所取代。80年代末，电脑交易系统已在全球各主要证交所安家落户。据统计，绝大多数交易所70%以上的股票交易都是通过电脑撮配完成的，有的甚至高达90%以上，电脑化的交易系统成为交易市场发展的主流，信息传送速度快，交易效率高，可容纳的投资者范围广，容量扩展潜力大。

现代技术的应用主要表现在：1.证券由清算公司集中托管后以无纸化形式进行交易，电脑随时记载投资人持有股票变化情况；2.电脑系统自动对买卖需求进行配对而无须人工竞价；3.通讯技术的发展促使无形市场得到发展，在远离交易设备的地方也可以通过终端系统直接参与交易。

股票市场信息系统的类型主要有：行情发布(报价)系统、传递系统、撮合系统、交易系统、监控系统、清算系统、资讯系统和信息服务系统。

1974年，东京证交所电脑化的市场信息系统投入运营。1982年，东京证交所第二部的股票交易实行电脑委托传递和执行系统。1983年，电脑化的交易核对系统投入使用。以四大证券公司为先导，一些主要的证券公司先后建立了全面的计算机联机处理控制系统，将公司总部的中央处理机与分散于各地的全部分支办事处的计算机联成一体，加强了整体的配合性和公司对证券业务的管理，扩大了情报资料的传送范围，加快了证券的交易过程。同时，大多数中小证券公司也纷纷安装了自己的计算机骨干系统。即使那些没有安装计算机的极少数公司或分支办事处,也往往将他们的局部工作委托给大证券公司的计算机服务处或东京等地的股票交易计算机中心处理。

1974年,纽约证交所安置了联合报价系统,该系统在1987年完善以后每天可处理百万笔(以前为5—6万笔)10亿股股票交易。1987—1997年,纽约证交所共投资12.5亿美元来加强其电脑系统的操作能力,使日交易能力达到23亿股,是实际交易量的5倍多。1987年,这里只有1/4的交易通过电子网络进行,而现在已经可以做到100%。[①] 纽约证交所与当地其他交易所间还建立了良好的网络系统,信息交流十分便捷。

美国的纳斯达克市场形成于1971年,它的独特之处首先是它的基于以自动化中央控制系统为核心的计算机网络的自动报价系统,其次是它的利用电子计算机屏幕技术进行相互竞争的约500个造市人(证券商)。自动报价系统创造了适时的、计算机屏幕的交易群体,造市人在这个群体中报出它们的买卖价,从而形成了一种反映市场供求的驱动力,不断地影响着股价的上涨下跌,而交易的实现仅仅是弹指之间的事情。纳斯达克市场提供了一种新形式的证券市场,把美国东西海岸的6000多个证券商相联结,并联接了世界上55个国家的25万多台计算机终端,使全世界的投资者和证券经纪人都能看到纳斯达克市场造市人的信息。

1986年,伦敦证交所为扩大交易范围,建立了SEAQ电脑系统(证券交易自动报价系统),提供报价和交易服务。并与纽约证

---

① 〔美〕纽约证券交易所:《1998年公报》,第19页,第24页。

交所、东京证交所的电脑中心联网，实现了24小时全球证券交易。英国以交易所为主，SEAQ为辅的电脑网络交易布局，提高了交易的效率，吸引了更多的投资者和上市公司。在被称为“大爆炸”的1986年金融改革中，伦敦证交所把以前在黑板上报价，然后由交易商面对面讨价还价的现场交易方式改为通过电话进行交易，并部分使用了电脑操作。90年代初，伦敦证交所有3.2万电脑终端（用户），电脑中储有10万页的资料，除了每家上市公司股票行情外，还有财务报表等国内外有关信息。这一方式被称为“报价成交方式”。在这种方式下，能左右市场价格的大公司往往将于已有利的买卖价打在电子屏幕上，其他中小交易商必须按此价格进行交易，而这些大公司却并不以公布的价格成交，而是通过电话等做幕后交易，以获取最大利润。这种方式虽然稳妥，但市场效率和交易透明度却不够高。

随着美国和欧洲各大证券交易所对电子指令成交方式的相继采用，以及市场国际化的加深，伦敦证交所的报价成交方式显得越来越落后，弊端也越来越明显，引起金融监管部门和一些交易商、特别是在这种交易方式下受到不公平竞争的外国交易商的不满，使伦敦证交所面临交易量下降和客户流失的严峻挑战。在这种生死存亡的情况下，伦敦证交所1993年开始着手改革事宜，虽然改革遭到惟恐丧失既得利益的大公司的强烈反对，并导致交易所两任总经理被迫辞职，但在新的形势下，面对来自各方的强大压力，伦敦证交所的改革是大势所趋，势在必行。到1997年10月20日，伦敦证交所终于正式引进了已被世界其他主要股市普遍采用的电子指令成交方式。新的电子交易系统耗资4200万英镑（约合

6804 万美元)。[①] 在该系统下,当股票交易商输入的指定买、卖价相符时,电脑可自动使之成交。这种方式简便、快捷、透明度高,在大大提高交易能力的同时,又大幅度降低交易费用。新交易方式的实施被国际金融界人士称为继 1986 年改革后的“第二次大爆炸”。1998 年 11 月 30 日,伦敦证交所的国际期货交易也采用了电子交易方式。

1996 年 8 月,伦敦证交所把新近开发成功的一套人工智能软件引入交易所的监控系统,以期防止内部犯罪团伙操纵市场进行非法交易和牟取暴利的不法行为。该所启用的这套软件监控系统不但可以用来分析整个市场的交易数据资料,还能有效地监测到非法交易活动的各种迹象。这套软件系统被称作为“混合智能系统”,有数套可以对证券交易数据资料进行仔细审查的人工智能设备,以极高的速度模拟人脑思维形式进行工作。除了该系统外,该所还采用了一种新的电子装置,每当交易过程中有迹象表明不法分子进行非法交易时,装置在分析数据的同时会自动作出停止交割 24 小时的决定。

1970 年,德国法兰克福证交所的交割和清算系统实行了电脑化。90 年代中期以来,法兰克福证交所大力发展电子交易系统,投资 9000 万美元实现技术更新。其规模不仅超过了法国和瑞士,甚至超过了美国的纳斯达克。法兰克福证交所的电子化程度目前已在欧洲远远领先。在电子化的促进下,其日均交易额也已经超

① 经济合作与发展组织:《金融市场趋势》,1998 年,第 57 页。

过了伦敦。[①]

(二) 衍生金融商品(金融工具)的交易方兴未艾

所谓衍生金融商品(金融工具),是指将利率、汇率、股票、债券和票据等,用期货、期权及调换等方式组合而成的所谓高技术金融商品。衍生金融商品作为一种金融合约,其价值取决于现货市场上一种或多种资产或资产指数的价值。

1. 衍生金融商品交易兴起的背景和特点。70年代中期以来,特别是80年代以来,全球衍生金融商品崛起并迅速发展的背景,一是国际金融市场的业务需求日趋扩大和多样化;二是市场竞争加剧;三是利率和汇率剧烈波动,国际游资不断增加,投机猖獗,使得国际金融市场的风险日趋增长;四是金融自由化浪潮兴起,金融管制趋于放松;五是以电子化、网络化为标志的金融交易手段的现代化;六是各国金融市场的一体化。

衍生金融商品交易的发展,具有如下特点:

(1) 规模不断增大。全球衍生金融商品的名义价值,1986年不到2万亿美元,1995年已增长到12万亿美元。美国银行持有的衍生商品的评估价值已相当于银行自有资本的2/3。

(2) 品种不断增多。到90年代中期,已达1200多种。按大类划分,可以分为金融期货、金融期权和调换(又称调期或互换)三类。

期货在19世纪就已存在,但大规模、有组织、比较标准化的金

① 经济合作与发展组织:《金融市场趋势》,1998年,第61页。

融期货交易则是在本世纪 70 年代中期才出现的。它是指交易双方签订协议,通过支付一定佣金,以在将来特定时间用固定价格购买或出售一定数量的金融资产。

有组织、比较规范化的金融期权是 70 年代末在金融期货的基础上发展、演变而来的。它是指在将来一定时期内,按预先约定的价格购买或出售某种金融资产的权利,但没有义务一定要行使这种权利。期权所有者在支付一定的保险费后,可以根据市场汇率或利率等变动的有利或不利,执行或不执行期权,以达到防避风险,增加收益的目的。

金融期货与金融期权之间的区别在于:其一,金融期货表示一种支付的义务,除非在合同期满之前形势发生了特别的变化。期权则为其持有者提供了一种选择,期权持有者可以简单地让合同终止;其二,期权持有者的最大损失仅局限于所付的保险费,而期货合同的损失就没有这种最大的界限;其三,期货合同需要注明市场每天结算,而期权购买者的现金流出已限制在保险费的范围之内,在购买合同时保险费便已经支付。

调换被西方经济学者称为"全球金融革命的中心",它是指交易双方根据预先约定的条件,在一定时期内交换不同的金融资产或债务。调换又分为:第一,通货调换:将按不同通货标价的资产或债务进行调换。第二,利率调换:把一种固定(浮动)利率的资产或债务进行调换。第三,混合调换:把不同通货、不同利率、不同资产或债务进行调换。1985 年,国际调换商协会和英国银行家协会创立了一系列标准化调换交易条件,使之成为调换交易的比较标准的协议,成为调换交易步入比较规范化、大规模交易的标志。

(3) 市场范围不断扩大,集中程度高。全球从事衍生金融商品交易的交易所为50余家,另外还有为数众多的场外交易。而全球主要的衍生金融商品交易商约为150家,其中最大的10个交易商就占了交易量的60%以上,而前三名最大的交易商的交易量分别占了交易总量的15.1%、12.4%和12.3%。①

70年代中期以来问世的与股票有关的衍生金融商品有:1973年,芝加哥期货交易所首次推出股票期货;同年,芝加哥期权交易所首次推出16种股票期权;1981年,芝加哥期货交易所首次推出股票指数期货;1982年,芝加哥期权交易所首次推出标准—普尔100种和500种股票指数期权;同年,伦敦国际金融期货交易所推出金融时报100种股票指数期货;1988年,东京证券交易所开办东证指数期货交易;1990年,西方各国市场首次推出股票指数调换;1991年,西方各国市场又首次推出证券组合调换;等等。

80年代以来,国际金融市场上出现了一种新的重要的趋势,那就是综合性的金融商品层出不穷,传统的金融业务之间的界限不断被打破,不同金融机构之间的差异性日趋缩小,单一功能的金融机构日趋演变为全能型的金融联合体,复合金融资产(证券)使不同市场的不同融资技术结合起来,货币(信贷)市场与证券市场、债券市场与股票市场、现货市场与期货、期权市场、短期市场与中长期市场、资金市场与外汇市场之间的联系愈来愈密切,日趋成为一个一体化的国际金融市场。复合金融资产(证券),从大类的组合来说,便是在金融商品的发行和交易过程中,将期货、期权和调

① 国际清算银行:有关《年度报告》。

换业务溶合起来。如调换期货、调换期权、期货期权等。

具体的复合金融资产(证券)如:

(1) 附有认股证书的债券。它保证赋予持有某公司债券的投资者在未来一定时期内按照协定固定价格(通常略高于股票发行价格)购买该公司一定数量股票的权利。这种认股证书本来是附在债券上,但由于它本身具有市场价值,所以可以与它所依附的债券分离开来单独进行交易。对投资者来说,他是投资于保证,而不是投资于股票,而保证价格通常都低于股票价格,从而为他节省了投资。在协定期限内股票价格往往会超过协定价格,投资者可获得一笔可观的利润。这种具有股权保证的公司债券的好处是灵活性较大,发行费用较低,可避免用票面价格以下的价格发行股票的弊病,从而能够改善公司的财务状况。而且由于公司股票价格经常协议,与纯粹股票发行相比,所受到的调低价格的压力较小。

(2) 可转换债券。是允许投资者在一定时期内以特定价格把债券转换成普通股票,因此也具有吸引力,主要是它同发行纯粹债券相比,由于增加了一种获得股权的担保,发行费用要低得多。对投资者的好处在于把一种固定收入与实现额外利润的可能性结合在一起,只须股票的市场价格超过转换价格就行。

可见,有股权保证的债券和可转换债券,实际上是把债券和股票当作一种筹资工具的两个不可分割的组成部分,使投资银行和证券交易所可以通过一个单一的分配渠道把债券和股票结合起来,在此情况下,债券市场与股票市场不再是两个分开的市场了。

(3) 无表决权股票(也叫不记名参与股权证书)。它允许投资者获取红利或参与利润分配,但并不像普通股票持有人那样享有表决权，发行这种股票的意图在于防止丧失其对公司的控制权。

(4) 指数债券。是将债券的本金和利率与某一种股票或商品价格指数联系起来，使得这类债券投机性增加。

如此等等。

2. 衍生金融商品交易的影响。开发衍生金融商品的动机，从金融机构来说，是由于这些商品均属于表外业务，无论买入或卖出，都不会影响金融机构的资产负债表的状况。特别是随着金融的证券化，使得金融机构的存款变得缺乏稳定性，从而导致其借入资金成本上升，所以许多金融机构试图通过提高贷款—资产比率来弥补利差下降造成的损失。可是，随着国际经济环境不稳，金融机构竞争的加剧，不良贷款增加，贷款收益下降，扩展表内业务面临增加资本以及改善资产结构的强大压力，但由于增加新的资本成本较高，难度较大，金融机构被迫千方百计地去寻求既不影响资产负债结构，从而逃避监管，又可以扩大资金吞吐，提高收益水平，控制和管理风险，拓展市场，增加市场流动性，加强资本基础的表外业务，通过开辟更多表外业务项目，从而用相对丰厚的表外业务收入来弥补利息收入的不足。而衍生金融商品的不断增加，也扩大了投资者的资产选择和调整范围。所以，开发衍生金融商品，可以增加融资工具、融资方式的多样性和灵活性，强化市场流动性，降低融资成本，分散、转移和减少风险，充分动员社会资金，促进储蓄向投资转化，实现套汇套利，套期保值。

但是，衍生金融商品又是一柄双刃剑。它在回避传统风险的同时，又创造了新的风险。这是由于，衍生金融商品的迅猛发展直接改变了现代金融风险的形成过程和形成机制。这表现为：

(1) 衍生金融商品促使风险的表现形式以及发生的频率改变,衍生商品的风险变得更加复杂。因为衍生商品中许多交易属于场外交易,不实行中央结算方式,没有规定保证制度以及每天进行头寸结算。另外,由于衍生金融商品的交易额巨大、频率易变,这也使与之相关的各种呆账、违约金额巨大。

(2) 衍生金融商品的杠杆作用会使金融市场风险形成机制发生变化。一般而言,衍生金融商品一方面可以用作保证手段来管理现货产品的市场风险,另一方面其杠杆率变化大,汇率、利率的微小变化会使衍生金融商品的交易补差很大,所以,一旦投资机构对汇率、利率的变化预测能力较差,便会使其在消除传统风险的过程中带来更大的衍生金融市场风险。

衍生商品的发展给监管体制最大的冲击是对其监管能力和监管工具的挑战,也就是使传统监管体制失去监管对象和发生作用的基础。这集中表现为:

(1) 衍生金融商品的随机性、相对不规范性,使原有固定、僵化的管理法规无法适应新的金融环境。同时,由于衍生金融商品的操作模式很难确定,每一笔交易都可能与另一笔有不同的条件,因此也很难对每一笔交易进行一致管理。

(2) 衍生金融交易是表外业务,其盈亏并不在资产负债表上得到反映。因此,国际上通行的银行风险资本充足率监管手段往往失灵,不仅从事巨额的衍生金融交易也能达到风险比率要求,而且它能驱使许多金融机构投机者在避免资信评定降低,回避金融管制的情况下,进行大量投机活动,从而加重风险。

(3) 衍生金融交易的涉及面广、变化快、数额大、非集中性等特点使原有的信息收集机制失灵，往往会使营运规则和法律规则无法真正协调地与之并进地发展。

（4）衍生金融交易要求从事人员有大量的自主权力。因此在冲击传统机制的同时加重交易风险的主观性，增加了由于业务人员的道德行为导致的道德风险。

综上所述，衍生金融商品面临的风险有：因合约一方违约造成的信用风险，产生于利率、汇率及价格变化的市场风险，难以按时兑现的流通性风险，缺少交易信息、对交易管理不善、交易系统故障造成的交易操作风险，以及各国法律的不健全、不统一、有关交易合约法律效力的程度（包括条款模糊、遗漏等）的法律风险等。据国际清算银行在 90 年代中期估计，有发生危机风险的衍生金融商品价值约为 2400 亿美元。[①]

为了对付以上挑战，各国和国际金融监管机构提出了许多对策，特别是 1994 年 7 月 24 日巴塞尔银行监管委员会和证监会国际组织联合强调对衍生金融商品交易加强内部风险管理及提高金融体系稳定性的重要性，并制定了对衍生金融商品进行监管的指导原则。这些原则包括如下几个方面：（1）对衍生商品所包含风险的识别和衡量；（2）董事会和高层管理人员适当的监察；（3）从事衍生商品业务的基层管理人员经常检查和控制有关风险；（4）统一、可靠的管理信息系统；（5）全面的外部稽核和审计系统。

各国和国际金融组织的对策有：

（1）从事衍生金融交易的机构及主管当局必须制订一套完善

① 国际清算银行：《1995 年年度报告》，第 31 页。

的风险管理、交易咨询收集的制度，其目的是使衍生金融交易正规化、透明化，杜绝各种不正当、不规范的交易，使各方尽可能在完全信息状态下进行交易，从而减少人为投机。

(2) 加强衍生金融商品市场体系的建设，强化交易所内交易和场外交易的自我约束机制，建立统一的场外交易结算中心，使交易期限标准化、交易地点统一化、交割方式规范化。

(3) 根据各项衍生金融商品的特性，改进会计和财务报告制度，特别是要求场外交易商定期上报各种交易活动的资料。将需要向监管当局上报的交易资料标准化，以便使监管当局能够有足够的信息来评估各种交易的风险。

(4) 改革传统的风险监管手段，特别是资本充足率监管手段的内容，不能仅局限于表内业务，而应当充分考虑表外业务，通过市场价格评估，将其纳入风险监管体系之中。

（三）以第四市场和第三市场为主体的场外交易市场在股票交易中占有愈来愈重要的地位。股票交易日趋自动化和网络化

随着战后特别是70年代中期以来股票流通的日趋法人化、大众化和国际化，股票流通的规模扩大，速度加快，旧的交易方式已愈来愈不适应这种要求。因而更新交易方式就显得日益重要和紧迫。

战前，西方国家的股票市场分为第一市场和第二市场两级，第一市场(或叫一级市场、初级市场)，为股票发行市场；第二市场(或叫二级市场)为股票交易市场。第二市场又分为两种形式，一种是

有组织的或叫场内的交易市场(交易所),如美国的纽约证券交易所、美国证券交易所和14个地区性证券交易所,这是一种有固定交易场所、有较为严格的上市要求的股票交易市场;第二种是"柜台交易"市场或叫"店头交易"市场,它因最初仅在证券商营业柜台上进行交易而得名(英文名称为Over The Counter,简称OTC),这是一种无固定交易场所的股票市场。按照传统的标准,证券交易所进行的是已登记上市的大型企业的股票交易,OTC市场则从事无资格在证券交易所上市的较小企业的股票交易。但自20世纪80年代起,这种界限已经模糊,许多规模较大的公司股票也选择在OTC市场进行交易,而一些已在证券交易所上市的公司股票也可在OTC市场上进行买卖,这种已在证交所上市,却在OTC交易的股票市场、称为第三市场。第四市场是指一些大机构投资者撇开证券商自行组织的通过现代化通讯网络进行的股票交易(包括自营和接受委托交易)。如美国第四市场的初级形式是纳斯达克证券市场(全国证券商协会自动报价系统)。第四市场、第三市场和柜台交易市场统称为场外交易市场。

美国场外交易市场股票交易量约占全美股票交易总量的35%,而在场外交易市场上市的公司却达4万多家,是美国各证交所上市公司的10倍。① 是战后西方国家最活跃的股票交易市场。

过去英国没有场外交易市场。80年代以后,场外交易市场在英国兴起,有一些证券公司专门在场外交易市场经营中小企业的股票,市场规模迅速扩大。

---

① 〔美〕联邦储备委员会:《联邦储备公报》,1998年,第78页。

日本店头市场的零星交易开始于1976年。1983年,日本当局正式批准在大阪、东京和名古屋开设主要面向中小科技企业上市的科技板市场。在日本,上市和非上市股票都可在店头市场交易。为了加强对店头市场的管理,1983年11月,店头市场的自我管理组织——证券商协会公布了一系列新的规章制度,规定在店头市场交易的证券必须在日本证券商协会注册。1984年7月,日本还建立了店头市场自动报价系统,以增强市场的透明度。1994年后,随着日本当局进一步放宽对店头市场的限制,店头市场迎来了一个新的发展高潮。从这一年起至1996年,平均每年新增160家公司股票在店头市场交易,到1996年底,已有779家公司的股票在店头市场上柜交易。1997年4月1日,日本大藏省宣布,解除对店头交易公司和其他未上市公司的股票交易的行政限制,凡信息披露制度健全的公司,其股票可自由买卖,证券公司可经营其股票。① 日本东京证券交易所从1998年12月1日起,允许证券公司在场外交易。因此,许多投资公司为了降低成本,尽量通过证券公司在少交纳或不交纳交易手续费的场外进行交易。在场外交易的资金总额已相当于东证成交总额的10%。②

西方国家的第四市场和第三市场(尤其是第四市场)是战后新崛起的、发展最为迅速的场外交易市场,是场外交易市场的主体和典型代表。集中的场内交易市场虽有交易有序、操作规范、便于管理等优点,但却有上市要求过严、手续繁杂、注册和交易成本高等

---

① 〔日〕经济企划厅:《经济白皮书》,1998年,第35页。

② 共同社东京1999年2月2日电。

缺陷。与此相对应,第四市场的好处,一是费用低。第四市场的许多交易是买卖双方直接成交的,不通过经纪人中介。第四市场在有的交易中也有经纪人,他们一旦接受客户委托后,即为其寻找合适的交易对手,然后将双方召集到一起,看能否就价格和数量达成协议,如果可能,便协议成交。第四市场经纪人只收取很少一点手续费、介绍费或根本不收费。他们的经济来源方式,是与客户达成协议,用每年收取的固定服务费来代替每笔交易的费用。随着各交易所不再硬行规定经纪公司的佣金率,第三和第四市场的优势因此有所削弱,但它们仍然存在,而且每天都有大笔交易。二是公司上市标准较低,提供材料相对简单。三是报价及时、准确,交易迅速、方便。

下面,我们通过作为第四市场初级形式的纳斯达克市场与纽约证券交易所等的对比来对第四市场进行一些分析。

1.第四市场是在70年代后开始逐步形成的新兴市场,但发展迅速,在一些重要指标方面已超过第二市场,其地位日趋重要。

纳斯达克市场(NASDAQ)形成于1971年,全称为“全国证券商协会自动报价系统”,隶属于美国全国证券商协会(NASD)。到1997年底,它的上市公司有5487家,其中市值10亿美元以上的公司为279家。总市值为1.74万亿美元,股票成交额4.48万亿美元,日均交易量为6.46亿股。1996年,该市场营业收入5.56亿美元,利润5480万美元。到1997年底,纽约证交所的上市公司3056家,它们都是大公司,总市值高达8.16万亿美元,日均交易量为5.3亿股。美国证交所1997年底的上市公司为771家,总市值为1620亿美元,日均交易量2400万股。1996年,它的营业收入1.7亿美元,利润650万美元。[①] 可见,纳斯达克市场在上市公司数量和日均交易量上已超过了纽约证交所。纳斯达克市场的上市公司数也高于伦敦证交所(2456家),巴黎、法兰克福和瑞士证交所(共1600家)。1993年,美国《财富》杂志调查了100家发展最快的公司,其中67家在纳斯达克市场上市,25家在纽约证交所上市,8家在美国证交所上市。同年,《商业周刊》调查的250家公司中,132家在纳斯达克上市,100家在纽约证交所上市,18家在美国证券交易所上市。《福布斯》调查的200家美国的小公司中,154家在纳斯达克上市,32家在纽约证交所上市,14家在美国证券交易所上市。

除了纳斯达克市场外,90年代中期以来,诸如Instinet以及Bloomberg等非主流网上证券市场也发展迅猛,非主流证券交易系统的年交易量现已占到纳斯达克市场的20%,纽约证券交易所的1.4%。

2. 上市标准较低,主要面向规模较小但成长性较好的企业,特别是高科技企业。

如纳斯达克全国市场对上市公司要求有形资产净值为400万美元,税前收入为75万美元,流通市值为300万美元,都低于纽约证交所的4000万美元、250万美元和4000万美元。而后来对这三项指标只要求达到其中的一项就可以。对高科技企业,只要有1200万美元的净资产,即使亏损也可上市。纳斯达克地区型市场的上市标准则更低。纳斯达克市场已成为高科技公司上市的首选

① [美]联邦储备委员会:《联邦储备公报》,1998年,第81页,第77页,第79页。

之地，其本身由于支持创新的特性而成为新兴的高科技公司创业的孵化器。美国绝大多数高科技上市公司是在纳斯达克上市。据估算，从1990　1997年间，纳斯达克市场为美国高科技产业注入了近750亿美元，是美国私人创业资本的两倍多。[①] 微软、英特尔、戴尔、斯科、奥拉克尔、TCL等高科技企业借助于纳斯达克市场这块沃土而成长为世界著名的大公司。纳斯达克市场市值名列前茅的大多为高科技公司。在美国《商业周刊》所列出的最具成长性的公司中，92％是在纳斯达克上市。不同于美国证券交易所，在纳斯达克市场成长起来的公司一般都选择留在该市。

从1995年起，欧洲相继建立了若干个服务于新生小企业的股票市场。

Nouveau Marche是巴黎交易所的全资公司，但独立于巴黎交易所。在该市场上上市标准比较灵活：如最低总资产308万欧洲货币单位，最低净资产123万欧洲货币单位，最低公众股数量10万股，最低市值154万欧洲货币单位。该市场于1996年3月20日正式开市交易。当年年底，18家公司在该市场上交易，其中有两家外国公司，市场总价值达2.2亿欧洲货币单位。

1996年伊斯达克（EASDAQ即欧洲证券商交易自动报价协会）也开始正式交易。这是一个设立在布鲁塞尔的独立小盘股市场。申请在其上市的公司需满足以下条件：最低总资产350万欧洲货币单位，最低公众股10万股。目前有46家公司在此上市交易。

---

① 〔美〕联邦储备委员会：《联邦储备公报》1998年，第99页。

Nouveau Marche 和 EASDAQ 都是地域性的欧洲市场，但是后者可以说是美国纳斯达克的欧洲版本，许多方面都是参照美国的规则。它是覆盖欧洲大陆的第一个专门为高成长性小型企业而设立的独立的股票市场。

在欧洲国家小盘股市场中，1995 年开始运作的英国 AIM 市场可以说是发育最完善的市场，截至 1999 年 5 月底，已经有 310 多家上市公司，市价总值超过 55 亿英镑。这个市场对上市的公司几乎没有要求，如它对企业的经营历史不作要求，而伦敦证交所则要求至少 3 年，它对公众股数量也没有要求，而伦敦证交所则有 25%的要求。[①] 在该市场上市两年后可以考虑在其他市场上市。但是这个市场强调对上市公司将采取严密的监察。

亚洲的科技板市场多为非独立的附属市场，作为主板市场的补充，和主板市场拥有共同的组织管理系统和交易系统，甚至采用相同的监管标准，所不同的只是上市标准方面比主板市场更低，因而能满足新生小公司的上市需求。日本分别在大阪、东京和名古屋设立的科技板市场，规定只要公司设立两年，资产净值在 85 万美元以上，税前利润达 4%的公司都可以上市。[②]

虽然以纳斯达克市场为代表的第四市场的初级形态在 70 年代就已产生并不断得到发展和完善，但比较成熟和完备或者叫高级形态的第四市场迄今为止却还正在形成的过程中，那就是 90 年代中期以来出现的股票的网上发行和交易。

---

① 欧洲联盟委员会：《1997 年经济公报》，布鲁塞尔 1997 年版，第 54 页。

② 〔日〕证券业协会：《证券读本》，东京 1996 年版，第 188 页。

200 多年来，股票交易手段虽不断现代化，有了电话，有了电视，有了计算机，但并没有改变其基本的交易方式：即一个买方，一个卖方，还有一个充当中介的经纪人。经纪人的作用是向买卖双方提供信息，提供咨询，并具体完成一笔交易。但互联网络的出现，从根本上动摇了这种交易方式。现在，买方和卖方可以通过互联网络直接联系，不用经纪人就可达成交易。有的专家预言，它将完全改变世界各国股票市场的面貌。

1994 年秋天，伦敦第一家互联网络股票交易所诞生，它是由电脑公司 ESI 和沙雷林克贴现经纪公司联手开设的，后者属于世界最大的贴现商卡尔·施瓦普公司。90 年代中期以来，愈来愈多的西方国家企业在网络上发行股票，而愈来愈多的机构和个人投资者也选择在网上买卖股票。1995 年，美国还只有 41 万个网上证券交易账户，1996 年增加到 150 万个，1998 年达 530 万个，资金总额 2000 亿美元，网上交易已占美国零散投资者从事股票交易额的 1/4。已有 74 家证券商为客户提供网上交易服务，连拥有 1.4 万名经纪人和 701 个分支机构的美林公司也为那些投资额在 10 万美元以上的客户提供网上交易服务。美国证券商协会的网络上每天有 2100 万人次查询信息资料。1998 年 10 月，世界第三大期权交易所——美国太平洋期权交易所首次使用奥普蒂马克公司的新型证券交易系统，该交易系统使用一台超级计算机，能在十亿分之一秒的时间内处理完一次买主和卖主在网上进行的原本异常复杂的交易，而且不需要任何交易厅中的中介人。[①] 纳斯达克证交所、纽约证交所、芝加哥期权交易所、美国半数以上的大投资商、60

---

① 〔美〕全国证券商协会：《股票市场调查报告》，纽约 1998 年版，第 29 页。

多家证券公司也很快将启用这种先进的交易系统。法国国际期货市场在 1998 年 4 月启用电子交易系统,8 周后关闭了其交易厅。美国最大的期货交易所也计划关闭其历史悠久的交易厅。日本第二大证券交易所——大阪证券交易所和日本经济新闻社已与奥普蒂马克公司成立了合资公司,在日本推广网络交易系统。同时,第二市场在交易手段网络化改造方面不甘落后,正急起直追,第二市场、第三市场和第四市场之间在交易手段上正在趋同,它们之间的界限日趋模糊。

网络市场代表了下一世纪股票交易市场的发展方向,许多交易市场将迁到互联网上,高度自动化和全球化的网络技术使传统的交易所面临前所未有的挑战。以网络市场为代表的未来股票市场具有如下特点:

1. 没有交易中心,没有地理位置的限制,显示屏就是交易“大厅”。在特定场合集中进行的交易将在一定程度上被网络交易所代替,定时开关、拥有固定交易场地的证券交易所将从空间上减少,每天 24 小时的网上交易将日趋兴起。

2. 由于没有了交易大厅,使过去十分抢手的交易所会员席位价值下跌。纽约证交所一个会员席位的价格,1998 年 2 月为 200 万美元,10 月已跌至 135 万美元。①

3. 随着电子交易系统的引入,交易的方式将更加多样化。

4. 通过数据高速传输线路和卫星,全球的交易所将高度一体化。

---

① 〔美〕纽约证券交易所,《1998 年统计月报》,第 19 页。

网络市场具有如下优越性：

1. 使上市公司和投资者更具广泛性。一方面，网络市场便于销售更多公司的股票；另一方面，能使更多的投资者入市。从而使上市公司和投资者双方都有更多的选择机会。

2. 交易快捷、方便、高效，且是全天候交易。通过买卖双方在系统终端直接谈判，交易可在瞬间完成，而不是现在需要的3—5天，不仅大大提高效率，而且减少了违约风险。奥普蒂马克系统还能使客户多价位、多数额地下达交易指令，比传统竞价交易快出许多，使客户得到最有利的价格，大大提高了股票交易的成功率。且打破了营业时间限制，一天24小时营业。

3. 网上交易的匿名方式给投资者带来了好处。它使大宗交易在秘密情况下进行，从而使大机构的财务秘密得到保护，也避免了大宗交易的结果影响股票的价格波动。而在交易所交易时，一买一卖都在众目睽睽之下。当有人示意要就某些股票大量买进或卖出时，其他交易商就会相应提高或压低价格，带来所谓的"市场震荡成本"，造成的损失甚至可能相当于投资人付给经纪人佣金的10倍。在网络交易中这将不复存在。

4. 使交易成本降低。长期以来，交易所内的交易要通过经纪人作中介，其佣金一般不得低于交易额的0.25%。这样，大额交易成本就很高昂。而在网络市场上，交易往往不通过经纪人，而是直接成交，券商的职能主要转向提供咨询服务，且有更多券商（特别是非交易所会员券商）的剧烈竞争，所以，即使付给券商佣金，数额也较少，或者根本不付佣金，使交易成本显著降低。美国网上券商的佣金，1996年每笔交易平均为53美元，1998年下降到16美元。在过去30年间,每次交易成本的下降都会使交易额大幅上升。专家预测,奥普蒂马克系统的普及将使美国股票日交易量从10亿股增加到30亿股。①

5. 向许多人提供了股票价格、市场分析等资料,使每个人都可以很方便地查询这些信息,并直接参与股票交易。不太内行的个人投资者还可以通过网络相互交换意见,以决定是否买卖某一种股票。而以往,他们只能问自己的经纪人,听一个人的意见。

6. 传统交易所的席位基本上被大型投资商所垄断,散户交易难免为大势所左右,买卖差价幅度较大。而在网络市场上大小客户地位平等,大交易商能获得的信息和价位,散户一样能得到。

网络市场的发展对交易所造成了越来越大的冲击。传统的股票经纪人的职能将从处理股票为主转向咨询服务为主。当然,至少在近期内,交易所的规模、信誉、可靠性和经验等都还不是网络市场所能取代的,网络市场只是提供了一种新的服务方式,它与交易所在一定时期内还将同时并存,成为两个平行的市场,并相互补充。

然而,网络股票交易也有很大的风险。最主要的风险是交易中的欺骗行为。一些骗子很容易在互联网络上制造虚假的"投资机会",诱骗投资者上当。由于互联网络与世界各国联网,使一些并不符合上市标准的小公司也可以在网络上发行自己的股票,虽然给个人投资者增加了投资机会,但它使一些公司的股票非常不稳定,以至常常扰乱整个股票市场。此外,由于网络上的信息来源

① 〔美〕全国证券商协会:《股票市场调查报告》,纽约1998年版,第58页。

太多，很难判断其准确性，会给投资者的决策带来误导。即便没有骗局，交易的可靠性也大大降低。因为很难判断买方和卖方的信誉，实际上增加了投资的风险。

此外也有专家表示担心，如果网上市场导致中介人消失，股票市场可能会受到损害，特别是在股市突然从牛市转为熊市的时候。美国证券商协会会长约翰·托格尼诺说："在股市下滑期间，特别需要中介人来提供流动性，而大多是新手的网上交易员很可能落得个手中持有的股票价值暴跌但又出不了手。"美国证券交易所主席托马斯·瑞安则坚持认为："我不认为交易大厅会消失。"[①] 此外，网上市场的发展也向证券业监管当局提出了新的挑战。但尽管如此，利用互联网络进行股票交易已是不可阻挡的一个趋势。

（四）西方国家各股票市场正在进行重组，各国统一的股票市场体系逐步形成

股票交易从分散、分割、不连续的活动发展为集中的、全国性的市场，经历了若干发展过程。

股票市场发展的早期，各国市场的格局一般是多家交易所并存、一家交易所为主、各个交易所以相似的方式运行和管理，上市品种的类型也基本相同，但上市公司只限于某一地域。在地域较大或较分散的国家，多家交易所的设立是通讯技术不发达的结果，而较小地域中存在多家交易所，主要是为了获取商业利益。在这种市场结构中，经过一段时期的发展，一家交易所会发展为全国性

---

① 美联社纽约 1998 年 5 月 18 日电。

交易所或地区的交易中心,其他交易所则成为当地公司服务的地区性交易所。交易所之间的竞争主要是争夺会员和上市公司,占有市场份额。

随着技术的发展,特别是计算机的出现,信息交流的方式增加,交易所面临的竞争内容也有了变化。电脑联网市场以全新的方式连接了交易对象,在"无形"之中打破了传统交易所的运行方式,突破了地域的限制、交易场地的限制,使得任何投资者可以在几乎同一时间、在任何地方进行任何品种的交易活动。市场覆盖范围广、易于进入。交易所的合并与交易活动的网络性扩散使得交易市场成为一个大系统,相互上市、相互交易,甚至跨国交易市场的相互连通,突破了传统交易所的地域限制,形成了新的交易格局。

1972 年,美国证券交易委员会对美国的证券交易体系进行了调查,认为未来交易市场的结构应该是一个集中、统一的市场体系。1975 年对《证券法》进行修订、补充时,以法规的形式提出建立全国市场体系的构想,希望全国的证券交易在一个统一、但充分竞争的市场环境中进行,以提高证券交易的效率,降低因市场分割而造成的高成本,使得投资者可以通过最便利的手段获得最好的价格。

70 年代中期,美国证券交易委员会根据国会通过的《1975 年证券法修正案》中关于"建立全国统一的证券市场体系"的要求,提出了这个统一市场体系的如下主要目标。

1. 交易过程经济、有效(交易成本低)。2. 充分竞争。证券商之间、交易所之间及与其他市场之间的竞争能充分进行。3. 市场交易数据易于获取。4.迅捷。能够最迅速地执行客户指令。5.最优。投资者享有在没有经纪人参与的情况下能够以最优价格成交的机会。

上述第1、3点已为证券业接受,他们认识到了市场有这样的需求:交易的经济有效及市场的运作稳定。其他几项目标则给有关证券从业人员带来很大冲击,对现行市场中专家经纪模式及OTC市场的报价驱动模式等影响较大,如果采取鼓励竞争政策的话,则会打破已有传统业务体系,危及一些人的既得利益。

美国专门研究证券业务自动化的SAIC公司为了实现交易数据的易于获取,于1972年采取的第一个步骤是,将所有市场包括OTC的行情信息统一起来,集中揭示,以便经纪人在不同的市场选择最优的价格。但这种情况直到1975年才真正有所改变。

证券管理机构曾指令证券商研制一种统一的信息转换系统,该系统将允许客户指令自动转至那些提供最佳价格的市场或自营商。这一系统将允许经纪商之间进行全面的竞争。然而证交所却坚持只允许市场与市场之间联网建立市场间交易系统(ITS:Intermarket Trading System),将指令传至行情较好的交易所或与较好的价格配对。所以,迄今只部分达到了1975年《证券法修正案》提出的建立"全国统一的市场体系"的目标和要求。

《1975年证券法修正案》提出建立"全国证券市场体系"的构想后,纽约证券交易所于1977年建立了一套市场间交易系统(ITS),该系统是联系国内8个证券交易所的电子装置,它使经纪人和投资者能在任何一个市场上了解其他证券市场的行情和信息,从而迈出了建立全国统一的证券交易市场的重要一步。在美国证券市场上,纽约证券交易所是老大,纳斯达克证券市场和美国证券交易所分别排名第二和第三,另外还有若干个地区性的证券交易所。近年来,随着它们之间的竞争不断升温,其联合的步伐也显著加快。1998年3月18日,纳斯达克证券市场与美国证券市场宣布联合。联合后,这两个交易所将由新的控股公司来领导,对外将只挂纳斯达克的牌子,对内仍继续保持各自的独立运作机制。联合以前,与其他证交所不同,纳斯达克市场全部采用电子交易方式。然而,许多大的投资者仍愿通过经纪人进行交易,单一的电子交易等于把这些大客户拒之门外。这正是纳斯达克市场的弱点。而美国证交所的电子交易较滞后,它主要仍采取传统的经纪人在交易大厅里大声喊价,即"公开喊价"的交易方式。联合后,将兼收纳斯达克市场电子交易方式和美国证交所场内交易方式的特点,纳斯达克市场将在今后5年拿出1.1亿美元更新美国证交所的设备和技术,在联合交易计划上花3000万美元。纳斯达克证交所还将花4000万—5000万美元确保美国证交所的席位价值不下跌。[①]双方估计,在今后5年内,联合将为双方节省数亿美元的开支,以降低营运成本,提高经济效益,吸引外国公司上市,共同创造优势,增强同纽约证交所的竞争实力。此外,美国证交所在期权交易方面的实力在美国仅次于芝加哥期权交易所,美国证交所与在期权方面也很强的费城交易所也将联合。加上费城交易所的交易,美国证交所的期权市场份额同芝加哥期权交易所差不多是一半对一半。

---

① 合众国际社纽约1998年3月18日电。

虽然现代技术已具备了在美国建立全国统一证券市场体系的条件,但历史形成的各交易所的既得利益格局却在相当程度上拖延、限制着这一进程,使这一进程的步伐较为缓慢。

相对来说,一些西欧国家这一进程的速度要快一些。1973年英国伦敦、贝尔法斯特、伯明翰、布列斯托尔、格拉斯哥、曼彻斯特、利物浦7家证交所与爱尔兰都柏林证交所联合成立了大不列颠及爱尔兰证券交易市场。法国90年代之前有7家交易所,以巴黎交易所为主要交易所,里昂等交易所为地区性交易所。80年代末,法国进行了证券市场的改革,证券商提出分散的交易所阻碍了交易市场的发展,加重了证券商的负担,要求合并交易所。法国由此实施了合并交易所的步骤,即先建立电脑化联网的交易系统,从技术上统一交易活动,再以法规的形式取消地区性的交易所,合并为巴黎交易所,其后又取消了楼面交易,完全以统一的、无形市场的方式进行证券的交易所。德国在90年代初仍保留6家交易所,1993年成立德国交易所,将法兰克福交易所纳入德国交易所的主营部分,到1994年8月将6家地区性交易所合并在德国交易所之下,从而基本统一了德国的交易市场。再如瑞士也将6家地区性的交易所关闭,决定成立一家瑞士电子交易所。

(五)各个股票市场力量对比出现新格局

战后,随着各个国家和地区综合实力的变化,以及有关发展战略和政策的收效不同,各个股票市场力量对比也出现了新格局,这主要表现在如下两个方面:

1. 各个西方国家股票市场的份额几经变化。战后初期至80

年代后期,美国纽约证券交易所一直是世界最大的股票市场,但80年代中期至后期,随着日本股市泡沫的急剧膨胀,以及日本经济实力的增强,东京证交所从1987年起在股票市值和成交额方面超过了纽约证交所。到1987年4月,东京证交所股票市值26610亿美元,而纽约证交所为26520亿美元。东京证交所在历史上第一次取代纽约证交所成为世界规模最大的证交所。到1989年,东京证交所股票市值为4.4万亿美元,而纽约证交所为4.3万亿美元,伦敦证交所为3.2万亿美元,东京证交所连续3年居世界第一位。1980年,美国股市在全球股票市值中还占55%,1987年下降到30%,而这一年日本股市上升到45%。[①] 但90年代初日本股市泡沫破灭后,纽约证交所重登世界第一大证交所的宝座,并一直保持至今。1997年,东京证交所的地位又被伦敦证交所超过。1997年,纽约证交所股票市值高达90770亿美元,居世界第一位,伦敦证交所为19300亿美元,居世界第二位,东京证交所为19000亿美元,居世界第三位。而9年前,伦敦证交所的股票市值仅为东京证交所的1/6。1997年股票市值居世界第四、五位的分别是法兰克福证交所(10500亿美元)和巴黎证交所(9500亿美元)。1997年成交额第一至五名的分别是纽约、伦敦、法兰克福、巴黎和东京证交所。这一年纽约证交所股票交易额为87400亿美元,伦敦、法兰克福和巴黎等9个欧洲证交所合计也只为61650亿美元,东京证交所仅约为纽约证交所的1/30。1997年,投资股票金额第一至五

① 〔美〕戴维·黑尔:《日本的经济实力与“合作主义”》,《基督教科学箴言报》1989年6月23日。

名分别为伦敦、纽约、法兰克福、波士顿和东京，其中伦敦为18080亿美元，比上年上升48%，东京为11040亿美元，比上年下降32%。假如于1985年头一个交易日在巴黎股市投资100美元，1997年将股票出手，那么股票增值加上历年分红，平均而言投资者可得1072美元。投资收益较高的市场还有伦敦股市，当年的100美元投资如今已变成1069美元。与巴黎或伦敦股市相比，投资于纽约股市的收益要低得多，当年100美元的投资如今只增值到850美元。在法兰克福股市投资的收益比纽约股市略低一些。在东京股市，同期100美元只增加到286美元。①

2.发展中国家的股票市场蓬勃发展。专指发展中国家股票市场的"新兴市场"一词开始流行是最近10年的事情，1987年首次被世界银行的官方文件所采用。按照世界银行所属的国际金融中心的定义，它是指任何一个设有股票市场的低收入和中等收入的国家或地区。据此统计，新兴市场包括了60个国家和地区，占世界总人口的85%，占世界国内生产总值的20%。

在80年代初期，新兴市场的股票几乎是鲜为人知，股票指数是以一种与众不同的方式计算，股票上只使用当地货币单位。这就使一些在这些市场上投资的投资者很难测定其投资的风险和投资的回报。为了帮助股票投资业的发展，1981年国际金融中心建立了新兴市场数据库(EMDB)。这个数据库可以提供各种不同的投资环境比较图形，各国可以通过这些数据和图形了解投资的风险和回报。到1995年，已有27个新兴市场、1650个证券公司利

① 国际货币基金组织:《世界经济展望》,1998年,第186—187页。

用EMDB来编制数据,并提供了一套联网服务,定期公布这些上市公司的有关信息,以及这些国家开放程度、偿付能力、上市额度、经济增长前景等方面的情况。

据世界银行所属国际金融中心提供的材料,1970年在流入发展中国家的长期资金中,股票投资尚无一席之地,80年代开始外国股票投资也仅占0.1%,1991年情况已大有改观,股票投资占流入长期资金的3.7%,为76亿美元。在1985—1995年的10年间,新兴市场的上市公司、证券市场和证券公司各增加了1倍多,到1995年已分别达1.9万家、60多个和19397家。新兴市场的股市资本及占世界股市资本总额的比重,1985年为1719亿美元和不足4%,1995年已达1.9万亿美元和13%。10年前,新兴市场还没有证券投资基金,而到1995年,已发展到1300多家基金,管理着约1130亿美元。到1993年,在新兴市场上,发展中国家的金融机构超过400家,所持有的证券价值达300亿美元,国外有价证券流入首次超过了官方贷款和商业银行贷款,流入亚洲、拉美和非洲的证券资金由80年代每年60亿至80亿美元升到1993年的650亿美元。[①] 1993年有200多家发展中国家的企业以股票形式筹资379亿美元,其中通过国际股票市场筹资占25%。

这些新兴市场蓬勃发展的原因是80年代以来,国民经济加速增长、政局比较稳定,这些国家政府采取了一系列鼓励本国民间资

---

① 世界银行所属国际金融中心:《新兴市场投资报告》,华盛顿,1996年9月27日。

本投资的政策,国有企业民有化、增加金融机构的自主权、实行金融自由化,减少对外资的限制,通过减税、允许利润自由汇出、自由换汇等途径吸收外资。

只是发展中国家所吸引的外国股票投资与发展中国家在全球的经济地位还不相称,发展中国家在发达国家机构投资者所持有的外国股票中仅占5%。

(六) 股票流通日趋国际化

战后以来, 特别是70年代中期以来, 随着各国经济的日趋跨国化和全球化, 股票流通也日益突破空间和人为的限制, 而具有国际化的趋势。而各国的资本供求结构, 投资者的金融资产构成和偏好, 股票市场的发育、规范和自由化程度, 通货膨胀水平, 利率、汇率、证券收益率等的差异, 也为全球性的股票流通提供了可能。

1. 公司跨国上市数量不断增加。1973年,东京证交所开辟外国股票部,第一家外国公司在东京证交所上市。在东京证交所上市的外国企业,1984年为11家,1985年为21家,1986年为54家,1987年增加到88家(当时在纽约只有50家),80年代末高峰时更达127家。[①] 1992年,伦敦和巴黎证交所外国上市公司分别有604家和231家,分别占全部上市公司的32.6%和41.9%。

至1997年底,在纽约证券交易所上市的海外公司累计已达343家,占在该交易所上市公司总数的11.22%,这些公司来自世

① 〔日〕东京证券交易所:《东证要览》有关年度。

界上 45 个国家和地区。仅在 1997 年 1 年内在纽约证交所新上市的海外公司就达 61 家,创历史最高记录。1991 年,在纳斯达克上市的外国公司占在该市场上市公司总数的 6.1%。

2. 跨国股票投资日益兴旺。1986—1991 年,全球跨国股票交易额增加了 5 倍,1981 年,日本修改《商法》,允许带有认股权的公司债券在海外发行。1993 年,全球投资者在国外股票市场的投资额为 1592 亿美元,超过了 1991 年创下的 1009 亿美元的历史最高记录。其中美国、欧洲和日本投资者的股票投资分别为 664 亿美元、452 亿美元和 153 亿美元。从这一年股票投资的流向看,流向欧洲股市的占 35%,流向美国和加拿大股市的占 18%,流向日本股市的占 13%,其余 33% 流向环太平洋、拉美、中东和非洲等新兴股市。1980—1991 年,外国投资者在纽约证券交易所交易总额中的比重,由 8% 上升到 14%。① 1997 年,外国人购买美国的股票达 650 亿美元,创历史最高记录。美国公司 6% 的股权被外国投资者持有。跨国股票投资既包括单向持股,也包括相互交叉持股。1949 年,外国投资者在日本上市公司的持股为 0,1996 年持股率已上升到 9.8%,创历史最高记录,1997 与 1996 年持平。1997 年,外国投资者持有日本上市公司股票金额达 41 兆日元,占股市市价总额的 13.4%,达到历史最高峰。② 1960 年,外国投资者仅持有联邦德国公司 6% 的股票,1990 年已上升到 14%。1998 年上半年,外国投资者拥有的股票市值占巴黎股市总

---

① 〔英〕巴林证券公司:《证券市场公报》,伦敦 1994 年,第 17 页。

② 日本全国证券交易所协会:《日本股票市场 1997 年调查报告》,东京 1998 年 7 月,第 6 页。

市值的30％以上和交易额的40％。

3．全球存股证交易方兴未艾。存股证又称存托凭证或预托证券(DRS)，是由一国金融机构所发行的凭证，用以代表外国公司寄存托管于该金融机构股票之权利。这些凭证通常以该国存托股票为单位，受托金融机构负责将股息兑换成外国货币，交给外国投资者，也可代他们买卖股票。存股证可在外国股票市场流通，也可以只转让所有权但实际上并不交换。在美国发行存股证的外国企业最多，在美国发行就叫美国存股证(ADRS)，在欧洲发行就叫欧洲存股证(EDRS)。

存股证的产生基于国际股票投资中的托管制度，各国股票在式样、文字、登记方面均不相同，一个国家的股票在另一个国家的流通会遇到种种困难，为了保护本国投资者在外投资的利益，许多国家的证券管理机关对外国证券托管做出了规定，由“合格的”本国或外国托管人将交易中的实物券代为保管，减少投资者个人保管的麻烦。证券无纸化发展起来后，托管机构只须在账面上记录证券持有、买卖的意见，向清算机构直接划拨即可。将登记、清算、交易三者相对分离开，维护了股票市场的正常秩序和效率。托管机构一般由资金雄厚、信誉可靠的银行和非银行金融机构担任。存股证可以避免外国上市登记的严格手续，但发行规模受到限制，在交易费用中要加上托管费用。

对于公司来说，在国外发行存股证具有如下好处：(1)扩大了投资者的范围，为公司筹资提供了更广泛的基础。目前，许多国家政府为了保护本国投资者的利益，对本国投资者直接购买外国股票予以限制，但对存股证则当作本国股票对待。例如，美国法律规定法人机构以及私人企业的退休基金不能投资于美国以外的公司股票,但对外国企业在美发行的存股证则视同美国股票,允许投资。(2)发行时间较短,手续较为简便。(3)提高公司在发行国家或地区的知名度,便于把产品打入该国或地区。

对于投资者来说,存股证具有如下优点:(1)协助投资者进入熟悉的市场,实现投资组合多元化。对于一般投资者来说,直接投资在外国上市的股票将面临不同的市场规则、法律制度和税收制度,以及贫乏的信息等限制,而通过购买外国公司在本国发行的存股证则可消除这些限制。(2)有些国家的机构投资者可克服法律对其直接投资国外股票的限制。例如,美国机构投资者有4000多家,而能直接投资国外股票的只有二三十家。(3)交易成本低。购买存股证可避免直接购买外国股票所面临的保管费用高昂、交易延误或买卖错漏引起损失等问题。(4)降低外汇风险。存股证的交易以投资者所在国家或地区的货币计价,只有收取股利时,发行公司需按当时公司所在国货币与存股证投资者所在国货币之间的汇率,将按公司所在国货币计算的股利折成存股证投资者所在国的货币,这就大大降低了外汇风险。(5)信息传递迅速。受托机构需及时把发行公司的有关信息送达投资人并提供咨询服务,起到信息中介的作用。(6)分配利润及时。(7)转让较为方便。

1927年,美国J.P.摩根集团首创了ADRS业务,旨在解决大部分非美国股票不能轻易地直接在美国进行交易的问题。在60年代以前的30多年时间里,ADRS并未被广大投资者所接受,发展极其缓慢。随着国际股票市场的全球化发展,一向被局限在本国市场内的美国国内投资者日趋频繁地进行国际间的投资活动。80年代以来,为了适应全球金融国际化和自由化的发展,美国政府逐步放宽了外国融资者进入美国股票市场的限制。同时,为满足美国国内投资者和国外筹资者日益增长的需要,许多国际性的融资工具得到了广泛的应用。由于ADRS无论对美国国内投资者还是对国外筹资者来说有许多便利之处,因此ADRS逐渐发展成为外国企业在美国股权融资的主要途径之一。目前美国是世界上发行存股证最多的国家。仅在1990—1993年期间,美国股票市场存股证交易量就增加了65%以上,金融增加了1倍。截止到1993年12月31日,约1300种ADRS在美国市场上交易,代表43个国家和地区的公司发行的股票。1993年,ADRS的交易额超过了2000亿美元,约90%的美国机构至少拥有一家公司的ADRS,而且70%的美国机构拥有ADRS超过3亿美元,30%的美国机构拥有ADRS超过5亿美元。1993年,在美国市场上,通过新发行ADRS的方式筹资的外国企业有49家,外国企业在美国市场上通过发行ADRS的方式筹资额达95亿美元,ADRS的上市量、交易额和筹资额均创历史最高记录。ADRS占据了非美国公司在美国流通股票的90%以上。[①] 在单个国家DRS的基础上,近年来,有些国家的上市公司开始探索发行全球存股证(GDRS),可在全球主要股票市场发行和交易,从而进一步提高了股票市场的国际化程度。

4. 投资银行加速向海外扩张。70年代中期以后,西方国家

---

① 〔美〕《现代商业概览》,1994年第6期,第48—49页。

扩大了对外国投资银行的开放，从而推动着投资银行加速向海外扩张。1977年，第一个外国经纪人获准成为纽约证券交易所的会员。1982年，东京证交所开始允许外国证券公司成为会员。1985年以前，在日本经营的外国证券公司只有6家。从1985年起，规定凡是本国法律允许从事证券业务的欧洲银行均可通过其在日本的分行从事证券业务，1987年又同意美国银行和证券公司通过在日本的证券附属机构开展证券业务。1986年2月和5月，以及1990年，东京证交所分别接纳了6个、16个和3个外国证券公司为其会员。[①] 90年代初，日本证券机构在海外设立的分支机构和办事处达256家，外国证券机构在日本设立的分支机构有180家。美国美林集团销售网络覆盖29个国家，在世界各地设立办事处466个，雇佣证券销售人员11000多人。

5. 各国证券交易所加速国际联合。为了适应股票市场上日趋激烈的竞争，各国证券交易所增强实力的重要手段之一便是加强国际联合。1985年，美国证券交易所与加拿大多伦多证券交易所建立了电子联网，在不同国家的证交所之间首次建立了双向联系。1992年，纳斯达克市场在伦敦设立分部。1998年，纳斯达克市场与香港联合证券交易所协商，计划让10家纳斯达克上市公司在香港挂牌，使香港投资者亦可买卖纳斯达克股份。香港联交所正着手草拟有关规则，将对这类股份作出多项豁免，以缩小两个市场之间对于上市公司监管的差异。1999年6月15日，经日本大藏省批准，纳斯达克市场与日本一家互联网投资公司达成协议，于

---

① 〔日〕东京证券交易所：《东证要览》有关年度。

1999 年夏联合组建日本版的纳斯达克——“纳斯达克·日本”证交所,双方各出资一半,于 2000 年底开始股票交易。“纳斯达克·日本”将通过计算机终端系统进行交易,对象包括在纳斯达克上市的全美 5000 多家公司,也包括日本所有的上市公司。“纳斯达克·日本”将利用日美之间时差分别在美国和日本进行连续交易。在日本的晚间,纳斯达克将在美国以 5000 多家上市公司为对象,进行以日元结算的股票交易,而在日本的白天,则进行以日本上市公司为对象的股票交易。1999 年 6 月 17 日,纳斯达克市场与澳大利亚证交所共同宣布,双方组成战略联盟。现阶段双方主要通过公司共同上市的方式进行合作。其一,企业可以在一个证交所进行集资,然后在两个证交所挂牌交易;其二,企业可同时在两个证交所募集资金,然后同时于两地投资者均可通过当地证交所买卖对方市场的交易品种。[①]

随着欧洲经济货币联盟的实现,欧元的诞生消除了欧洲各国不同货币之间进行转换时的风险,使不同国家公司的收益计算有了直接对照,因此与欧元相联系的欧洲资本市场将随之发生变革,为证券交易市场的一体化提供了基础。随着欧洲各证交所联合交易系统的建立,使在不同国家证交所上市的各国公司的有价证券,可以同时在两地以欧元的统一价格挂牌交易,它同时也包括对第三国已在两地上市的证券进行以欧元计价的交易活动。由此可以减少交易活动中恶意制造异地差价的投机炒作行为,规范不同国家证券市场的利率,从而在一定程度上起到稳定股市、债市和汇市

① 美联社东京 1999 年 6 月 15 日电。

的作用。由此可以推断,如果欧洲证券交易所实现大联合,其证券交易业务将完全打破国家和币种的限制,改变目前品种分散、价格不一、交易不畅的局面,从而有力地刺激各相关证券和金融交易中心业务量的增长,有效运用欧元扩大资本市场。

随着欧洲一体化的推进,欧洲联盟内部早就在探讨建立一个泛欧的股票市场。1996 年 3 月 1 日,"欧洲新市场"成立,它是一个专门为欧洲地区高科技企业提供筹资场所而设计的各个股市间的网络,网络成员包括布鲁塞尔、巴黎、阿姆斯特丹和法兰克福证券交易所。网络上任何一点都可取得信息和实现交易。尽管欧洲新市场迄今只限于流通量有限的小盘股交易,但毕竟为泛欧股票市场形成作出了探索。

为了能充分利用欧元诞生这一契机,建立一个统一、便捷、低成本和高效益的股票市场,1998 年,欧盟各国加快了创建欧洲单一股市的速度。1998 年初,伦敦福特斯国际证券公司和荷兰证券交易所联合推出了在伦敦金融期货交易市场上加强合作的计划。1998 年 2 月 10 日,德国证券交易所、瑞士证券交易所以及法国证券交易所三方共同宣布建立"欧元联盟"计划。根据该计划,德国、瑞士的金融期货市场和法国的金融衍生商品市场将完全合而为一。近期目标是建立统一的金融期货市场和对全欧金融活动具有指导意义的欧元股票指数。中远期目标是到 2002 年在分权基础上为资本市场参与者提供平等的市场准入。为此,"欧元联盟"将建立自己的交易和清算系统,将完全实行电子交易方式。待条件成熟后,"欧元联盟"将把业务范围扩大到现货市场。作为第一步,"欧元联盟"已于 1999 年共同开发和推销欧元产品。按计划,"欧元联盟”已于1998年2月底与美国道—琼斯公司一起，把覆盖全欧和覆盖未来欧洲货币联盟成员国的两种基准指数推向市场，分别涉及700种和350种股票。[①]

1998年7月7日，欧洲最大的两家股票交易所——伦敦证券交易所和法兰克福证券交易所宣布就联营事宜达成谅解备忘录，双方同意从1999年1月1日起，建立一个各出资50%的证券市场战略联盟。根据协议，将在今后2—3年内，分三阶段实现预定目标。一是在1999年初欧元启动的同时，在伦敦SETS电子交易系统和法兰克福XETRA电子交易系统的基础上，两家证交所建立欧洲300家最大企业股票的共同电子交易系统，并以欧元标价，投资者用不着再为买卖这300家大企业的股票而到欧洲各国股市去做交易了。二是在一年时间内着手协调两家证交所的上市条件和规章制度，使之逐渐趋同。三是逐步建立单一电子交易系统，扩大合作范围。两家证交所的合作具有明显的互补性。法兰克福可以借助伦敦国际金融中心的地位，而伦敦可以借助法兰克福先进的电子交易技术。[②]

1998年11月25日，比利时、荷兰、卢森堡3大证券交易所宣布结成战略联盟。根据三方签署的协议，从1999年1月4日欧元启动后的股市第一个交易日起，阿姆斯特丹、布鲁塞尔和卢森堡三家股票交易所的客户可以直接进入另两家股市进行交易。在联营初期，三家交易所将最大限度地减少客户在三地同时入市的手续，

---

① 路透社布鲁塞尔1998年2月10日电。

② 路透社伦敦1998年7月7日电。

条件成熟后，三家将建立共同的结算程序，最终成立单一的票据交换中心。①

1998年11月27日，伦敦、法兰克福、巴黎、阿姆斯特丹、布鲁塞尔、马德里、米兰、苏黎世这欧洲8大证券交易所总裁聚会巴黎讨论了建立泛欧股市问题。会议宣布，8大证交所就组建泛欧单一证券市场达成了协议，并且通过了就实施这一计划将要召开的有关会议的具体安排，这次会议还就组建泛欧股市在法律、规则、技术分工等方面的问题进行了磋商。这是欧洲在实现单一货币后继续推进联合向纵深发展的必然结果，也是欧洲股票市场向美国在世界股票市场上占据的垄断地位提出了有力的挑战。

1999年5月4日，上述8大证交所总裁在西班牙首都马德里签署了一项关于建立泛欧股票市场的谅解备忘录，确定要实行统一的市场规则，为建设泛欧股票市场而共同努力。在签字仪式结束后发表的共同声明说："今天签署的协议是迈向建设欧洲主要股票统一市场的决定性的一步。根据协议规定，由8大股市总裁组成统一股市理事会，商讨决定所有与建设统一股市有关的重大问题和战略选择。协议确认，联合以后的泛欧股票市场的目标是推出一个共同电子交易平台和协调各国股市的运作规则，以实现交易的统一法规。"计划建立的泛欧股票市场将拥有71.4亿欧元的资金，市场交易规模将超过纽约和东京股票市场，成为世界第一大证券交易所。②

---

① 路透社布鲁塞尔1998年11月25日电。

② 路透社马德里1999年5月4日电。

今后，要组成“大联合”的股票市场，主要的任务是：首先，欧洲国家要统一各项交易的规则、程序；其次，要完善必要的监控和管理机制；再之，要培训合格的技术人员和改造装备；最后，还要建立起高速、可靠的信息通讯网络。

欧洲股市一体化的前景虽然看好，但是依然存在众多障碍需要克服。伦敦、法兰克福和巴黎三家交易所都有一套自己独立的交易和结算系统，因此单一市场将采用哪一种系统将成为争执的焦点，三家股市在选择统一交易系统模式方面的争夺将不可避免。单一交易市场在盈利分配上也存在矛盾，参加统一市场的各股市，资本规模大的必然要求较高的分配比例，而规模小的股市将会提出按交易额来平等分配。此外，在未来市场采用统一的欧洲交易指数、确立欧洲主要股票构成以及设立共同的调控和决策机构等问题上也将会产生分歧。

6. *加强股票投资和交易监管的国际合作*。1986年6月，纽约证券交易所与伦敦证券交易所设立了资本调查共同委员会，以加强国际间的监管合作。

美国当局主要通过对外签订司法协助条约和谅解备忘录来谋求与其他国家及其证券监管部门在有关证券违法犯罪的调查和执法方面相互提供协助，以便于其本国《证券法》的域外运用，从而达到其对国际化股票市场监管的目的。

司法协助条约是通过正式的外交谈判签订的，具有法律效力。到1994年，美国已同瑞士、阿根廷、英国、加拿大等十几个国家签订了司法协助条约。这些条约为美国《证券法》在域外适用时获得外国有关当局的协助带来极大的便利，从而有利于加强其对国际化股票市场的监管力度。其不足之处在于司法协助条约未明确规定股票内幕交易问题,协助对象也仅限于双方均认为是犯罪的股票交易违法案件。

除签订司法协助条约外,美国还与十几个国家签订了谅解备忘录。与司法协助条约不同的是,谅解备忘录仅是双方就某些特定类型的案件所作的一种无约束力的意向声明(事实上,谅解备忘录大多针对内幕交易)。司法协助条约是通过外交谈判途径签订的,根据美国宪法须经美国参议院批准方能生效,而谅解备忘录是各国对股票市场负有直接监管责任的监管部门之间达成的,因此它在获取有关股票违法和犯罪的情报方面比司法协助条约更有效,更有预见性。由于美国根据其现已签订的谅解备忘录所能获得的协助,仅限于双方尽各自最大的努力所能提供的协助,因此这种有限的协助远远不能满足国际化股票市场的监管需要。于是美国通过一系列授权立法来扩大对谅解备忘录的适用范围。

1988 年美国国会通过了《内幕交易和证券欺诈执行法》(以下简称《执行法》)授权美国证券交易委员会在互惠和不损害社会公共利益的前提下,不管有关的证券违法犯罪是否触犯了美国的法律,根据外国当局的请求和出示能证明在美国存在有关证券违法犯罪迹象的证据,进行调查,强制证人作证,提供证据。可见,该授权立法扩大了美国证券交易委员会根据谅解备忘录所能提供协助的范围。由于谅解备忘录具有对等、互惠等特点,所以,事实上美国因谅解备忘录而获得的协助范围也间接地在扩大,而且美国《执行法》的颁布导致其他国家也制定了类似的法律。例如,加拿大、巴西和英国等国都颁布了类似的授权立法,这样有助于提高全球市场的整体监管水平。

1990年美国国会又颁布了《国际证券执行合作法》(以下简称《合作法》)授权美国证券交易委员会根据外国当局的请求和保密承诺,向其披露一些非公开的资料;同时授权美国证券交易委员会对被外国当局发现有违反他们国家证券法并按美国法律构成犯罪行为的美国证券从业人员进行制裁。此外,《合作法》免除了原先对某些从外国获得的文件必须按照《美国信息自由法》公开的义务,从而增强了司法协助条约和谅解备忘录的实用性。因为二者大都订有保密条款,所以对通过司法协助获得的情报只能在规定的范围内使用。

《执行法》和《合作法》大大扩大了美国证券交易委员会根据谅解备忘录所能获得和提供的协助范围,不仅使美国证券交易委员会可对外国证券监管部门运用强制措施,而且为证券监管的国际合作开了先例,为今后进行更广泛的证券监管合作铺平了道路。

1989年11月,欧洲理事会通过了《关于内幕交易的指令》。该指令不仅为颁布或修订有关内幕交易的法规确立了最低标准,而且对各成员国证券监管部门之间的合作和情报交换的有关事宜作出了具体的规定,并允许成员国与非成员国之间就有关内幕交易案件订立司法协助协定。

在《关于内幕交易的指令》通过之前,欧洲理事会《关于内幕交易的公约》已对外开放签字(1989年4月)。根据该公约,各签约国相互之间应采取一切可能的措施在有关内幕交易事宜的情报交换方面提供协助,协助是强制性的,但有一个前提条件:两国法律都将内幕交易定为犯罪。

国际证券交易所联合会(FIBV),成立于1961年,由世界上40多个证券交易所组成,是世界各国证交所的同业协调机构,属民间监管机构。FIBV通过组织专题讨论会和研究项目来探讨国际证券市场监管的必要性及其自身和作为其会员的证券交易所在国际监管中应发挥的作用。FIBV在其公开宣言中表示:要提高会员交易所"在国内和国际市场上行为自律的最高标准。"

证监会国际组织(IOSCO),成立于1983年,现共有73个正式会员、10个联系会员和37个附属会员。其宗旨是交流信息,促进全球证券市场的健康发展,各成员组织协同制定共同的准则,建立国际证券业的有关监管机制,以保证证券市场公正、有效地运行。

国际证券交易所联合会(FIBV)、国际律师协会和国际会计师联合会于1990年11月宣布在有关世界资本市场的研究方面达成合作协定,这是代表世界主要证券交易所、律师事务所和会计师事务所之间的独特的合作。它们把合作重点放在各国政府监管部门之间签订的双边合作协定上,并把双边合作协定作为合作的第一步,以便为将来达成多边合作协定作准备。

第七章 战后西方国家对股票市场的监管及其改革

战后以来,西方国家对股票市场监管体制进行了不断地改革,以适应社会经济环境的变化,各个国家之间、同一国家在各个时期,其监管体制又有不同的内容和特色。

一、美国对股票市场的监管及其改革

战后以来,美国对股票市场的监管大致可分为三个阶段,在每个阶段,美国当局监管股市的指导思想、目的和举措等都有明显的不同。

(一)第一阶段,从战后初期至70年代初期

在这一阶段,美国当局对股票市场监管的指导思想与30年代相比还未发生重大的变化,对股市监管还在于将稳定性和安全性摆在压倒一切的地位。其改革也限于在30年代法律的框架内,对这些法律进行修补。

这一阶段对股票市场的监管主要体现在如下几个方面:

1.加大对投资者的保护力度。如1970年颁布《证券投资者保

护法》，主要条款有：(1)全国证券商协会会员在核算投资公司股利时不得将投资的股本增益计算在内；(2)随股票销售量的提高，佣金的比例会下降，管理者不得为了维持佣金比例而限制售卖量；(3)主包销商除了承销章程中列明的价格、折扣和让步外，不得向成员或注册代理人提供任何实质性优惠；(4)不得以延迟执行顾客购入互惠基金股份的指令为自己谋利；(5)设立证券投资者保护公司，如遇证券商破产，客户可于 10 万美元的限度内(后增加为 50 万美元，现金限 10 万美元)获得补偿，保险费由证券商按营业额比例拨付。

自战后以来至 70 年代初期，美国一直让证券交易所和经纪商们自律，证券交易委员会的主要精力是放在抓发行假证券的骗子们身上。但后来发现，经纪商们往往由于本身资金不足而利用客户的基金和证券来做自己的生意，有些甚至在股票市场做投机性的买卖，在这种情况下，有少数经纪商常常濒于破产，从而危及到客户的利益。为纠正这一偏向，1971 年尼克松总统任命的证券交易委员会主席凯西对股票市场进行了整顿，并制定了以下条例：

(1) 禁止股票经纪商擅自动用客户的基金或证券，并规定经纪商必须把客户所有的证券存在手上，不得借出、寄存或抵押。

(2) 所有股票经纪商都必须提出完整的财务报告；如果发生问题，必须立即通知证券交易委员会，并于 48 小时之内提出详细的财务报告。

(3) 所有股票经纪商应经常存有一定数目的现金，以备急需。

(4) 修正期货交易条件。一方面允许买空卖空；另一方面，规定买空行为必须是在市场行情走下坡路时才可为之，卖空行为必须是在市场价格上升的情况下方可为之。将买空卖空对市场价格的波动作用转化到稳定行为的目标上来。行市下泻，希望有更多的买空，使买势强盛，引起股价回升；股市涨风过猛，希望有更多的卖空，卖力增强，压抑市价。这样，价格波动的幅度就不会因投机而增大。必要时，提高过户税税率。

70年代初期，美国法院判例认为，经纪商为赚取佣金在客户账户，特别是全权委托账户上作不必要的反复买卖，并不是出于客户的投资目的及需要，而且次数显然过多，则为违法。

2. 对银行持股公司制度进行补充。从1863年美国颁布《国民银行法》以来，美国各州银行基本都实行单一银行制。所谓单一银行制，是指禁止商业银行设立分支机构和跨州经营的银行业体制。它是美国所特有的一种体制。20世纪初以来，特别是1927年美国国会通过《麦克菲尔登法》以来，虽允许州立银行和国民银行在少数州设立分支机构，但单一银行制基本沿袭了下来。在单一银行制的约束卜，美国的商业银行面临着一个突出的矛盾，既不能违反《国民银行法》，又要善于组织起自己跨行业、跨地区的网络机构，从而在激烈竞争中取胜。于是，银行持股公司便被认为是一个较理想的组织工具，即通过持股的方式，大商业银行可以将一系列小的银行或企业置于自己的控制之下。依据联邦法律，银行持股公司是指这样一种公司组织，它至少拥有一家商业银行25%以上的股票。在1929年股票市场崩溃之前，由于当时的银行立法缺乏对持股公司活动范围的明确规定，联邦和州的管制当局也认为它不属于自己的职责范围，因而促使银行持股公司在这一时期有较快的发展。到20年代中期，美国28家大持股公司已控制了511

家银行,资产约 76 亿美元,占当时银行资产总额的 10%。在 1929—1933 年的经济灾难中,美国有属于持股公司的 200 多家银行倒闭,占持股公司附属银行总数的 20%,远远低于单行制银行 35%的倒闭率。①

1933 年的《格拉斯—斯蒂格尔法》,第一次表明联邦当局企图限制银行持股公司所能提供的产品和业务,它授权联邦储备委员会(以下简称联储)监督银行持股公司并限制所涉及到的会员银行的持股权。具体的有关条款如下:(1)当一家由持股公司所控制的会员银行的股东们开会就影响该银行的重要事件进行投票表决,未经联储许可,持股公司不能投票。(2)由持股公司兼并的银行必须服从联储的监督和检查。(3)禁止商业银行和银行持股公司承购除国债外的所有证券。(4)存款有准备金要求。由于该法案主要只针对联储的会员银行,所以在管制银行持股公司的扩张方面是没有效率的。同现在一样,当时的会员银行只代表了全美商业银行中的少数。而且,对于创设新的企业和兼并别的银行,该法案对持股公司也缺乏有效的限制。因而,30 年代—50 年代中期,银行持股公司得到了进一步发展。

为此,1956 年,国会通过了《银行持股公司法》,以进一步加强对银行持股公司的控制。该法规定:

第一,在业务方面,限制持股公司从事投资银行业务和非银行业务。第二,在兼并方面,规定持股公司兼并或购买其他银行,必须先经联储批准,如果兼并或收购对象是州银行,还须获得州政府

---

① 〔美〕联邦储备委员会:《联邦储备公报》,1934 年,第 213 页,第 241 页。

批准。第三,在设立分支机构方面,必须先经联储批准,跨州经营还须得到所在州的批准。该法的重点在于限制多银行持股公司的扩张。它规定,凡是控制着两家或两家以上银行的持股公司必须:(1)在联储登记。(2)定期向联储报告其财务状况。在此背景下,美国银行持股公司特别是多银行持股公司在50年代中期—60年代中期迎来了一个收缩期。到60年代中期,美国53家大银行持股公司仅控制了7%的银行和8%的存款。[①] 在这一时期,只有单一银行持股公司得到一定的发展。

60年代后期,美国国会通过了一系列有关银行持股公司法律的修正案,如其中规定,允许附属的银行相互间发放同业贷款;取消联邦对持股公司课征的合并所得税,这实际上有所放宽了对银行持股公司的限制。因而,60年代后期,银行持股公司特别是单一银行持股公司又得到了发展。到1970年,全美单一银行持股公司已达1000多家,控制了商业银行存款的32.6%。[②]

1970年,美国国会又通过了一项新的关于银行持股公司的修正案,加强了对单一银行持股公司的限制。其中规定:(1)单一银行持股公司要在联储登记,并定期报告其财务状况,在兼并任何一家银行或非银行企业之前,必须征得联储的同意。(2)银行持股公司仅限于从事与银行"有关"的业务。这一修正案实行后,加上各州银行法令大多实行单一银行制或限制性分行制,所以,银行持股公司在跨州增加分支机构和扩大业务领域方面受到限制,但银行

① 〔美〕联邦储备委员会:《联邦储备公报》,1967年,第236页。
② 〔美〕联邦储备委员会:《联邦储备公报》,1971年,第274页。

持股公司作为在联邦和州的法律、法令的缝隙中成长起来的银行组织形式,由于它以公司的形式出现,因而可以进入一些经济领域,办理若干银行和非银行业务,而且可在全州范围内实行银行兼并,在一定程度上开展跨州经营。

30年代制定的关于股票市场的一系列法律,主要目的是为了稳定金融体系,防止金融机构的大批倒闭,在一定时期内,也确实发挥了这种作用。但与此同时,这些法律也存在着一系列副作用。而随着经济环境的变化,这种副作用便暴露得更加充分,这表现在如下几个方面:

其一,不同金融机构之间竞争条件不平等。对商业银行限制过严。因为其他类型的金融机构均可不受数量和地理的限制,广设分支机构,而唯有商业银行不行。商业银行系统中,对国民银行和州立成员银行限制过严。这种歧视性规定导致了商业银行与其他金融机构之间的不公平竞争,违反了市场经济的法则。

其二,金融机构之间竞争不充分,效率低下。一些金融机构凭借其对某些金融业务的垄断,使社会公众承担较重的负担。由于竞争受到限制,不少金融机构的经营效率低下,不能为客户提供满意的服务。

其三,导致美国银行数目众多,而规模偏小,不利于规模经济效益的充分发挥,而且加大了银行的经营风险。

其四,造成资金配置不合理,银行不能把资金调配到最需要的地区和行业去。

其五,削弱了美国银行在全球剧烈的金融业竞争中的经济实力,使实行全能银行体制的欧洲国家银行大量抢占美国的金融市场份额。

对于上述弊端，美国一些人士早已看到，并提出了一系列改革设想。60年代中期以后，看到上述弊端并提出改革设想的人越来越多。但由于经济环境还不成熟，反对势力还很强大，所以许多改革的主张一时都还不能付诸实施。如1970年，尼克松上台后不久，便成立了金融结构与管制总统委员会，专门研究金融改革问题。1971年，该委员会提出了《亨特报告》，主张放松对金融的管制，但只是鼓噪一时便束之高阁。随后的《1973年金融机构法案》和《1975年金融机构法案》两项法律草案也半途夭折。

（二）第二阶段，从70年代中期至90年代初期

70年代中期以来，随着通货膨胀率的不断上升和市场利率的提高，美国金融业的前述种种弊端暴露得更加充分，终于酿成了金融市场上的"脱媒"。"脱媒"的出现，给30年代以来形成的股票市场监管体制以强烈冲击，迫使美国当局逐步对这种体制进行重大改革，而决不能仅限于对其进行修补上。在这一阶段，美国当局对股票市场监管的指导思想发生了重大转变，适应经济的自由化、国际化和竞争的白热化，美国当局对股市的监管，已由在确保稳定性和安全性的同时，将增强美国股票市场的效率、活力和竞争力，为各种经济主体创造公平竞争的环境摆在了特别重要的位置。因而，美国股票市场监管体制的改革便表现在两方面，一方面，是突破30年代法律体系的束缚，开始对30年代以来的法律进行调整、修订和更新；另一方面，在一些立法条件还暂不成熟的领域，则在行政管制上放松，采取了放任或默许等办法。下面我们对此加以

评介。

1. 对30年代以来法律的调整、修订和更新。1980年3月，卡特总统签署了国会通过的《1980年存款机构放松管制和集中控制法》(即《1980年银行法》)，1982年10月，里根总统又签署了《凯恩——圣佐曼存款机构法》(即《1982年银行法》)，80年代中期至后期经国会讨论的金融改革法有若干个，如1987年的《银行公平竞争法》、《金融现代化法》、《金融服务监督法》，1988年的《存款机构法》，1989年的《金融机构改革、复兴和强化法》，1990年的《存款机构附属法》等。

如《1982年银行法》允许银行持股公司跨州收购面临倒闭的储蓄机构，这是联邦法律在国内跨州银行业务方面的第一个让步。又如，美国证券交易委员会于1978年颁布“S16条例”，1983年又颁布“415条例”，“S16条例”允许大公司加快其发行债券、股票的注册程序。“415条例”(即暂搁注册条例)允许大公司如发行至少1.5亿美元的股票，公司只要交一份简单的注册声明给证券交易委员会，可以在两年内任何有利于股票发行的时候发行上市。又如1975年，缅因州在美国各州中率先允许外州银行持股公司在互惠的前提下收购本州银行，到1993年，除夏威夷州外，美国所有的州均取消了对银行持股公司跨州设立分支机构的禁令。这些州在开始取消禁令时，大多附加了一些条件，如要求外州赋予本州银行持股公司同样的待遇，要求外州银行持股公司进入时能增加本州的就业机会，限制外州银行持股公司持有本州银行存款额的比例，兼并本州银行时应首先得到本州的确认，或只限于兼并濒临倒闭的银行，等等。但总的说来，70年代中期以来，特别是80年代初以来,美国加入取消外州银行持股公司设立跨州分支机构的州越来越多,各州的限制性条件越来越少,并逐步走向了取消限制条件。

再如,纽约证券交易所“390 规则”限制其会员在交易所之外的其他国内市场交易该交易所上市证券,这就意味着,所有在纽约交易所上市的证券,其交易活动只能通过会员在交易所内进行。这种垄断性的行为限制了交易活动的拓展,不利于公平竞争,遭到证券商、其他交易所和美国证券交易委员会的反对,故此,美国证券交易委员会于 1975 年通过“19c 条款”,不再限制代理买卖在交易所外执行。1980 年又通过“19c3 条款”禁止实施“390 规则”。但“19c3 条款”只对 1979 年 4 月 26 日以后上市的证券有效,却不能取消在这一时间以前上市证券的交易限制。在“19c3”发布以后,交易纽约证券交易所的上市证券也可以在交易所之外进行。这种将交易从严格的场内扩展到场外的交易方式,其合法化和适应竞争的特点,终于部分地打破了纽约交易所的交易垄断。

1968 年 12 月,美国证券交易委员会通过了大额证券期货交易的手续费比例减价规定。《1975 年证券法修正案》规定。从 1975 年 5 月 1 日起,美国各证交所放弃固定比例的佣金制,代之以可协商的佣金制。可协商佣金制的实行使证券交易所出现了一种新的经纪人,即折扣经纪人,这些经纪人所收的佣金只相当于其他经纪人的 40%,但他们除了交易外,不提供咨询和其他任何便利。实行交易手续费自由化前,该项收入占华尔街证券公司总收入的 60%,而现在降为 16%。在纽约证交所进行的所有交易的卖者还得向美国证券交易委员会交纳交易费,其比例是每 300 美元交易额交纳 1 美分的费用。《1975 年证券法修正案》还规定，变股票市场的"单一能力结构"为"双重能力结构"。在"单一能力结构"下，美国股市证券批发商与证券经纪商之间存在差别，证券批发商是市场主持者，但不能与公众直接进行交易，必须通过证券经纪商(中间人)，而证券经纪商又只能作为代理人而不能作为市场主持者。"双重能力结构"则取消了这种差别。1975 年，还将证券交易的印花税率从 1%降低到 0.5%。

又如，1990 年 4 月 19 日，美国证券交易委员会颁布了"144A 规则"，逐步放松企业在美国证券市场发行证券的管制。90 年代前，美国法律规定，限制性证券包括私募证券① 不能由持有者公开转让或私下交易，要经注册登记，待 2 年后才可转让。这种流通性差的资本市场，自然对外国发行人和机构缺乏吸引力。"144A 规则"的颁布，允许私募证券不须注册登记，便可立即由私募对象——"合格的机构投资者"向其他"合格的机构投资者"转售，两年和三年之后，可分别向公共市场进行有限和无限转售。外国公司的股票有了较快在美国二级市场兑现的可能。"144A 规则"成为美国证券市场开放的新起点。美国已经出现了一个 144A 证券市场，在其实施的第一年，144A 证券的总发行额达 170 亿美元，相当于传统市场规模的 20%。在 1991 年的 144A 证券发行总额中，外国公司占了约 1/3。从 1991—1994 年，外国企业在美国共有 432

① 私募是指发行企业不经过证券交易委员会注册，也不通过公共市场而向少数"合格的机构投资者"(指至少拥有 1 亿美元投资账户的机构)发行的证券。它具有可节省发行时间和注册费用，有确定的发行人等优点，但又存在由于不能竞价发行而造成价格对发行者较为不利、需向投资者提供较优惠的条件，证券转让较困难等缺点。

次144A证券私募发行,融资总额达339亿美元。①

又如,1991年2月5日,美国财政部向国会提出了一份题为:《金融体制现代化.使银行更安全、更具竞争力之建议》的提案(简称"2·5提案"),这项提案,被西方报刊称为"30年代以来美国最系统、最庞大、最具突破性的金融改革方案"。其改革取向,旨在进一步加强宏观金融调控的同时,对已经沿用了几十年的一系列陈旧的银行法和联邦金融管理体制进行一次结构性的改革,重建一种现代化的金融体制。其主要内容是:(1)打破地域界限,允许商业银行跨州乃至在全国设立分支机构和开展业务活动。(2)拆除商业银行与投资银行之间的业务壁垒,商业银行可以与投资银行合并,商业银行可以拥有证券公司、保险公司、基金会的子公司。(3)允许工商业公司拥有银行。现在银行不能购买工商业公司的股票,反过来工商业公司也不能拥有银行。"2·5提案"允许工商业公司拥有银行从属公司或者银行持股公司,但被保险的存款要由一个单独的从属公司来管理,以防止工商业公司把存款用来进行冒险的投资。(4)推行银行充足自有资本制度。在美国的积极倡导下,1987年,国际清算银行召开了西方12国中央银行行长会议,共同签署了《巴塞尔协定》,建立了统一的国际资本标准。根据这一协定,1990年底以前,成员国商业银行的资本/风险资产比例要达到7.25%,1992年底以前要达到8%。降低存款保险限额、提高保险费率并将其与银行风险资产挂钩。(5)加强银行的报告

① 〔美〕证券交易委员会:《144A规则实施后的证券市场实证分析》,1995年,第8页。

制度。美国加强报告制度的目的有二:反洗钱和反漏税。美国在1970年的《银行保密法》中要求银行向联邦当局随时报告客户的大额现金存款。这一法律在1985年后被严格执行。现在银行的报告内容已经从大额现金扩大到汇票、本票和类似的票据。(6)精简金融管理机构,等等。尽管"2·5提案"的一些内容暂时未在国会获得通过,但它代表了美国股票市场改革的基本方向。

2.放松行政管制,在一定范围、一定限度内灵活、变通地解释和实施法律的有关规定。从70年代中期起,美国的主要商业银行就已开始自行或者通过其下属机构从事某种证券业务。为了适应这种变动,联邦储备委员会于1977年5月首先准许银行作为私人提供的证券代理人开展服务。此后,又批准了一个又一个的证券服务业务。例如,承兑或处理商业票据、贴现经纪人、以及抵押证券的承兑或处理服务等。1987年以来,联储开始"创造性地理解"《格拉斯—斯蒂格尔法》中关于禁止商业银行从事证券业务的规定,即放宽对该法的解释口径,降低标准。例如该法案第20条禁止银行持股公司拥有"主要从事"证券业务的附属机构,而联储已允许银行持股公司通过附属机构在抵押贷款证券、公司债券和商业票据等方面进行承销活动,只要这些业务收入占该机构收入的比重不超过10%,就不算是"主要从事"证券业务。从这年开始,联储根据1970年《银行持股公司修正案》,通过个案审理,授权部分银行有限地从事证券业务,这一做法得到美国最高法院的认可。联储先后批准了一些银行持股公司通过子公司经营部分或全部证券业务。1989年1月,联储首次批准商业银行从事经销企业证券。1990年9月,联储又批准J.P.摩根银行公司通过其非银行子公司经营全部证券业务。从1992—1996年,美国已有39家商业银行获准设立了证券子公司或业务部。[①] 这样,《格拉斯—斯蒂格尔法》造就的严格隔离商业银行和投资银行业务的限制开始被突破。

3.根据股票市场形势的新发展,设立警戒线。1987年10月19日纽约股市股价暴跌后,在美国证券交易委员会的干预下,纽约证交所提出、设置了三条警戒线,并从1988年10月开始执行。

(1) 道—琼斯指数在一个交易日内比前交易日涨跌达到或超过50点时,对股票成交进行限制。股价下跌达到或超过50点时,卖出委托价不得低于上一笔成交价;股价上涨达到或超过50点时,买入委托价不得高于上一笔成交价;同时,对标准—普尔500指数成分股的指数套利报单也实施相应的限制。如果实施价格限制后当日股价指数的涨跌幅度减少到25点以内,上述限制即行取消,否则将一直执行到当日收市时为止。这项规则实施以来曾经多次发生按本规则限制交易的情况,其中1990年23次,1991年20次,1992年16次,1993年9次,1994年30次,1995年29次,并且有些年份出现了同一交易日内发生两次以上限制交易的情况。

(2) 当道—琼斯指数在一个交易日内比前交易日下跌350点时,纽约交易所全部上市股票的交易暂停30分钟;若下跌幅度达到550点时,全部上市股票的交易暂停一小时。1997年10月27日,道—琼斯指数猛跌,第一次也是唯一的一次采用了这一机制。

---

① 〔美〕联邦储备委员会:《联邦储备公报》有关年度。

(3) 当标准—普尔 500 指数期货交易下跌 12 点时(相当于道—琼斯指数下跌 100 点),所有电脑程序自动报出的市价委托单推迟 5 分钟后再进入撮合系统,对撮合的方式和条件也有相应的限制。这项规定实施以来至 1996 年底,已经发生过 5 次按本规定限制股票买卖的情况。

此外,纽约交易所的规则规定,当某一个股买卖委托出现不平衡(或称"单边市")时,负责股票撮合的专家经纪商(即做市商)可请求交易所暂停这只股票的交易,并向市场公布具体情况,直到买卖委托达到平衡、能够产生正常成交价格为止。

设立警戒线的目的,是为了减少股票市场的剧烈波动,同时为了有利于市场及时消化大的信息,使投资者作出正确的判断,增强投资者信心。

(三)第三阶段,90 年代中期至现在

在这一阶段,承前一阶段改革之势,美国当局对股票市场监管体制已经进入了系统改革的新时期。这一阶段,出台了一系列创新性的法律和法令。这明显地表现在对单一银行制和禁止商业银行与投资银行之间业务交叉这两大禁区的突破,简化证券市场管理程序,修正纽约证交所警戒线等几个方面。

1. 对单一银行制的突破。1994 年底,美国国会通过了《里格—尼尔银行跨州营业及设立分行之效率法》(简称《跨州银行法》)。该法规定,自 1997 年 6 月 1 日起,美国商业银行可以通过收购、兼并和新建三种方式跨州设立分支机构,开展全方位的跨州银行业务。联邦储备委员会可以给商业银行核发全国乃至世界经营执

照。这是对一个多世纪以来,特别是1927年《麦克菲尔登法》颁布以来一直延续下来的单一银行制的突破。

2. 对禁止商业银行与投资银行之间业务交叉的突破。1994年,美国国会在新通过的《跨州银行法》中,正式认可了联邦储备委员会关于商业银行可在不超过其营业总收入10%的限度内经营证券业务的规定。1995年,美国国会还通过了《金融服务竞争法》,允许银行拥有和经营证券子公司、银行可通过证券子公司全面经营证券业务,并允许证券公司进入银行业领域,但禁止总资产在300亿美元以上的大银行与总资产在150亿美元以上的证券公司合并。1996年,美国联邦储备委员会决定,提高允许商业银行经营证券收入占总收入的比例,即由原来的10%提高到25%,它还向国会建议取消商业银行所属证券部门与存款部门之间相互交换董事和员工的限制,不再禁止商业银行帮助其证券部门推销证券。1999年7月,美国国会通过新银行改革法案,规定,第一,从事任何金融活动都可在一家持股公司名义下进行联营;这实际上为商业银行与投资银行之间的合并和联盟大开了方便之门。第二,授权成立专门接受10亿美元以上存款的全国性商业银行,但不在联邦政府保险之内。第三,设立一项新的联邦刑事罪,以打击利用欺骗手段和假装客户获取银行秘密信息的行为。第四,继续禁止工业公司拥有银行。据众议院银行委员会主席、法案主要起草人之一的詹姆斯·利奇说:"这项法案的核心是将取消已实行了65年之久的法律中对商业活动的人为限制。"①

3. 简化对证券市场的管理程序。1996年10月,克林顿总统

① 美联社华盛顿1999年7月2日电。

签署了一项证券法案，规定，第一，共同基金提供的证券和在美国各证券交易所流通的证券，都不再接受州一级的管理，而只接受联邦的管理。第二，一方面，证券交易委员会减少向客户收取的服务费；另一方面，国家每年向证券交易委员会增拨 2000 万美元经费，以监督投资银行和投资顾问。第三，建立一个电子信息库，以方便投资者查询投资基金和投资顾问的有关情况。克林顿总统指出："这项法案是 50 年来对美国证券管理体制的第一次全面彻底的改革，""这项法案承担了一项艰巨的任务，即在不损害对投资者的保护的情况下提高市场的效率，""这些改革会加强我们的国内资本市场，有助于创造和产生新企业和新的就业机会，并增加企业和投资者的收益。"①

4. 修正纽约证交所"停盘(断路)机制"。在美国证券交易委员会的支持下，纽约证券交易所自 1998 年 4 月 15 日起实行作为股市警戒线重要组成部分的新的"停盘机制"，新机制规定：当道—琼斯指数下跌 10%时，股市电脑交易系统将暂停交易一个小时；下跌 20%则将停盘两个小时；而当下跌 30%时，股市则提前闭市。这三种程度的跌幅在不同发生时间上又各有不同的实施细则。如果在纽约时间下午 2 时前道—琼斯指数下跌 10%，股市将停盘一个小时；发生在下午 2 时至 2 时 30 分之间则暂停半个小时；发生在下午 2 时 30 分以后则可以继续交易。当道—琼斯指数下跌 20%的情况是发生在纽约时间下午 1 时前，股市将停盘两个小时；但当该跌幅是发生在下午 1 时至 2 时之间时，交易则仅暂停一小

---

① 美联社华盛顿 1996 年 10 月 11 日电。

时;而如果是发生在下午2时以后股市则立即闭市。如果在一天交易的任何时间内,道—琼斯指数累计下跌幅度达到30%,股市则提前收盘。

美国证券交易委员会认为,旧的“停盘机制”在股价下跌时启动过早,反而引起投资者更大的恐慌,扩大市场的卖压。而新机制则允许股价有更大的下跌空间,更真实、准确地反映了股市运行的实际情况,也有助于恢复投资者的信心,稳定市场。

5. 对股票市场实行分级监管,鼓励股票的场外交易特别是网上交易。证券交易委员会在1996年提出了美国证券市场的改革方向,包括:鼓励在互联网上进行股票发行和交易,前提是投资者的权益受到保护(如,告诉投资者网上的投资风险略高于上市公司股票;每季公布业绩;告诫投资者买卖股票时聘请证券专家;维护公平价格等)。对最低级的小型证交所在确保公平交易的前提下,获准在证券交易委员会的指导下自行建立交易规则;低一级的证交所在壮大到一定规模时可晋级;对处于最高一级的几家大证交所的规则基本不变,但也适当放宽管制,赋予相应的灵活度;美国以外的证交所同时获准在美开展业务活动;等等。

6. 改革经纪人和投资顾问的佣金提取方式。近年来,伴随华尔街股市的空前繁荣,证券经纪人和投资顾问日益成为热门行业。据统计,1997年美国登记在册的投资顾问达到2.3万人,而1987年时只有1.269万人,10年间人数增长了近1倍。一些投资专家估计,投资顾问的人数在今后15年内可望增长8倍。[①]

---

① 〔美〕全国证券商协会:《1998年股票市场公报》,第59页。

目前,大部分投资顾问的收费方式仍是以收取佣金为主。这样,投资顾问为客户进行的买卖次数越多,赚到的钱也越多。因此,由于交易过多,客户投资成本大增,有时投资者一年下来得不偿失,而投资顾问却赚到高额佣金,影响了投资顾问、证券经纪人和客户之间的关系。

为了改变这种不合理现象,目前美国证券服务业正悄悄发生一种变化,越来越多的投资顾问已采用按客户的投资金额大小提成收费的方式服务客户。客户可以在合同中提出按所推荐投资组合表现好坏提供不同的提成比例。目前业内一般的提成比例在0.5—1.25%之间,这与共同基金公司的服务费类似。在华尔街至少约有10%以上的投资顾问和证券经纪人目前采用了提成收费的方法。

提成的好处是显而易见的,那就是投资者的回报和投资顾问服务的好坏联系在一起,势必增加了投资顾问或经纪人的积极性,而投资者也可腾出较多精力从事其他工作,放心大胆地让投资顾问去炒作。

二、日本对股票市场的监管及其改革

战后,日本对股票市场的监管大体可分为两个大的时期,第一个时期是战后初期至50年代末,是日本股票市场监管体制确立的时期;第二个时期从60年代初至现在,是对上述体制逐步进行改革的时期。

(一) 战后日本股票市场监管体制的内容和特征

从战后初期至50年代后期,日本逐步确立了其特有的股票市场监管体制,综观这种体制,具有如下内容和特征:

1. “三大分离”。即银行与信托相分离;银行与证券相分离;银行与保险相分离。各种金融机构分门别类,各有活动领域,各有业务范围,各服务于不同对象。银行在国内设立经营其他金融业务的持股公司时,其持股比例不能超过5%,不能使用与该银行相同的名称,不能在同一所大楼办公,原则上不能派遣高级职员到该持股公司任职。各种金融机构之间尽可能避免直接竞争而达到“和平共处”。金融机构的倒闭最大限度地得到抑制。银行之间、证券公司之间的合并不仅要接受严格检查,而且要经过大藏省批准。

2. 提高证券公司特别是少数大证券公司的地位,改变证券交易所的性质。战前,日本由于大企业发行的股票往往由同一财阀内部的企业所消化,而事业债的承受业务又几乎被银行和信托公司所垄断。因此,证券公司所处的地位并不重要,业务范围也十分有限。

1943年,日本所有11家证券交易所合并成立了一个准政府组织——日本证券交易所。战后初期的1947年,日本政府根据盟军司令部的指令,关闭了日本证交所,股票交易仅可在证券公司的柜台和非正式市场上进行。1947年3月,日本政府颁布《证券交易法》后,日本的股票交易开始进入了法制化的轨道。根据《证券交易法》的规定,银行和信托公司都不得承受除国债、地方债、政府担保债以外的任何证券。这样，经营股票业务的机构实际上就主要剩下了证券公司。根据股票交易量的不断增大，1949年5月，日本政府正式批准在东京、大阪和名古屋成立新的证交所。继而又成立了京都、神户、广岛、福冈、新泻、札幌证交所。1967年关闭神户证交所，形成了8个证交所的格局。其中，以东京证交所的规模最大，交易量约占全国的85%。东京证交所是根据《证券交易法》，仿效纽约证交所而建立起来的。它改变了战前以获利为目的的性质，采取会员制的新型组织形式。东京证交所重新开张时，设置日经平均股价(日本经济新闻社统计的225种有代表性的股票的平均价格，用其时价之和除以225得出的平均值)。

日本政府规定，在东京、大阪和名古屋3个证交所里，可以进行全国性的股票交易。1951年，日本制定了《证券投资信托法》和《信用交易法》，1952年，制定了《长期信用银行法》和《借贷信托法》等，从1951年6月开始，日本推广了美式的信用交易，并允许少数大证券公司兼营部分投资信托业务，从而使股票市场流入的资金不断增加。50年代以来，野村、大和、日兴和山一四大证券公司在全国范围内以大量小额的个人投资者为对象，通过对投资信托业务与证券买卖业务的有机结合，以运用保管证券作担保，筹措资金，使用这些资金进行一些交易所外的证券对缝搭配交易。结果既扩大了这种交易形式，又利用持有的证券进行投资信托，不断扩大公司的市场占有份额。从1955—1965年，这种形式的交易约占全国交易所交易的一半，而且几乎都是四大证券公司所为。在投资信托交易中，四大证券公司所占比例50年代超过90%，股票买卖额从1953年的33.2%上升到1960年的64.9%。[①] 面对大量小规模个人投资者的市场参与这一新的需求,大证券公司不仅可以通过扩大销售网点的形式,也可以通过对现有的交易制度的战略性运用来实现规模经济效益。这样在50年代就基本确立了四大证券公司在日本证券业的垄断地位。

3. 禁止场外交易和期货交易。1949年,东京等证交所重新开张时,盟军总司令部提出的"市场原则"便有"交易集中在证交所"并禁止证交所从事期货交易业务。

4. 交易所一方面实行竞争交易原则,另一方面又对证券买卖的价格和方式实行较严格的管理。竞争交易原则包括:(1)价格优先原则,即购买时以高价优先,出售时以低价优先。(2)时间优先原则,即价格相同时,早预约订购者优先。此外,为确保公正价格的形成,每笔交易都受到严密的监督和审查。交易所同时规定,上市公司为扩大资本而增发股票时,每一股的票面价额要与原发股票的价额相等,而不能按市场上流通的同种股票的买卖价格来定价,一般是按票面价格分配出售给老股东。并禁止卖空交易。

5. 建立证券业自律管理机构。日本证券业的自律管理分为两个机构:一是全国证券业协会。主要任务是:促进形成公正惯例,贯彻证券交易的信义原则;教育和培训证券业的工作人员;调查研究证券市场并向政府提出建议;对公众普及证券知识。二是证券交易所。按照《证券交易法》规定,交易所会员有三种,即正会员、经纪人会员、特别会员。东京证交所现有正会员114个(其中

① 〔日〕松井武男:《战后日本经济的成长》,岩波书店1993年版,第299页。

外国会员22个),特别会员144个。正会员是可以接受顾客委托进行证券买卖的证券公司;经纪人会员是在正会员之间作媒介,促进双方交易的证券公司;特别会员则接受非会员证券公司的委托在交易所进行证券买卖。各证券交易所的最高决策机构为会员大会,执行机构是理事会,自律管理的内容包括市场管理、会员管理、交易管理和公布行情等。

东京证交所理事会由理事长和23名理事组成。理事中有从正会员选出的“会员理事”,从非会员中选出的“常任理事”。此外,还选入一批能够代表公共利益的理事。理事长是由理事推选出并经过交易所全体会员2/3以上票数同意当选的,是交易所的首席执法官,负责按法规对交易所进行管理,贯彻落实会员大会、理事会制定的政策、措施,但不得参与证券业务。作为理事会的顾问机构,交易所设立了5个常设委员会:会员资格委员会、财政委员会、交易经营委员会、政策计划委员会和培训委员会。此外,还设立了特别委员会,是对交易的重大事项提供建议和咨询的机构。

6. 保护投资者利益。如东京证交所规定,发行股票的公司要想其股票能在交易所进行交易,首先要接受东京证交所的上市资格审查。审查的内容包括:申请上市股票的数量、股票分布状况、公司资本金、盈利状况等。日本的公司清账公开制度规定,发行股票的企业必须把经营状况、经营业绩、资金状况等有关情况,以有价证券申报表、有价证券报告书、临时报告书、或季报告等形式向社会广大公众公开,以便投资者根据公开的情报,判断分析股票的价值,进行合理投资,特别是在经济出现重大波动时,更要求每一企业适时而准确地公布这些信息资料。

7. 不允许外国证券公司参加证券交易所的活动。

（二）日本股票市场监管体制改革的第一阶段（60年代初期—70年代初期）

战后，日本对《商法》、《证券交易法》、《银行法》等有关股票市场监管的法律进行了多次修改，以实现对股票市场监管体制的不断改革。日本股市监管体制的改革大致可分为三个阶段，为了行文方便，我们先评介第一阶段。

在第一阶段，改革的中心是加强对证券业包括股票市场的控制，稳定金融和经济秩序，保证经济高速增长。

1. 提高证券业的进入门槛。50年代中期以后，随着经济的高速增长，个人金融资产的积累增加，股票市场交易活跃，为证券业包括股票市场的发展提供了新的契机。证券公司如雨后春笋，迅速在日本各地出现。50年代后期股票市场的特点是个人成为投资的主要对象，数量多，交易额小。这对于已在全国拥有销售网的四大证券公司来说，一开始就处于有利的地位。特别是经过数年的销售网点的扩充和人员的增加之后，进一步拉开了与其他证券公司的差距。为了缩小这种差距，提高竞争能力，与四大证券公司规模相接近的证券公司，在50年代后期也相对加快了销售网点增设的速度。但由于其主要目的是为了促进投资信托的销售，官方担心其经营恶化，因此在1960年制定了证券交易的新设网点基准。并且规定，只有达到一定规模的证券公司才被允许兼营信托业务和运用保管业务。

1965年股票市场危机发生后,日本对《证券交易法》进行了重大修订,修订后对证券公司的成立,由登记(注册)制改为许可(批准)制,以限制证券公司数量盲目增加和业务范围盲目扩大。根据新的《证券交易法》,委托买卖、证券公司交易所外交易、发行承销、招股推销等各种业务的经营都以资本金为基本条件。另外,只有满足收支预测、经营者成员构成、地理条件合理等条件,才被允许从事兼营业务。由于当时日本证券业实行专业化经营的基础还不成熟,在过去的登记制中,如果资本金是2亿日元的交易所会员,就可以进行有价证券的完全承销业务。1965年《证券交易法》修改之后,资本金2亿日元以上的证券公司已经获得了经营四项业务的许可。但作为证券承销团的干事证券公司,若专营完全承销业务,资本金要在10亿日元以上。若同时兼营其他所有业务,资本金必须达到30亿日元以上的标准。到了1971年7月,资本金达到30亿日元以上,可以成为证券承销团中的干事证券公司,兼营自销业务和经纪人业务。满足这一条件,兼营主要四种业务的证券公司称为综合证券公司。《证券交易法》修改之前,只有四大证券公司符合这一条件,到1968年也只增加到7家。

1965年修改后的《证券交易法》,其中最重要的改革是采用了按业务种类划分的许可制。不符合条件的证券公司只好从市场撤出或与其他公司合并。1967年3月玉塚证券公司和山叶证券公司合并组成新日本证券公司,10月日本劝业证券公司和角丸证券公司合并组成日本劝业角丸证券公司,实现了成为综合证券公司的目标。从1970—1979年有16家公司实现了合并。证券公司数在1968年为277家,70年代一直维持在237—238家这一数量上。[①]

1965年修订后的《证券交易法》规定，证券公司有义务建立买卖损失准备金、弥补资本减少的准备金和证券交易责任准备金，以免影响投资者利益。增列证券公司及其工作人员禁止的行为有9种，如散布谣言、佯作买卖等，违反其中之一者即可处3年以下徒刑或300万日元以下罚款，还可责令停业6个月。

2. 实行企业上市分部制度。东京证交所于1961年10月开辟了第二部市场。第二部市场的上市条件比第一部市场的上市条件低，新股票原则上先在第二部市场上市交易，经过一年后，如果符合第一部市场的上市条件，经审查合格并呈报大藏省认可后方能进入第一部市场进行交易。

（三）日本股票市场监管体制改革的第二阶段（70年代中期—80年代后期）

在这一阶段，改革的中心是适应经济的成熟化，放宽对证券业的限制，逐步实现股票市场自由化。

1. 各种金融机构逐步由“专业化”、“分离型”向“综合化”、“大型化”过渡。专业化分离型金融体制，在战后一定时期内，具有集中资金重点使用，调节畸型经济结构，配合日本政府的经济发展战略，对50年代中期至70年代中期的日本经济高速增长起了重要的推动作用。

尽管如此，但它同时也存在着明显的局限性。首先是在经济

① 〔日〕松井武男：《战后日本经济的成长》，岩波书店1993年版，第308—309页。

生活的几乎每一个领域都设有专门的金融机构，难免带来人力、物力的浪费。其次，使各类金融机构都处于垄断地位，各有各的地盘，金融机构不分大小都有稳定的收益，企业的筹资成本被迫提高。而且分工过细，各把一摊，势必抑制竞争，影响市场机制发挥作用。更明显的问题是由于业务领域的限制太严，影响了资金有效率的运用。此外，专业化的业务分工也影响了资金的横向流动，妨碍了企业自筹资金和相互调剂资金余缺，限制金融市场的发展。

很显然，专业化金融体制只是特定历史条件下的产物，而不是社会化大生产所应有的金融体制的典型，这就决定了它只能在一定时间和空间内发挥作用，一旦其所赖以存在的条件发生变化，其历史使命即宣告完结。

经过战后几十年的发展，日本的社会经济状况发生了巨大的变化。首先是经济的"成熟化"，即日本已成为世界经济大国，摆脱了过去的落后状态，其经济已相对饱和，失去了进一步发展的动力，高速度增长掩盖下的各种矛盾相继暴露出来。日本经济"成熟化"的标志，一是经济增长速度放慢，二是畸形的经济结构得到改善，三是资金的供求关系发生了变化，由过去的供不应求转变为现在的供过于求。其次，是日本"金融的证券化"，即金融市场上有价证券的比例急剧上升，占越来越重要的地位。经营证券业务的丰厚利润，促使突破专业化业务分工的呼声越来越高涨。再次，是资本的国际化和世界经济的一体化，使得国际间激烈的竞争强烈要求摆脱日本专业化金融体制的种种限制。最后，是社会的"电子化"，电子计算机广泛应用于日本社会生活的各个领域，大大提高了金融业的经营效率，降低了成本，专业化金融体制被证明已不再适应时代的需要。

正是在这种情况下，开始了以"综合化"和"大型化"为金融体制改革方向的日本金融体制自由化，而金融体制的自由化自然迫切要求为所有金融机构各显神通提供场所的金融市场也实现自由化。日本的金融市场自由化，正是在这样的深刻背景下展开的。

1981年，日本对《银行法》和《证券交易法》进行了修订，放宽了银行与证券公司之间业务范围不准交叉的限制，规定二者可在一定限度内兼营彼此的业务。特别是1987年7月，日本大藏省开始允许都市银行、信托银行、信用金库、信用组合等金融机构从事股票信用业务。

2. 进一步实现证券公司"经营合理化"。日本1980年修改《证券交易法》时，将证券公司所需"资本的最低限额"提高了2倍。因此，证券公司自70年代中期以来，其发展主要是围绕着"经营合理化"这一中心，侧重于业务的集中和规模的扩大。但1977年1月以后，对证券公司增设服务网点的财务标准开始放宽。

3. 改革股市交易规则。从60年代后期起，开始逐步实行按市场时价发行股票。但那时按时价发行的比例年均仅为7.8%，而到70年代后期，年均上升到68.6%，1985年再上升到80%。[①]从1977年开始实行按交易额的一定比例收取佣金制度。并规定允许卖空交易。

4. 不断开发新的金融商品。70年代后期，东京证交所开始

---

① 日本大藏省：《日本的证券市场》有关年度。

从事可转换股权的公司债券的买卖业务，1985年，开设了股票期货交易。1987年，大阪证交所也开始进行股票期货交易。

5.日本当局1983年正式批准在大阪、东京和名古屋开设主要为中小科技企业服务的科技板市场，标志着改变了战后初期“禁止场外交易”，“交易集中在证交所”的规定。

（四）日本股票市场监管体制改革的第三阶段（90年代初期——现在）

90年代初期以来，日本对股票市场监管体制改革进入了第三阶段。在这一阶段，日本一方面适应股票市场自由化、公开化、国际化的大趋势，继续加速了第二阶段的改革进程，放宽限制，减少保护，鼓励竞争，以降低日本股票市场的成本，增强其活力，提高效率，推动以间接金融为主的市场向以直接金融为主的市场转变，并注意改革的协同性和整体性，在推进证券业和金融业改革的同时，相应进行外汇、行政、财政、税收等方面的配套改革；另一方面又吸取90年代初“泡沫经济”破灭和90年代中期一些重要金融机构倒闭或陷入困境的教训，并根据国际金融市场不稳定因素增强，风险加大的状况，注意改革节奏，实行先易后难，有计划、有步骤地推进改革进程，并实行推进改革与强化管理二者相结合。

1996年11月11日，在当时的首相桥本龙太郎的授意下，《日本金融体系改革法案》出台了。在这个法案中，桥本首相引用1986年英国新闻界将该国证券市场管理体制改革称为“大爆炸”的说法，将日本金融体制改革称为日本式的“大爆炸”。这项法案提出后，又几经讨论和修改，于1998年3月10日由日本内阁提交国会讨论。但实际上在此之前，这项法案中的一些内容已陆续在实施。

这次改革的基本原则是：第一，自由化原则，即根据市场经济原理建立自由的市场，这具体包括进入市场、商品、价格等方面的自由。第二，透明、公平、公正原则。这包括规则明确、信息公开、责任自负等。第三，国际化原则。即市场的对外开放。在各项制度上符合国际惯例，与国际接轨。

《日本金融体系改革法案》由《证券交易法》、《银行法》、《保险法》、《证券投资信托》、《外汇及外贸法》等 24 个与金融有关的法律修正案组成。而在 90 年代初期，日本对《商法》等法律的修改也是属于这一阶段改革的内容的。下面，我们从有关股票市场监管体制改革的角度予以评介。

1. 提高设立股份有限公司和有限责任公司的最低注册资本限额。据统计，到 1990 年 3 月底为止，全国共有 127 万余家股份有限公司（以下简称股份公司）。从总体来看，这些公司大部分设立于从 50 年代中期起日本经济高速增长的过程中，约占总数的 78%，且大多数为注册资金不足 1000 万日元的小企业，约占总数的 65%。此外，日本现有 141 万余家有限责任公司（以下简称有限公司），也都是小企业。① 这数百万家遍布各行各业的股份制企业成了日本经济的主体。

日本有大量的小企业采用了股份公司的形式。其原因主要是：第一，在 1990 年修订前的《公司法》中对设立股份公司的注册

① 〔日〕东洋经济周刊临时增刊：《企业系列总览》，1991 年，第 21 页。

资金没有明确规定下限。第二,在社会信用、业务经营和人员招募等各方面,股份公司都比有限公司有利得多。第三,小企业即使采取了股份公司的形式而又不那么严格地履行、遵循繁杂的有关法规,实际上也不会受到什么制裁。

1990 年 6 月,日本修订了《商法》,并于 1991 年 4 月起施行。这次修订中有关设立公司方面的主要内容如下:(1)首次规定设立股份公司的最低注册资金不得少于 1000 万日元,同时,把设立有限公司的最低注册资金提高到 300 万日元。(2)把设立股份公司的发起人由至少 7 人(法人或自然人均可,下同)减为 1 人,设立有限公司的出资者亦由 2 人减为 1 人。(3)对原规定在发起人用非货币资产出资时,必须请法院指派律师、注册会计师或不动产鉴定师进行评估的条款,作了在若干条件下可不经这种评估的补充。

从这些内容可见,在设立公司时对资金的要求大大提高,而对人数的要求则降到了最低。任何个人只要有足够的货币或资产都可以开公司。另外,以前日本的股份公司大多采取募集设立方式,其原因是若用非货币资产出资,则依法进行资产评估将花去不少金钱和时间,而发起人的现金往往是有限的,因而只能采取募集设立方式。在修改后的《公司法》实施后,采取发起设立方式的股份公司已经增多。

2. 减税。包括降低证券交易税、个人所得税和企业法人所得税,取消海外投资者利息税等。

3. 实行新的《外汇及外贸法》。这项法律规定,首先,在储蓄和资本交易方面,废除有关内外资本交易的事先批准、申报制度,改为事后报告制度。个人或企业可以自由在海外银行、金融机构开设账户,可以选择用外币或日元进行存款和结算。其次,取消外汇公认银行、指定证券公司和汇兑商制度,实行外汇业务自由化,即个人和企业都可以在日本国内自由兑换外币。第三,日本个人和企业可以通过国外证券公司,利用在那里开设的账户直接进行股票、债券等投资活动,可以通过因特网购买股票,可以在国外购买日本尚未经销的金融商品。

伴随着以上改革,对日本投资者来说,将出现如下变化:一是运用金融资产的选择幅度由国内扩大到海外;二是对金融机构服务价格的选择机会增加,由于从事外汇业务的金融机构增加,金融机构收取的手续费必将下降;三是在海外开户和交易时将省去许多繁琐的手续。

4. 允许银行和保险公司经营证券业务,实行各金融机构业务的相互交叉和渗透。1993 年 4 月 1 日起正式实施的《金融制度改革相关法》规定,允许银行、信托公司、证券公司等通过出资 50% 以上的子公司经营其他领域的业务。如银行可以成立新的证券子公司,也可对现有的证券公司进行收购,其证券子公司的业务范围除股票经纪人目前在法律上仍属禁止的业务外,只要经大藏省批准,即可经营法律上规定的所有证券业务。1997 年 4 月,日本政府又宣布允许非金融企业集团组建控股公司。而根据《金融体系改革法案》,将解除对金融控股公司的禁令,允许各金融机构通过直接扩大业务范围方式或通过控股子公司间接参与方式,拓展各金融机构经营范围,允许银行交叉经营证券、保险等金融业务,允许银行在窗口买卖股票和各种投资信托商品,实行业务相互渗透。通过子公司间接扩大业务范围不受任何限制,但以直接方式扩大金融业务时,将受到一定限制。

5．将成立证券公司的许可制改为注册制。允许上市公司股票的场外交易;证券公司必须公布总资产中的自有资本比率;严格实施客户资产和证券公司自有资产的分别管理;设立证券寄托补偿基金,在2001年3月以前,保护投资者存放在证券公司的全部资产,在此之后,每个投资者的最高保护限额为1000万日元;放宽对证券公司自营业务的限制,允许证券公司在合适的时候买卖证券;将证券投资信托业的许可制改为注册制;允许个人设立证券投资法人,个人可从欧美等国购买投资信托商品,并积极吸引国外投资基金进入日本证券市场。

6．实行股票交易手续费的自由化。在1999年底后,实行股票交易手续费的自由化。对于日本证券公司来说,股票交易手续费是稳定收入的重要来源之一。目前,除10亿日元以上的大笔股票交易外,股票、债券等交易手续费是根据交易量的大小以固定比率来计算。1998年4月后,10亿日元的上限将下调为5000万日元。1999年末后,不管金额大小,手续费将完全由券商和投资者共同自由决定。

7．开设包揽账户。包揽账户主要针对1000万日元(大约65万人民币)以上的资金客户,其基本结构是:证券公司与客户缔结全权委托契约,证券公司通过各种证券投资组合或通过委托外部投资顾问公司,对客户的资产进行管理运营。其手续费根据客户的资产量大小,每年一次性收取,资产运用时发生的股票等证券交易手续费则不另外加收。

8．建立企业股票选择权制度。为了调动企业内部人员的积极性，公司向董事、管理人员及一般员工赋予股票选择权，即，允许企业内部人员在一定期限内，以事先确定的价格购买本公司股票。

9. 强化对金融机构的监督、检查和处罚力度。从1998年4月开始，日本严格执行了国际清算银行规定的银行自有资本比例。即，开展国际金融业务的银行，其自有资本比例必须达到8%以上；单纯从事国内金融业务的，其自有资本比例必须在4%以上。日本金融厅对银行的监督主要通过“早期修正措施”，它以“自有资本比例”作为尺度衡量银行的健全性。金融厅将银行的非健全性分为3个阶段：对于经营国际金融业务的银行，自有资本比例不足8%的属于第一个阶段，不足4%的属于第二阶段，零以下的属于第三阶段。

所有银行必须按照统一的标准对自有资本比例进行定期自查，然后向金融厅报告，隐瞒不报或粉饰虚报者将受到严厉的惩处，必要时金融厅有权实施强制性检查，并根据结果向非健全银行提出“修正命令”。对处于第一阶段的银行，将要求其制定并实施经营改革计划；对处于第二阶段的银行，将命令其提出增资计划和压缩总资产；对处于第三阶段的银行，将停止其部分乃至全部金融业务。

鉴于近年来日本金融机构破产倒闭的教训，日本修改了《银行法》。新《银行法》规定，不仅要定期检查单个银行的自有资本比例，而且要检查与该银行相关的银行集团的自有资本比例，其中包括非银行机构。如果整个集团的自有资本比例达不到标准，金融厅也将提出“修改命令”。其目的是防止核心银行向下属金融机构转移自己的不良资产。新《银行法》还规定，对一家企业的贷款不得超过银行集团自有资本的一定比例。这项规定是为了防止核心银行通过所属的非银行机构向高风险的企业或项目非法投资，避免银行发生新的不良资产。

1997年秋，日本政府提出了修改金融犯罪法规的方案。方案对制作虚假财务报告或妨碍金融检查的个人，罚金上限由现在的50万日元提高到300万日元，最高刑期为1年。为了重惩整个公司的集体行为，对公司的罚金也由现有的50万日元以下，大幅调高到1亿日元。证券公司也将比照银行，调高罚金。

金融机构的董事非法融资而有损公司利益时，适用《商法》中的重大渎职罪，这方面的罚则也提高了，即由现行的7年以下徒刑、300万日元以下罚金提高为10年以下徒刑、500万日元以下罚金；非董事的行政人员渎职时也适用此罪。另外，由于银行丑闻和广大民众的资金有关，影响极大，因此公诉时效期间也计划从5年延长到7年。

内线交易的罚则将由现行的6个月以下徒刑、50万日元以下罚金，加重到3年以下徒刑、300万日元以下罚金。这是证券市场违法交易的罚则中最重的刑罚。此外，修订案中还建议规定没收违法交易的获利。

10. 限制股票价格过度波动，重新禁止股票卖空交易。90年代初期股市泡沫破灭后，日本东京交易所根据不同的股价水平限制股价波动幅度。一方面，规定相邻两笔交易之间的价格涨跌的最大变动幅度；另一方面，规定每日股价涨跌的最大变动范围。如果撮合成交价超出限价范围，买卖委托不能成交，等待下一笔委托进入后，在限价范围内成交。如果一直不能在限价范围内成交，则停止交易直至闭市。

1998年10月,日本国会通过《证券交易法修正案》,该修正案针对90年代以来,特别是90年代中期以来,一些投机者利用日本股市股价暴跌的机会,从投资机构借来大量股票,以低价抛售,打压正常股价,在诱导股价跌到一定水平后,趁机从中购回股票还债,从中牟取暴利的状况,规定重新禁止卖空交易。

11. 实现日本中央银行的独立。以前日本中央银行——日本银行的独立性较差,较多受到日本内阁的干预。因为大藏大臣对日本银行有业务命令权,内阁拥有日本银行总裁罢免权。1998年4月修改后的《银行法》取消了上述业务命令权和总裁罢免权,以确保中央银行的独立性。

12. 转变大藏省职能,实行金融监管与财政监管的分离。战后以来,日本的金融监管与财政监管二种监管职能一直是合一的,均由大藏省行使。总部设在东京的民间金融机构由大藏省银行局和证券局负责监督,由大藏省的官房金融检查部和证券交易等监督委员会负责检查。地方银行由大藏省地方财务局负责监督和检查。这带来大藏省权力过分集中、政府对经济的过度干预、透明度低、民间金融机构对政府依赖过大乃至大藏省官员营私舞弊等弊端。

日本国会于1998年10月12日通过了《金融再生(又译重建)委员会设置法》,新设立的该委员会由国务大臣任委员长,吸收民间人士参加(其中银行界人士不超过一半),作为金融政策的最高决策机构。该委员会有较大的独立性,要定时公开所讨论的内容,并向国民和国会说明金融政策。同时决定将原属大藏省的金融监管机构和职能分离出来,成立了独立的金融厅,由金融再生委员会领导,从而实现金融监管“中立化”,缩小大藏省的行政指导权力,撤销了大藏省的银行局、证券局和保险局,将大藏省的官房金融检查部和证券交易等监督委员会以及银行、证券、保险各局的监督、检查职能分离出来,并将原属大藏省的金融企划局划归金融厅,这样,金融厅的职能便包括金融规划、法规、政策的酝酿和提出,对银行、证券公司、保险公司等金融机构设立的认可(登记)、废止、监督、检查、处分等管理工作。具体监管包括:发给或吊销经营执照;作出警告、处罚、停业破产等行政处分;批准个别金融商品的经营;对存款保险机构实施资金援助是否符合规定进行认定;依法对破产银行实施国家管理,令其重建或转让等。目的是改变过去策划于密室的酌情处理型监管方式,实行透明的行政指导。

(五)“大爆炸”对日本股票市场的影响

90 年代以来,特别是 90 年代中期以来,日本股票市场监管体制的改革,无论从其系统性、深刻性还是彻底性来说,都是继战后初期确立日本式股票市场监管体制后,日本股票市场监管体制的又一次历史性的重大转轨,所以被称为日本式的“大爆炸”。

“大爆炸”改革将引起日本股票市场的大震荡,旧的利害关系格局将被打乱,新的游戏规则和新的利益均衡在经历今后几年的混沌后将慢慢形成。各种金融机构一方面将获得自由拓展业务的机遇,同时也面临着残酷的你死我活的生存竞争。

日本是一个债权大国,有 1200 万亿日元的民间金融资产,但这些资产的 80%却以近似于零的低利率在银行存款和邮政存款的户头上沉睡。从股票与债券的投资比例关系看,美国在1991年后,股票比例急剧上升,债券比例相应减少,如今股票的投资比例是债券的两倍以上。日本在1991年时股票与债券的比例基本持平,之后的变化趋势正好与美国相反,现在债券投资比例比股票投资高出3倍。考虑到日本股票价格低迷徘徊已久,难有再下跌空间;而且,从历史统计数据看,股票投资的收益率大约在10%左右,比起债券投资和银行现金存款要高得多等因素,日本个人资产中股票投资所占比重将有可能迅速提高。从欧美国家的经验看,股票的个人直接持有比率提高以后,存在着个人资产向以股票为对象的投资理财、基金等方向的转移趋势。各种金融机构只能靠丰富多彩的金融业务、优质的服务和良好的信誉吸引顾客和资金。

1. 银行系统的证券公司参与竞争对股票市场的影响。日本经济由高速成长期转入低成长期后,企业的筹资战略开始由原来重视间接融资转为重视直接融资,证券业务成为银行新的利润增长点。在现有体制下,银行通过其子公司参与证券业务,银行的证券子公司对证券公司已日益构成威胁。"大爆炸"后,银行通过成立金融控股公司,除了原有的银行业务外,还将全面开展证券、信托及保险业务,银行将实质上成为综合性银行,它对证券公司的威胁也将加大。此外,资金实力雄厚的综合商社和制造业企业也将涉足金融业务。证券公司则将利用金融控股公司扩大自己的业务领域,只是,似乎并没有哪家证券公司准备全面介入银行业务。人们普遍认为,证券公司构想中的控股公司主要包括投资信托、投资顾问、风险投资及咨询公司等。

对于证券公司来说,一方面,大爆炸存在着银行证券业务的扩大等不利因素;另一方面,“大爆炸”也为证券公司带来新的发展机遇。比如,随着“包揽账户”的设立,可能成为证券公司争夺个人资产的强有力武器。

2. 实行券商经营资格注册制对股票市场的影响。许可制度的基本目的是想通过不让证券公司破产来达到保护投资者利益的目的。股票市场在大藏省的严格监控下,弱小券商即使效率再低也能够得以生存。但是,其代价是进入和退出日本市场受到了严格限制,市场的新陈代谢功能遭到了破坏。不仅证券公司的竞争能力日益萎靡,投资者自我责任的行为意识也不可能得到培育。

废除许可制,采用注册制的目的正是要为股票市场引进竞争机制,结束政府“护送舰队”的管理模式,让更多的证券公司能够自由地进出市场。在实行注册制的美国,目前大约有 7000 家证券公司在经营,而每年大约有 100 多家证券公司新加入和新退出证券市场。日本实行注册制后,一批缺乏实力、经营不善的证券公司将遭到淘汰。

3. 证券交易手续费自由化对股票市场的影响。目前,日本大部分证券公司收益结构中交易手续费占的比例过大。日本除野村、大和、日兴三大证券公司外,其他证券公司总体上并没有摆脱对交易佣金过度依赖的被动局面。三大证券公司之外的日本 44 家综合证券公司在 1997 年 3 月的年度决算中,交易佣金收入占营业利润的比例约为 50%。其他中小证券公司中对交易手续费收入的依存度更大,依存度达 70%左右的公司仍然存在。[①]

---

① 日本大藏省:《日本的证券市场》,1997 年,第 51 页。

据预测，实行交易手续费自由化后，日本全国235家中小证券公司中大约一半左右面临关闭的危险。中小证券公司能够得以生存的战略选择是仿效美国中小证券公司，成为折价经纪券商。

“大爆炸”后，大部分日本中小券商的生存之道也只有通过加强企业内部合理化改革，降低投资者交易成本，撤出其他证券业务而成为专门提供廉价经纪服务的证券公司。证券公司之间也可能将发生综合证券公司和折价经纪券商的两极分化，前者以资产运用能力、新金融商品开发能力为竞争武器，后者则以低附加值服务、低交易手续费为生存手段。

4. 场外股票交易对股票市场的影响。到1998年，股票场外交易额相当于东京证券交易所交易额的10%。可见场外交易吸引了相当一部分企业和投资者。此外，上市企业对证交所的选择也越来越严格。绝大部分新上市的企业都选择了知名度高、股票流动性大、信息快、资金丰富、筹资成本相对较低的东京证券交易所。近10年来的经济低迷使部分上市公司破产或取消了上市，使得地方证交所的上市公司数量不增反减。发达的通信技术使投资者在任何地方都可以买卖在任何一家交易所上市的股票，因此地方交易所丧失了地理位置的优势。

到1999年上半年，日本全国共有8家证券交易所，日本新上市的企业基本上都集中在东京和大阪证交所。截止1999年3月底，日本2400多家上市公司中有1854家在东京证交所上市，382家在大阪证交所上市，119家在名古屋证交所上市。在另外5家证交所上市的公司总共不到80家，其中京都证交所2家、新泻证交所12家、广岛证交所12家。从成交额来看，东京占78.48%，大阪占16.54%，而京都、广岛、福冈、新泻和札幌5家证交所的成交总额仅占0.16%。[①]

东京证交所1999年7月9日宣布，东京证交所将兼并广岛和新泻两家地方证交所。从2000年3月1日起，在广岛和新泻证交所上市的股票将转移到东京证交所交易，这两家交易所正式关闭。这是自1967年关闭神户证交所后，战后第二次关闭证交所。另有迹象表明，日本其他地方的证交所也面临着严重的生存危机。目前，京都、福冈和札幌三家证交所虽然还在勉强支撑，但赤字经营使其前景非常严峻。有分析家认为，这三家证交所的关闭与合并只是时间早晚的问题。各证交所纷纷修改上市要求，放宽外国企业上市条件。

5. 国外金融机构进入对日本股票市场的冲击。随着"大爆炸"改革的实施，外资机构的攻势将会进一步加强。尤其是在有关国际分散投资和利用金融衍生产品方面，欧美金融机构无论在技术上还是在经验、业绩上都远胜过日本金融机构。投资理财业务可谓是欧美金融机构最为在行的领域。

面对以上环境态势，日本金融机构的危机意识加深，竞争加剧，银行、保险公司与证券公司之间的合并和合作已经并将进一步展开，从而实现资产的重组和优化，推动一批多元化、大型化的金融机构的产生。在这一浪潮中，日本长期信用银行等弱者相继退出舞台，而其他银行纷纷向强者集中，新的格局正在形成。日本金融界正走向三分天下，一是以第一劝业、富士、兴业三大银行和野

---

① 日本大藏省：《日本的证券市场》，1999年，第77页。

村证券公司为核心的金融集团，其周围聚集了安田信托银行、朝日生命和安田生命等保险公司。二是以东京三菱银行为核心的金融集团，其中有三菱信托银行、日本信托银行、东京海上火灾保险公司。三是以住友银行为核心的金融集团，属下有住友信托银行、大和证券、住友生命、住友海上火灾等金融机构。该集团正在拉拢大和银行和第一生命保险公司入伙。

日本19家大银行中，多数已归于三大金融集团的麾下，唯有三和银行和樱花银行尚在左顾右盼，寻找出路。有消息说，三和银行有意独树一帜，建立第四个金融集团，但合作者所剩无几，估计难成气候。另一家樱花银行是旧三井财阀的核心银行，其多次向同属三井财阀的丰田汽车公司求救，如果实力雄厚的丰田慷慨解囊，樱花银行很可能揭竿而起，形成一路新军，因为其周围毕竟聚集着国际证券、三井生命保险公司等一批金融机构。

三、英国对股票市场的监管及其改革

战后以来，英国对股票市场的监管大致可分为两个阶段，这两个阶段各有其明显的特征。

（一）第一阶段，从战后初期至80年代中期

如第一章第五节所说，英国是实行“自律”型管理为主的国家。这种体制的特征之一是当局没有设立全国性的专门的证券监管机构，而是以市场参与者的自我管理为主，当局管理为辅，处于次要的地位。自律组织主要通过其章程、规则引导和制约其成员的行

为。英国股票市场的自律体系主要由 3 个机构组成。

1. 英国股票市场的自律机构及与政府主管部门之间的关系。

(1) 证券交易所

在英国各证券交易所中,伦敦证交所居于最重要的地位,它领导着其他证交所。这种领导是通过证交所协会的方式实现的,证交所协会管理所属成员公司。证交所协会由会员选出 36 名成员组成,有权决定新会员的加入,警告以至开除违规会员。证交所协会依据它所制定的《证券交易所管制条例和规则》、《关于批准证券上市及发行公司须进行连续宣述的规则》及《关于特殊情况下的行为规则》管理各证交所的具体业务,实际上管理着全国日常的证券交易活动。

例如,伦敦证交所是一个股份有限公司,由董事会实行管理,主要协调正当的、有秩序的交易,审批上市公司,制定股票交易规则,解决交易争端,报告各笔交易的价格,调查内幕交易和其他违法交易等。

除此之外,交易所还拥有一整套对其会员进行严格管理的自治机制。其主要内容包括:交易所会员拥有的交易所股票不能超过一定数量,本所会员不能同时加入其他交易所,代表会员公司的场内证券商必须在会员公司中具有一定的服务期并通过入会考核,新会员必须由老会员介绍提保,会员必须缴纳入会费与会费等。

(2) 证券业理事会

这是 1978 年 3 月 10 日由英格兰银行支持而成立的又一自律组织,其设立的目的是为了提高对英国证券市场进行管理的现有自治机制的效率，把活跃在证券行业的各个主要组织人员集合在一起。其主要职责是制定、执行和解释有关证券交易的各项规章制度，如《证券交易商行为准则》、《基金经理个人交易准则》、《大规模收购股权准则》等。这是一个由10多个协会的代表组成的私人组织，主席由英格兰银行任命，其他成员中有3名代表着投资者和一般公众的利益。该理事会下设一个常设委员会，负责调查证券业内人士根据有关规章制度进行的投诉。它不仅担负着证券业的自我监督、自我规范的角色，更重要的是促进交易所、个体投资者、大众利益代表者之间的协调、磋商和合作的规范化及向更深层次发展。它基本上是一个自治性联合管理机构，但政府通过英格兰银行在委员会中起着重要的指导、协调和平衡作用。英格兰银行是政府指定的官方经纪人，是证券业理事会理所当然的委员，它不参加投票，但具有裁决权。证券业理事会作为联合自治机构，其规章制度适用于所有成员。

(3) 企业收购和合并专门小组

企业收购和合并专门小组于1968年由参加"伦敦城工作小组"的9个专业协会发起组成，负责解释和执行《伦敦城关于收购和合并的准则》，并进行咨询和发布消息等活动。

证券交易所等自律机构通过实行自律性规章，对股票市场的管理是相当严格和全面的。

(1) 对证券商的管理

在英国，证券经纪人成为交易所会员进行市场交易，须通过交易所主持的考试及符合其他条件，并每年接受审查。证券经纪人的组织形式必须是合伙公司或有限责任公司，交易所对其成员公司实行广泛的监督,包括确定会计规则和公司的内部、外部审计以及对成员发现违反《准则》的行为,该小组可以采取"责难"的方式,但更多情况下,该小组则是通过其他机构来制裁,如要求证券交易所拒绝某一证券的上市申请或对某上市证券予以除牌,或向上诉委员会提起上诉等。违反交易所制订的行为规则的会员经纪人可能会受到组织内部的处罚,被处以罚金或停止营业。

(2) 对股票上市及上市公司的管理

公司股票如欲在证券交易所上市,由交易所对其进行实质审查。公司必须符合《上市规则》和所规定的各项条件,如最低资本现值、公众持股下限、保荐人、《招股说明书》和《董事报告书》的形式和内容等要求。这些上市要求比起《公司法》来,要严格得多,也补充和支持了充分公开的法律责任。

证券交易所还通过与发行人签署《上市协议》来对上市公司进行规范和管理。包括要求上市公司严格履行持续及时地披露重要信息的义务,以及要求其董事行为不得违法等。尽管《上市规则》等规章中已对上述义务和要求作了规定,但由于这些规章的自律性,而不具有法律效力;《上市协议》的签署,无疑是通过《合同法》来约束上市公司及其董事,并在后者违反规章和协议时,寻求《合同法》的支持。

而证券交易所对上市公司的违规的常见处罚主要是:拒绝新证券的上市、谴责、罚款、停牌以至除牌,这些制裁手段,对于保证其自律规章的严格遵守,起着重要的作用。

总之,证券交易所对公司股票的上市事务进行独立的自行管理,政府主管当局对证券的发行(上市)是否具有价值无权加以否定。

英国股票发行登记是由英国贸易部下设的公司登记处兼管。英格兰银行只是根据金融政策的需要，对一定金额以上的股票发行行使审批权。此外，贸易部对非交易所会员的证券商和投资信托业务具有有限管理权。政府主管部门与自律机构之间是相互独立的，并非垂直隶属关系。政府主管部门对自律机构主要是磋商、合作、协调和指导。对于政府主管部门执行的所有国家法律，自律机构一般都会通过其更为严格、周密的自我管理规章，成功地进行自我约束和管理。

尽管贸易部本身享有调查公司事务（不论是上市公司，还是非上市公司）和委托专人对此提出报告的权力，然而在更多情况下，对不法行为的发现、调查及处理，都是由自律机构完成的，而且贸易部也乐意支持由自律机构自我解决。只有当发现严重的不法行为的证据时，才将案件提交贸易部，由其考虑是否需要进行一次调查。如果发现的证据表明案件属于刑事犯罪性质，那么贸易部可以提起刑事诉讼；习惯上，自律机构在此阶段就立即终止调查。

2. 英国有关股票市场监管的法律。自律为主管理体制的另一个特征，是没有关于股票市场及其交易的单独法律，有关股票交易的规定都散见于其他一些法律条款中。英国有关股市管理的法律主要有：1948 年制定，1967 年、1976 年、1980 年、1981 年和 1985 年修订的《公司法》，1939 年制定，1958 年和 1983 年修订的《防止欺诈投资法》，1973 年制定的《公平交易法》，1976 年制定的《限制性交易实践法》，1979 年制定的《银行法》，1984 年制订的《证券交易所（上市）条例》以及《合同法》、《侵权行为法》等。

英国证券立法中对公众利益的保护，主要有：(1)实行公开原则。凡发行证券的公司须公开披露会计报表、资产负债表以及招股章程等。(2)禁止抬价压价、买卖、串通制造供求假象等操纵市场价格行为。(3)禁止欺骗、误导、假冒及蓄意损害交易对方的一切行为。(4)禁止内幕交易。按《公司法》规定，“内幕人士”系指拥有公司证券交易内幕消息者，法律禁止他们从事证券交易，包括禁止通过电讯利用国外的证券所进行交易。(5)建立投资者补偿制度。凡因伪造说明书致使投资者蒙受损失，或因证券公司破产使投资者造成损失，均须加以补偿。(6)加强罚则。凡在招股章程中有所隐瞒或作虚伪陈述者负民事和刑事责任；散布或持有使他人从事证券业务的虚假文件者处3年以下徒刑并处500英镑以下罚金；透露内幕信息和作内幕交易等，均以犯罪论处。

3. 英国以自律为主的股票市场监管体制的由来及评价。英国资本主义商品经济发展初期，其国内银行业尚未发达，因而其资本积累和商品经济发展，主要借助证券集资的力量。证券集资一开始就是经济发展的重要依托。因此，其证券市场的形式，在资本主义世界较早，且最为成熟和发达。在自由资本主义时期，政府对经济各领域的干预是很少的，证券市场也不例外。而一个成熟、发达的市场又必须有一套健全、完善的制度作保证，因而，自我管理的高水平和自我约束规章的严格就是必然要求了。在长期的发展过程中，这一市场及其制度锻炼、培养出了一批又一批素质高、技术好的证券管理的专门人才。这一切使得自律成为可能。

相对来说，英国的成文法一直不够健全；判例法尽管有很多的优点，然其零散、滞后和繁琐的缺陷时有难免。《公司法》、《合同法》、《侵权行为法》等提供的规范及救助是相当有限的。这就为自律制度的成长、发达提供了法律土壤。

我们在本书第一章第五节中曾分析了自律管理体制的优点和弊端，这对英国都是适用的。此外，英国股票市场的自律机制过于严苛、僵硬，在日益变动的国内、国际经济形势面前缺乏弹性，严重限制了其自身的发展，使其在美、日竞争面前居于不利地位。其主要表现是：第一，业务专业化倾向过于严重。英国股票发行、经纪、自营交易等业务分别由不同的机构（人）承担，各司其职，互不影响。根据伦敦证交所规定，经纪商只能接受客户（机构投资者）买卖委托，向批发商进行买卖交易，场内经纪商不能相互直接交易。而批发商，即自营交易商，一般利用自己账户向经纪商买卖股票或在批发商间进行交易。批发商不得与公众直接进行交易。由于批发商一般专营某种股票，营业范围有限，因而有较大风险。批发商作为"市场创造者"，一切交易均建立在批发商竞价的基础之上。这种互相牵制、各顾各的做法严重束缚了交易所成员的手脚，使得交易所营运日益被动；第二，由于商业银行不能直接进入交易所交易，而伦敦证交所的成员主要是中小型证券公司（最大的几家公司资产也低于10亿美元），所以在国际竞争中缺乏后劲；第三，佣金最低限额比例的规定既高且死，既不利于大额交易，也不利于闲资交易。这样就使不少投资者望而却步；第四，非交易所成员不得收购成员公司股份，会员公司的股票只能在相互间流通，既不利于会员证券与非会员证券的平等竞争，又人为地缩小了股票流通范围。

（二）第二阶段，1986 年至现在

面对国际国内环境的变化，历史悠久、保守色彩甚浓的英国股票市场监管体制日益显示出其局限性。为了适应国内经济和金融的发展，参与国际竞争，恢复伦敦在国际证券业的地位，经过反复酝酿，伦敦证券交易所终于在 1986 年 10 月 27 日进行了大改革。人们用天文学家描绘宇宙在形成的一霎那所发生的巨大裂变——“大爆炸”（Big Bang）这个词来形容英国股票市场的这次改革。

这次“大爆炸”的主要内容有：

1．颁布《金融服务业法》，成立证券和投资委员会。1986 年制定，1988 年开始生效的《金融服务业法》，成为股票市场监管的基本法律框架。根据该法，成立了证券和投资委员会（Sccurities And Investments Board，简称 SIB），行使《金融服务业法》赋予的大部分权力，SIB 成为英国自律市场统一管理的核心机构。

SIB 是由证券商和其他独立法人集资而成的民间股份有限公司，但这一非官方管理机构却要对政府负责，每年要向财政大臣递交一份报告，然后呈送至国会，其主席由财政部提议，经国会任免。董事会由来自于各种投资活动的从业者，以及能够同时代表证券业者和广大投资者的一个独立阶层的成员组成，但包括全脱产的执行主席在内的全体董事会成员均由财政大臣和英格兰银行行长共同任免，以保证贯彻政府的意图。

SIB 的主要目标是达到高水准的投资保护，以促进金融市场高效率的发展。它的作用是保证所有提供投资服务、以及从事投资或投资咨询活动的主体面对一个公正、竞争和有信誉的市场。

SIB的首要任务是按照法律规定的要求制定法规实施细则，以便使法律上阐明的投资保护条款转化为实际执行的准则，来指导投资行为，制定这些细则是为制止不法行为、提高管理水平和保证正常金融秩序以及公司内部其他管理原则。如规定：任何投资活动的咨询都要求充分考虑委托人的最大利益。当公司从事自营时，或者为当事人提供服务时，不管当事人是委托人还是经纪人，公司都必须置自身利益于当事人利益之后。一般情况下，还要求公司在公布提供服务的大众化文件上注明其与当事人的基本关系，包括职责和酬劳（或其他基本报酬）。在当事人做完一笔交易后，公司必须公开信息，包括记账、收费、佣金以及其他收取的酬劳。当公司为当事人经营证券时，它必须定期地通知当事人有关投资进行的细节。如果公司违约而不能向它的客户偿还债务时，要向投资者提供达4800英镑以上的补偿。

除了特殊部门外，其他所有的投资活动都必须获得SIB或其他依法设立的管理机构的批准。未获批准的投资活动均属犯罪之举，SIB有权进行起诉，可以强行进行内部调查以终止其交易活动，并可以冻结当事人的资金。SIB被赋予具有权威的管理权力，有权对公司的违法行为提出警告或批评、罚金、暂停营业、强制进行内部调查以防止其违法行为，并且可以冻结其资金，乃至向法院起诉，判处公司负责人两年以上监禁，直至收回公司营业执照。另外，SIB还有终止个人从事投资活动的权力，并对投资者提供安全指导。

另外，SIB还直接管交易所，但交易所不必由SIB授权从事投资活动，从而具有较灵活的自主权，然而它必须在下列方面符合

SIB的基本要求:(1)要求足够的资金来源;(2)符合投资活动法规的正当行为;(3)在特定的市场中进行投资活动;(4)交易必须被结算;(5)交易要有记录;(6)充分的规则检查和实施;(7)投诉将被调查;(8)对投资者提供合理保护;等等。

通常,SIB与交易所的关系是:(1)交流信息;(2)SIB监督其在实际操作中遵守规则的情况;(3)指导市场技术;(4)识别、处罚、控制和阻止滥用职权的行为;等等。

虽然SIB是一个统一的管理机构,但在管理方式上却实行分散的专业化管理。它按照不同的证券投资方式、交易类别、投资规模、资金来源、交易对象等,把市场分类,整个管理机构的内部组织体系就是按专业化管理要求设置的。这样在管理上既有明确分工,各司其职,又能根据不同专业市场的特殊性制定具体的规则,使管理具有更大的灵活性和有效性。

SIB下属的4个自律机构(SROS)却是管理中介机构的,只不过是根据交易专业化要求进行分别细化管理而已。

SIB下面还有9个专业机构(RPS),主要从事会计和法律事务,也从事一些投资活动,但这不是其主要业务活动,这9个专业机构分别管理下属的成员机构。

因此,SIB的成员机构是SROS与RPS,这两个成员机构下面有众多的成员公司。现在大约有3万家成员公司。

除了按照规则进行运转外,这些管理机构得以运转的资金来源是:成员公司向其管理机构交纳会费,自律机构、专业机构和交易所再向SIB交纳一定比例的费用。虽然SIB和交易所都是法人机构,但它们是非赢利的法人机构,所收取的会费除维持日常开支外,其余的仍用于成员公司。

2.取消最低佣金制,改固定佣金制为浮动佣金制,经纪商与客户通过谈判确定佣金,这种自由竞争的方式可以降低交易成本。

3.废除证券从业者单一资格制度,打破证券经纪商与交易商之间的界限。1986年改革前,英国证交所的经纪商与交易商的业务长期隔绝,界限分明,彼此间不得兼营。而在这次改革中,经纪商与交易商的壁垒被拆除,经纪商可以从事自营业务,相互买卖,交易商也可以接受客户委托买卖,两者合二为一。

4.打开长期封闭的证交所大门,放宽对会员资格的审查,允许商业银行、保险公司、投资基金等金融机构以及外国证券商进入市场参加交易。废除非交易所会员持有交易所会员股票不得超过10%的规定。还决定允许"商业投资者"不必遵从其他机构必须遵守的严格条例,可以参与各种金融市场的交易活动,所谓"商业投资者"是指资本在50万英镑以上的公司。这些举措为外国投资者进入英国股票市场开辟了通道。

5.逐步由"报价成交"方式过渡到"指令成交"方式。1996年3月,伦敦证交所理事会决定于1997年初采用"指令成交"方式,1987年改革后形成的"报价成交"暂不取消。报价成交的价格是由证交所认定的,被称为是造市商的大公司在市场上公布的,其他投资者都要按照公布的所谓最佳价格并通过这些大公司买卖股票。指令成交是指投资者将自己认定的价格输入电脑,由电脑按买卖指令自动撮合成交。为了争夺客户,伦敦证交所不得不改革交易方式,采用世界主要股市普遍实行的指令成交方式。为了照顾大公司的利益,暂时允许他们继续采用报价成交方式。

四、西方国家股票市场监管体制改革的若干共同趋势

综观70年代中期以来,特别是80年代以来,西方国家股票市场监管体制的改革,可以归纳出若干共同趋势:

(一)一方面通过放宽限制提高效率和竞争力,另一方面又通过加强监管来增强股票市场的稳定性。

这涉及到努力协调几对矛盾关系,一是协调风险性与稳定性之间的关系。股票市场既要鼓励各种经济主体之间的竞争,追求高收益性和流动性,但这又伴随着较大的风险,必须将这种风险限制在一定程度上,并建立健全市场秩序,以避免挫伤广大投资者的信心,导致股票市场乃至整个金融市场的剧烈动荡甚至崩溃。二是协调垄断与竞争之间的关系,避免垄断的排他性抑制甚至扼杀市场的活力,并破坏公平机制,但又不能过度竞争、无序竞争,垄断和过度、无序竞争的结果都是资源的浪费和低效率。三是协调管制与创新之间的关系。管制是直接加给金融企业的一种约束,有时会阻碍企业的盈利活动和利用管制以外的机会。创新则是企业规避管制的最佳选择,既可躲过现有路障,又具有技术上的优势。创新包括金融工具(产品)创新、金融服务创新、金融机构创新、金融制度创新等方面。广义地说,金融改革也是一种金融制度创新。而当创新与管制之间明显不对称,创新给稳定带来新的压力时,当局则制定新的管制措施。管制——创新——再管制不断交替,形

成一个相互推动的过程。管制与创新的关系实质上是宏观经济与微观经济两个层次最优化的问题。微观最优化以企业或个人利益最大化为追逐目标，宏观最优化则寻求稳定、效率和公平的平衡。管制与创新互为因果，且相关程度很高。管制——创新——再管制的循环是管制者与被管制者之间矛盾的必然反映，它既不是放弃管制，也不是全面实行管制的理由。从这个意义上说，70年代中期以来西方国家股票市场管制方法的重塑，是各国当局在变化了的经济条件下寻求稳定与改革的平衡。因此，放松管制是对前一阶段金融管制的否定之否定。

70年代中期以来，特别是80年代以来，西方国家对股票市场放松限制的内容主要包括：1.实行价格自由化，取消固定佣金制度；2.扩大各类金融机构的业务领域和地区范围，为它们之间开展竞争创造一个更为公平的条件；3.降低股份有限公司上市、发行及转让股票的条件；4.放宽对投资银行和各类证券商的限制，允许其业务的交叉和深化；5.允许和鼓励开发金融衍生商品；6.简化进入股票市场的手续，降低证券交易税率；7.转变政府监管部门的职能，精简有关机构；8.实行资本流动自由化，允许外国资本、外国金融机构（主要是银行和证券公司）更加方便地进出入本国市场，同时大大放宽对本国资本和本国金融机构向海外扩张、投资所作的各种限制；等等。

同时，加强对股票市场监管的内容则主要包括：1.推行资本比例标准。设定最低资本/资产比例，尤其是资本/风险资产比例。一方面，较高的自有资本比例，会使银行更加谨慎经营，有利于稳定性；另一方面，在银行业管理中，可以考虑让资本充足的银行经营更大范围的业务,对达不到资本比例要求的银行限制其业务范围。这样使资本充足的银行有更强的竞争力。另外,将银行资产负债表外业务的风险纳入管理之中;2.加强对金融风险的监测和预警;3.改革和完善金融机构的保证金和保险制度;4.强化金融机构的公开和报告制度,加大对金融机构的检查和违规处罚力度;5.加强对投资者的保护;等等。

当然,具体到每一个国家来说,改革的内容、重点、程度和方式又各有不同。

(二)股票市场监管体制的趋同化

前已论述过,西方国家股票市场监管体制分为以美国、日本等为代表的集中型和以英国等为代表的自律型。

在集中型监管体制中,实行的是分离的单一性职能监管形式,即证券交易所专门从事证券交易,而由专门机构(证券监管委员会或财政部或中央银行等)来承担监管职能。而在自律型监管体制中,则实行的是复合的双重性职能的监管形式,证交所同时具有证券交易和证券监管双重职能。

1.两种监管体制的利弊比较

(1) 集中型监管体制具有如下优点:

a.具有超脱于市场参与者之外的统一监管机构,能较公平、公正、客观、有效、严格地发挥作用,并能协调全国各市场,防止出现过度竞争的混乱局面。

b.具有专门的法规,立法比较系统、完善,也很复杂,有法可依,提高市场监管的权威性和严肃性。

c. 由于监管者的超脱地位，较注重保护投资者的利益。

集中型监管体制也有一些缺陷。由于市场监管是项艰巨而复杂的任务，涉及面广，单靠全国性的监管机构而缺乏证券交易所和证券商协会的积极配合较难胜任，有时难以实现既有效监管又不过多行政干预的目标。

(2) 自律型监管体制具有如下优点：

a. 它既可提供较充分的投资保护，又能充分发挥市场的创新和竞争作用，从而有利于市场的活跃。

b. 它允许证券商参与制订市场管理条例，而且鼓励它们模范地遵守这些条例，从而使市场管理更实际。

c. 自律规章严格、周密、发达，有更大的灵活性，效率更高。

d. 自律组织对现场发生的违法行为能作出迅速而有效的反应。

自律型监管体制也有一些缺陷：

a. 自律型监管通常把重点放在市场的有效运转和保护证券交易所会员的利益上，对投资者提供的保障往往不充分，公开性也不够。

b. 监管者的非超脱性难以充分保证管理的公正。

c. 由于没有立法作后盾，监管手段较软弱。

d. 由于没有专门的监管机构，难以协调全国市场的发展，容易造成混乱状态。

80 年代以来，这两种监管体制之间出现了兼收并蓄，取长补短，相互趋同的趋势。如美国和日本不断地扩大证券交易所和证券商的自主权，并强化其自律机制，而涉及发行和交易的大多数活动,包括对市场的直接管理实际上都是由交易所执掌的。交易所通过对证券公司的管理间接管理着广大投资者,又通过对上市股票的时间、交易区位安排以及价格定位,对上市公司的经营实施外部影响。交易所的管理有信息来源广、反馈快、操作手段齐全、经验丰富等诸多优势,而证券监管当局在长期的反动荡和反欺诈的斗争中积累了丰富的经验,而且市场监管又是以完备的立法为依据和导向的,这就为市场运转的稳定和规范提供了保证。所以,在集中型体制的国家,向交易所及其他证券业相关机构放权不仅必要,而且可能。而无论对公司股票发行和交易以及证券公司的设立都更多地趋向于注册制或经过证券监管部门例行公事的核准。

与此相对应,实行自律型监管的国家也纷纷仿效集中型监管体制的某些做法,朝着政府管制与市场自律相结合的方向发展。例如,1986 年英国颁布了《金融服务业法》,这是英国第一次以国家立法形式对股票市场进行直接管理。该法案提出"立足业者,依靠法规",作为管理投资业务的新体制,将投资业的自我管理和法规约束结合起来,同时成立了证券和投资委员会,负责执行该法规,监管所有证券的投资业务。该法案的一个突出特点是既顾及自律组织的利益,又顾及投资者利益,它不仅对违反法规规定了刑事和行政制裁标准,而且规定对受违法行为侵害的投资者给予补偿。

股票市场监管体制的趋同具体表现在两个方面:

1. 都趋于加强证交所自律功能。强调健全法制及突出交易所自律功能。在基于保护投资者利益、信息公开和禁止欺诈活动的原则基础上,交易所有权灵活调整其上市标准、交易规则及信息揭示准则。在世界股票市场一体化的竞争态势下,各国交易所采取了相应的灵活策略,以规范的、充分的信息披露替代过分严格的上市限制,以准则制替代审批制,最终以市场自我选择和辨别为取向。

2. 交易所的组织结构偏重强调其社会服务功能。交易所依据其组织形式,可分为会员制交易所和公司制交易所。会员制交易所是以会员协会形式成立的,不以盈利为目的的组织,主要由证券商组成,只有享有会员资格或特许经纪权的经纪人才能够有资格在交易所中进行交易。会员制证券交易所属社团法人。目前欧洲大多数国家的交易所均实行会员制。由于会员制交易所不存在破产风险,以会员自律监管为主,不以盈利为目的,因此容易维护其公正角色。但由于会员本身就是市场的买卖者,管理者与参加者合一,难免有过分突出会员利益的现象。公司制交易所以盈利为目的,基本上由银行、证券公司、信托投资公司以各类公司共同投资入股建立,其对本所内的证券交易负有有限责任。目前世界上实行公司制交易所的国家有美国、日本、加拿大、澳大利亚和瑞士等。公司型交易所的资本实力较雄厚,其经营者和管理者分开,并对交易提供担保,有益于形成合理的监管体制及降低风险,但由于公司制交易所有营利性质,收费较高,因此有不断扩大市场规模的冲动。目前两类交易所的界限已不十分明显,会员制交易所在自律管理的基础上受到国家法律和制度的约束,公司制交易所也逐步淡化了其营利色彩,健全了其内部监管。

第八章　股份制是社会生产力发展的新阶段

生产力不仅是一个自然物质性的概念，而且也是一个社会性的概念。这种社会性是通过它的社会联系、社会结合、社会运用等表现出来的。正因为生产力是一个社会性概念，所以马克思主义经典作家常常把它称之为社会生产力。股份制作为生产力社会属性的表现，正是社会生产力发展到了一个新阶段的重要标志。

一、生产力社会化的发展阶段

生产力的社会化，大致分为简单协作、工场手工业和机器大工业三个阶段，而股份制则是适应生产力社会化水平的提高和商品经济的发展而成长起来的。

（一）简单协作

协作存在于各种社会形态之中。马克思说："许多人在同一生产过程中，或不同的但互相联系的生产过程中，有计划地一起协同劳动，这种劳动形式叫作协作。"① 原始社会中已包含有协作的萌

---

① 《资本论》人民出版社 1975 年版，第 1 卷，第 362 页。

芽。原始社会的狩猎民族在向自然界猎取生活资料时，就实行过简单协作。这种协作一方面是建立在生产资料公有制的基础上；另一方面，正像单个蜜蜂离不开蜂房一样，以个人尚未脱离民族或公社的脐带这一事实为基础。在奴隶社会，协作建立在生产资料归奴隶主所有和对劳动者人身占有的基础之上。在封建社会，协作则建立在封建主所有制和劳动者人身依附关系的基础之上。著名的埃及金字塔和举世闻名的中国万里长城等，都是在前资本主义社会中劳动人民协作的产物。到了资本主义萌芽时期，协作成为资本主义生产的起点。

虽然在不同的历史发展阶段，协作具有不同的性质和特点，但是，由于协作的发展意味着生产力的诸要素内部发生了新的更好的组合关系，有关的劳动过程更好地组织、联系在一起，因此，协作的发展必然会反过来促进生产力的发展。换言之，协作的一般性就在于它能创造出比个体劳动更高的生产力。正如马克思所说："这里的问题不仅是通过协作提高了个人生产力，而且是创造了一种生产力，这种生产力本身必然是集体力。"① 这种由协作创造出来的集体力，其优越性主要在于以下几个方面：

第一，可以完成许多单个人或少数人根本无法完成的操作和工程项目。比如，长途搬运几十吨甚至上百吨的货物，单个人无论如何也难以完成，必须由许多人协作才能完成。修建一项浩大的工程，更需要许多人的结合劳动。这种情况不仅在生产力不发达的古代是如此，即使是在有了现代化的机器设备的今天也依然如

① 《资本论》第1卷，第362页。

此。正如马克思所说："单个劳动者的力量的机械总和，与许多人手同时共同完成同一不可分割的操作(例如举重、转绞车、清除道路上的障碍物等)所发挥的社会力量有本质的差别。"①

第二，在协作的生产劳动中，"单是社会接触就会引起竞争心和特有的精力振奋，从而提高每个人的个人工作效率。"②

第三，协作可以使每个人的劳动作为总劳动的一部分，代表劳动过程的不同阶段，从而使"劳动对象可以更快地通过这些阶段"③。同时，协作又可使许多人同时在空间上从多方面对劳动对象进行加工，如一座建筑物同时从各方面施工，尽管协作的人做的是同一种工作，也会发生劳动的结合，从而使产品的不同的空间部分可以同时成长。

第四，如果劳动过程是复杂的，只要有大量的人共同劳动，就可以把不同作业分给不同的人，因而可以同时进行操作，这样，就可以缩短制造总产品所必要的劳动时间。

第五，协作可以在一定季节性的期限内，使产品的数量和质量有保证，不致因失掉时机而招致损失。

第六，协作一方面可以扩大劳动的空间范围，如铺设铁路、筑堤等；另一方面，可以与生产规模相比相对地在空间上缩小生产领域。也就是在劳动作用范围扩大的同时，由于协作而使劳动者密集，使不同劳动过程靠拢，使生产资料积聚，这样就会相对地缩小劳动空间范围，从而节约非生产费用。

---

①② 《资本论》第1卷，第362—363页。

③ 《资本论》第1卷，第363页。

综上所述,协作的优越性就在于:"和同样数量的单干的个人工作日的总和比较起来,结合工作日可以生产更多的使用价值,因而可以减少生产一定效用所必要的劳动时间。"①协作劳动之所以能够提高劳动生产率,是因为"结合工作日的特殊生产力都是劳动的社会生产力或社会劳动的生产力。这种生产力是由协作本身产生的。"②同时,作为协作劳动的其中一员的"劳动者在有计划地同别人共同工作中,摆脱了他的个人局限,并发挥出他的种属能力"。③

(二)工场手工业

简单协作只联合劳动,而工场手工业则改变劳动过程本身,使劳动有了分工。工场手工业是在简单协作的基础上产生的,其产生途径有两种:

一种是由资本家把不同种的独立的手工业工人联合在一个工场里,产品必须经过这些人之手才能最后制成。例如,马车工场手工业就是这样产生的。马车工场手工业把过去很多不同种独立的手工业者如马车匠、裁缝、钳工、铜匠等联合在一个工场内,在同一个资本家指挥下协力地同时进行劳动,起初是简单协作,"但是很快就发生了本质的变化"。④于是,专门从事马车制造的裁缝、钳工、铜匠等,逐渐失去了全面从事原有手工业的习惯和能力,只从事局部的片面的工作,使自己的活动取得了最适合于最终目的的

---

①②③　《资本论》第1卷,第365—366页。

④　《资本论》第1卷,第373页。

形式。“起初,马车工场手工业是作为独立手工业的结合出现的。以后,马车生产逐渐地分成了各种特殊的操作,其中每一种操作都形成为一个工人的专门职能,全部操作由这些局部工人联合体来完成。”[①] 这样,简单协作就转变成了以分工为基础的协作。

第二种途径与前一种恰恰相反,它是由资本家把同种手工业者集合在一个工场内产生的。许多从事一个或同类工作的手工业者,同时在同一个工场里为同一个资本家所雇佣,这是一种简单协作。但逐渐有了专业分工,“各种操作不再由同一个手工业者按照时间的先后顺序完成,而是分离开来,孤立起来,在空间上并列在一起,每一个操作分配给一个手工业者,全部操作由协作工人同时进行。这种偶然的分工一再重复,显示出它的特有的优越性,并渐渐地固定为系统的分工。商品从一个要完成许多种操作的独立手工业者的个人产品,变成了不断地只完成同一种局部操作的各个手工业者的联合体的社会产品”。[②]这就使简单协作转变为以分工为基础的协作,如造纸、铸字、制针等工场手工业就是以这种方式产生的。

总之,工场手工业的产生途径是二重的。一方面,它以不同种的独立手工业的结合为出发点;另一方面,它以同种手工业者的协作为出发点。前者把过去分开的手工业结合在一起;后者在生产过程中引进了分工或者进一步发展了分工。虽然手工业仍然是工场手工业的基础,但是,由于劳动者及其工具的社会化程度的提高,因而工场手工业对劳动生产率的提高有显著作用。

---

①② 《资本论》第1卷,第374—375页。

从劳动者来看。首先，由于工人终生只从事一种专门性的简单操作，这就使他整个身体变成这种操作的被动的片面器官，从而使得他花在这一操作上的时间，比循序地进行整个系列操作的手工业者要少。因此，与独立的手工业相比，工场手工业可以用较少的时间生产出更多的产品，从而提高了劳动生产率。其次，在局部劳动独立化为一个人的专门职能之后，局部劳动的方法也就完善起来。由于反复不断地进行同一种操作，注意力就集中在有限的动作上，有利于他们积累经验；又由于几代工人在同一些手工工场内共同劳动和一起生活，因而使操作技术上的诀窍能得到巩固、积累和迅速地传下去。最后，工场手工业的固定性分工之所以能够提高劳动生产率，还因为或是增加劳动强度，或是减少了劳动力的非生产性耗费。这样，“每次由静止到运动所需要的力量的额外消耗，为已经达到的正常速度在较长时间的持续所补偿”①。

就劳动工具来看。在工场手工业中，由于劳动过程的不同操作彼此分离，局部工人固定在一种专门形式的局部操作上，这样，“过去用于不同目的的工具就必然发生变化”。②为了适合各种局部操作的不同用途，劳动工具也在日益分化和专门化，“劳动工具的分化和劳动工具的专门化，是工场手工业的特征”。③这种分化的结果，使得同种工具为了适合某种特殊的用途，而获得了特殊固定的形式。而劳动工具的专门化，则使得这样特殊的工具只有在专门的局部工人的手中，才能充分发挥作用。劳动工具的分化和专门化不仅在提高工场手工业的劳动生产率上起着重要作用，而

①②③　《资本论》第1卷，第378页。

且工场手工业时期劳动工具的简化、改进和多样化，还同时创造了机器的物质条件之一，“因为机器就是由许多简单工具结合而成的”[①]。

（三）机器大工业

机器大工业的产生和发展，使生产力的社会化达到了一个前所未有的高度。“生产方式的变革，在工场手工业中以劳动力为起点，在大工业中以劳动资料为起点。”[②]机器大戒严之所以大大地推动了社会生产力的发展，其原因主要有以下两点：

一是机器与手工工具有着本质区别。所有发达的机器都是由发动机、传动机构和工具机这三个本质上不同的部分组成。工具机是18世纪工业革命的起点，因而具有特别重要的意义。工具机就是把原来由工场手工业工人所使用的那些器具和工具，以多少变化了的形态，从工人的手上转移到一个机构上去，成为一个机构的工具或机械工具了。如纺纱机上的锭子，织袜机上的针，锯木机上的锯条，切割机上的刀等等，这些装置在工具机机架上的工作器官原是与手工业者和工场手工业工人所使用的工具相类似。“因此，工具机是这样一种机构，它在取得适当的运动后，用自己的工具来完成过去工人用类似的工具所完成的那些操作。……在真正的工具从人那里转移到机构上以后，机器就代替了单纯的工具。”[③]至于工具机以什么为动力，这并不改变问题的实质，在工具机没有出现时，动力虽然改变了，但并未引起工业革命；工具机出

---

①②③ 《资本论》第1卷，第379页、408页、411页。

现以后，即使人本身仍然是原动力，机器与手工工具的区别也仍是一目了然的：人能够同时使用的工具，其数量要受到他自身身体的器官数量限制；而同一工具机同时使用的工具的数量，却不受这种限制。由此可见，人只能使用他自己的器官，而机器在一定限度内可需要多少工具就使用多少工具。

二是机器大工业的生产过程，在划分与组织上已不同于工场手工业。它不是以劳动者为主体，不是以劳动者之间的分工协作为基础，而是以机器为主体，以机器之间的分工协作为基础了。虽然工场手工业的分工为机器体系提供了一个自然基础，“但在工场手工业生产和机器生产之间一开始就存在着本质的区别”①。首先，在工场手工业中，每个局部过程必须适应工人；而在机器生产中已经无此必要，劳动过程能够客观地分解为各个组成部分，如何完成每个局部过程和各个局部过程如何结合的问题，是由科学或由科学的实际经验机器来解决的。其次，在工场手工业中，局部工人的直接协作，在各个特殊工人小组之间造成了一定的比例数；而在有组织的机器体系中，这种比例则为局部机器的数目、规模和速度之间的一定比例所代替。最后，在工场手工业中，以手工劳动为基础的特有的分工原则，是使各种特殊劳动过程阶段互相分离；而在发达的工厂中，起支配作用的是各特殊过程的连续性。

综上可见，机器工业的产生和发展意味着，现实的生产力只有通过直接社会化的或共同的劳动才发生作用，“因此，劳动过程的

---

① 《资本论》第1卷，第417页。

协作性质,现在成了由劳动资料本身的性质所决定的技术上的必要了。”①

(四)股份制是生产社会化的必然产物

按照马克思主义的观点,生产力决定生产关系,有什么样的生产力就有什么样的生产关系。生产力同历史上发展起来的社会生产制度、组织形式有着不可分割的内在联系。恩格斯在他的一封信里提请考茨基注意的,正是这种密切的联系:“你不应该把农业和技术同政治经济学分开,……。正如蒙昧人和野蛮人的工具同他们的生产分不开一样,轮作制、人造肥料、蒸汽机、动力织机同资本主义的生产是分不开的。正如现代工具制约着资本主义社会一样,蒙昧人的工具也制约着他们的社会。……说到生产资料,就等于说到社会,而且就是说到由这些生产资料所决定的社会。正如没有自在资本一样,也没有在社会之外并对社会不发生影响的自在的生产资料。”② 因此,生产力社会化的发展,同时也意味着生产制度、组织形式的发展。这种发展,不仅体现在特定的生产关系的更替上,也体现在财产和劳动组织的社会化发展上。

所谓财产和劳动组织,若从一个企业的范围来讲,就是把财产和劳动者集中,组织起来进行生产所采取的具体组织形式,包括集中一定量的资本,建立一定的组织机构,固定劳动者的工作岗位,明确每个组织和每个人的职责,确定领导人员,确定相互的关系,

① 《资本论》第1卷,第423页。
② 《马克思恩格斯选集》第1卷,第362页。

等等。根据马克思的论述,一定量资本的集中能产生倍加的生产力。凡是有许多人在一起的共同劳动或社会劳动,都必然要有人来进行指挥,也必然要有一定的组织。这种劳动组织及其管理的必要性和它的一般社会职能,完全是由共同劳动或集体生产所决定的,而与特定的生产方式无关。马克思说:“一切规模较大的直接社会劳动或共同劳动,都或多或少地需要指挥,以协调个人的活动,并执行生产总体的运动——不同于这一总体的独立器官的运动——所产生的各种一般职能。一个单独的提琴手是自己指挥自己,一个乐队就需要一个乐队指挥。”① 个体劳动者是不需要有人来进行指挥的,他们是自己管理自己;而多数人在一起的共同劳动,则必须以一定的组织方式进行管理。可见,财产和劳动组织及其管理是集体生产顺利进行的必要条件。

财产和劳动组织及其管理在社会生产力中起着重要作用,行使调节和结合的职能。生产力诸因素要依靠财产和劳动组织及其管理才能结合起来、连接起来。劳动组织及其管理把孤立的个人劳动结合为整体劳动,把单个的机器设备结合为整体生产过程的劳动资料,把分散的劳动对象结合为整体的劳动对象,把未进入生产过程的科学技术纳入生产过程,等等。财产和劳动组织及其管理最初来自于协作的需要,即为了协调劳动者的活动,使之形成为一个整体,发挥协作的效能;但是随着社会生产力的发展,劳动组织及其管理不仅要协调劳动者之间的关系,而且还要协调劳动者与生产资料的关系,使之符合生产资料日益社会化的需要。在手

① 《资本论》第1卷,第367页。

工生产的情况下,劳动者可以任意使用自己的工具,手工工具完全听人摆布;但是在机器大工业的条件下,劳动者的操作必须完全符合机器的性能和要求。所以,财产和劳动组织及其管理的形式和内容,随着生产力的发展愈来愈丰富。这一点,在股份制的发展上得到了充分的体现。

股份制是商品经济发展到一定阶段的必然产物。虽然股份制的雏型早在15世纪就已经产生,但从那时直至19世纪,股份制的发展一直比较缓慢,规模较小,在社会经济当中不起主导作用。18世纪后期从英国首先开始、并于19世纪在整个资本主义世界达到高潮的产业革命发生后,以蒸汽机、纺织机为代表的机器大工业迅速发展,大大提高了生产的社会化程度,从而对生产资料的社会化提出了更高的要求,单个资本的占有形式已不能完全与之相适应了。于是作为各个分散的资本的对立物的新的财产和劳动组织及其管理形式——股份制,便以前所未有的速度得以发展,规模日趋扩大,形式得以提高,逐步在社会经济当中占据了主要地位。这是股份制的一次新的局部质变和重大转折,也是资本主义经济发展史上的重要里程碑。股份制的产生和发展,反映了生产力社会化发展的客观要求:

1. 股份制为集中资本提供了有效的形式。商品经济条件下的生产日益社会化,使得资本的有机构成不断提高,开办一个企业所需要的最低资本额不断提高。一些部门中的企业更是需要巨额资本才有可能建立。单个私人资本数量有限,独资和合伙的企业组织形式已经不可能提供这种巨额资本。这种状况客观上要求众多的单个私人资本通过一定的组织形式结合成为大资本。于是，“资本在股份形式上的巨大的结合，在这里也找到了直接的活动场所。”① 股份制解决了集中资本的要求与资本属于不同所有者所有的状况之间的矛盾，使那些需要巨额资本的部门和企业得以建立，并使得整个生产规模得以扩大。正如马克思所说：“积累，即由圆形运动变为螺旋形运动的再生产所引起的资本的逐渐增大，同仅仅要求改变社会资本各组成部分的量的组合的集中比较起来，是一个极缓慢的过程。假如必须等待积累去使某些单个资本增长到能够修建铁路的程度，那么恐怕直到今天世界上还没铁路。但是，集中通过股份公司转瞬之间就把这件事完成了。”②

2. 股份制有利于整个社会经济的稳定。股份公司是法人企业，与其他企业的组织形式不同，投资者一旦资本投入公司，一般不能抽回。股东若想把资本转移到别的事业，只能通过出售自己的股票的方式转移所有权。公司一旦成立，就具有法律上的独立人格，以自己所拥有的财产享有相应的经济权利并承担相应的义务。所有者的死亡、患病、转移资本等变故，都不会影响公司企业的寿命。这不仅保证了公司本身生产经营的稳定，也在一定程度上有利于整个社会经济的稳定。

3. 股份制有利于减少经营风险。随着社会生产力的日益发展，现代企业之间的竞争，主要表现为科技的竞争、经营管理的竞争和人才的竞争，而这些竞争都需要有一定资本实力。比如，企业先进设备的购置、科研机构的设立与发展、新产品的开发、

---

① 《资本论》第 3 卷，第 292—293 页。
② 《资本论》第 1 卷，第 688 页。

产品质量的提高、对优秀管理人才和科技人才的招聘和培养、企业产品的广告宣传、竞争中价格策略的采用，等等，都直接或间接、完全或部分地取决于企业资本实力的强弱。公司在集中资本方面具有明显优势，它的资本实力往往比其他组织形式的企业要强大很多。因此，提高竞争力、减少经营风险，是股份制的一个明显优点。

4. 股份制有利于发展专业化协作。在简单协作和工场手工业阶段，由于技术水平低，生产规模狭小，专业化协作水平也很低，产品生产的全过程由各生产单位独立完成，相互之间并无多少联系。随着科技的发展，机器大工业出现了，分工越来越精细，为了提高生产效率，提高产品的产量和质量，降低成本，以适应市场需求和竞争，客观上要求生产的集中，增大生产批量，单个企业再也不可能完成产品生产的全过程，而只能完成产品生产中的某个阶段或某个部分。专业化的发展也要求协作的发展。于是，产品的生产过程越来越成为社会的过程。公司作为商品经济条件下社会化大生产发展的产物，它为专业化协作的发展提供了组织上的保证：首先，公司能够为发展专业化生产筹集到必要的资本；其次，公司可以按专业化协作的原则，把原来分散的专业化程度不高的企业结合成一个统一的企业；再次，公司有利于在专业化协作的基础上扩大生产规模，实现规模经济。

5. 股份制有利于提高企业管理水平。所有权分散而经营管理权集中是股份公司的一个显著特点。资本所有权与经营管理权在形式上的分离，使得管理工作专门化，成为一项专门的职业，促进了管理科学的发展。这对于经济发展所起的作用是不言而喻的。股份公司可以请受过专门训练的人员来从事管理工作,这样的人员可以不是所有者,这就扩大了高级管理人员的挑选范围,为提高企业的经营管理水平提高了有利条件。

恩格斯在分析股份制在资本主义社会得到飞跃发展的原因时指出:"猛烈增长着的生产力对它的资本属性的这种反抗,要求承认它的社会本性的这种日益增长的必要性,迫使资本家阶级本身在资本关系内部一切可能的限度内,愈来愈把生产力当作社会生产力看待。无论信用无限膨胀的工业高涨时期,还是由大资本主义企业的破产造成的崩溃本身,都把大量生产资料推向如我们在各种股份公司中所遇见的那种社会化形式。"① 换言之,股份制不仅是生产社会化的必然产物,而且也是社会生产力发展到了一个新阶段的重要标志。

二、对股份制的重新认识

由于股份制是与生产社会化和商品经济相联系的,所以,我们应当对国内理论界的一些传统观点进行重新认识。

(一)股份制不是资本主义的专利

改革开放以前,由于我们否定社会主义是市场经济,把市场经济看成是资本主义的特有的形态,因而无论是在理论上还是在实践上,都否定股份制是社会生产力发展到一定高度的必然产

① 《马克思恩格斯选集》第3卷,第434页。

物。改革开放以来，尤其是我国理论界1984年底和1985年初的关于股份制问题的大讨论，虽然几经波折，迄今仍无完全一致结论，但它对促进社会共识的形成，进而推动股份制的试点，无疑起到了十分重要的作用。尤其是在以下两点上，人们已基本达成了共识：

第一，股份制既不姓“资”，也不姓“社”。股份制是企业财产的一种组织形式，并不存在特定的社会性。在资本主义制度下，股份制的发展并未改变资本主义私有制的本质，这是众所周知的。在社会主义制度下，情况要复杂一些。比如，劳动者个人集资所办的股份制企业，其性质是社会主义的合作经济；不同的合作经济单位集资所办的股份制企业，其性质仍然为合作经济；不同的全民所有制企业单位集资所办的股份制企业，其性质仍然为全民所有制；国有经济向合作经济或私人经济参股、合作经济向国有经济或私人经济参股、私人经济向国有经济或合作经济参股，由此形成的股份制企业就变成了各种类型的混合经济(这种联合或混合经济，因其中各种经济成分所占的比例不同，性质也会有所不同)；采取股份制形式的中外合资经营企业，其性质为国家资本主义；集体经济单位同外国资本合办的股份制企业，其性质也可以说是一种公私合营(当然，这个“公”，不是全民所有制而是集体所有制，这个“私”，不是本国的而是外国的罢了)。由此可见，既然股份制只是一种社会经济组织形式，那么，单就这种形式本身还不能说明它属于何种社会性质。换言之，我们既不能说股份制必定是资本主义性质，也不能说股份制必定是社会主义性质。股份制可以容纳多种所有制关系，因而它究竟属于何种性质，要看它的具体内容。

第二,股份制既可为资本主义服务,也可为社会主义服务。股份制是商品经济和社会化大生产发展到一定阶段的产物,不是资本主义的专利,它同样可以为社会主义市场经济服务。首先,股份制作为一种社会化的集资方式和经营方式,是伴随着社会化大生产和商品经济、信用制度的高度发展必然出现和发展的,并不是资本主义经济形式所特有的。社会主义经济也应当是建立在社会化大生产和商品经济高度发展基础上的,它可以而且应当利用股份制为自己服务。其次,国有企业由单一的国有转变为不同层次的劳动者集体和劳动者个人共有,也就是由单一的经济成分转变为多元经济成分。这种转变更适合于我国目前处于社会主义初级阶段的生产力水平。我国生产力具有多层次的特点,不同行业、不同企业在社会化程度上具有很大差别。在这种背景下,只有部分社会化程度特别高的以及少数关系国家经济命脉的企业和行业适宜于采用单一的国有制,而大多数企业和行业则适宜于采用多种经济成分并存的股份制。最后,无论是从理论上还是从实践来看,国有制都不是社会主义公有制的唯一形式。尤其是在现有的生产力水平之下,单一的国有制已暴露出来许多严重弊端,导致了产权不清、政企不分。在这种情况下,企业迫切需要一种较为灵活的吸引力更强的经济形式来实现自主的资金联合,实现所有权与经营权分离,使企业真正摆脱政府的行政控制。股份制正是这样一种值得尝试的形式。

（二）我国股份制改造的特殊性

股份制作为一种企业的组织形式，无论是资本主义经济还是社会主义经济，都可以充分地加以利用。然而我们也应看到，虽然股份制是一个中性的经济范畴，但它在不同的社会关系的背景下，毕竟要为占统治地位的生产方式服务，并由此打上特定的生产关系的烙印。虽然我们在生产力属性上、运行机理上，社会主义的股份制与资本主义股份制并无什么不同，但是，这两种股份制毕竟寓于不同的生产方式之中，为不同的社会制度服务。因此，在重新认识股份制时，我们仍有必要指出我国股份制的特殊性。这个特殊性主要表现在以下两个方面。

第一个方面是我国的股份制在生产关系上不同于资本主义股份制：

（1）所有制基础不同。资本主义股份制是以私有制为基础的股份制。虽然资本的社会化在股份制上得到了充分体现，但资本的私人占有性质并未改变，它只不过是在资本主义私有制这个总前提下，把私人资本集中起来，使其更加社会化而已。正如恩格斯所说：在资本主义制度下，“无论转化为股份公司，还是转化为国家财产，都没有消除生产的资本属性。在股份公司那里，这一点是十分明显的。”[①] 与此不同，社会主义股份制是建立在生产资料公有制基础上的股份制。虽然股份制容纳了多种所有制经济，但在社会主义经济中，公有制经济成分占主导地位。由各种公有制经济

① 《马克思恩格斯选集》第 3 卷，第 436 页。

成分投资入股，再加上部分职工个人投资而建立起来的股份制企业，其所有制关系必然是公有制的。换言之，在社会主义股份制企业中，由于公有制占主导地位，这就决定了社会主义股份制的公有制性质。即使是那些全部由个人依次入股兴建的股份制企业，也不能笼统地划入私有制企业范畴，而应具体分析。比如，由劳动者个人集资兴办的股份制企业就不同于资本家投资的股份制企业，而是具有社会主义合作经济性质的企业。

（2）持股主体不同。在资本主义股份制企业中，持股的主体主要是资本家，尤其是少数大资本家持有的股票，占有较大比重，能够左右董事会的决策。只有占较小比重的股票分散在人数众多的工人和劳动者手中。由于股份公司在事实上是由“联合资本家”或最大的资本巨头主宰、控制和统治的，因此，他们以投资入股的形式吸收广大劳动者的股份，不过是在加强他们剥削劳动者的经济实力，扩大剥削规模。无论企业吸收了多少工人入股，都不会改变资本的剥削性质。与此不同，在社会主义股份制企业中，持股的主体是国家不同层次的劳动者集体和劳动者个人，换言之，这种持股主体的构成及内在规定性排斥了资本剥削关系。

（3）劳动者的地位不同。在资本主义股份制企业中，工人是受集团资本家雇佣的出卖自身劳动力的被剥削者，他们为资本创造剩余价值，而个人所得的收入仅仅是劳动力的价格。因此，资本主义股份制企业依然不能改变雇佣工人受剥削、受压迫的地位。与此不同，在以公有制为基础的社会主义股份制企业中，企业资产归劳动者集体和个人共有，职工成了企业的主人，企业贯彻按劳分配为主的原则，同时也承认按资分配为辅的原则。这样，劳动者的个人收入既与个人的劳动相联系，又与个人在生产中的实际投入(包括生产要素的各种投入)相联系。虽然由于企业之间经济效益存在差别、职工之间劳动贡献存在差别、劳动者的资本投入存在差别，因而使得职工个人的收入也存在差别，但是，这种差别并不是由对剩余价值的无偿占有造成的，因此并未否定劳动者在企业中的主人翁地位。

第二个方面是我国正在进行的股份制改造，不同于资本主义国家股份制的生长过程：

(1) 出发点不同。资本主义国家股份制的出发点是中小资本，而我国股份制改造的出发点是国有资产。资本主义股份公司是在中小资本的激烈竞争中形成的，它是适应社会化大生产的需要，通过联合的方式把已经存在的若干中小资本合并为一个大资本；或是某个中小资本通过发行股票的方式集资形成一个大资本。因此，它的出发点是已经存在的中小资本。与此不同，我国的股份制改造是在原有国有企业存在的基础上进行的，它是国有企业转机建制的重要内容之一。它是对已经存在的国有企业进行制度创新，是对已有的国有资产进行重组，通过股份制改造，使其产权明晰，企业具有活力。

(2) 内容不同。资本主义股份制企业的生长内容是集资新建或原有的私人企业重组；而我国的股份制改造的内容则是对已有的国有企业进行重组。历史地看，资本主义股份制企业主要是通过以下途径产生的：一是通过发行股票对原有企业进行改造，使其成为股份公司；二是通过联合的方式将已经存在的中小资本集中起来成为股份公司；三是通过发行股票组建新的股份公司。资本主义国家的大部分股份制企业是通过后一种途径产生的。与此不同,我国的股份制改造主要是对原有企业进行重塑,是在对原有国有资产进行制度创新的基础上重组股份公司。因此,从内容上看,国有企业股份制改造的特点突出的是"改组"、"重组",而非"新建"。

(3) 目的不同。资本主义股份制企业产生的目的是为了迅速增大个别资本,以适应生产社会化的需要;而我国的股份制改造的目的则是为了重塑国有产权关系,搞活企业,提高经济效益。在资本主义社会,随着生产力的发展,生产社会化程度大大提高,进行有效生产的资本最低限额也大大提高了。为了适应社会化大生产发展的需要,必须迅速增大资本规模。作为资本规模扩大形成的集中,既可采取大资本吞并中小资本的形式,也可采取组建股份公司的形式。可见,资本主义股份公司产生的目的,主要是为了迅速增大个别资本,以适应生产社会化发展的需要。与此不同,我国的股份制改造则是特定的条件下展开的。在我国社会主义革命已经取得胜利,社会主义制度正在巩固发展,高度集中的计划管理体制形成数十年后的今天,针对国有企业产权模糊、活力不足、效率低下的弊端,股份制经济应运而生。通过实行股份制,以期达到理顺产权关系,建立社会主义现代企业制度的目的。可见,我国股份制改造的目的,主要是为了重塑国有产权,搞活企业,提高效率。

(4) 环境不同。资本主义股份制企业存在于较为完善的市场经济环境之中;而我国的股份制改造还缺乏这样的环境。资本主义国家的股份制企业是在经过长期发展的、有序的市场经济基础上产生的。这种市场经济有着典型的产生、发展和成熟的过程;其发展过程是一个未间断的自然历史过程,在价值规律的作用下经历了原始市场经济、古典市场经济和现代市场经济等相互衔接的三个阶段,形成了相当完善、相当规范的运行机制。与此不同,我国股份制改造的环境则大不相同。由于种种原因,我国的商品经济不仅在解放前就十分落后,即使在解放后的几十年里,也未得到正常发展。正因为如此,我国的股份制改造在诸多方面也打上了这种环境上所特有的烙印。

(三)辩证地评价股份制的作用

随着理论和实践的发展,人们对股份制的积极作用看得越来越清楚。在社会主义社会,股份制的积极作用主要有:1.作为国有企业改革的主要形式,它有利于实现所有权和经营权的分离,有利于限制政府机构对企业干预过多,使企业成为自主经营、自我发展、自我约束的经济实体。2.在我国现阶段多种所有制和多种经营形式并存的条件下,它能够适应生产社会化的要求,有利于打破不同所有制之间的界限,通过所有权的多元化,进行多种所有制的互相渗透,更好地发挥各种生产要素的作用。3.它有利于广泛地动员各类社会资金,迅速筹集起巨额资产,以发展新的产业部门或扩大经营规模。4.有利于培育市场体系,强化市场机制,发展和促进市场经济。等等。

关于股份制的积极作用,人们还可以举出很多。股份制企业是现代企业制度的基本形式,股票市场是健全发达的市场体系的重要组成部分,股份制改革在经济体制改革当中占有举足轻重的地位。但是,股份制的积极作用又不是绝对的、无条件的:

——与传统的国有企业相比,股份制有较强的产权约束功能。但是对这种功能不应过分夸大,尤其是不应把“用脚投票”的作用过分夸大。实际上,由于股份制实行所有权和经营权相分离,许多股东无权参与公司的经营管理。股东大会并不讨论企业的经营问题;不仅小股东根本没有发言权,连没有进入董事会的大股东也没有讨论公司经营的机会。从理论上讲,股东们当然可以通过抛售股票来表达自己的意见,但这改变不了什么。因为股份制的资本运行机制的特点之一就在于:一边是实际资产的经营,一边是虚拟资本的运动。股票的转手只是虚拟的资本在不同所有者之间的转移,对实物资产的经营并无直接关系。倘若是个别股东进行炒股活动,影响不了股市大局;倘若大量股东抛售股票,导致公司股价下跌,也不会减少公司现有的实际资产,公司照常运转不误。尤其值得注意的是,出售股票的动机是复杂的,且投机的心理往往在其中起支配作用,不见得都由公司的经营状况决定。可见,不应把“用脚投票”的作用抬高到不适当的地位。

——股份制有利于实现政企分开,但并不等于说只要实行了股份制,就可使企业完全摆脱政府机构的干预。股份制只是实现政企分开的条件之一。企业能否实现政企分开,取决于我们能否成功地改革政治体制和合理地规范政府行为,而不是仅靠股份制就能解决问题的。目前由国有企业改为股份公司的多数企业,国家仍占控股地位,董事长、总经理大多是国家股的代表,有的还是原来主管部门的领导人,政府机构即使不公开地进行行政干预,照旧可以从公司内部去贯彻自己的意图。因此,如果政府行为没有达到合理化,尤其是如果某些政府工作人员的“寻租”动机不消除,政府的不适当的行政干预就无法避免。可见,股份制有利于政企分开只能是相对的。

——股份制有利于企业形成合理的经济行为,但这种作用不是绝对的。因为:(1)股份公司以追逐最大利润作为目的和动力,容易受市场竞争的支配而盲目生产和经营;(2)公司内部不同人员在权力和利益上存在较大差别,容易导致一系列的斗争和矛盾。这在资本主义社会已是屡见不鲜。在社会主义条件下,这种情形也不可能完全避免。我国的股份制企业虽然还为数不多,但有的公司就已经发生过争夺控股权的事件,有的还在股票市场上兴风作浪,损害了广大股民的利益。可见,由于股份公司内部客观上存在着分歧和矛盾,企业内部的不同人员追求的目的并不完全相同,因而有可能发生不合理的经济行为。

——股份制由于产权明晰,因而可以减少企业的短期行为,但对这一点也应恰如其分地估计。因为短期行为存在与否,固然与产权是否明晰有关,但更重要的是,还与如何处理企业的个人利益与整体利益、眼前利益与长远利益有关。倘若这些利益关系未能处理好,短期行为就不能完全消除。由于股份公司内部存在的分歧和矛盾,决定了股份制也不可能根除短期行为。西方经济学家就经常抨击股份公司的短期行为,指出他们往往为了个人的眼前利益而牺牲股东和公司的根本利益和长远利益。在我国现阶段的股份制企业中,短期行为仍难以避免,比如,有的经营者照样像国营时期那样慷公家之慨,迁就职工对眼前利益的追求,支持多分多占的行为;有的经营者采取种种手段,大肆损公肥私,等等。有些企业的短期行为,甚至不亚于国营时期。对于这种现象,拥有所有权的国家部门早已司空见惯,何况改制后又多了一层产权隔阂,无法进行直接监管。可见,股份制克服短期行为的功能仍是有限的。

——从理论上讲,股份制具有调动职工积极性的作用,但这种作用究竟有多大,尚有待进一步观察。因为:(1)职工购买本公司股票在资本主义社会并不鲜见,但这种小额股票带来的蝇头小利并不能改变雇佣工人被剥削的地位,因而难以调动他们的积极性。即使这种作用存在,也是微不足道的,难以长久的。(2)现实情况表明,由于股票具有较高的流动性,因而有些职工欢迎本企业改为股份制,目的不是为了当好企业主人,而是为了通过"炒作"股票获取暴利。

——股份制能够迅速广泛地筹集大量无需偿还的资金,但这种作用也是有条件的:(1)股票的发行需要一定条件,有一定的适用范围。一般说来,只有那些较高预期利润的行业和企业,才能吸引人们的投资欲望,才可能通过股票集资。(2)从社会的角度看,股票集资并不会增加资金的供给总量。股票集资还会相应地影响其他集资渠道。股票集资量增加了,银行信贷、国家和企业债券就会减少。尤其是如果各种渠道的流通量不符合社会对各类资金的需求比例,社会再生产的合理结构就会被破坏,从而造成整个国民经济的损失。(3)股票集资具有高昂的融资成本。就股份公司而言,向股民支付的股息必须高于债券的利息,更要高于银行存款利息,否则人们就会选择风险较小的公司债券、国家债券、银行存款。就整个社会而言,股票发行和交易需要大笔的成本费用,如巨额资金集中起来等待从事股票交易,股票交易机构所花费的大量开销,股票发行时所花费的大量费用,等等。

综上所述,我们既要充分肯定股份制对于发展社会主义市场经济的积极作用,同时也不能把股份制的作用神话。在这一点上应当持辩证的观点。

第九章　我国实行股份制的客观必然性

在我国经济体制改革的过程中引进股份制，不是偶然的，也不是由某个人的主观意志所决定，而是为了适应生产力发展和生产社会化水平提高的要求，为了解决我国传统经济体制与生产力之间的矛盾。因而，股份制实践具有其客观必然性，它已经成为我国建立社会主义市场经济体制的重要组成部分。

一、股份制与公有制形式的改革

按照马克思主义的所有制理论，所有制同社会生产力之间不可避免地存在着极为密切的关系，而正确分析这种关系恰恰是说明为什么要改革和怎么样改革我国现行公有制形式所不可缺少的条件。

（一）我国现行公有制形式与生产力之间的矛盾

概括地说，在现实经济生活中，一定形式的所有制同一定的社会生产力水平之间的关系是矛盾的统一关系，它们之间总是存在着矛盾，有时甚至出现对抗性矛盾，即特定形式的所有制超前或落后于一定的生产力水平,突破了一定的“限度”,变成了基本不适应或完全不适应特定的生产力水平。当然,这个“限度”是很难具体定量的,但是只要考察较长时间的生产力发展轨迹,则是可以在一定程度上认识和把握这个“限度”的。因为生产力发展无非呈现出三种状态:持续、平稳上升,大起大落,持续超低速增长或者停滞甚至倒退。只有在第三种情况下,所有制与生产力的矛盾才是对抗性,即超过了“限度”。生产力发展大起大落,不是说明了所有制不完全适应,而是说明了基本适应生产力,否则就没有生产力的“大起”。“大落”则可能是由所有制深层结构不合理、政治干预经济不当或特殊原因如大规模的自然灾害、战争等造成的,它说明所有制深层结构还有大的调整余地。我们认为,只要所有制与生产力之间的矛盾没有激化为对抗性状态,所有制性质的改变就提不上议程。生产关系(主要是所有制关系)一旦确立,就应该具有相对稳定性,而生产力作为最活跃最革命的因素,总是不停地向前发展、变化的。如果生产力每前进一步都要求所有制改变其性质,那么,所有制变化永远赶不上生产力变化,即使能够同步变化,也会由于所有制变化频率太高而失去其对生产力的适应性,从而不利于生产力发展。因为生产关系作为生产力存在和发展的环境和载体,对生产力起着保护和促进作用,如果它也像生产力自身一样不具有相对稳定性,生产力发展就没有了依托。

如果特定性质的所有制确实严重阻碍了生产力发展,所有制性质就必须改变。“改变”有两条途径:一是所有制与生产力的对抗性矛盾并没有诱发阶级矛盾的尖锐化,新的所有制适应生产力发展的内在要求,先在局部产生,逐渐全部取代原来的所有制。私有制取代原始公有制就属于这种情况。这种途径虽然过程长一些，但是它循着由量变到质变，由部分质变到总体质变的步骤，新的所有制对旧所有制的否定比较彻底，又不会因突变而导致与生产力的较大摩擦。二是所有制与生产力的对抗性矛盾导致阶级矛盾激化，从而爆发革命，通过暴力先建立起国家政权，依靠超经济的力量（如没收、强行改造等），在短期内从全局上迅速瓦解旧的所有制，建立新的所有制。这种“改变”虽然从总体上说是生产力发展的必然结果，但由于时间短、速度快，新的所有制几乎没有一个自身蕴育和逐渐发展的过程就被“赶制”出来，从而在初期与生产力有较大矛盾（不是对抗性的）就具有必然性了。它不仅不能迅速地促进生产力的发展，甚至在短期内本身也还往往需要上层建筑的保护。通过这种途径建立起新所有制的国家或地区常常首先面临的是革命、战争，然后才是生产力的恢复、发展。

当然，这并不是说所有制与生产力之间的非对抗性矛盾就可以不解决，相反，这种矛盾也必须解决，而且要经常性地解决。否则，不仅生产力发展经常性地得不到有效的或最优的保护和促进，而且非对抗性矛盾还有可能转化为对抗性矛盾。但是解决这种矛盾的方法不是动不动就改变所有制性质，更为有效的办法是调整或改造所有制的具体组织形式即深层结构。所有制的具体组织形式是特定性质的所有制与生产力之间的一条“弹性纽带”，二者之间经常性的非对抗性矛盾依靠这条“纽带”的“伸缩”来解决，二者之间的基本适应或弹性适应依靠这条“纽带”的“伸缩”来实现。如果“伸缩”到了极限还不足以解决矛盾，说明矛盾已转化为对抗的，到了非改变所有制不可的地步。在特定历史条件下，所有制性质相对稳定，具有不可选择性，但所有制的具体组织形式是有弹性的，可选择的。选择了合适的形式，可以较好地解决所有制与生产力的非对抗性矛盾，发挥所有制的优越性；如果选择的形式不合适，不仅所有制本身固有的优越性发挥不出来，甚至还有可能加剧所有制同生产力之间的矛盾。

从总体上讲，以国家所有制和集体所有制为主体，以个体所有制为补充的社会主义公有制同我国现阶段的生产力水平是基本适应的，二者之间不存在对抗性矛盾，但二者之间也存在着许多不相适应的地方。因此，虽然从根本上改变现阶段公有制性质是没有必要和错误的，但是改革和优化这种所有制的具体实现形式却是非常必要和十分迫切的。回顾建国以来我国所有制建立和调整的历史，考察现行公有制形式和现阶段社会生产力发展的水平，二者之间的矛盾并没有超过一定"限度"，这一点是十分明显的。我国建国几十年来(特别是改革开放 17 年来)生产力发展的总体趋势是：在高速发展中伴随着周期性的波动。应该说这是经济发展中的正常现象，它说明我国公有制同生产力之间的矛盾是非对抗性的，生产力的发展客观上并没有提出改变所有制性质的要求。因此，我国所有制改革的总体目标也就十分明确了，它仅仅要求我们调整所有制的结构，优化所有制的实现形式，而不是要我们全面改变所有制的性质，把握住这一点对于正确指导改革是非常重要的。

那么，我国现行公有制形式同生产力之间究竟存在哪些非对抗性矛盾？或者说，我国现行公有制形式在哪些方面不利于社会生产力的进一步发展呢？概括地说，就在于现行公有制形式的计划经济倾向同社会生产力发展的市场化取向之间存在的不可避免的冲突和摩擦。

我们知道,市场经济就是主要通过市场机制配置社会资源的经济形式。具体地说,是以独立企业、自由价格、市场竞争为基础的,通过供求、竞争和价格的波动来引导资源配置的经济形式。建立市场经济的基本条件,一是企业产权的明晰化,企业是真正自负盈亏的商品生产者,对市场具有灵活的反应能力;二是市场体系比较完善,竞争比较充分,产品和生产要素能自由流动;三是价格体系比较合理,价格能充分反映市场供求,引导资源配置。

在传统的经济体制中,由于企业不是独立的商品生产者,企业之间不存在自由的等价交换,因而市场机制对经济运行基本不起调节作用。经济改革以来,通过扩权让利和引入市场调节等各种措施,全民所有制(国有制)经济具体形式发生了很大变化,公有制经济在一定程度上适应了市场机制的运行要求,但也存在着许多影响市场经济建立的制度因素,妨碍公有制与市场经济的有机结合。概括起来说,其矛盾主要表现在以下几个方面:

第一,公有制条件下的按劳分配原则同市场机制的矛盾。价值虽然是劳动创造的,但这种劳动却是难以计算的,商品价值只能通过供求、竞争和价格的波动作为一种趋势而存在,因而,在实际的市场交换中,决定人们收入大小的主要不是价值,而是更为复杂的市场供求因素。生产资料公有制的建立要求实行按劳分配的原则,而按劳分配的实现又必须通过市场机制,受供求、竞争和价格波动的影响。这样,企业和个人的收入就在相当程度上取决于与人的主观努力无关的市场因素,按劳分配不能通过市场得到实现。为了实现按劳分配,国家不得不而且有权对企业收入分配过程进行调节,以剔除各种非劳因素的影响,排除资金因素对分配过程的影响,但在现实中要分清商品价值中哪些是活劳动创造的,哪些是由于生产资料的差别而导致的,这往往是不可能的。即便是人们根据最初国家投资状况的差别,凭借经验作出大体区分,但随着再生产过程的不断进行,这种差别又会不断被重新生产出来。对此如果国家一定要加以调节,那只能是按照平均主义的方式,用行政方法对收入分配加以均等化,或者通过计算,对不同企业收入分别加以调节,以实现按劳分配。而这样做的结果,则必然要破坏独立核算、自负盈亏的原则,从而不可避免地影响企业积累和改进技术的积极性。

第二,收入最大化与积累增长的矛盾。公有制的建立,消灭了所有者与劳动者的对立,使劳动者收入的最大化成为企业经济活动的基本动力,这确实在一定程度上有利于调动劳动者的积极性,但积累的动力却又因此而受到了削弱。在社会主义企业中普遍存在的一个特殊现象是,企业的经理人员在收入分配和从事其他经济活动的过程中一般是代表企业劳动者利益的,而不能成为积累与消费、工资与利润的制衡因素。出现这种情况并不奇怪,这正是公有制企业的一个本质特征。在社会主义企业中不存在所有者和非所有者,但他的活动却代表了所有者的利益,以资本利润最大化为目标进行经济活动,那么在社会主义企业中,企业的经理人员为什么不可以代表所有者来从事经济活动,以实现资产的增殖呢?其实这两种情况是不一样的。在资本主义企业中,企业是私人股东的,经理人员要向股东负责;而在公有企业中,企业是社会的,并无具体的所有者。人们常常把国家当作所有者,但是国家在现实中又是通过许多具体的管理机构和管理人员来代表的,它们也只是所有者的代表而不是真正意义上的具体的所有者。公有制的本质特点在于,每个人都是共同所有者中的一员,因而不存在单独的具体所有者。还应看到,生产资料公有制决定了社会主义经济中劳动者处于主人地位,民主管理在社会主义企业中具有特别重要的意义,企业的管理人员应代表和服从企业劳动者集体利益。这种特殊的内部关系使企业家很难成为一个独立于企业劳动者的代表所有者利益的特殊阶层,并对企业的发展产生决定性影响。因而,无论在制度结构上还是在现实行为上,两种企业都存在着重大差别。

第三,财产约束硬化和财产公有的矛盾。在我国传统的公有制计划经济体制中,企业不是独立的商品生产者,企业的预算约束是软性的,企业的行为受指令性计划的约束,而不存在财产约束。随着指令性计划的取消,财产约束的作用具有了决定意义。但这一问题目前并没有得到很好解决。无疑,经济改革以来,通过实行各种经营承包责任制和企业权、责、利关系的逐步明确化,国家所有制企业的预算约束在逐步硬化,在这方面还存在着一定潜力可以挖掘。但这里仍然存在着一些制度性障碍。从根本上讲,在公有制条件下,由于人人都是生产资料的所有者,所以,每个人和每个单独的企业都不能成为独立的所有者,因而也不可能对企业的盈亏负完全的经济责任。企业的亏损和破产不只是企业劳动者的损失,而首先是社会的损失;企业的盈利和资产的增殖企业不能独立分享,因为财产是社会的,个人只能占有劳动收入。这是企业硬化财产约束的主要障碍。

第四,公有制与劳动力市场的矛盾。公有制使人们在生产资料占有上处于平等地位,要求国家保证每一个有工作能力的劳动者的就业机会,社会主义企业的劳动者不能被随意解雇,这是公有制的又一个本质要求。但这种人人就业与劳动力市场和自由竞争是不能相容的。前几年我国理论界就社会主义经济中劳动力商品属性问题进行过争论,在争论中许多人根据马克思的劳动力商品理论提出社会主义国家所有制内部劳动力不是商品的观点,这种观点从现实看是不符合商品经济发展的要求的,但从理论上说却是有道理的。在公有制企业中,劳动者在生产资料占有中处于平等地位,因此不存在所有者与非所有者、资本和劳动的对立,因而也不存在劳动力成为商品的条件。但在社会主义市场经济条件下,由于技术的不断变化和劳动力的个人所有,公有制经济中劳动力和生产资料的结合也采取市场的形式,要求劳动力实现自由流动。当然,劳动力的这种自由流动与真正的劳动力市场还存在着根本差别。首先,这种劳动力的流动是不对称的,即劳动者可以自由择业,但企业却不能自由解雇劳动者,劳动者是企业的主人。其次,企业劳动者工资的高低只取决于企业经济效益的状况,而不取决于劳动力的供求关系,劳动力市场的供求状况对企业收入分配不能产生决定性影响,企业是一个相对封闭的排外的利益集团。因而,具有同样能力的劳动者在不同企业的收入水平差别很大,而在真正的劳动力市场比较完善的国家中,这种差别却是可以通过劳动力之间的竞争来拉平的。

第五,经济管理的行政化与市场机制的矛盾。生产资料公有制要求国家代表全社会劳动者的共同利益对共同所有的生产资料进行集中的管理。对全社会的公有财产进行统一管理，必然要求庞大的经济管理机构和管理人员。公有的财产越多，需要的政府机构和管理人员也相应越多。而且这种对公共事务的管理在本质上不同于市场机制中的经济管理，它在本质上是行政管理，服从于行政等级制度，而不是市场供求变化。公有的财产和公共管理人员越多，管理过程也就越复杂，由于动力和信息因素的制约，这也就越容易导致经济的行政化和严重的官僚主义，从而影响市场机制的有效运行，降低资源配置的效率。

从以上分析我们可以明确地看到，虽然我国现行的公有制同社会主义市场经济条件下的生产力的发展有兼容的一面，同时也存在着矛盾的一面。这一矛盾事实上构成了我国国有经济发展的最基本的矛盾。选择公有制的何种实现方式才能解决这一矛盾毫无疑问是深化改革的重点。

对于这一问题，理论界长期以来存在两种极端思路：一种思路认为，商品经济是私有制的产物，只有走全面私有化的道路才能促进商品经济的发展；另一种思路则从马克思主义经典作家关于公有制中不存在商品关系的设想出发，主张限制商品经济和市场机制的发展，用公有制关系和公有制经济规律，如马克思主义政治经济学所揭示的社会主义基本经济规律、国民经济有计划按比例发展规律和以消费品分配的按劳分配规律等来改造商品货币关系和市场机制。这两种对立的思路有一个共同的认识，即公有制与商品经济、市场经济是不能兼容的，市场经济就是资本主义。我们认为，这两种思路都是不可取的。我国现行的公有制形式是适应现代化大生产的一种所有制形式，对于国民经济和社会发展具有重大意义，它在一定范围内的存在是必然的，同时，它的具体形式也是可以根据市场经济的要求不断变化的。我国现行国有制与市场经济的矛盾虽然不能完全取消，但在一定条件下是可以缓解的，因而全面私有化是不可取的。从马克思主义经典作家设想的理想公有制原则出发来改造现实的商品货币关系和市场机制，则会重新使我们犯严重的"左"倾幼稚病和教条主义的错误，给经济发展带来严重损失。对我们来说，更现实的思路还是改革现行的公有制形式，在多种所有制的相互融合与竞争中实现公有制与商品经济相互结合，并在这种结合的基础上使社会主义全民所有制原则得到贯彻。而股份制正是实现这一目的的最好形式。

（二）股份制是解决公有制形式与生产力之间矛盾的好形式

为什么说，股份制是改革我国现行公有制的实现形式，消除现行公有制同生产力发展的市场化取向之间客观存在的诸种矛盾的一种好的形式呢？根本原因在于，生产资料所有制决不仅仅是一个"归属"问题，它需要一整套经济机制来确保其在各主要经济过程中得以贯彻和实现，传统的社会主义国家所有制未能提供这套机制，而以发达的商品经济为基础的股份制却能办到。

1. 股份制是帮助国有企业实现"政企分开"的有效途径。

关于我国传统的国有制的种种弊端，正像上面我们所揭示的，国内经济学家们也多有论述，认识比较一致。最重要的是我们知道，所有制决不只是一个"归属"问题，而必须借助于一系列经济机制在生产、流通、分配、消费等过程中得以贯彻和实现。在我国传统的国有制下，名为全民所有的生产资料，却往往不能按照人民群众的意志来使用。一方面人民群众的消费需要得不到满足，另一方面大量的资源和物资不断地变成次品、废品或积压仓库的滞品，这里也许有决策失误问题，也有思想作风问题，然而长期不得解决，且有愈演愈烈之势，这只能表明：传统的国有制形式有着严重的缺陷。

然而，要完善社会主义公有制，并不意味着要摒弃国有制，而是需要改造传统的那种过度集中管理的国有制。一般说，在社会主义初级阶段，国有制作为社会主义公有制的一种高级形式，有其存在的客观依据。这是因为：首先，在社会主义初级阶段，必然存在全民、集体（企业）、个人三者经济利益的区分。这就要求不仅在宏观决策或微观（国家所有制企业）决策中，必须贯彻"全民利益"，并兼顾企业、个人利益，而且企业的资产也必须由"全民"的"代理人"来支配和运用。东欧国家以及我国自己的改革经验都表明：在国家所有制企业的决策中若把"企业利益"、"职工集体利益"，突出地置于"全民利益"之上甚至取代"全民利益"，都将有损于企业的全民所有制的性质，导致企业"短期行为"。"全民"的资产理所当然地必须由"全民"的"代理人"来支配和运用。那么，谁最有资格来担任"全民"的"代理人"呢？显然，最适合的还是社会主义国家。这就决定了社会主义初级阶段全民所有制采取国家所有制的形式的历史必然性。其次，传统的国有制固然存在种种弊病，但这些弊端却并非来自国有制本身，而是来自把作为"政治实体"的国家与作为"经济实体"的国家的"混合"或"合一"。"政治实体"和"经济实体"的社会性质截然不同，各自遵循着不同的规律。在人类文明史的长河中，国家一向作为"政治实体"而存在着，其经济支柱乃国家财政，但国家财政在具体运行中又同样存在着大量的非经济行为，体现和贯彻着相当分量的非经济原则。在社会主义初级阶段，国家同时代表“全民”掌有社会资产的绝大部分而成为“经济实体”。作为“经济实体”，本应遵循“经济核算”，按“等价交换”中“等价补偿”原则行事；但在传统的“政治实体”与“经济实体”的“合一”情形下，经济从属政治，而且从属于一个过度集中化管理的政治，结果，经济活动中“等价补偿”的原则被“无偿调拨”的原则所取代，经济手段被行政手段所取代，商品经济被产品经济（或自然经济）所取代，企业只不过是国家这个大工厂里的一个车间而不是独立生产者，经济活动丧失了内在经济动力而仰赖于上级的“指令”。传统国有制经济的种种弊端便由此而滋生。

为了健全社会主义全民所有制，首要的一点就是要在维护国家所有制的同时，将作为“经济实体”的国家跟作为“政治实体”的国家彻底分开，以便把以国家为“代理人”的全民所有制经济从各级政府的行政羁绊中彻底挣脱出来，完全纳入商品经济的机制与轨道。我们知道，作为“政治实体”的国家的组织形式，实质上就是各级政府。政府对于国有企业，跟它对于其他企业（私人企业、合营企业、外资企业）一样，都只有经济、行政管理职能与权力，包括：工商行政管理和国有资产登记；宏观经济调控与经济发展计划；经济立法与法规；土地和自然资源的保护；自然环境保护；等等。其目的是为所有企业创造一个良好、稳定的宏观经济环境，确保公平竞争。这类职能纯属经济、行政管理性的，而不是经营性的。我们设想，作为“经济实体”的国家的组织形式，主要是设立“国有资产管理委员会”，向各级人民代表大会常务委员会或专门委员会负责,接受其领导及监督(同目前我国普遍组建的国有资产管理局不同,不接受政府行政部门的干预。)这些“国有资产管理委员会”的主要任务,就是指导和监督各种“国有资产经营公司”(或“国家投资开发公司”)的经营活动;而各“国有资产经营公司”完全实行企业化经营,其主要任务就是对各企业进行投资并代表“全民”掌管“国有资本”。为了彻底破除资金大锅饭的恶习,各企业应对投资公司及其投资负责,并以独立法人身份进行独立经营。这样,“国有资产管理委员会”、“国有资产经营公司”跟企业之间的关系,实际上成了“所有者”与经营者之间的关系。这种“两权分离”既适应商品经济中生产社会化发展的要求,也将促进“政企分开”原则的彻底实现。

2. 股份制的发展,可为完善全民所有制经济职能缔造出一种新的经济机制——生产者主权、投资者主权和消费者主权。

把作为“经济实体”的国家跟作为“政治实体”的国家分开。由前者(“国有资产管理委员会”等)以“全民”的名义作为企业的“所有者”,还只是确定一个法律上的归属问题。只有把股份制移植到社会主义公有制基础上的市场经济中来,在促进股份制发展过程中建立起证券市场,“金融中介机构”(主要是各种以群众性“缴纳”为来源的社会保障或保险“基金”)以及事业性“基金”(如教育基金、科研基金),跟国家计划和各项政策对社会主义市场活动的指导与调节相结合,才能在一系列重要经济过程中缔造出“生产者主权”、“投资者主权”和“消费者主权”等经济制约机制,确保广大人民群众对全民所有制经济实行有效的支配或调节,使“全民”对生产资料的“所有”在整个社会经济过程中得到有效的贯彻与实现,而决不只是名份上的“归属”。这是因为，在社会主义初级阶段，组成“全民”的广大人民群众（或社会公众），既是物质生产的担当者，又是国有资产的投资者（或所有者），还是物质产品的消费者。“生产者主权”、“投资者主权”、“消费者主权”等由市场经济和股份经济所提供的机制，可以被用作在不同经济过程中贯彻、实现全民所有制的重要手段。

（1）股份制有利于体现全民的“生产者主权”。“全民所有制”的本质内容是：人民群众有权而且能够做到根据自己的利益和意志来处置“全民”所有的生产资料，确定生产什么、生产多少和为谁生产。人民群众的这种“生产者主权”，是以委托国家和聘用企业负责人的方式行使的。它贯彻于国家的计划、法规、政策和企业的经营行为当中。

（2）股份制有利于体现全民的“投资者主权”。在发达的股份制经济中，若股份分散而广，则企业的经营决策和管理行为无论是贯彻了抑或违背了广大群众的意志和利益，后者均可以通过踊跃购买或抛售该公司股票，以示对企业经营者的支持或抗议，奖励或惩罚。对于政府的宏观决策（如税率、利率的高低等），持有股份的公众（金融机构、企业和家庭）也可以通过购进或抛售股份作出反应。这是一种群众性的、有效的反馈机构或制约机制。它赋予“投资者”一种能对企业决策或宏观决策进行“反馈”，以贯彻其意志的权力——“投资者主权”。若将股份制以及这种制约机制引进到社会主义公有制经济中来，则除了“国家投资开发公司”对全民所有制企业进行投资，持有其控制股份外，还可将公众（各种投资公司、基金会、保险公司、企业、家庭等）卷进到股份投资的网络中来。这些进行股份投资的公众并不想借此“参与”个别企业的经营，却宁愿置身于企业经营之外而专门致力于资本(证券)的经营，履行投资社会化职能，即以全社会范围内的企业为投资对象，为追求高投资效益而不断将资本从一个企业、部门转移到另一个企业、部门中去，支持资本效益高的企业，丢弃资本效益低的企业，从而迫使全社会企业服从于群众性的“投资者”的意志。广大投资的公众对企业、政府的错误决策、官僚主义、怠工、劣性经营不再是无能为力了。这种有制约力的“投资者权力”便成为贯彻全民所有制的一种有力机制。

(3) 股份制有利于体现全民的“消费者主权”。所谓消费者主权，是指在商品和劳务市场上各生产者为多销、快销而争夺市场，努力迎合消费者的需要，致使消费者成了市场上的商品和劳务供给的品种、样式、数量的决定者。

总之，“生产者主权”、“投资者主权”、“消费者主权”是“三位一体”的，都是同一主体在三个不同经济过程中的表现形式。这个“主体”，就是“全民”(或公众)及其所有制。它首先是通过“生产者主权”来贯彻的，由国家代表“全民”来行使，借助企业经营行为来实现。同时，它通过“投资者主权、“消费者主权”来贯彻，即从资金供给、产品销售方面对企业行为和国家宏观决策实行有力的“反馈”，加以制约。“生产者主权”是以间接方式委托国家和聘用企业负责人行使的，而“投资者主权”、“消费者主权”则是由广大人民群众自己直接行使的。这“三位一体”的结合，使得广大人民群众在一旦国家决策或企业行为逆忤他们的意志或利益，“生产者主权”一时贯彻不力或受到损害的时候，便不再像在旧体制下那样束手无策或无能为力,而是能够直接、主动地行使"投资者主权"和"消费者主权",及时地通过"反馈"作用给予制约,使政府有关部门及时获得信息以便调整政策,推动企业不断提高资金利用效益,不断改进生产与经营,尽可能充分地满足广大消费者对消费品及劳务的需要。这样,生产和经营的最终决策权就不再属于国家或企业,而属于"全民"或社会。因此,"全民所有"也不再只表现在口头上或法律名义上,而是在真正意义上得到了实现。

还有一个值得重视的问题是,随着股份经济和金融制度的发展,各种群众性"金融机构",如退休基金会、各种保险基金会、残疾人基金会、儿童妇女福利基金会以及教育基金会等等,不仅会日益增多,而且会在一些全民所有制企业中持有主要股份。西方国家战后的发展历史,也向我们预示了"金融中介机构"将发挥日益重要作用这一历史趋向。问题是:这类由各种基金会持有主要股份的企业会不会改变企业的全民所有制性质呢?我们认为是不会的,其原因主要在于以下三点,一是这类基金会本身不是私人金融机构,它们建立在群众性的定期缴纳(如各种保险基金)或社会的捐赠资金上,提供社会性服务;二是它们通过经营资本来使自己保管的社会资金保值增殖,从而执行着投资社会化的重要职能;三是它们宁愿不渗入企业经营以避免风险,而把企业交给一批有专门知识和经验的经理去经营,它们所努力争取的不是哪一家企业的盛衰,而是全社会的投资效益和资本收益是否高,哪里高就把资金投向哪里。

二、股份制与市场体系建设和经济宏观调控机制改革

我国经济体制改革的目标，是建立社会主义市场经济体制。要实现市场在资源配置中起基础性作用，其中包含了一系列中介环节。除了企业具有经营自主权外，还要具备两个基本条件，一个是完善的市场体系，另一个是功能较齐全的宏观调控。而股份制则有助于这两者的实现。

（一）股份制与市场体系建设

市场功能的完善和强化要以市场体系的完善为条件。我国传统体制下的市场功能所以不健全、价格机制不能充分发挥作用的一个重要原因，就是市场体系不完善，特别是没有真正的生产要素市场。近几年来，我们在改革中放开了微观活动，同时也放开了部分价格，但某些供不应求的产品价格居高不下，其原因也是市场体系不完善，缺乏通过资金和劳动力流动而促进供求平衡的市场机制功能。所以，要实现充分的市场调节，必须建立发达而完善的市场体系，特别是生产要素市场。而股份制恰恰在推动市场体系的建设方面具有不可替代的作用。因为作为股份制一个组成部分的证券市场，属于长期资本市场，是资本市场的高级形式，它的建立健全，推动了生产要素市场的发育，填补了长期以来市场体系的一大空白，并成为市场体系建设的重点之一。

1. 通过证券市场，能拓宽融资渠道。它为股份制企业开辟了

对间接融资起重要补充作用的直接融资渠道——股票集资，使股份制企业能筹集到大量的资金，且具有筹资面广、筹资迅速、筹集和使用成本低、不需还本、资金稳定等特点，因而适合于作为股份制企业的长期资本，它有利于企业扩大生产规模，进行技术改造和设备更新，增加就业机会。

2. 通过证券市场，能实现投资者的资金增殖愿望，推动具有战略意义的风险项目建设。借助于股票价格和收益率的变化及对股份制企业经营前景的预测，能够刺激投资者（包括国内集体、个人和外资等）的投资冲动，把社会上分散的闲置资金集中起来，把国外的资金吸引进来，用于生产经营，且每个投资者仅根据其出资额承担相应的责任。这样，一方面满足了投资者资金增殖的要求，分散了投资风险；另一方面又推动了一批投资量大、在国民经济中的战略地位重要、预期效益高、但风险也大、资金周转时间较长的项目的建设。

3. 通过证券市场，可以把一部分消费基金转化为生产建设资金。改革开放以来，我国城乡居民的收入水平有了显著提高，但这部分收入主要是两个投向：一个是消费领域，这造成了我国近年来消费基金失控，成为引起物价上涨的一个重要原因；另一个是银行储蓄，近年来，银行储蓄持续增长。由于储蓄存款随时可以兑现，具有很强的"待购"性质，因而对市场有很大的压力。而股票则与储蓄不同，它疏导了资金的流向，把一些消费基金转化为生产建设资金，有利于抑制消费基金失控，缓和市场压力，活跃市场，促进流通，平抑物价。

4. 通过证券市场，能够提高股份制企业的社会知名度和信誉。因为随着对股份制企业的资产评估和资信评价，特别是经营状况和财务状况的展示，使更多的股民能够了解这些股份制企业，参与其投资，等于股份制企业做了一次次免费的广告。

5．通过证券市场，能为企业提供重要的经济信息。因为证券交易所的股票价格是工商业产品市场行情和整个国民经济形势变动最灵敏的指示器。通过证券市场行情的变动，可以预测未来的经济发展趋势，从而为企业的决策提供了比较科学的依据。

总之，随着股份制的实践和证券市场的形成和发展，能够推动我国的市场体系建设由低级到高级，由不完整到比较完整，由不健全到比较健全的方向发展。

（二）股份制与经济宏观调控机制改革

现实经济生活当中存在着两种不同类型的市场调节，一种是价格的自发和自动涨落，通过价格决定的供求关系来自发和自动地调节社会生产比例；另一种是国家根据价格与供求关系的联系，自觉地通过价格变动来调节社会生产比例。这两种类型从形式上看都是市场调节，但实质上并不一样。前者是市场的自动调节，后者是在市场中自觉地引进宏观调控。我国经济体制改革的目标就是后者。

市场是否能起调节作用，在很大程度上取决于有无充分作用和功能齐全的市场机制。本来，市场机制是市场活动的客观经济联系和过程，有市场活动就有市场机制。但是由于市场活动的这种关系和过程可能被人为地限制和割裂，从而会弱化或扭曲市场机制的功能。例如，在传统的体制中，国家行政机构规定固定价格,并且下达的指令性生产计划并不那么科学,从而人为地割裂市场活动中价格与供求之间相互制约的联系,其直接后果便是市场缺乏调节功能或调节功能微弱。另一方面,即使价格变动与供求相联系,但如果市场上存在着垄断和封锁,竞争不能充分展开,限制了价格形成及供求变动与竞争的相互制约关系,那么市场的调节功能便是扭曲的。价格不能反映商品供求关系,利率不能反映资金供求关系,由它们调节的社会生产比例也必然是扭曲的。这就是所谓的"市场失效"。这两种偏向,都是我们在建立社会主义市场经济体制的过程中应注意克服的。要克服这两种偏向,必须摆正市场与宏观调控的位置,妥善处理两者之间的关系。一方面,从市场对宏观调控的作用来看,计划的制定必须以市场需求状况和对市场发展趋势的估量为依据,并且计划也只有在市场活动中经过检验和校正,才能使其缺陷与错误得到弥补和矫正,保证计划的科学性。特别是计划意图要通过市场和充分利用市场来贯彻,计划目标要通过市场过程来实现,最终在市场作用中达到对国民经济活动的宏观调控。另一方面,从宏观调控对市场调节的作用来看,计划能为市场运行导向,克服市场在利益关系上的局限性和调节活动中的短期性行为;计划能纠正市场运行偏差,使市场摆脱调节功能的紊乱;计划能担当市场功能难以达到或者作用力微弱的经济活动的调节任务;计划能完善市场运行条件,为市场机制发挥积极功能提供必需的基础。

要在市场经济中正确地实行宏观调控,就必须改革宏观调控机制。这里有两点是至关重要的,一是在调节手段上,实行经济手段、法律手段与行政手段相结合,以经济手段为主;二是在调节对象上,实行总量调节与结构调节相结合。而股份制的实践和证券市场的建立及发展,在改革宏观调控机制的过程中起着举足轻重的作用。

我国在股份制实践的过程中,随着对股份制和证券市场内在规律的逐步认识和有关经验教训的总结,愈来愈注重按这一经济范畴内在的固有联系对其进行规范,同时努力推进其法制化进程,再辅以必要的行政手段进行管理和监督,通过以经济手段为主,经济、法律、行政手段并举,推动股份制和证券市场步入健康化的轨道(尽管目前还做得很不够)。使股份制和证券市场成为三大手段结合的关节点和实验场,这已是不言而喻的了。

这里,我们着重对股份制和证券市场在总量调节与结构调节中的地位予以说明。我们知道,宏观调控的内容包括两个基本方面。第一,调节社会总供给和总需求。在对经济活动实施间接控制的情况下,市场信号直接在供求关系的影响下形成,此时社会总供给和总需求成为影响市场供求的重要参数。国家通过强化或弱化各种作用性质不同的调节机制对总量进行调节,影响市场变动,使之输出符合宏观经济目标的市场信号,进而引导企业行为和整个经济活动的方向。第二,调整社会经济结构。结构问题与总量问题总是不可分割地交织在一起的。结构不合理一方面表现为产品结构和产业结构不能适应需求结构的变化;另一方面,不合理的产品结构和产业结构又影响需求结构的合理组合和有序发展。这两个方面最终都在市场上反映出来,其具体表现就是,部分商品的供不应求和部分商品的供大于求同时并存,短缺与过剩同时并存。在这种情况下,极易导致市场秩序的混乱和市场信号的失真,从而引起市场的同步性震荡。因此,调整结构应是国家调节市场的一项重要内容。结构调整主要分为对产业结构和区域结构进行调整。

无论是对总量还是结构进行调节,股份制和证券市场都扮演了重要的角色,这主要表现在如下两个方面:

1. 国有银行主动调整存贷款利率或参与某些证券如国库券的市场上的证券买卖业务,能够影响股票价格的涨跌,影响社会资金供给量的增减,从而影响银根的松紧,进而在一定程度上影响着经济的扩张或收缩。证券交易所这个国民经济行情的"晴雨表",不仅直接反映着股份制企业经营的好坏,而且在某些方面显示着国家各项经济政策的取向。

2. 为了贯彻国家的产业政策和区域政策,国家可以在股份制企业上市时间、上市数量、上市证券品种、上市规格、上市额度等方面对重点产业、重点区域进行倾斜,进而调节社会资金的投向和比例,鼓励、扶持重点产业、重点区域的优先发展,促进生产要素的流动和重组,缓和国民经济的瓶颈制约,从而实现经济结构的合理化。

总之,股份制和证券市场在改革经济的宏观调控机制,实现资源的合理配置和流动,保持总供给与总需求的基本平衡方面有着重要的作用。

三、股份制与企业组织形式的改革

一般说来,我国国有企业可以划分为两种类型:一类是非经营型企业,这类企业的投资主体是国家,其经营范围主要是非盈利或微利的社会基础设施。企业的劳动制度、工资制度一般由国家统一制订,企业的厂长、经理由国家任命或招聘。这一类企业只是少数。另一类是经营型企业,它存在于社会生活的各个领域、各个方面。这些企业是社会主义市场经济发展的基础和主体力量,必须以盈利为目标,以市场为导向,实行自主经营、自负盈亏。这部分企业的经营机制彻底实现由计划经济体制向市场经济体制转变,是深化企业改革的核心。

自主经营和自负盈亏既有区别,又有联系。自主经营是指企业所应具有的各种权力,自负盈亏则是指企业所应承担的责任和所应获得的利益。它们的联系就在于企业的责、权、利必须统一。实行自主经营必须以自负盈亏为前提,而实现自负盈亏又必须以自主经营为保证。经营型企业实现自负盈亏的难点在于负亏。在市场经济条件下,企业要真正成为既能负盈又能负亏的主体,其基本条件,一是必须有一定的可以进入生产经营领域的财产;二是对这部分财产企业可以独立自主地使用、支配和处置;因此,企业具有明晰的产权关系便十分重要,从某种意义上说,它是把企业真正推向市场,使其走上自负盈亏道路的先决条件。我国企业改革的核心和难点从某种意义上说就是产权关系的改革。虽然这一改革可供选择的模式和道路是多种多样的,但是,实践已经证明,大力推进股份制是一种好的办法。

(一)明晰企业产权,提高企业资产关切度

在股份制企业中,国家股、企业集体股、职工个人股、社会公众

股、外资股等所代表的资产,都应是经过严格评估的,其数量有明确的界定,责、权、利有严格划分。

国有企业实行股份制,并不改变企业的国有经济特性,国家对企业生产资料的所有权并不由此而发生改变。在股份制中,由于具有企业集体股和职工个人股,从而使企业劳动者都能从自己的切身利益出发,关心企业的生产发展,增强他们的主人翁责任感,形成一种强有力的利益约束。这与单纯的国家所有相比,其优越性是不言而喻的。随着企业劳动者集体财产的不断增值,集体股占的比例可能会大于其他股,这是正常现象,并不影响国家通过税收和国有股份所应得到的收入。如果国家认为某个企业重要,需要加以控制,则可追加投资,使国有股的份额加大,国有股份保持主导地位以后,便可以直接控制和引导企业的生产经营方向与决策。

(二) 股份制是适应经济发展需要的必然产物,它在优化企业组织,形成企业的市场经济运作机制等方面均具有不容置疑的巨大优越性,具体表现在:

1. 实现规模经济,分解投资风险。股份有限公司的出现,不仅使大范围、大规模地积聚资本成为可能,为实现资本的迅速扩张创造了条件,而且成功地把风险分散到个人资本能够承担的限度。首先,股份有限公司把一个企业投资的风险分解到每一投资者即股东,按股东的出资比例分担;其次,由于股份的划小,一个投资者可以选择不同的企业同时进行投资,从而达到分散投资者风险的目的,这样,投资者就不会因为他所投资的其中一个企业的倒闭而破产；再次，投资者只承担有限投资风险，即如果投资失败，投资者只以其出资额为限承担经济责任；最后，在分散投资风险的同时，资金筹集也就比较容易了。

2. 实现两权分离，提高企业经营效益。完整的产权包括资产的所有权、占有权、处置权、使用权和收益权等。从纯粹意义上看，所有权是资产的终极所有权，占有、处置、使用和收益等权利的统一则构成了法人财产权。在私人独资的企业中，产权是完整的，资产的所有权、占有权、处置权，使用权和收益权等权利是统一的，企业经营者和作为资产所有者的投资者的利益完全一致。股份公司的一个基本特征是资产的终极所有权与法人财产权相分离，投资者往往不直接参加企业经营，企业经营者即经理人员又不是资产的直接所有者。对投资者来说，企业的利润最终以投资收益的形式为投资者占有，投资行为的效用最大化可以简单化为利润最大化。而经理人员的基本职责便是不断创新，改善经营管理，提高经营效益，实现企业资产的保值增殖，增强企业长期发展的能力。经营者的效用最大化，除了企业利润和个人收入外，还有企业的社会知名度和个人的地位、事业成就感等。

3. 健全制度，实行有效监督。在西方现代股份有限公司中，为了确保经理人员的目标函数贴近投资者的目标函数，建立了相当严密的监督和约束机制。一是董事会内部监督。董事会负责保护企业资产的安全和增殖，通过由其聘用的经理人员来达成这一目标。董事会以聘用或解雇经理人员为手段确保企业利润最大化目标的实现。二是通过股票的买卖对企业经营形成外部约束。当一个企业经营不善出现亏损时，这个企业的股票价格就会急剧下降,这对其他投资者来说,由于这个企业的股票价格比较低,他只要以较小的资本量就可以收购控股所需要的足够股票。在获得该企业的控股权以后,控股股东就可以改组董事会,解聘原经理人员,聘用新的经理人员,从而给企业注入新的活力。在这样的双重约束机制之下,企业利润的最大化便有了保障。这样的监督和干预只是对企业经理人员的一种评价,企业经理人员一旦获得资格认可之后,他就得到了这个企业完整的法人财产权,这对于培养真正的企业家,并充分发挥企业家的创造精神具有积极意义。

(三)股份制是企业集团的最佳组织形式

企业集团是现代经济发达的产物,是发展规模经济的最佳形式。企业集团主要通过生产和资金的相对集中,扩大企业的经营规模,实现生产要素的合理配置,激发企业的凝聚效应和扩散效应,以获得企业最佳的规模效益。可以说,没有规模经济和企业集团,就难以创造出更高的劳动生产率,就会延缓社会经济的发展进程。而企业集团各成员企业之间的联结,有两个基本方面的要求:一是要求各成员企业除保持自己生产经营上的相对自主权外,还要服从于整个企业集团的“生产经营一体化”,通过专业化分工、协作从事生产经营活动。二是要求各成员企业具有经济利益上的紧密结合关系,要在利益上休戚与共,共担风险。这两方面的要求取决于企业集团中的资产关系。只有实现了“资产一体化”,才能有长远稳定的“生产经营一体化”。

但就目前我国各地相继组织的企业集团看,联结集团各成员企业之间的纽带主要有两种:一是通过生产协作、合作契约关系,比如通过大企业扩散产品或中小企业向某些生产整机的大企业提供配套的零部件，相互间在产品品种、数量、质量、价格、供货时间、地点等方面签订一定的契约，将彼此联结起来。二是靠行政权力，即由政府作出决定，将一些中小企业，通常是劣势企业或亏损企业，无偿合并给某些大的优势企业。通过这两种联结纽带组成的企业集团在近几年的运行中，各种弊端、制约因素已见端倪：一是企业集团的稳定性、整体聚合力、抗风险能力较差，内部组织结构显得很松散，一旦市场发生变化，某些成员企业（特别是核心企业）生产经营出现不正常时，企业集团就将面临解体。二是企业集团的发展受到行政区划的严格限制，与集团发展的内在要求相悖，不利于集团的统一规划和总体发展。由于企业集团的各成员企业隶属不同的地区或部门，这些地区和部门对参与集团的成员企业仍然拥有管理权，企业集团在政府行政干预下无法拥有自身的经营自主权。

由于联结纽带的缺陷，影响了企业集团的发展。因此，要进一步发展生产力，实现生产要素的合理配置，保证企业集团走上健康发展的轨道，选择最佳的、符合我国国情的企业集团组织方式是至关重要的。实践证明，股份制是最好的形式之一。

股份制企业集团是以资产为纽带，通过资金参股、控股方式，将集团母企业与子企业和关联企业联结起来的。这一组织方式，同协作、契约纽带和行政权力纽带相比，更加符合企业集团发展的内在要求。股份制企业集团的优越性主要表现在：

——集团内部关系牢固，便于统一规划发展。在集团内部，通过成员企业间相互参股、控股，不仅形成了生产上的相互关联，而且还发生了紧密的资产联系。从集团母企业来说,只要对成员子企业或关联企业所拥有的资产不转让,那么成员子企业或关联企业就永远是其集团成员。从参加集团的成员企业来说,原拥有本企业资产所有权的政府部门,可将所拥有集团母企业的股份转让他人,但不能退股,参加集团的企业仍属集团母企业。这种资产联结关系,有利于成员企业之间关系的稳定和利益的一致,从而有利于企业集团的统一规划和发展。

——能够突破行政区划和部门的限制。通过股份制这一途径,在不改变成员企业所有制性质、不改变隶属关系的前提下,打破企业集团组建和发展中各地区、各部门由于经济利益不同所产生的封锁和阻力,充分协调各地区、各部门在发展企业集团中的利益,调动其积极性。各地区、各部门企业所有权代表机构虽将所属企业纳入企业集团管理,但却挂有母企业相应的股份,并可凭借股份定期从母企业取得相应收益。

——符合市场经济发展的内在要求。资产纽带的实质是一种稳定的经济关系,它是以产权的商品化和交换为前提的。无论是集团母企业进行兼并、参股,还是中小企业被兼并或将其资产参股,体现的都是双方自愿、平等的交换关系。同时,集团成员企业的厂房、设备、资金等,都可以用货币作为统一尺度折合为能够划分的股份,由股份集团企业统一经营,这样就为社会生产要素的合理流动创造了条件。

——有利于解决资金不足的困难,并充分发挥规模经济的优势。一方面,集团各成员企业股权虽仍隶属原主管部门和地区管理,但股份资金的使用权、支配权则隶属集团,这样集团就可根据企业总体发展的需要，综合地运用股份资金。另一方面，不通过股份制，只靠企业自有资金直接购买企业组成企业集团很难进行。一般来讲，企业有限的资金在用于自身固定资产投资、技术改造、增补流动资金后，很难腾出大笔资金直接购买企业，形成企业集团。股份制可以使集团母企业无需拥有子企业的全部资本，而只需通过控制部分股份就可以左右子企业，集团子企业也可以再通过控股的形式影响其他关联企业，这样就更便于形成企业集团，发挥规模经济的优势，提高企业的竞争能力。

第十章　对我国股份制实践的回顾与思考

虽然历史上我国早已存在股份制企业和股票市场，但解放后的很长一段时间，股份制企业和股票市场已在我国绝迹。70 年代末实行改革开放以来，特别是 80 年代中期以后，随着商品经济的发展和市场化程度的提高，股份制才得以复兴和壮大，80 年代末至 90 年代初有一定反复和波折，1992 年初，邓小平同志发表南方谈话以后，我国股份制迎来了前所未有的发展高潮。并在国民经济当中起着日趋重要的作用。近 10 多年来，我国在股份制的实践过程中取得了一系列重大成就，同时，也存在着一些问题，亟需我们进行认真的总结和思考。

一、我国实行股份制的回顾

（一）概况和主要成效

过去的 10 多年中，我国的股份制从无到有、从小到大、从弱到强地成长了起来。股份制企业已经成为我国正在建立的现代企业制度的主要和典型的形式，股票市场也在整个市场体系当中占有举足轻重的地位。

1. 股份公司的数量不断增多，行业和地区分布面拓宽，并趋于规范化。现在，全国较规范的股份制企业已达2.58万家，其中股份有限公司1.51万家，有限责任公司1.07万家。另外，还有城镇股份合作制企业13.57万家，农村乡镇股份制企业285.33万家。从1998年沪、深两地上市公司的行业分布看，工业类公司518家，商业类86家，金融类3家，地产类27家，公用类57家，综合类134家。在国家和地区有关部门的监督、指导下，各股份制企业的规范化程度比过去有了提高。

2. 股东队伍扩大。1990年，我国上市公司股东人数为几万人，1991年为30万人，1992年为200万人，1993年为600万人，1994年为1025万人，1995年为1230万人，1996年达2300多万人，1997年为3300万人，1998年为3911万人，直接、间接受股市影响的已达1.5亿人。并有定向募集公司个人股东约8000万人。人民群众的投资意识和风险意识明显增强。

3. 股票市场规模扩大，机制趋于合理。我国从1987年开始发行股票，1990年底，在上海、深圳成立了证券交易所，初期主要在上海、深圳两地进行股票发行与交易试点，然后扩大到沿海部分省、市，并从1993年起，逐步拓展为全国性市场。沪、深两家证券交易所逐步建立了业务规则，采用了现代化的通讯技术。

(1) 上市公司和股票数量、股本金额增多。全国A股上市股份公司1991年仅为13家，1998年达825家。全国各省(市、自治区)均有上市公司。1998年底，发行总股本2345.36亿股，流通股本740.94亿股；市价总值为19505.65亿元，占国民生产总值的

1/4 强，流通市值 5745.61 亿元。1998 年全年累计成交额 46161.89 亿元。另外，全国有 3 家证券交易中心挂牌交易 23 只法人股。全国有社会公众公司 90 家，有定向募集公司 6000 多家，股本总额 3800 亿元，成为股市筹资者的强大"后备"。

(2) 证券发行方式有较大改进。股票发行方式从 1993 年采用的无限量发售认购表与摇号中签相结合的办法，过渡到采用储蓄方式，部分股票还尝试了二级市场竞价发行方式。

(3) 股票市场国际化进程加速。1991 年，我国第一只 B 股向海外发行。到 1998 年底，有 106 家企业发行了 B 股，总市值 300 多亿元，筹资数 10 亿美元。至 1996 年底，共有 24 家企业的股票在香港上市，还有两家企业的股票在美国纽约证券交易所单独上市，分别有 4 家和 1 家企业的股票在香港和纽约、香港和伦敦同时上市。在海外上市公司共筹资约 49 亿美元。

4. 证券经营和中介队伍壮大。1997 年底，上交所会员 470 家，深交所会员 373 家。全国有证券公司 97 家，证券兼营机构 333 家，遍布全国的各类证券经营业务部已达 2000 家，专门从事证券业的人员有约 10 万人。全国许多城市开通了与沪、深证交所交易的异地网络。为股份制服务的中介机构约 3.2 万家，中介服务人员 14.5 万人。具有从事证券资格的会计师事务所 100 多家，律师事务所 270 多家，资产评估机构 110 多家。

5. 股份制的法制化建设不断迈出新的步伐。中国证券监督管理委员会已经成立。许多省(市、自治区)也成立了证监会。国家级有关股份制的法规、规定、条例等累计已达 100 多件，各地根据其具体情况，也相应制定了一系列地方性法规。近年来，证券管理部门加大了对股份制企业和证券市场的日常监管力度,对自发、私下股票交易,自买自卖、制造虚假价格、欺诈客户的证券经营机构和买卖本公司股票、操纵股市的上市公司,以及虚假陈述、严重误导的会计师事务所、律师事务所予以查处,维护了证券市场的运作秩序。

6. 股份制企业筹集了资金,增强了活力,提高了效益和质量,规模经济达到了较高水平。据国家体改委调查,至 1997 年底,通过境内外股票发行上市共筹集资金 2790 亿元。在应落实的 14 项企业自主权中,股份公司落实率达 80%以上的自主权有 9 项。国家技术监督局抽查产品质量,没有发现股份公司产品有不符合国家质量标准的。另据中国企业家调查系统、国家体改委生产体制司、中国证监会上市公司部联合组织的对 371 家股份制企业的调查显示,这些企业与股份制改造前一年相比,改造后全员劳动生产率、人均创利税额、销售利润率和资金利用率分别提高 57.3%、85.2%、49.2%和 39.3%,企业的人均工资也提高 44%。通过股份制改造,实行入股、参股、收购等,为股份制企业筹集了大量资金,增强了其积累能力,提高了规模经济水平。1997 年沪深两市共上市流通股本在 5000 万元以上的大中型国有企业 64 家,占两市全年新上市公司总数的 29.77%。一批超级大盘股顺利上市,如沪市的上海汽车、东方航空等,深市的一汽轿车、唐钢股份、辽通化工等。预示着在未来一段时间内,大型国企将在新股发行和上市中担当主角。截至 1997 年 12 月 31 日,在国家 512 家重点企业中,已有 183 家在沪深证券交易所挂牌上市,约占这些企业总数的 36%;在国家 120 户试点企业集团中,已有 57 家集团的核心企业挂牌上市,约占试点集团数的48%;在100户现代企业制度试点中,已经上市的公司有42家,占42%。

(二)存在的问题

尽管我国的股份制实践取得了显著的成就,但股份制仍是不成熟、不完备的,还存在一系列不容忽视的问题。特别是股票市场的发育程度低,不仅滞后于许多发展中国家,而且也与我国经济建设的发展速度和发展水平不相适应。

1. 上市公司的规模结构、部门结构和地区结构不够合理。从上市公司的规模结构来说,迄今为止,上市公司依然是以中小企业为主,大企业和特大企业上得少。从上市公司的部门结构来说,在上市公司中,以一般加工工业企业为主,而以能源、原材料等基础产业企业为辅。在批准公司上市的过程中,往往没有严格按照国家产业政策的要求,使一些长线产业的企业上市过多,而电力、交通、通讯等短线产业的企业上市不足,股份制所具有的通过筹集建设资金,向重点产业倾斜,加速发展重点产业,从而调整产业结构,逐步实现资源配置合理化的功能未能得到充分的体现。从上市公司的地区结构来说,则表现为东部沿海地区企业多,内地的中、西部地区企业少。到1998年,西部地区在沪、深两市的上市公司仅有151家,只占全国上市公司总数的18.3%。许多中、西部地区效益好、规模大、素质高的企业,由于受指标限制,没有上市机会。这样,不仅在沿海与内地股份制企业之间形成不平等竞争,而且使更多的资金从内地流向东部沿海地区,本来资金就不足的中、西部地区资金更加窘迫,本来资金相对宽裕的东部沿海地区资金更加宽裕,使地区经济差距愈拉愈大。

2. 证券交易所数量过少,各地多层次的证券交易机构至今没有建立。现在,全国只有沪、深两处证券交易所,理论界和实际工作部门多次呼吁的建立多层次的证券交易机构尚未成为现实。各省(市、自治区)的股份公司要上市,都只能往沪、深证交所挤。这不仅使东部沿海地区,特别是沪、深两市的股份公司享有级差优势,形成选择不同地区股份公司上市时事实上的不同标准,并且由于现阶段一方面股票交易以异地交易为主,主要依赖远距离信息传输,另一方面我国信息化手段又相对不足和落后,往往出现股票交易设施的供给与需求之间的不相适应。每当股市高峰时,由于卫星、电脑超负荷运转,导致多次发生故障,形成堵单,全国许多地区证券代办机构内股民排起长队在等待交易,甚至出现"想卖卖不掉,想买又买不到"的局面,便是明显的例证。

3. 国家对股份制企业和股票市场的干预失当。虽然一般说来,企业在进行股份制改造后,其自主权比过去有了扩大,但企业自主权并未完全落实,尤其是有些至关重要的权力仍控制在政府部门手中。虽然股票市场的建立标志着我国市场化迈出了新的步伐,但股票市场的行政色彩仍很浓厚,所以被人们称为"政策市"。同时,国家行政权力的运用又很不规范。一方面,国家的干预手段不当,在有些环节干预过度;另一方面,国家在有些环节又干预不够,该管的事情没有管或管得不够。这具体表现在:

(1) 国家过多地运用行政手段对股份制企业和股票市场进行干预。在股份制企业是否成立、成立类别、股票发行数额、能否上市方面,用行政手段选批股份制改造企业,用行政手段决定股份有限公司是定向募集公司还是公众公司,用行政手段规定公司股票发行数额,用行政手段决定公司是否上市、上市时间和上市规模等。这直接造成了股份制企业选批过程中的主观随意性、不公开性、机会不均等性等弊端。另外,按照《公司法》规定,股份公司的董事会成员应由股东大会选举产生,总经理由董事会聘任。但实际上,我国的国家控股公司董事会和总经理大多由上级主管部门委派,公司负责人纳入了国家行政系列,甚至直接为政府主管部门官员兼任。公司董事会成员竟然先于股东大会召开之前就已产生,且董事长和总经理往往由一人兼任。这样,便产生了如下后果:一是股份公司还未摆脱对政府的依赖,还未成为市场主体;二是使股东大会成为橡皮图章,其法定职权不能得到保障;三是弱化了股东会、董事会、经理会("新三会")、党委会、职代会、工会("老三会")之间的制衡关系。(2)政府对股票市场监督管理不力。管理政策目标不明确,导致朝令夕改,缺乏稳定性、连续性。

4. 一些股份制企业行为短期化。这表现在如下几个方面:(1)抱着"无偿筹资"的指导思想,不按《招股说明书》规划的领域进行投资,而是将筹集到的股民的资金转而投向其他领域,这样,一是大大延长了投资周期,二是加大了投资风险(这种风险主要是由广大股民承担的),加上经营失误,往往使"盈利预测"的目标无法达到。(2)一些企业实行股份制或上市时就业绩平平,甚至处于困境,实行股份制或上市后,也没有在转换企业经营机制、改善内部管理上狠下功夫,而是只换上一块股份制企业的招牌,其他一切依旧,结果往往效益不佳,不能给股民以满意的回报。(3)有的股份制企业职工内部股与外部股同股不同责,同股不同权,同股不同利，职工内部股收益高于外部股。(4)有的股份制企业不断通过高溢价配股、少分红多配股、分红少分或不分现金、拖延分红等手法掏股民腰包，搞“圈钱运动”。甚至通过“空手道”手法“回报”股民，“用股民的骨头榨股民的油”，以此掩盖公司的经营亏损。(5)有的公司不务正业，将发行股票所筹资金投入二级市场炒作股票，甚至自我“坐庄”，参与、刺激股市投机，推动股市价格波动。(6)有的公司经营者滥用权力，不按法定程序通过董事会或股东大会，擅自处理超越本身职权范围的一系列重大事宜，出现法人违规犯法，使董事会和股东大会形同虚设。(7)有的公司董事会部分成员专权，排斥社会公众董事参与公司决策，迫使社会个人股东无法关心公司经营，而过于注重二级市场波动。

5. 股票交易行为失当。(1)股市信息披露缺乏全面性、真实性、及时性和有效性。股份公司信息披露大都限于年度和中期报告，而对财务报表的附录、严重违纪、突发事件对公司的经营状况的影响程度、对公司的诉讼等重大事项等往往加以回避，使信息披露不完备。有的股份公司甚至提供虚假报告欺骗客户。从而对股民不负责、不尊重。而政府有关部门的信息发布也往往不及时、不准确、不充分、不严肃或者前后矛盾。(2)大户对股市行情的操纵较严重。大户往往与有的上市公司和证券经营机构联手炒作，通过跳空高开、拉高出货、打压吸码、砸盘套现、抢盘建仓、做空抄底、轮流坐庄、对抛抬价等手段，恶炒个股，欺凌散户。并通过制造和传播虚假信息，迷惑和误导客户，兴风作浪。使股市上小道消息满天飞，“炒消息股”盛行，大大增加了二级市场的风险和不稳。

6. 股市的投资主体也有待进一步完善。这主要表现在两方面:(1)机构投资者偏少。现阶段投资者绝大多数是个人,机构投资者少。这样,不仅使股市的投资规模受到很大限制,而且导致股市的风险承受力弱。(2)股票占居民金融资产的比例偏低。现在,股票仅占我国城镇居民家庭金融资产的2%。

7. 股市投机性太强。这表现在:(1)股市波动幅度过大。1993年2月,沪、深股市股票价格指数分别创造了1538点和368点的历史最高记录。而到1994年7月底,则跌落在历史最低点333点和96点。到9月初,在利好消息面的刺激下,又分别跃升到1004点和225点的高位上。但进入11月份以后,沪、深股市股指又回落到了400点和100点。1996年,沪市全年最低点为1月19日的512.83点,最高点为12月12日的1258.68点;深市全年最低点为1月23日的924.33点,最高点为12月12日的4522.39点。沪、深两市从最低点到最高点的涨幅分别为145.44%和339.49%。而12月12日以后,在4个交易日中,沪市又跌至869.02点,跌幅为-30.72%;深市在10个交易日中,跌至2792.71点,跌幅为-38.25%。在比较成熟的股市,股指涨跌10%即会对整个经济产生重要影响,股指涨跌20%即会引起整个经济生活剧烈波动;而我国股市在短期内股指涨跌20%是习以为常的现象,即使更大幅度的涨跌也是司空见惯的。股市稳定性差,对股民的冲击大,强化了本身就不成熟的广大股民的短期投机心理,而使其长期投资倾向受到抑制,这反过来又加剧了股市的振荡。(2)股市换手率过高。在世界比较成熟的股市,股票的年均换手率一般在30%以下,而我国股票的年均换手率往往超过100%。沪、深股市A股成交额,1992年为693亿元,1993年为4187亿元,1994年为8128亿元,1995年为6766亿元,1996年为41611亿元,股市恶炒成风,众多股民单纯从事短线操作,从短线投机价差中获利,使股市在一定程度上变成了脱离经济发展的过度投机市场。

应当指出的是,有的同志认为,近几年上市公司过多,股市供给扩容过快,造成股票由以前的供不应求转为供过于求,从而使股价长期低迷。我们认为,由于改革开放以来,从全国范围来看,我国的股份制起步较晚,上市公司则更少,相对于经济建设的发展步伐,相对于其他改革措施,我国的股份制是滞后的,且股份制受到的冲击、发生的波折也较多。1992年初邓小平同志南方谈话发表以后,对股份制予以正名和肯定,我国的股份制进入了一个新的发展时期。随着广大群众投资意识的逐步增强和异地交易网络的建立,都推动着股市的振兴和发展,使股票供给不足的矛盾变得日益突出。同时,一些省(市、区)的企业进行股份制试点已经多年,逐步具备了上市的条件。在这种情况下,适当增加上市公司和股票供给数量是必要的,具有偿还历史欠账的意义。那么,股市在一段时间内为什么会暴跌呢?我们认为,主要是由于上市公司的规模结构、产业结构和地区分布结构不合理;有些上市公司的质量、效益低;信息披露不充分、不严肃;各种债券的发行量偏大,大量资金主要被吸引到储蓄和各种债券上;各种投资机构和基金市场发展不足;国家有关部门的监督管理不完备;外资对股市参与程度低;等等。

8. **证券服务机构和制度不健全,服务质量和效率不够高,甚至违法现象也有出现。**这表现在:(1)在全国许多地区没有统一的企业资信评估机构，缺乏对股份制企业的资信评估和股票评级。(2)股票中介机构发展滞后。现在，80%的股民都是在职人员，“一心二用”、“身在单位，心在股市”，成为最不稳定的投资者，也不可能及时迅速地把握股市的变化，失去许多难得的机会，对股市投资交易的长期健康发展带来消极的影响。同时，也应该看到，股票市场的高技术性、高知识性、高风险性并不是任何一个公民都能胜任的。要使人人既能不耽误时间做好本职工作，又能经常出入股市抓住机会，投资获利，从社会分工和现实的角度来讲是不可能的，也是不允许的。所以，应由股票中介机构代办开户、登记、限价或市价买卖、交割、纳税等业务。因为股票经纪人有着专门的时间、业务知识和操作手段，可以提高收益、降低风险。同时又使人们做好本职工作，使公民收入投资合理化真正得以实现。(3)市场渠道不通畅，成交速度慢，清算、交割、过户、登记取票、取款周期长，交易灵敏度低，不适应需要。(4)有的券商对陌生客户态度生硬，委托单输入根据生熟人区别对待，有的乱收佣金。(5)证券商欺诈客户、从事内幕交易、操纵市场的行为也有发生。

9. 国有股还未上市，股市被分割为法人股市场、A股市场、B股市场几大块。在资产评估划分股权结构时，还存在着资产低估或高估、股份无偿转让等问题。

10. 定向募集公司发行的股权证不能流通和转让，经营业绩透明度低。目前，我国的定向募集公司数量比上市公司多20倍，股本额多6倍，股东人数多3倍多。可见股份制企业中，居主要地位的还是未上市的股份制企业，这类股份制企业与广大群众之间的相关程度比上市公司高得多。这是由于，这类企业中的许多企业股本额较大,有的企业股本额大于上市公司;由于历史的原因,不少股权证存在超范围发行的问题;不少股权证经过自发形成的二级市场的多次炒作,滞留在股民手中时本身价位已较高。因此,广大股民对定向募集公司及其股权证的运作更为关切,这已成为关系各地区经济发展和社会稳定的大事。由于国家规定股权证不得转让和流通,使广大股民手中的股权证成了无期债券,一些定向募集公司不仅数年不给股民分红,而且在新闻媒介难闻其声,所在区域难见其貌,经营业绩不知优劣。各级政府只管出生,不管成长和监督。股权证的不流通,不仅与股票所具有的流动性的本质相矛盾,而且使股民的知情权、收益分配权等基本权利受到了侵害,从而打击了股民的投资积极性。

11. 股份制国际化水平较低。这表现在无论从外资参与中国股市的程度,还是中国公司在国外证券交易所上市的规模,都是初步的,很低、很少的,与经济建设的发展很不适应。而我国股市还分割为A股和B股,在股市的运行机制、交易规则、交易方法等方面,也还与国际市场有较大差距。

股份制实践过程中存在的上述种种问题,使广大股民(特别是中小股民)的许多权利不能得到保障,使股份制企业的不少自主权没有落实,应尽的义务没有尽到,国家的干预又失当,这一切,使股份制在一定程度上发生走样、变形,股份制内在要求没有得到应有的实现,功能受到扭曲,优越性没有得到充分发挥,从而不仅损害了股份制的声誉,而且影响到国民经济的健康发展和社会的稳定。

二、问题的成因

要弄清股份制实践过程中产生的以上问题的成因，必须从我国正处于由传统的计划经济体制向市场经济体制过渡这个大背景出发进行分析。在传统的计划经济体制下，整个经济环境和政府、企业及个人的行为具有如下基本特征：一是整个经济活动呈现呆滞、僵固的状态，而且内容比较简单（如根本就没有股份制、股票市场等）；二是自上而下通过单一的行政渠道、行政手段进行较严格的管理，各方的活动余地极少，甚至根本没有活动余地，一般说来，个人没有机会利用其职权为自己谋利；三是物质利益不与自己的活动相联系，没有利益驱动；四是没有周围的利益攀比，大家普遍贫穷。而在目前由计划经济体制向市场经济体制过渡的过程中，则呈现出一系列与前述各点正好相反的特征：一是整个经济生活的活力大大增强了，经济生活的内容更为丰富，也更为复杂了，出现了许多前所未有的新的事物（股份制和股票市场便是一个典型），人们对此还很缺乏经验，还有许多规律性的东西正在摸索；二是新体制所要求的法制化、规范化的经济新秩序尚未建立，而原有的单纯的行政纽带、行政管理手段又不适应新体制的要求，已经或正在进行调整和改造，各方的联系面大大拓宽，联系的内容大为增加，各方的自主性比过去显著增强；三是物质利益往往与各方的活动相联系，强烈的物质利益具有极大的诱惑力和驱动力；四是周围存在着利益攀比。正是在这种新的背景下，各方的活动也就与过去大不相同。而股份制实践存在的种种问题，都与经济环境和各方行为的变化紧密相关。下面，我们从管理者行为、筹资者行为、中介者行为和投资者行为与股份制实践中存在问题之间的关系进行分析。

（一）管理者行为

股票市场上的管理者行为，就是政府机关行为。由于长期以来，我国一直是政府主导型经济，至今仍未发生根本性变化，所以政府机关行为对股份制实践的顺利进行起着至关重要的作用。政府机关的行为宗旨，在于根据国家的积累与消费政策、产业政策和区域政策，通过帮助企业进行股份制改造，进行产权结构重组，以明晰产权，实现政企分开，筹集建设资金，促进生产要素的合理流动和社会资源的优化配置，调整生产与消费结构、产业结构和区域布局结构，提高经济效率，并维护市场的正常交易秩序。但是，目前的政府管理行为中，还有如下关系有待进一步理顺，它们已经对股份制实践的健康进行造成了不利的影响。

1. 中央与地方政府之间的关系不够协调。如中央对股份制试点的进程强调"力求稳健"，而地方政府出于利用股票市场，吸引资金，搞活企业，增加税收，加快当地经济发展，培养群众投资意识的动机，却要求加速股份制试点的步伐。这表现在许多地区突击审批成立股份有限公司；竞相争取中央追认当地"公众公司"；在全国股票发行额度上，竞相争取增大本地所占比重；竞相争取扩大当地公众公司的上市数量；竞相争取当地上市公司股票实行高溢价发行；竞相争取在当地建立证券交易所；而已设立了证交所的沪、深两地，证交所由证监会监管的同时，又由两地政府直接归口管理,这进一步强化了证券市场管理的多重性和分散性,很容易导致政令的不统一、不协调。

2. 各级主管部门与所属企业之间的关系不够协调。占企业资产大头的国有资产所有者的代表是谁,是一个迄今为止悬而未决的问题。由于国有资产所有者代表缺位,而从中央、省(自治区、直辖市)到市(地、州)、县各级众多政府部门均以国有资产代表者的身份对企业进行管理,甚至企业的负责人也由政府部门任命,企业的经营决策听命于政府部门。这至少产生了两重后果,一是由于所有者、管理者和经营者三者身份的合一,造成政企不分,企业独立的法人地位和市场主体地位不能确立,而成为政府部门的附庸;二是条块之间、不同政府部门之间的矛盾、摩擦比较严重,因为从中央到地方各级政府部门,除了维护社会公众利益外,都要考虑本部门的利益,从而对企业产生重大影响。如全国各地区许多大型国有企业是隶属于中央各有关部门的,同时,当地政府也参与对其进行管理。当地政府一般较多希望通过这些企业全部或部分改组为股份制企业,以便增加当地经济的投入,推动当地经济发展,而中央有关部门则往往对其所属企业进行股份制改造不太感兴趣,因为企业一旦实行股份制改造则可能弱化它的纵向联系,从而影响本部门的利益。双方由此出现意见不统一,使大企业股份制改造行动迟缓。这是造成我国上市公司中,中小企业过多,大企业和特大企业较少的重要原因之一。

3. 法律手段与行政手段之间的关系不够协调。主要靠行政手段,主观随意性则较大;加上一些政府管理人员的素质较差,还导致有法不依,执法不严,违法难咎。

4. 国家各项政策之间的关系不够协调。这体现在如下几个方面:(1)企业政策。国家对企业的政策从原则上说是要鼓励国有企业自我积累、自我改造和自我发展,但具体政策又都往往与这一原则不相一致。如国家不承认国有企业用纳税和还贷后的利润进行再投资或技术改造后新增资产归企业所有,不承认企业的产权,这不仅造成许多国有企业对进行技术改造和提高投资效益不感兴趣,而是分光吃光,或竞相向国家伸手要钱,盲目上新项目,即行为严重短期化,而且反过来也使国有资产难以保值增殖。国家一方面赞同推进股份制实践,另一方面又对机构进入股票市场予以限制。(2)产业政策。国家产业政策的宗旨是鼓励发展基础产业和高技术产业,但较长时间以来,国家为基础产业部门和高技术产业部门的企业实行股份制改造提供的支持很不够,这是造成基础产业部门和高技术产业部门企业的股份制改造滞后于一般加工工业产业部门企业的基本原因之一。(3)区域政策。较长时期以来,国家奉行向东部沿海地区倾斜的区域政策,引起东部与中、西部之间的差距急剧拉大。近年来,国家虽采取了一些措施,对这种政策进行调整,但调整的力度显然不够。反映在股份制实践中,对东部地区股份制企业和中、西部地区股份制企业上市事实上实行了不同标准,中、西部地区的上市公司数量明显少于东部地区,而且中、西部地区没有一家证券交易所,如此等等。

(二)筹资者行为

目前,作为筹资者的股份制企业行为至少有如下几点与股份制存在的问题密切相关:

1. 长期在计划经济体制下形成的企业经营机制和行为习惯的刚性延续。由于现在正处于由计划经济体制向市场经济体制的过渡时期,企业所处的外部和内部经营环境在许多方面还深深地留有传统体制的烙印,加上企业负责人的思想意识也远未实现彻底的转变,因而在政府主管部门不愿改变与企业的传统关系的情况下,企业也对政府部门保持着严重的依赖,而且不愿割断这种"脐带"关系。因为在政府部门的保护伞下,企业许多应找市场的问题却找政府解决,这使企业承担的风险大为降低。同时,这又伴随着企业往往将行政动机置于经济动机之上;企业重外部环境,轻内部机制;重外延扩张,轻内涵发展;重速度,轻效益。

2. 企业实行股份制的目的不正确。有的企业认为,实行股份制就是集资发股票,炒股票,发大财。在这种指导思想支配下,必然导致重目前利益,轻长远利益,轻企业发展后劲;重二级市场炒作,轻主业发展。

3. 企业少数负责人权利没有受到制约。企业少数负责人的一些权利既没有受到规范的法律界定和约束,又往往在相当程度上脱离了企业内有关组织的制约;加上有些企业负责人素质低下,这都为有些企业负责人越权擅权提供了可能,使决策缺乏科学化和民主化。

(三)中介者行为

1. 沪、深两市场证券交易所和各地证券经营、中介机构行为。无论是沪、深两市证券交易所,还是全国各地的证券代办机构,作为证券经营、中介者,都有两个显著特点,一是证券经营规模和效益与其自身经济利益紧密相关;二是与各级有关政府部门保持着千丝万缕的联系,甚至本身就由有关政府部门演变而来。这两重特点,决定了一方面,证券经营、中介机构为了追求自身利益,要不断扩大经营规模,另一方面,它们又有条件与行政力量、行政行为合一。如有的证券经营、中介机构允许低成本甚至无成本开户;利用投资者受托的时差,擅自挪用客户资金或股票,从事投资和放贷活动;默许大户透支搞买空卖空交易;向大户泄露内幕信息,与大户联手交易或者从事自我交易,制造虚假信息误导客户。以上种种,都刺激了股市的过度投机和不稳定,使广大股民的合法权利得不到保障。

2. 会计师、审计师事务所和公证机构等中介机构的行为。前述证券经营机构的两个特点及其可能的影响,同样存在于这些中介机构。这些机构中有的人员法制观念淡薄,职业道德和责任感低下,为了个人和小团体的眼前利益,出现验资报告不验证资产,审计报告不审核投资方向,公证机构不公正等,都给股份制实践中的少数人违规违法行为以可乘之机,不利于股份制的健康发展。

3. 新闻媒介和投资咨询机构的行为。这是股市的舆论环境。有的投机者通过新闻媒介和投资咨询机构造市、惑市,也给股市的正常交易造成了误导。

(四)投资者行为

在投资者行为与股市存在问题之间的关系方面,主要是少数大户的行为。因为这些大户的资金往往具有游动性、不确定性、大量性和公有性,大多是生产经营以外的游资,他们一是往往具有较深的行政背景，对政策信息的嗅觉非常灵敏；二是纯粹以短期套利为目的。因此，他们的投入、撤出和分布结构与股市行情的涨跌密切相关，且具有来势猛烈、冲击面宽、影响力大等特点。

三、对进一步调整和完善我国股份制的若干对策建议

如前所述，由于股份制是现代企业制度的基本形式，股票市场也是市场体系的重要组成部分，离开了股份制和股票市场，建立现代企业制度、完善市场体系也就成为空谈。这是世界各国的普遍经验，我国也不例外。我们不能因为现阶段股份制在我国的实践中遇到了一些问题，便怀疑、动摇、贬低或者否定股份制在我国进行经济体制改革、确立社会主义市场经济体制过程中所占有的特别重要的地位。应当把股份制内在的、本身的问题与股份制的扭曲、变形区分开来，目前，我国股份制实践中出现的问题，主要属于后者。我们认为，除了少数特殊行业企业外，我国国民经济当中大多数行业企业今后均应逐步向股份制过渡。当然，实行股份制的形式可以多种多样，股权结构可以有各种差异。同时，还应看到，股份制也不是万能的、排它的，它不能代替经济体制的其他多项改革，也不能代替政治体制的改革。恰恰相反，只有配套推进各项改革，使其相互补充，互为条件，股份制才能取得应有的成效。而对现阶段股份制实践过程中存在的种种问题，也不能掉以轻心，而必须认真加以解决。

根据我国股份制实践中存在的问题，借鉴国际上的有关经验，

特提出如下对策建议：

（一）逐步用法律手段对股份制和证券市场进行规范

应以股份制和证券市场的母法——《证券法》的出台为核心，促进有关法律的系统化和明细化，健全法制，尤其是要注重定量界限，减少弹性，把股份制实践进一步纳入规范化的轨道，做到有法必依、执法必严、违法必咎，尽可能避免行政干预的主观随意性，防止管理部门滥用职权。

1．用法律手段对股份制企业进行规范。

通过国家颁布法律，规定成立股份制企业、股份制企业的日常运作和上市的各项要求，这些要求应包括三个基本要素：第一，扶持或限制的行业；第二，各行业企业的规模要求；第三，重点或一般区域的差别。法律应当充分反映产业结构政策、产业组织政策和区域政策的要求。凡符合条件的企业，便可以成立股份制企业或上市，反之，则不能成立或上市。应逐步取消上市公司的股票发行额度。

根据目前我国股份制实践中存在的问题，我们认为，在有关法律中，应当补充以下内容：对股份制企业与政府之间关系的界定，对股份制企业投资方向的限制，对分红与净资产和利润比例的规定，对股份制企业送配股比例的限制，各种股份权、责、利的对称，等等。

2．用法律手段对证券市场进行规范。

证券的制作、发行、投资、交易活动的全过程及其主体行为均系证券法律的调整对象和规范范围。《证券法》等法律的任务是为证券投资交易活动的准入、媒体(中介)、方式方法等制定行为规范,包括主体资格认证。解决什么证券可以交易、什么人可以参与交易、交易的方式和方法、交易的行为规则、交易的权利和义务及法律责任,交易场所的整体设计和空间分布等方面的问题。明确投资交易主体、中介、场所及其相应的行为规则和法律责任与权益,确保投资交易主体和中介的合法权益,确保证券投资交易的良好市场秩序,实现资源的高效和优化配置。

根据现阶段我国证券市场上存在的弊端,我们在健全证券市场法制的过程中,应特别注意如下问题:(1)完善信息披露制度。上市公司、政府部门、证券经营和中介机构、或新闻媒介信息披露都必须程序化、制度化、从严要求,以确保其全面、及时、准确、公正。对信息的上报审核、披露等进行严密的监管,让所有投资者有均等的机会获得有关信息。(2)取消大户在证券市场上的各种特权,让大、中、小投资者享有同等的权力。

(二)调整股份制企业中国家股所占的比重,并实行资产的终极所有权、法人所有权与经济管理权的分离

应当改变一种观念,即认为在大多数行业的企业中,国家股都应占51%以上,这样才是保持了公有制的主体地位。我们认为;第一,对公有制的理解应当更宽泛一些,公有制可以采取多种形式。国家是公有制的代表,集体企业是公有制的代表,联合起来的劳动者也是公有制的代表。第二,国有股占优势,也并不是在每一个股份制企业中,国家股都要占51%。因为随着股权多元化和分散化,国家占较小份额的股权也可实行控股。第三,在有的股份制

企业中有私有经济成分，这也并不等于私有化。因为股份制作为一种混合所有制，吸收一些私有经济成分，一般说来是有助于公有成分与私有成分相互补充，从而加速企业乃至整个国民经济发展的。同时，在股份制企业内部，私有成分还受到公有成分的制约。

根据上述几项原则，我们认为，除了少数关系国家命脉、具有特殊要求（如保密等）的行业企业，仍应实行国家独资外，对大多数行业企业都应逐步向股份制企业过渡。在企业实行股份制的过程中，适应各行业资本金、科研、工艺、管理、营销、市场需求等方面的特点，股权结构应尽可能多元化，股权比例也应灵活多样。如有的可实行国家控股，有的则不实行国家控股而让其他股占优势；在实行国家控股的企业中，国家股既可以占51%以上，也可以占51%以下。根据客观经济条件的变化，有些企业在这一时期可以这种股权占优势，在另一时期则可以另一种股权占优势。从大多数行业来说，应保持公有股的主导地位。

在对国有企业实行股份制的过程中，特别是在处理由国家控股的股份制企业与国家之间的关系时，有一个至关重要的问题，就是解决资产的终极所有权与法人所有权之间的关系。资产终极所有权，就是企业要保持包括国家在内的投资者的资产在价值形态上的完整、补偿和增殖；同时，投资者也不能抽回资金；投资者只以其出资额对企业债务承担有限责任。法人所有权，则是指受投资者委托，企业在实物形态上对企业的资产有占有、支配、处置和收益分配权，能自主地从事生产经营活动，企业以其全部资产独立承担民事责任。在处理企业资产的终极所有权与法人所有权之间的关系时，应如何确立作为国有企业最大的投资者国家的地位？按照股份制的要求,作为最大的投资者,其代表应当在股东大会上占多数。但这样就可能形成国家控制股东大会,并进而控制董事会和经理会的局面,而国有资产代表的职责是由政府部门来承担的,因而正如理论界和实际工作部门不少同志指出的那样,这种局面实际上与旧体制没有多大差别,甚至可能会强化政企不分。但如果国家代表不进入股份制企业的有关机构,又不符合股份制的要求。这是一个两难的选择。为了解决上述矛盾,我们建议:

1. 通过成立国有资产投资开发公司,将政府的资产所有权与经济管理权相分离。国有资产投资开发公司是企业性质的经济单位,由国家授权对国有资产的使用效果进行考核、评比和监督,定期领取相应的股份收入,对部分行业的企业也可派出董事。国有资产投资开发公司不是政府部门,不纳入行政系列,没有经济管理的职能。经济管理的职能则由有关政府部门专门行使。

2. 国家股宜主要采取优先股的形式。优先股的特点在于其股息相对固定,受企业经营状况的影响小;一旦企业破产清偿债务时,可先于普通股获得补偿;其股东一般不参与企业股东大会的表决,也不介入企业的日常经营。采取优先股的国家股,一般都应为累积优先分红股。累额优先分红股除了具有优先股的各项特点外,还有,第一,它一般适用于资产存量,特别是原始资产;第二,企业上年度利润不足以支付该股的股息时,应从下年度利润中予以补偿。国家股主要采取优先股的形式,一方面使国有资产能得到相对稳定的收益,另一方面又可避免国家对企业的过度干预。

有一种观点认为,国有资产存量应实行债权化。我们认为,这种方案至少有两个弊端。其一,国有资产存量主要是历史上国家投资形成的，将这部分资产作为债权，实际上混淆了投资与借贷二者的区别。其二，在目前企业负债率已经很高的情况下，如果再增加企业的债务负担，恐怕是企业难以承受的。所以，我们认为，比较科学的方案还是实行国有资产主要转为优先股。

3. 降低资格股的标准并设立部分非股东董事。资格股是指股东当选董事所必须持有的最低限额的股票。我们可以将资格股的标准适当降低，从而扩大董事人选在股东中的选择面，使更多的中小股东有当选董事的机会。除了设立股东董事外，还应设立部分非股东董事。非股东董事大致由两部分人组成，一部分是本企业职工代表，另一部分是社会各界人士(包括专家和社会上有关团体组织的代表)。而且企业规模越大，非股东董事在董事会中所占的比重也应相应增加。这就使非股东也可当选为董事。这样将大大增加广大职工直接参加企业管理的机会，并有利于使有专业知识、有责任心、有能力的人进入董事会。

4. 成立由政府部门代表、本企业职工代表和社会各界人士组成的监事会，对企业的生产经营进行监督，并协调企业内各有关机构之间的关系。

5. 将企业用税后利润进行再投资或技术改造形成的资产的所有权给予企业。我们认为，只要企业缴清了税，偿还了贷款(包括国家“拨改贷”的贷款和银行的商业贷款)，它用利润进行再投资或技术改造形成的资产就应归企业所有。国家可以根据产业政策的要求，再利用税收对不同行业的企业进行调节。承认企业的这部分产权，具有如下优越性：(1)实现投资的责、权、利三者的统一。增强企业自我积累，自我改造和自我发展的能力，提高企业的投资热情,遏制消费饥渴症和投资饥渴症。因为在这种条件下,如果企业长期实行低积累,高消费,就会造成企业生产规模小,生产能力低,企业股票价格下跌,从而使企业在竞争中面临倒闭的危险;而如果企业再盲目争投资,引起投资需求膨胀,就会相对引起生产资料价格上涨和利率上升,这也要由企业自己负担。(2)有助于财政增收节支。国家一方面通过税收和提取股利等形式增加了财政收入,另一方面由于国家减少了对企业的投资,又减少了财政支出,这都有助于改善国家财政状况。

6. 对部分属长线产业,亏损严重而国家一时又无力追加投资的国有企业,特别是中小企业,可以将国有股出售出去。这样,国家可以增加货币回笼,并将资金集中起来,用于对重点项目、重点产业的投入。

7. 对经理层管理的重点是完善聘任制的产生程序、激励机制、约束机制和评价体系。逐步建立经理培训、资格认证、业绩考核和离任审计等制度,实行与经营业绩挂钩的年薪制,保障他们的合法权益,培养职业企业家队伍。

(三) 建立各个层次、各具特色的证券交易所

对此,理论界和实际工作部门已提出了类似的建议,我们在原则上是同意这种建议的,同时,也有进一步的发挥和具体化。我们认为,根据我国幅员辽阔、各区域经济发展严重不平衡的现实,我国证券交易所的发展也应是分层次、有差别的,具体地说,应将我国的证券交易所分为3个层次,第一层次,为全国性的证交所。在这类证交所上市的股份公司,应当是具有全国性意义的、规模巨大

的公司，这一层次的证交所，除了沪、深两市外，还可在其他条件成熟的城市适当增加几个。这种城市，应当是在整个国民经济当中占有重要地位，且股份制实践已具有相当基础，积累了较丰富经验的城市。因此，其数目必然是很有限的。第二层次，为区域性的证交所。可考虑先在东北、华北、华东、华南、华中、西南、西北大区域内的一、两个主要中心城市设置，以后随着条件的成熟，再逐步在各省(自治区)的一、两个中心城市设立。在区域性证交所上市的公司，应当是在本区域内占有重要地位的公司。第三层次，为柜台交易。这类交易业务在全国各地的大、中、小城市均可开展。通过设立多种层次，各具特色的证交所，一方面充分反映了具有可流通性这一股票的基本特征，盘活了资产，增强了股份制的吸引力，另一方面由于股票交易的点多面广，便利了流通，提高了流通效率。

(四) 扩大机构入市，健全股市需求机制，增加股市需求，逐步实现股票供给与需求的相对均衡，这主要包括：

(1)发展投资基金。我国的投资基金是从在国外金融市场上推出国家基金开始起步的，标志是1987年中国银行和中国国际信托投资公司在海外组建“中国投资基金”。90年代初以来，我国投资基金纷纷出现，1992—1993年更成为基金组建的高峰时期。目前，我国已有基金组织45家，70余个基金，40多家基金类证券，资产110亿元，分布于21个省、市，其中封闭式基金60余个，有60余个基金已经上市。其中在沪、深两市上市的为25个。基金目前存在的问题是非规模性。这里包括两层含义，一层是指我国投资基金的总体规模太小，第二层含义是指我国单只投资基金规模太小。在我国诸多基金中，规模达到1亿元的只有近20个，大部分基金的规模均不到1亿元。自发性和不规范性、封闭型基金多，契约型基金多。基金具有适用范围较广、风险较小、收益较高、种类较多、流通性较强等特点。今后，应进一步扩大基金规模，增加基金种类，实行多渠道、多主体、多方式投资，尤其是要大力发展开放式基金，实行基金信托人与经理人相分离，加强专业人员培训，加快有关立法进程。(2)落实法人财产权，允许国有企业参加股市交易。(3)实行有价证券抵押业务，增加股市资金供应。(4)打破"专款专用"的信贷制度，允许企业从商业银行取得的抵押贷款自主使用，包括股市交易。(5)允许商业性金融机构用部分自有资产从事证券交易。

（五）进行国有股上市流通的试点

现阶段应先选择少数国有股，在STAQ和NET市场上进行流通，待取得经验后，再逐步推广。

（六）定期对股份制企业进行审查

我们认为，对全国的股份制企业应定期进行审查，审查的内容包括股本结构、资本金增减、投资方向、利润分配情况等。

1. 对已批准成立的股份制企业，如果它们不再符合股份制企业的有关要求，应限期整改；超过限期整改仍无效的，应转为其他类型企业，其发行的股票(股权证)可转为债券；对亏损严重，资不抵债而又扭亏无望且无其他选择的股份制企业，应依法实行破产，其发行的股票(股权证)应全价或折价清偿给股民。

2. 取消上市公司的终身制。公司上市后，如不再符合各项法定要求，要对其进行警告；警告无效者，应取消其上市公司资格。从而建立起上市公司优胜劣汰的调控机制。

（七）促进证券中介机构和行为的健康发展

要进一步加快以《信托法》、《投资法》等法律为标志的有关中介机构和行为的立法进程，逐步割断中介机构与行政管理机关之间的联系，提高中介人员的法制观念和业务素质，强化职业道德教育，加大监管力度，限制盲目发展。

1. 对证券经营、经纪机构，应逐步建立高效率的股票发行承销制度，将推广适度竞价发行与加强必要的限购、限发、限价管理相结合，规范业务范围，提高资产质量，优化资产结构，健全自主经营、自我约束和风险控制机制。

2. 对资产、资信评估、验证机构，应逐步建立统一而具有权威性的资产、资信评估机构，规范评估行为，并将评估与验证两者相分离，验证一定要真实、公正。

3. 对新闻媒体来说，在报道、介绍和评论关于间接融资与直接融资，投资与投机，盈利、风险与亏损，职责、权利与义务等关系时，应进一步注意其客观性和全面性，完善舆论的导向作用。

4. 此外，对证券行业协会、有关证券咨询机构等的行为，也需进一步规范。

（八）加快证券市场国际化的步伐

有计划、有重点、分步骤地向外资开放证券融资市场，为外资入市交易提供各种硬件和软件条件，转让企业股权，为逐步实现B股和A股的并轨创造条件。发展中外合资的股份有限公司、信托投资公司、证券公司、基金管理组织等，支持更多的股份公司在海外上市，努力拓展外向型证券融资业务。

后 记

本书系国家社会科学研究项目最终成果，本课题组主要研究人员为李达昌、陈为汉、王小琪、王映松、赵磊、陈祖湘同志，其中负责人为李达昌、陈为汉、王小琪同志（王小琪同志为常务负责人），顾问为陈祖湘同志，科研配合人员为张明、邹新范、樊旭同志。

本课题组全体主研人员参加了本书提纲草拟和讨论。提纲草拟后，由李达昌、王小琪同志进行了统纂和修改。

在本课题被批准列为国家社会科学研究项目前后，本课题组部分成员曾自筹经费，多次到美国、日本、德国、英国、法国等国进行了考察访问，收集到大量第一手资料。同时，美国伊利诺伊大学高洁博士等人也为本课题提供了许多资料帮助。所有这些，都为本课题研究奠定了坚实的基础。

本项目成果初稿完成后，通过了由国家和四川省哲学社会科学规划办公室聘请的专家鉴定组的鉴定。根据专家鉴定组的意见，我们将成果初稿分为两个部分：一个部分为本项目若干独立的研究报告，不纳入本书；另一个部分则纳入本书。同时，另外增添了本书的若干章节。

本书稿形成后，由李达昌、王小琪同志对全书进行了统纂和调整。

张明同志承担了本书日文资料翻译工作，邹新范同志承担了德文资料翻译工作。王小琪、张明、邹新范、樊旭同志承担了书稿的编校工作。

本书各章的撰稿人分别是：前言：李达昌；第一章、第三章、第四章、第五章、第六章、第七章：王小琪；第二章：李达昌、王小琪；第八章：赵磊；第九章：李达昌、王映松；第十章：陈为汉、陈祖湘、王小琪。

国家和四川省哲学社会科学规划办公室、商务印书馆、四川省国嘉实业开发总公司袁理总经理和该公司、四川民营经济研究所对本书完成和出版给予了大力支持，商务印书馆著作编辑室在本书审稿、编辑、出版、联络等各个环节中付出了辛勤劳动，借此机会，向他们致以最诚挚的谢意。

国家社会科学研究项目

《战后西方国家股份制的新变化》课题组

一九九九年十月